JN418801

김성규 著

형법각론

쟁점의 정리와 이해

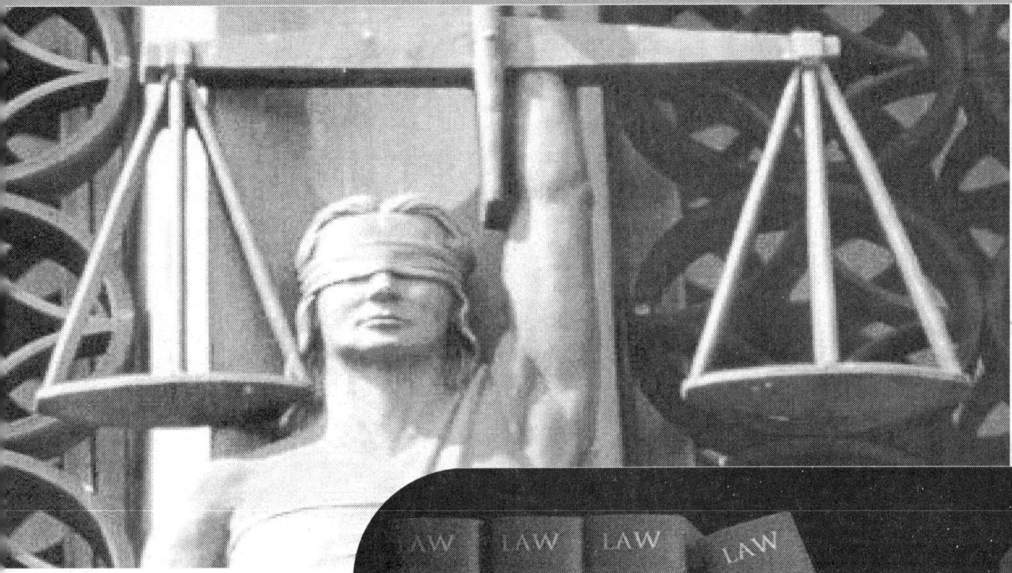

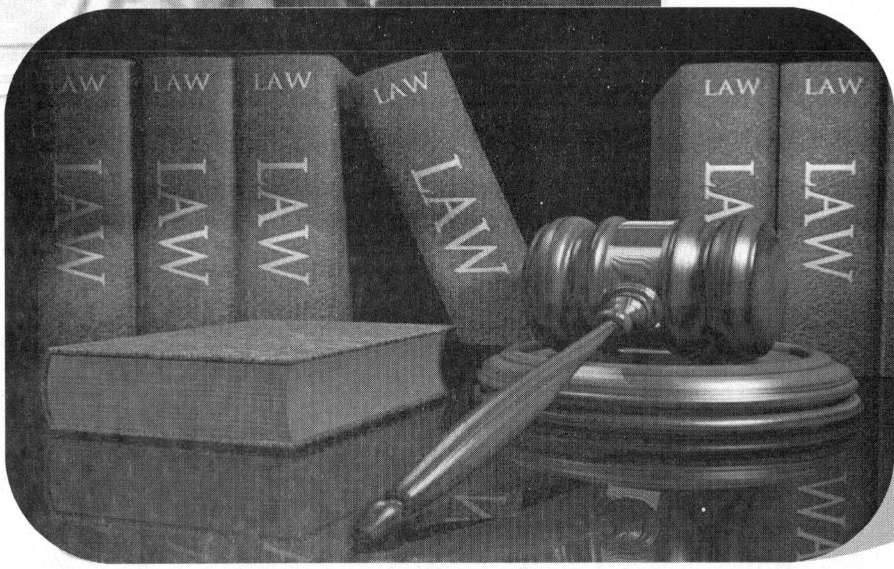

Eureka · Digerati · BoBos
에듀컨텐츠휴피아
http://www.ecbook.biz

형법각론 - 쟁점의 정리와 이해

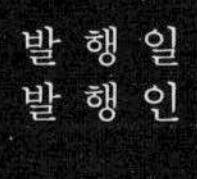

발 행 일	초판 1쇄 • 2010년 8월 25일
발 행 인	李 相 烈
서 명	**형법각론 - 쟁점의 정리와 이해**
저 자	**김 성 규** 著
발 행 처	에듀컨텐츠휴피아 B&B
출판등록	제22-682호(2002년 1월 9일)
주 소	서울 송파구 문정동 11-8번지 2층
전 화	(02) 443-6366
팩 스	(02) 443-6376
e-mail	huepia@daum.net
홈페이지	http://www.ecbook.biz
만든사람들	기획 • 성화연 / 책임편집 • 이정희 / 표지디자인 • 이희자 / 기획 • 이강민
정 가	11,000원
ISBN	978-89-6356-054-0 (93360)

국립중앙도서관 출판시도서목록(CIP)

형법각론 : 쟁점의 정리와 이해 / 김성규 著. -- 서울 : 에듀컨텐츠휴피아, 2010
p. ; cm

ISBN 978-89-6356-054-0 93360 : ₩11000

형법 각론[刑法各論]

364.2-KDC5
345-DDC21 CIP2010003047

머 리 말

이 책은 강의교재로서 만들어진 것이다. 따라서 이 책은 그 자체로서 완전성을 지니고 있는 것이 아니라 강의에 의해 적절히 세공細工되고 충분히 보충될 것을 전제로 하고 있다. 형법각론 강의에 교재로 활용될 만한 책이 이미 적지 않게 있는 것은 물론이고, 더욱이 그 가운데에는 교과서로서 어느 모로 보나 탁월한 것도 있다. 그런데도 필자가 굳이 별도로 이 책을 펴낸 까닭은 오로지 필자가 행하는 강의의 편의를 위한 데에 있는 것이니만큼, 이 책이 여타의 교과서에 비해 내용과 형식에서 많이 부족하고 어색한 면을 피할 수 없는 점은 그 한에서 부디 양해되고 용서될 수 있기를 바란다.

강의교재의 개발을 지원해준 한국외국어대학교에 고마운 마음을 가지고 있다. 아울러, 강의시간마다 필자에게 다양한 질문을 던져주는 학생들의 영민함이야말로 그동안 필자의 손에 산만하게 머물러 있던 강의자료가 한 권의 책이 될 수 있도록 해준 것이기에 누구보다도 그들에게 고마운 마음을 전한다.

끝으로, 강의교재를 만들어 보고픈 필자의 다소 지나친 욕심을 너그러이 이해해준 에듀컨텐츠휴피아의 임직원 여러분께 깊이 감사드린다.

2010년 8월

저자 **김 성 규**

목 차

[제1강] 형법각론의 의의意義

1. 형법각론의 대상對象
2. 형법각론의 방법

1. 형법각론의 대상

[사례1-1-1] X는 회사동료 Y 및 Z와 내기당구를 치다가 Y의 반칙 때문에 서로 다투게 되었는데, 그 과정에서 분을 참지 못한 X가 Y의 다리를 약 70cm 길이의 당구막대기로 한차례 힘껏 때렸고, X가 계속해서 때리려고 하는 것을 Z가 다급히 저지하는 바람에 더 이상의 가격은 없었고 Y도 부상을 당하지는 않았다. X의 죄책은?

■ 「형법」 각칙의 구성 및 개요

▷ 1953년 9월 18일에 제정되고 같은 해 10월 3일부터 시행되어 오늘에 이르고 있는 「형법」은 제1편 총칙과 제2편 각칙으로 구성되어 있다. 총칙은 범죄와 형벌에 관한 일반원칙을 규정하는 한편, 각칙은 대부분 개개의 범죄유형, 즉 범죄구성요건과 그 각각에 대한 형벌, 즉 법정형을 규정하고 있다. 이 가운데에서 총칙을 주된 연구대상으로 삼는 것이 형법총론이고 각칙을 주된 연구대상으로 삼는 것이 형법각론이다.

✓ 「형법」 각칙에서 범죄의 유형과 그 법정형을 직접적인 내용으로 하는 조문條文이 아닌 것으로서는, 예컨대 제91조(국헌문란의 정의), 제237조의2(복사문서 등) 및 제346조(동력) 등과 같이 일정한 개념을 정의하는 것이 있는가 하면, 제312조 (고소와 피해자의 의사) 등과 같이 공소제기의 조건에 관한 것도 있다.

▷ 「형법」 각칙은 42개의 장으로 구성되어 있다. 그 내용은 아래의 <표1-1>과 같다. 범죄는 그것을 처벌하는 형벌법규의 주된 보호법익에 따라 국가적 법익에 대한 죄, 사회적 법익에 대한 죄 및 개인적 법익에 대한 죄로 분류될 수 있는데, <표1-1>에서 보는 바와 같이 「형법」 각칙도 대체로 그러한 순서에 따라 범죄를 규정하고 있다.

▲ 개인적 법익에 대한 죄의 개요

▷ 「형법」 각칙의 개인적 법익에 대한 죄는 인격적 법익에 대한 죄와 재산적 법익에 대한 죄로 구별될 수 있다. 전자는 각 형벌법규의 보호법익에 따라 다시 ① 생명·신체에 대한 죄, ② 자유에 대한 죄, ③ 명예·신용에 대한 죄 및 ④ 사생활의 평온에 대한 죄로 구별될 수 있으므로, ⑤ 재산에 대한 죄를 포함해서 「형법」 각칙의 개인적 법익에 대한 죄는 모두 5항목으로 분류·설명되는 것이 일반적이다.

▷ 생명·신체에 대한 죄에는 〈살인의 죄〉, 〈상해와 폭행의 죄〉, 〈과실치사상의 죄〉, 〈낙태의 죄〉 및 〈유기와 학대의 죄〉가 있다. 자유에 대한 죄에는 〈체포와 감금의 죄〉, 〈협박의 죄〉, 〈약취와 유인의 죄〉 및 〈강간과 추행의 죄〉가 있다. 명예·신용에 대한 죄에는 〈명예에 관한 죄〉 및 〈신용, 업무와 경매에 관한 죄〉가 있다. 사생활의 평온에 대한 죄에는 〈비밀침해의 죄〉 및 〈주거침입의 죄〉가 있다. 재산에 대한 죄에는 〈권리행사를 방해하는 죄〉, 〈절도와 강도의 죄〉, 〈사기와 공갈의 죄〉, 〈횡령과 배임의 죄〉, 〈장물에 관한 죄〉 및 〈손괴의 죄〉가 있다.

✓ 〈권리행사를 방해하는 죄〉 가운데에서 단순강요죄(324), 인질강요죄(324의2), 인질상해치상죄(324의3), 인질살해치사죄(324의4) 및 그 각각의 미수범(324의5)과 중강요죄(326전)는 강요의 죄로서 자유에 대한 죄에 속하는 것으로 이해되는 것이 일반적이다.

▲ 사회적 법익에 대한 죄의 개요

▷ 「형법」 각칙의 사회적 법익에 대한 죄는 각 형벌법규의 보호법익에 따라 ① 공중의 안전·평온에 대한 죄, ② 공중의 건강에 대한 죄, ③ 공공의 신용에 대한 죄 및 ④ 공서양속에 대한 죄로 구별될 수 있다.

▷ 공중의 안전·평온에 대한 죄에는 〈공안을 해하는 죄〉, 〈폭발물에 관한 죄〉, 〈방화와 실화의 죄〉, 〈일수와 수리에

✓ 〈공안을 해하는 죄〉 가운데에서 전시공수계약불이행죄(117) 및 공무원자격사칭죄(118)는 일반적으로 국가적 법익에 대한 죄에 속하는 것으로 이해된다.

관한 죄〉 및 〈교통방해의 죄〉가 있다. 공중의 건강에 대한 죄에는 〈음용수에 관한 죄〉 및 〈아편에 관한 죄〉가 있다. 공공의 신용에 대한 죄에는 〈통화에 관한 죄〉, 〈유가증권, 우표와 인지에 관한 죄〉, 〈문서에 관한 죄〉 및 〈인장에 관한 죄〉가 있다. 공서양속에 대한 죄에는 〈신앙에 관한 죄〉, 〈성풍속에 관한 죄〉 및 〈도박과 복표에 관한 죄〉가 있다.

국가적 법익에 대한 죄의 개요

▷ 「형법」 각칙의 국가적 법익에 대한 죄는 각 형벌법규의 보호법익에 따라 ① 국가의 존립에 대한 죄, ② 국가의 권위에 대한 죄, ③ 국제관계에 대한 죄 및 ④ 국가의 기능·작용에 대한 죄로 구별될 수 있다.

▷ 국가의 존립에 대한 죄에는 〈내란의 죄〉 및 〈외환의 죄〉가 있다. 국가의 권위에 대한 죄에는 〈국기에 관한 죄〉가 있다. 국제관계에 대한 죄에는 〈국교에 관한 죄〉가 있다. 국가의 기능·작용에 대한 죄에는 〈공무원의 직무에 관한 죄〉, 〈공무방해에 관한 죄〉, 〈도주와 범인은닉의 죄〉 및 〈위증과 증거인멸의 죄〉가 있다.

특별형법 내지 부수형법

▷ 일정한 행태를 범죄로 규정하는 법률은 「형법」 외에도 적지 않게 존재한다. 예컨대 「군형법」은 일정한 범위의 사람, 즉 대한민국의 군인 등이 행하는 범죄를 규정하는 한편, 「국가보안법」은 일정한 범위의 사항 즉 국가의 안전을 위태롭게 하는 반국가활동에 관련되는 행태를 범죄로 규정하고 있다. 「형법」이 대체로 사람 일반 혹은 사항 일반에 대해서 적용되는 것이라면, 「군형법」이나 「국가보안법」은 말하자면 특별한 사람 혹은 특별한 사항에 대해서 적용되는 것이다. 이러한 관점에서 「형법」이 일반법이라면 「군형법」이나 「국가보안법」은 그것에 대한 특별법이라고 할 수 있다. 이와 같이 「형법」에 대한 특별법으로서의 성격을 가지는 법률을 특별형법이라고 한다. 특별형법의 예로서는 그밖에도, 집단적·상습적으로 행해지거나 흉기 기타 위험한 물건을 휴대해서 행해지는 폭력행위 등을 보통의 폭력행위 등에 비해 무겁게 처벌하는 규정을 두고 있는 「폭력행위등처벌에관한법률」, 일정한 법률에 규정된 특정 범죄를 가중처벌하는 규정을 두고 있는 「특정범죄가중처벌등에관한법률」, 국민경제윤리에 반하는 특정 경제범죄를 가중처벌하는 규정을 두고 있는 「특정경제범죄가중처벌등에관한법률」, 성폭력범죄의 처벌 및 그 절차에 관한 특례를 규정하고 있는 「성폭력범죄의처벌및피해자보호등에관한법률」, 성매매·성매매알선 등의 행위 및 성매매를 목적으로 하는 인신매매를 처벌하는 규정을 두고 있는 「성매매알선등행위의처벌에관한법률」, 특정 범죄와 관련된 범죄수익의 취득 등에 관한 사실을 가장하거나 특정 범죄를 조장할 목적이나 적법하게 취득한 재산으로 가장할 목적으로 범죄수익을 은닉하는 행위를 처벌하는 규정을 두고 있는 「범죄수익은닉의규제및처벌등에관한법률」 등을 들 수 있다. 특별형법의 제정과 시행은 사회의 변화에 따라 범죄의 양상과 그것에 관한 사회구성원의 인식이 변하는 데에 따르는 현상이라고 볼 수 있다. 즉, 「형법」 각칙의 규정

만으로써는 변화하는 범죄현상에 적절히 대응하기 어려운 경우가 적지 않기 때문에 일정한 범죄를 특별히 취급하거나 경우에 따라서는 범죄를 신설함으로써 보다 효과적으로 국민의 생명·신체·재산 등을 보장하고 사회의 안전을 유지하기 위해서「형법」외에도 범죄와 형벌에 관한 다수의 법률이 제정되어 시행되고 있다. 법의 일반원칙으로서 특별법우선의 원칙에 따라 동일한 사항에 관해서「형법」도 적용될 수 있고 일정한 특별형법도 적용될 수 있는 때에는 후자가 적용되는 것은 물론이다. [사례1-1-1] 에서 X는 당구막대기와 같은 위험한 물건을 휴대해서 Y를 폭행했으므로, X의 행위에 대해서는「형법」제261조의 특수폭행죄의 규정이 적용될 수도 있고「폭력행위등처벌에관한법률」제3조 제1항의 규정이 적용될 수도 있지만 후자만이 적용될 뿐이다.

▷ 법률 가운데에는 그 주된 목적이 일정한 행태를 범죄로 규정하고 그것을 처벌하는 데에 있지는 않지만 일정한 행태에 대한 벌칙으로서 형벌이 부과되는 경우를 규정하는 것도 있다. 예컨대「정보통신망이용촉진및정보보호등에관한법률」은 정보통신망의 이용을 촉진하고 정보통신서비스를 이용하는 자의 개인정보를 보호함과 아울러 정보통신망을 건전하고 안전하게 이용할 수 있는 환경을 조성하는 데에 목적이 있지만, 가령 사람을 비방할 목적으로 정보통신망을 통해 공공연하게 사실을 드러내어 다른 사람의 명예를 훼손하는 행위를 범죄로 규정하고 있다(정보통신망이용촉진및정보보호등에관한법률70①). 예컨대「도로교통법」도 그 주된 목적은 도로에서 일어나는 교통상의 모든 위험과 장해를 방지하고 제거함으로써 안전하고 원활한 교통을 확보하는 데에 있지만, 가령 차량의 운전자가 교통사고로 인해 사람을 사상에 이르게 한 때에 즉시 정차해서 사상자를 구호하는 데에 필요한 조치를 하지 않는 경우를 범죄로 규정하고 있다(도로교통법148·54①). 이와 같이「정보통신망이용촉진및정보보호등에관한법률」이나「도로교통법」은 그 주된 목적이 범죄와 형벌을 정하는 데에 있는 것은 아니더라도「형법」내지 특별형법과 더불어 부분적으로는 형법으로서의 역할을 수행하는 있는 점에서 부수형법으로 일컬어진다. 여기에서「형법」은 부수형법에 대한 관계에서 주主형법으로 일컬어진다. 이러한 관점에서「상법」이나「채무자회생및파산에관한법률」도 부수형법으로 일컬어질 수 있다.

▷ 형법각론은 주로「형법」각칙의 규정을 연구의 대상으로 삼지만, 무엇보다도 특별법우선의 원칙에 따라 특별형법이 현실적인 의미를 가지는 경우도 있고, 혹은 부수형법이 규정하는 범죄가 실제로 중요하게 생각되는 경우도 있으므로,「형법」각칙의 규정뿐만 아니라 특별형법 또는 부수형법의 규정도 적어도 부분적으로는 형법각론의 대상이 된다. 그리고「형법」총칙의 규정은 특별형법이나 부수형법에도 특별한 규정이 없는 한 적용된다(8).

✓ 「상법」은 제3편 제7장 벌칙에서 특별배임죄(상법622), 납입가장죄(상법628), 납입책임면탈죄(상법634) 등을 규정하고 있다.

✓ 「채무자회생및파산에관한법률」은 제6편 벌칙에서 사기회생죄(채무자회생및파산에관한법률643), 회생수뢰죄(채무자회생및파산에관한법률645), 사기파산죄(채무자회생및파산에관한법률650) 등을 규정하고 있다.

「형법」 각칙의 각 장에 따른 죄의 구분 및 법익에 따른 범죄의 분류

장	장에 따른 죄의 구분	법익에 따른 범죄의 분류		
1	내란의 죄	국가의 존립에 대한 죄		국가적 법익에 대한 죄
2	외환의 죄			
3	국기에 관한 죄	국가의 권위에 대한 죄		
4	국교에 관한 죄	국제관계에 대한 죄		
7	공무원의 직무에 관한 죄	국가의 기능·작용에 대한 죄		
8	공무방해에 관한 죄			
9	도주와 범인은닉의 죄			
10	위증과 증거인멸의 죄			
11	무고의 죄			
5	공안을 해하는 죄	공공의 안전·평온에 대한 죄		사회적 법익에 대한 죄
6	폭발물에 관한 죄			
13	방화와 실화의 죄			
14	일수와 수리에 관한 죄			
15	교통방해의 죄			
16	음용수에 관한 죄	공중의 건강에 대한 죄		
17	아편에 관한 죄			
18	통화에 관한 죄	공공의 신용에 대한 죄		
19	유가증권, 우표와 인지에 관한 죄			
20	문서에 관한 죄			
21	인장에 관한 죄			
12	신앙에 관한 죄	공서양속에 대한 죄		
22	성풍속에 관한 죄			
23	도박과 복표에 관한 죄			
24	살인의 죄	생명·신체에 대한 죄	인격적 법익에 대한 죄	개인적 법익에 대한 죄
25	상해와 폭행의 죄			
26	과실치사상의 죄			
27	낙태의 죄			
28	유기와 학대의 죄			
29	체포와 감금의 죄	자유에 대한 죄		
30	협박의 죄			
31	약취와 유인의 죄			
32	강간과 추행의 죄			
33	명예에 관한 죄	명예·신용 등에 대한 죄		
34	신용, 업무와 경매에 관한 죄			
35	비밀침해의 죄	사생활의 평온에 대한 죄		
36	주거침입의 죄			
37	권리행사를 방해하는 죄	재산에 대한 죄	재산적 법익에 대한 죄	
38	절도와 강도의 죄			
39	사기와 공갈의 죄			
40	횡령과 배임의 죄			
41	장물에 관한 죄			
42	손괴의 죄			

2. 형법각론의 방법

［사례1-2-1］ A는 공사가 완료되지 않아서 준공되지 않은 상태의 H주택을 B에게 1,300만원의 가격으로 매도하면서 계약금과 중도금으로 6,081,500원을 수령하고, B는 H주택을 명도받아 점유하다가 매매계약을 해제하고 중도금반환청구소송을 제기해서 그 승소판결에 따른 가집행선고에 기해 H주택의 부지에 대해 강제경매신청을 했다. 강제경매가 개시된 상황에서 A는 B가 H주택에 대한 모든 권리를 포기한 것으로 생각해서 B가 잠가놓은 H주택의 출입문을 열고 그 주택에 들어갔다. A에 대해 주거침입죄(319①)의 죄책을 인정할 수 있는가?

［사례1-2-2］ 6개월 전에 가출한 甲은 PC방에서 알게 된 乙과 함께 甲이 살던 집을 털기로 마음먹고 甲이 그 집 밖에서 망을 보는 동안 乙은 그 집에 들어가 휴대한 칼로 甲의 부친 O를 위협해 O가 가지고 있던 현금 100만원을 탈취한 후에 O를 살해할 목적으로 그 집에 방화해서 O를 사망에 이르게 했다. 甲과 乙의 죄책은?

■ 형법해석학으로서의 형법각론

▷ 형법각론의 주된 연구방법은 형법해석학이다. 형법해석학이란 형벌법규를 일정한 방식으로 해석하는 것, 즉 형벌법규가 가지는 의미내용을 이해하고 명확히 하는 것이다. 형법각론의 주된 연구대상이 되는「형법」각칙의 법규는 대부분 일정한 범죄유형 및 이에 대한 형벌의 종류와 분량을 제시하고 있는데, 형벌의 종류와 분량에 관한 해석은 그다지 크게 문제되지 않으므로「형법」각칙의 법규를 해석하는 데에 있어서 중요한 과제는 개개의 범죄유형을 해석하는 것이다. 이를 통해 범죄가 되는 행위가 범죄가 되지 않는 행위로부터 구별될 뿐만 아니라, 각 범죄 사이의 차이점도 밝혀지게 된다*. 이와 같이 형법각론은 형벌법규, 특히 그것이 제시하는 범죄유형을 구체적으로 밝힘으로써 각 범죄의 구성요건을 확정하는 것이다. 이를 통해 형벌법규가 실제의 사건에 적용될 수 있다. 이 점에서 보면, 형법각론의 실익은 범죄의 일반적인 성립요건 가운데에서 주로 구성요건해당성을 판단하는 단계에서 찾아질 수 있다.

* 金鍾源, 刑法各論, 上卷, 改訂版, 1971, 15면.

✓ 범죄의 성립요건으로서 구성요건해당성이 중시되는 것은 무엇보다도 죄형법정주의의 요청에 따른 것이다. 즉, 구성요건은 개개의 형벌법규가 제시하는 범죄유형에 해당되지 않는 행위를 처벌의 대상이 되지 않도록 함으로써 국민의 자유와 권리를 보장하는 기능을 수행한다. 이를 구성요건의 보장적 기능 또는 죄형법정주의적 기능이라고 한다.

[형벌법규의 해석과 적용]

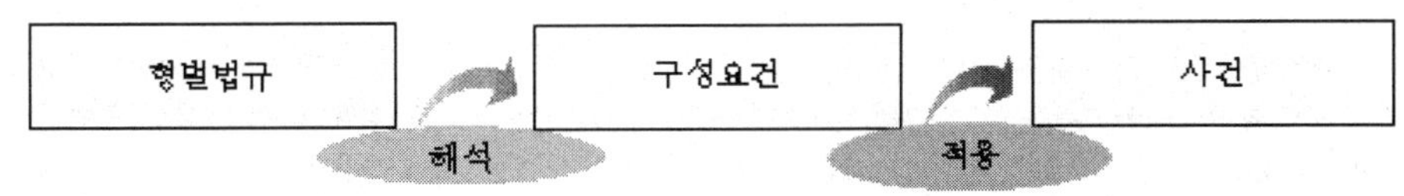

■ 형법을 해석하는 방식

▷ 법률을 해석하는 방식은 관점에 따라 달리 분류될 수 있다. 그 하나의 관점이 규정의 문언과의 관계다. 이러한 관점에서 법률의 해석은 문리해석, 확장해석, 축소해석, 유추해석 및 반대해석 등으로 분류될 수 있다. 또 하나의 관점은 해석의 기준이다. 이러한 관점에서 법률의 해석은 문리해석, 역사적 해석, 논리적·체계적 해석 및 목적론적 해석 등으로 분류될 수 있다. 전자에 관해서 보면, 문리해석이란 규정의 문언이 가지는 보편적인 의미에 따른 해석을 말하며, 그러한 의미보다도 다소 넓게 해석하는 것이 확장해석이고 다소 좁게 해석하는 것이 축소해석이다. 유추해석이

란 규정의 문언이 가지는 일상적인 의미에 따르거나 그 의미를 다소 확대하더라도 그 규정에 포섭될 수 없는 대상을 그 규정에 포섭되는 대상과의 유사성에 기해서 그 규정에 포섭하는 것이다. 이와는 달리, 규정의 문언이 가지는 일상적인 의미에 따르거나 그 의미를 다소 확대하더라도 그 규정에 포섭될 수 없는 대상에 대해서는 그 규정에 포섭되는 대상에 대한 것과 반대되는 결론을 도출하는 것을 반대해석이라고 한다. 각각의 해석방법이 나름대로의 의미를 가지는 것은 사실이지만, 과연 언제 확장해석을 하고 언제 축소해석을 하는지 혹은 어떤 경우에 유추해석을 하고 어떤 경우에 반대해석을 하는지가 문제다. 여기에서 일정한 해석 방식을 선택하는 기준이 요구된다. 우선, 법률의 해석은 특별한 사정이 없다면 그 문언의 일상적이고 보편적인 의미에 따라 행해져야 할 것이다. 이러한 관점에서 문리해석은 법률을 해석하는 데에 있어서 출발점이 된다. 그런데 경우에 따라서는 입법자의 의도를 고려하는 해석으로서의 역사적 해석, 규정의 위치하는 장소나 다른 규정과의 상호관계 등을 고려하는 해석으로서의 논리적·체계적 해석, 규정이 추구하는 목적을 고려하고 사회생활의 요구에 따른 타당한 결론의 도출을 감안하는 해석으로서의 목적론적 해석도 중요하다. 그래서 가령 역사적 해석의 필요에 따라 확장해석이 행해지거나 논리적·체계적 해석 혹은 목적론적 해석의 필요에 따라 축소해석이 행해지는 경우가 생각될 수 있다.

✓ 역사적 해석의 필요성이 문제되는 경우로서는 예컨대 출판물명예훼손죄(309) 등을 들 수 있고, 논리적·체계적 해석의 필요성이 문제되는 경우로서는 예컨대 실화죄(170) 등을 들 수 있다.

▷ 법률, 따라서 형법을 해석하는 방식으로서 역사적 해석, 논리적·체계적 해석 및 목적론적 해석에 우선순위가 있는 것은 아니지만, 목적론적 해석이 중요한 의미를 가지는 경우가 실제로는 적지 않다. 형법을 해석하는 방식으로서의 목적론적 해석이란 말하자면 형벌법규가 특히 주목하는 법익보호에 가장 적절히 기여하도록 그것을 해석하는 것이다. 이와 같이 목적론적 해석이 형법을 해석하는 중요한 기준이라면 형벌법규를 해석하는 데에 있어서는 우선 그 보호법익을 명확히 하는 것이 긴요한 것은 물론이다. 보호법익 또는 법익이란 말 그대로 법에 의해서 보호되는 이익 내지는 법적 이익을 가리킨다. 예컨대 보통살인죄(250①)의 규정은 사람을 살해한 자를 처벌하도록 하는 것이다. 살인행위를 범죄로 규정해서 그 행위자를 처벌하는 이유는 관점에 따라 달리 파악될 수는 있겠지만, 사람들로 하여금 살인을 범하지 않도록 하는 것도 그 이유 가운데 하나로서 중요하다. 그런데 사람들로 하여금 살인을 범하지 않도록 하는 이유는 사람의 생명을 보호하기 위해서다. 여기에서 보통살인죄(250①)의 규정을 통해 형법이 보호하고자 하는 이익 내지는 가치가 사람의 생명이라고 할 수 있다. 요컨대, 보통살인죄(250①)에 관한 규정의 보호법익은 사람의 생명이다. 마찬가지로 비밀침해죄(316)에 관한 규정의 보호법익은 사람의 비밀이고, 절도죄(329)에 관한 규정의 보호법익은 타인의 재산 내지 재산권이다. 이와 같이 이해될 수 있는 보호법익과 개념적으로 종종 구별되는 것이 구성요건요소로서의 행위객체 내지는 범죄객체다. 예컨대 보통살인죄(250①)의 행위객체는 사람 내지는 사람의 신체이고, 비밀침해죄(316)의 행위객체는 사람의 편지·문서·도화

✓ 보호법익은 보호객체 또는 침해객체로도 일컬어진다. 다만, 형벌법규는 그 법익이 침해되는 경우를 예정하기도 하지만(: 침해범) 그것이 위태화되는 경우를 예정하기도 하므로(: 위험범), 보호의 객체인 법익을 침해의 객체라고만 부르는 것은 개념적으로는 완전하지 않다고 생각된다. 그래서 침해와 위태화를 포괄하는 개념으로서 가령 공격이라는 말을 사용할 수 있다면 공격의 객체라고 하는 편이 낫다고 생각된다.

등이며, 절도죄(329)의 행위객체는 타인의 재물이다. 이렇게 보면, 행위객체란 사람·문서·재물 등과 같이 범죄행위의 대상을 가리키는 것으로서, 말하자면 생리적·물리적 관점에서 파악되는 감각적 대상을 지칭하는 개념이다. 반면에, 보호법익이란 생명·비밀·재산 등과 같이 말하자면 가치적 관점에서 파악되는 감각적 대상을 지칭하는 개념이다*. 사실 보호법익과 행위객체를 개념적으로 구별하는 것이 가능하다고는 하지만, 양자가 상호 밀접불가분의 관련성을 가지고 있는 점은 분명하다. 가령 업무상비밀누설죄(317)의 경우에는 보호법익과 행위객체는 동일하게 파악될 수 있을 것이다. 그래서 설사 보호법익도 행위객체와 마찬가지로 객관적 구성요건요소가 된다고 볼 것인지에 관한 문제는 별론으로 하더라도** 어쨌거나 범죄의 구성요건을 해석하는 데에 있어서 보호법익이 일정한 형태로 고려되는 것은 당연하게 생각될 수 있다. 예컨대 일정한 형벌법규의 구성요건요소로서의 행위객체에 대한 범죄의 실행행위가 있더라도 그 보호법익이 이미 존재하지 않는 경우라면 애초에 구성요건해당성도 없다고 보아야 할 것이다***. 〔사례 1-2-1〕에서도, A가 H주택에 들어갈 당시에 B는 더 이상 H주택에 대해서 사실상의 평온을 누리고 있는 상태가 아니라고 볼 수 있다. 따라서 A의 주거침입행위가 있더라도 주거침입죄(319①)의 규정이 노리는 보호법익으로서 주거의 평온이 이미 소멸한 상태에서는 그 범죄가 성립되지 않는다-[대법원판결 1987. 5. 12. 87도3].

[대법원판결 1987. 5. 12. 87도3(주거침입죄의 보호법익이 소멸되어 그 범죄가 성립될 수 없다는 사례)] 주택의 매수인이 계약금과 중도금을 지급하고서 그 주택을 명도받아 점유하고 있던 중 위 매매계약을 해제하고 중도금반환청구소송을 제기하여 얻은 그 승소판결에 기하여 강제집행에 착수한 이후에, 매도인이 매수인이 잠그어 놓은 위 주택의 출입문을 열고 들어간 경우라면 매도인으로서는 매수인이 그 주택에 대한 모든 권리를 포기한 것으로 알고 그 주택에 들어간 것이라고 할 수 있을 뿐만 아니라 또한 그 주택에 대하여 보호받아야 할 피해자의 주거에 대한 평온상태는 소멸되었다고 볼 수 있으므로 매도인의 위 소위는 주거침입죄를 구성하지 아니한다.

* 金鍾源, 刑法各論 上卷, 改訂版, 1971, 16면.

** 만일 보호법익도 객관적 구성요건요소가 된다고 하면 고의범의 경우에는 보호법익에 대한 고의가 있어야 범죄가 성립된다고 보아야 할 것이다.

*** 판례는 법익에 대한 공격의 정도 여하에 따라 범죄의 기수와 미수를 구별하기도 한다. [대법원판결 1995. 9. 15. 94도2561] 참조.

▷ 형법의 법익보호적 기능이 적절히 수행되기 위해서는 종종 목적론적 해석이 요구된다고 하더라도 형법의 기본원칙인 죄형법정주의의 관점에서 목적론적 해석에도 한계가 있다. 그 한계는 국가형벌권을 정당화하는 방향으로 작용하는 사회적 요청으로서의 법익보호가 국가형벌권을 제한하는 방향으로 작용하는 관점으로서 특히 형벌권 발동의 예측가능성에 더 이상 우선할 수 없는 지점에서 종종 찾아지곤 한다. 형법학에서는 양자의 충돌이 "확장해석은 허용되지만 유추해석은 금지된다"는 형태로 조율되고 있다. 유추해석의 금지는 죄형법정주의의 구체적 내용이기도 하다. 목적론적 해석의 한계로서는 그 밖에도 형법의 겸억성 혹은 해석의 일반화 가능성의 관점에서도 거론된다.

■ 사례 해결의 기본형태

▷ 〔사례1-2-2〕에서 甲과 乙의 죄책을 묻는 것은 각각에 대해 일정한 범죄의 성립 여부를 따지는 것이다. 범죄의 성립을 인정하기 위한 제일차적 요건은 구성요건해당성이다. 甲과 乙의 행위가 일정한 범죄구성요건에 해당되는지를 판단하기 위해서는 현행 형벌법규의 범죄구성요건을 숙지하고 있어야 한다. 乙에 대해서 문제될 수 있는 형벌법규는

✓ 〔사례1-2-2〕에서 위법성조각사유나 책임조각·감경사유는 특별히 문제되지 않지만, 그것이 문제되는 경우라면 구성요건해당성의 판단에 이어서 그것이 행해져야 하는 것은 물론이다

「형법」 제319조 제1항의 주거침입죄(: '사람의 주거에 침입한 자'), 「형법」 제333조의 강도죄(: '폭행 또는 협박으로 타인의 재물을 강취한 자') 및 「형법」 제334조 제2항의 특수강도죄(: '흉기를 휴대하거나 2인 이상이 합동하여 강도의 죄를 범한 자'), 「형법」 제250조 제1항의 보통살인죄(: '사람을 살해한 자'), 「형법」 제338조 전단의 강도살인죄(: '강도가 사람을 살해한 때'), 「형법」 제164조 제2항 후단의 현주건조물방화치사죄(: '불을 놓아 사람이 현존하는 건조물을 소훼해서 사람을 사망에 이르게 한 때') 등이다. 乙의 행위가 그와 같은 범죄 가운데 어느 것에 해당되는지를 가리기 위해서는 각 범죄구성요건의 내용, 즉 개개의 범죄유형을 특징짓는 요소를 구체적으로 파악하고 있어야 한다. 이와 같이 개개의 범죄에 관해 그 객관적 구성요건요소로서의 실행행위·결과·인과관계·행위주체·행위객체 등을, 그 주관적 구성요건요소로서의 고의·목적·불법영득의사 등을 파악하는 것이 형법각론의 방법이자 과제다. 이를 통해 또한 각 범죄구성요건 사이의 관계, 즉 죄수관계를 파악하는 것도 형법각론에서 종종 다루어진다. 〔사례1-2-2〕에서 乙의 행위는 우선 주거침입죄의 구성요건에 해당된다. 그리고 강도살인죄와 현주건조물방화치사죄의 구성요건에 해당되고 양자는 상상적 경합*의 관계에 있다－[대법원판결 2003. 4. 8. 2002도6033]참조. 또한, 甲도 乙과 함께 범행을 계획하고 그 범행에 가담한 점에서 甲에 대해서는 이른바 수정된 범죄구성요건으로서의 공범 여하가 문제되고, 〔사례1-2-2〕에서는 특별히 문제되지 않지만 미수범에 관한 문제도 필요하다면 마찬가지로 수정된 구성요건으로서 다루어져야 할 것이다.

[대법원판결 2003. 4. 8. 2002도6033(상상적 경합과 법조경합의 구별기준; 법조경합의 한 형태인 특별관계의 의미; 1개의 행위가 공직선거및선거부정방지법 제257조, 제113조 위반죄와 정당법 제45조의2, 제31조의2 제1항 위반죄의 각 구성요건을 충족하는 경우, 양죄의 관계)] [1] 상상적 경합은 1개의 행위가 실질적으로 수개의 구성요건을 충족하는 경우를 말하고, 법조경합은 1개의 행위가 외관상 수개의 죄의 구성요건에 해당하는 것처럼 보이나 실질적으로 1죄만을 구성하는 경우를 말하며, 실질적으로 1죄인가 또는 수죄인가는 구성요건적 평가와 보호법익의 측면에서 고찰하여 판단하여야 한다. [2] 법조경합의 한 형태인 특별관계란 어느 구성요건이 다른 구성요건의 모든 요소를 포함하는 외에 다른 요소를 구비하여야 성립하는 경우로서 특별관계에 있어서는 특별법의 구성요건을 충족하는 행위는 일반법의 구성요건을 충족하지만 반대로 일반법의 구성요건을 충족하는 행위는 특별법의 구성요건을 충족하지 못한다. [3] 공직선거및선거부정방지법과 정당법은 각기 그 입법목적 및 보호법익을 달리하고 있을 뿐만 아니라, 공직선거및선거부정방지법 제113조, 제112조와 정당법 제31조의2 제1항 본문의 내용을 비교하여 보면, 그 행위 주체, 제한 또는 금지가 이루어지는 기간의 유무, 고의와 더불어 목적을 요하는지 여부, 기부행위 또는 금품 등 제공의 대상, 행위의 내용 및 방법 등 구체적인 구성요건에 많은 차이가 있어, 정당법의 구성요건이 공직선거및선거부정방지법의 구성요건의 모든 요소를 포함하는 외에 다른 요소를 구비하는 경우에 해당하지 않으므로, 정당법의 규정이 공직선거및선거부정방지법의 규정에 대하여 특별법의 관계에 있다고 볼 수 없고, 이들은 각기 독립된 별개의 구성요건으로서 1개의 행위가 각 구성요건을 충족하는 경우에는 상상적 경합의 관계에 있다고 보아야 한다.

[제2강] 생명·신체에 대한 죄의 객체로서의 사람과 태아 등 / 주거침입죄의 객체 및 실행행위 등

1. 생명·신체에 대한 죄의 객체로서의 사람과 태아
2. 낙태죄와 상해죄의 관계
3. 주거침입죄의 객체 및 실행행위
4. 퇴거불응죄

1. 생명·신체에 대한 죄의 객체로서의 사람

[사례2-1-1] 조산원 甲은 임산부인 乙의 해산을 도와주게 되었는데, 분만의 통증이 극심하고 양수가 터지는 등 난산으로 정상분만이 어려운 상태인데 경솔하게도 정상분만을 할 수 있으리라고 생각하고서 수십 회에 걸쳐 산모의 배를 주무르고 자궁수축제를 10여 회 주사한 결과 분만 중인 태아를 질식사에 이르게 했다. 甲의 죄책은?

▷ 생명·신체에 대한 죄란 법익으로서의 사람의 생명·신체를 침해하거나 위태롭게 하는 범죄를 말한다. 생명·신체에 대한 죄로서 「형법」은 각칙 제24장에 〈살인의 죄〉(250내지 256), 제25장에 〈상해와 폭행의 죄〉(257내지265), 제26장에 〈과실치사상의 죄〉(266내지268), 제27장에 〈낙태의 죄〉(269내지270)*, 제28장에 〈유기와 학대의 죄〉(271내지 275)를 규정하고 있다.

* 〈낙태의 죄〉는 정확히 말하면 아직은 사람이 아닌 태아의 생명을 일차적으로 보호하는 것이지만, 태아도 사람으로 성장하는 과정에 있는 생명체라는 점에서 보호의 대상이 된다.

▷ 생명·신체에 대한 죄 가운데에서 〈살인의 죄〉, 〈상해와 폭행의 죄〉 및 〈과실치사상의 죄〉는 법익으로서의 생명 또는 신체의 건강·건재가 현실적으로 침해될 것을 요하는 침해범이며, 〈낙태의 죄〉 및 〈유기와 학대의 죄〉는 법익으로서의 생명 또는 신체의 건강이 위태롭게 되는 것으로 족한 위험범으로 보아야 할 것이다*. 따라서 예컨대 보통살인죄(250①)는 사람의 생명이 현실적으로 침해된 경우에 범죄가 완성되며 행위자가 그것을 위태롭게 하는 데에 그친 때에는 기껏해야 그 미수범이 문제될 뿐이다. 이와는 달리, 예컨대 부동의낙태죄(270②)를 추상적 위험범으로 본다면 태아의 생명·신체가 현실적으로 침해되기 전이라도 일단 태아가 모체 밖으로 배출되는 행위, 즉 낙태가 행해지면 태아의 생명·신체가 위태롭게 된 것으로 간주되고 이로써 그 범죄는 완성된다.

* 〈낙태의 죄〉를 위험범이 아니라 침해범으로 보는 입장도 있으며, 그것을 위험범으로 보는 입장에서도 그것을 다시 추상적 위험범으로 볼 것인지 구체적 위험범으로 볼 것인지에 관해서는 의견이 일치하지 않는다.

생명·신체에 대한 죄의 객체로서의 사람

▷ 생명·신체에 대한 죄의 객체는 기본적으로 타인으로서의 사람이다. 여기에서 사람이란 생명체로서의 사람, 즉 생존하는 사람을 말한다. 따라서 사체死體는 생명·신체에 대한 죄의 객체가 될 수 없다. 사람과 사체死體가 구별되는 시점, 즉 사람의 종기終期에 관해서는 '맥박종지설' 및 '뇌사설' 등이 주장되고 있다. 가령 「장기등이식에관한법률」에 따라 뇌사자의 장기를 적출하는 행위는 '뇌사설'에 의하면 애초에 살인죄(250) 또는 동의살인죄(252①)의 구성요건에

✓ 존속살해죄 등의 경우에는 사람 가운데에서도 자기 또는 배우자의 직계존속이 그 객체가 되고, 영아살해죄의 경우에는 분만 중 또는 분만 직후의 영아가 그 객체가 된다.

✓ 사체死體는 사체오욕죄(159) 또는 사체손괴·유기·은닉·영득죄(161①)의 객체가 된다. 사체死體를 생명 있는 사람으로 오인해서 살해한 경우에는 살인죄(250)의 불능범 또는 불능미수범이 문제된다.

해당되지 않는다. 반면에 '맥박종지설'에 의하면 그러한 행위는 당시에 뇌자자의 맥박이 유지되고 있었던 한에서는 살인죄(250) 또는 동의살인죄(252①)의 구성요건에 해당되지만 법령에 의한 행위(장기등이식에관한법률18③참조), 따라서 정당행위(20)로서 위법성이 조각되는 것으로 이해된다*. 한편, 사람의 시기始期에 관해서 판례는 '진통설' 또는 '분만개시설'의 입장을 취하고 있다-[대법원판결 1982. 10. 12. 81도2621]. 이에 따르면, 규칙적인 진통을 동반하면서 태아가 태반으로부터 이탈하기 시작한 때, 즉 분만이 개시된 때가 사람의 시기始期가 된다. 이렇게 볼 수 있는 하나의 근거로서, 「형법」은 분만 중의 영아도 영아살해죄(251), 따라서 〈살인의 죄〉의 객체로 규정하고 있다는 점이 지적된다-[대법원판결 1982. 10. 12. 81도2621]. 사람의 시기始期를 확정하는 것은 결국 사람과 태아를 구별하는 것이다. 따라서 사람의 시기始期는 살인행위, 특히 영아살해행위와 낙태행위를 구별하는 기준이 된다. 무엇보다도, 과실로 사람을 사망에 이르게 한 때에는 과실치사죄가 문제되지만 과실로 태아를 사망에 이르게 한 경우는 처벌의 대상이 되지 않는다. [사례2-1-1] 에서 분만이 개시된 태아는 형법상의 사람에 해당되므로 조산원이 분만 중인 태아를 과실로 질식사에 이르게 한 사실은 업무상과실치사죄를 구성한다. 그런데 사람의 시기始期를 규칙적인 진통을 동반하면서 분만이 개시되는 시점으로 보는 경우에는 일정한 기술적 방법에 의해 분만이 시행되었더라도 규칙적인 진통이 수반되지 않았던 한 그 시점을 사람의 시기始期로 볼 수 없게 된다-[대법원판결 2007. 6. 29. 2005도3832]**.

* 「장기등이식에관한법률」에 따라 일정한 요건 하에서 뇌사자의 장기를 이식하는 것이 법적으로 허용되지만, 이 점에서 「장기등이식에관한법률」이 사람의 종기終期에 관해 뇌사설을 취하고 있다고 단언하기는 힘들다. 「장기등이식에관한법률」 제3조 제4호는 뇌사자를 그 법률이 정하는 뇌사판정기준 및 뇌사판정절차에 따라 뇌 전체의 기능이 되살아 날 수 없는 상태로 정지되었다고 판정된 자로 정의하면서, 살아있는 자를 사람 중에서 뇌사자를 제외한 자로 정의하고 있다. 이에 따르면, 뇌사자는 사람이기는 하지만 살아있는 자는 아니다. 한편, 「장기등이식에관한법률」 제17조가 "뇌사자가 이 법에 의한 장기 등의 적출로 사망한 때에는 뇌사의 원인이 된 질병 또는 행위로 인하여 사망한 것으로 본다"고 규정하고 있다. 이에 따르면, 뇌사자는 장기 등의 적출이 행해지기 전까지는 아직 사망한 것은 아니다. 요컨대, 「장기등이식에관한법률」은 사람을 생존자, 뇌사자 및 사망자로 삼분三分하고 있다고 생각되는데, 여기에서 뇌사자가 생존자가 아니라는 점에서는 그 법률이 뇌사설을 채택하고 있다고 생각될 여지가 있지만, 뇌사자가 또한 사망자도 아니라는 점에서는 그 법률이 '뇌사설'을 채택하고 있다고 말할 수 없다.

** 김태명, '사람의 始期와 分娩 중 胎兒를 사망하게 한 조산사의 罪責', 考試界 2009/4, 41면 이하 참조.

[대법원판결 1982. 10. 12. 81도2621(분만 중인 태아를 조산원이 질식사에 이르게 한 경우 업무상 과실치사죄의 성부)] 사람의 생명과 신체의 안전을 보호법익으로 하고 있는 형법상의 해석으로서는 사람의 시기는 규칙적인 진통을 동반하면서 태아가 태반으로부터 이탈하기 시작한 때 다시 말하여 분만이 개시된 때(소위 진통설 또는 분만개시설)라고 봄이 타당하며 이는 형법 제251조(영아살해)에서 분만 중의 태아도 살인죄의 객체가 된다고 규정하고 있는 점을 미루어 보아도 그 근거를 찾을 수 있는 바이니 조산원이 분만 중인 태아를 질식사에 이르게 한 경우에는 업무상 과실치사죄가 성립한다.

[대법원판결 2007. 6. 29. 2005도3832(태아가 사람으로 되는 시기; 제왕절개 수술의 경우 '의학적으로 제왕절개 수술이 가능하였고 규범적으로 수술이 필요하였던 시기(시기)'를 분만의 시기(시기)로 볼 수 있는지 여부; 태아를 사망에 이르게 하는 행위가 임산부에 대한 상해에 해당하는지 여부)] [1] 사람의 생명과 신체의 안전을 보호법익으로 하고 있는 형법의 해석으로는 규칙적인 진통을 동반하면서 분만이 개시된 때(소위 진통설 또는 분만개시설)가 사람의 시기(始期)라고 봄이 타당하다. [2] 제왕절개 수술의 경우 '의학적으로 제왕절개 수술이 가능하였고 규범적으로 수술이 필요하였던 시기(時期)'는 판단하는 사람 및 상황에 따라 다를 수 있어, 분만개시 시점 즉, 사람의 시기(始期)도 불명확하게 되므로 이 시점을 분만의 시기(始期)로 볼 수는 없다. [3] 현행 형법이 사람에 대한 상해 및 과실치사상의 죄에 관한 규정과는 별도로 태아를 독립된 행위객체로 하는 낙태죄, 부동의 낙태죄, 낙태치상 및 낙태치사의 죄 등에 관한 규정을 두어 포태한 부녀의 자기낙태행위 및 제3자의 부동의 낙태행위, 낙태로 인하여 위 부녀에게 상해 또는 사망에 이르게 한 행위 등에 대하여 처벌하도록 한 점, 과실낙태행위 및 낙태미수행위에 대하여 따로 처벌규정을 두지 아니한 점 등에 비추어 보면, 우리 형법은 태아를 임산부 신체의 일부로 보거나, 낙태행위가 임산부의 태아양육, 출산 기능의 침해라는 측면에서 낙태죄와는 별개로 임산부에 대한 상해죄를 구성하는 것으로 보지는 않는다고 해석된다. 따라서 태아를 사망에 이르게 하는 행위가 임산부 신체의 일부를 훼손하는 것이라거나 태아의 사망으로 인하여 그 태아를 양육, 출산하는 임산부의 생리적 기능이 침해되어 임산부에 대한 상해가 된다고 볼 수는 없다.

2. 낙태죄와 상해죄의 관계

[사례2-2-1] 甲(女)은 여름 휴가동안 동해 해수욕장에서 만난 A(男)와 사랑에 빠졌지만 곧 그 사랑이 식어 헤어지게 되었다. 그런데 A와 헤어진 후 甲은 자신이 임신 3개월이라는 것을 알게 되었다. 甲은 고민 끝에 산부인과 의사 乙을 찾아가 경제적인 사정 때문에 출산할 수 없다고 얘기하면서 중절수술을 간청했다. 이에 乙은 甲의 부탁을 들어주었다. 甲과 乙의 죄책은?

[사례2-2-2] 산부인과 레지던트 2년차인 X는, 2006년 5월 1일 23시경 임신 32주의 산모 O가 심한 복통으로 인해 응급실로

호송되어오자, 태아에 대한 정밀검사와 지속적인 확인 및 조치를 취하지 않은 채로 응급실에 방치했다. O는 줄곧 복통을 호소했지만 X는 간단한 처방만을 하고 O의 상황을 제대로 살피지 않았다. 그 결과 2006년 5월 2일 새벽 6시 40분경 O의 태아는 태반조기박리로 사망했다. X의 죄책은?

▷ 〈낙태의 죄〉는 낙태, 즉 태아를 자연의 분만기에 앞서 인위적으로 모체 밖으로 배출하거나 모체 안에서 살해하는 것을 기본적 내용으로 하는 범죄다. 「형법」 각칙 제27장의 〈낙태의 죄〉는 부동의不同意낙태죄(270②), 부동의不同意낙태치사상죄(270③), 동의낙태죄(269②), 업무상동의낙태죄(270①), 동의·업무상동의낙태치사상죄(269③·270③) 및 자기낙태죄(269①)로 구성되어 있다.

▷ 〈낙태의 죄〉의 주된 보호법익은 태아의 생명(·신체)다. 부녀의 자기낙태 및 동의에 의한 낙태가 그렇지 않은 경우에 비해 형이 가벼운 것으로 볼 때에 임부의 생명 및 신체도 부차적인 보호법익으로 생각될 수 있다.

✓ 입법(·규정)형식상으로는 자기낙태죄(269①)가 〈낙태의 죄〉의 기본유형으로 되어 있고 부동의不同意낙태죄(270②)는 업무상동의낙태죄(270①)의 가중유형으로 되어 있지만, 이론상으로는 부동의不同意낙태죄(270②), 즉 부녀의 촉탁 또는 승낙 없이 낙태하게 한 경우가 단순낙태죄로서 그 기본유형으로 생각될 수 있다.

〈낙태의 죄〉의 개요

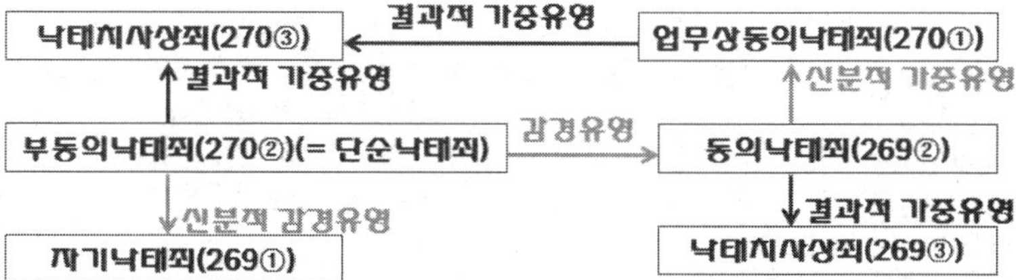

낙태의 개념

▷ 낙태란 자연의 분만기에 앞서 인공적으로 태아를 모체 밖으로 배출하는 것 혹은 태아를 모체 안에서 살해하는 것을 말한다. 부동의不同意낙태죄(270②) 등은 그와 같은 의미에서의 낙태가 행해짐으로써 기수에 이른다. 그런데 부동의不同意낙태죄(270②) 등에서의 실행행위인 낙태는 그 주된 보호법익인 태아의 생명 또는 신체가 현실적으로 침해될 것을 요하지 않고 태아의 생명 또는 신체가 위태롭게 되는 것으로 족하다고 생각된다. 이 점에서 부동의不同意낙태죄(270②) 등을 위험범으로 보아야 할 것이다. 그리고 행위자가 태아를 모체 밖으로 배출함으로써 그 주된 보호법익인 태아의 생명 또는 신체에 위험이 발생한 것으로 간주되며 배출행위로 인해 태아의 생명 또는 신체에 대한 구체적인 위험이 발생할 것을 요하지 않는 점에서 부동의不同意낙태죄(270②) 등을 추상적 위험범으로 보아야 할 것이다.

▷ 낙태의 방법으로서 자기낙태죄(269①)는 '약물 기타'를 규정하고 있다. 여기에서 '기타'의 방법에는 부녀가 타인에게 낙태를 시행케 하는 것도 포함된다. 따라서 부녀가 타인에게 낙태를 촉탁하거나 승낙해서 그 타인으로 하여금 낙태케 한 경우에 그 부녀의 행위는 동의낙태죄(269②) 또는 업무상동의낙태죄(270①)의 교사 내지 방조가 아니라 자기낙태죄(269①)를 구성한다. [사례2-2-1] 에서 甲에 대해서는 자기낙태죄(269①)가 문제된다. 물론 乙에 대해서는 업무상동의낙태죄(270①)가 문제된다.

「모자보건법」에 따른 낙태행위의 위법성조각 - 인공임신중절의 허용성

▷ 낙태의 실제상의 처벌가능성*, 의학적·우생학적·사회경제적·윤리적 견지에서의 허용의 필요성 등을 감안할 때에 일정한 조건하에서 낙태가 허용될 필요가 있다. 이에 따라 「모자보건법」 제14조는 일정한 조건하에 본인과 배우자**의 동의에 따라 의사에 의한 인공임신중절수술을 허용하고 있다. 그 일정한 조건이란은 본인 또는 배우자가 대통령령이 정하는 우생학적 또는 유전학적 정신장애나 신체질환이 있는 경우, 본인 또는 배우자가 대통령령이 정하는 전염성 질환이 있는 경우, 강간 또는 준準강간에 의해 임신된 경우, 법률상 혼인할 수 없는 혈족 또는 인척간에 임신된 경우, 임신의 지속이 보건의학적 이유로 모체의 건강을 심히 해하고 있거나 해할 우려가 있는 경우를 말한다. 그리고 「모자보건법시행령」 제15조에 따라 인공임신중절수술은 임신한 날로부터 28주일 이내에 있는 자에 한해서 행해질 수 있다. 이와 같은 규정에 따라 인공임신중절수술을 받은 자와 수술을 행한 자는 「형법」 제269조 제1항 및 제2항, 제270조 제1항의 죄로 처벌되지 않는다(모자보건법28)－[대법원판결 1976. 7. 13. 75도1205].

* 2005년 9월 12일 보건복지부가 발표한 '전국 인공 임신중절(낙태) 실태조사'는 국내에서 행해지는 낙태시술이 연간 35만건에 이르는 것으로 추산했다. 이 조사는 2005년 5월부터 8월까지 전국 200여개 산부인과 병·의원과 무작위로 추출된 4000명의 가임기 여성을 대상으로 이루어졌다. 이 조사에 따르면, 낙태시술의 대부분이 임신 12주 미만의 기간 중에 행해지고 있으며, 전국의 산부인과 병·의원의 80%가 낙태시술을 행하고 있다고 한다. 낙태의 이유로서는 미혼여성의 경우에는 95%가 미혼모·미성년 등을 꼽았으며 기혼여성의 경우에는 75%가 이른바 터울 조절 등을 꼽았다고 한다. 경제적인 이유에서 낙태시술이 행해진 경우는 17.6%였다고 한다. 이 조사는 일반 여성의 85.1%가 낙태시술을 허용하는 것에 찬성하는 것으로 보고하고 있다(조선일보 2005년 9월 13일자, A10면).

** 사실상의 혼인관계에 있는 자를 포함한다. 배우자의 사망·실종·행방불명 기타 부득이한 사유로 인해 그 동의를 얻을 수 없는 경우에는 본인의 동의만으로 그 수술을 행할 수 있으며, 본인 또는 배우자가 심신장애로 의사표시를 할 수 없는 때에는 그 친권자 또는 후견인의 동의로, 친권자 또는 후견인이 없는 때에는 부양의무자의 동의로 각각 그 동의에 갈음할 수 있다(모자보건법14②③).

낙태치사상죄(270③·269③·270③)

▷ 부동의不同意낙태치사상죄(270③), 동의낙태치사상죄(269③) 및 업무상동의낙태치사상죄(270③)는 각각 그 기본범죄로서의 부동의不同意낙태죄(270②), 동의낙태죄(269②) 및 업무상동의낙태죄(270①)의 결과적 가중범이다. 즉, 고의의 낙태행위로 인해 임부를 과실 또는 업무상과실로 사상에 이르게 하는 것이다. 그런데 낙태행위에 통상 수반되는 현상으로서 임부의 생리적 기능이 저하된 것만으로는 각각의 낙태치상죄는 문제되지 않는다고 보아야 할 것이다. 그러한 현상은 낙태행위의 개념적 내포를 이루는 것으로 보아야 할 것이고, 이러한 관점에서 〈낙태의 죄〉는 낙태행위에 통상 수반되는 현상으로서 임부에 대한 어느 정도의 상해를 이미 인식하고 있다고 보아야 할 것이기 때문이다. 따라서 낙태행위 그 자체가 〈낙태의 죄〉를 구성하는 것과는 별도로 임부에 대한 상해행위에 해당되는 것은 아니며－[대법원판결 2007. 6. 29. 2005도3832], 낙태행위에 통상 수반되는 정도를 넘어 임부의 건강상태를 불

[대법원판결 1976. 7. 13. 75도1205(모체의 건강을 해칠 우려가 현저하고 기형아 내지 불구아를 출산할 가능성마저 있어 부득이 취한 낙태수술행위와 위법성의 유무)] 임신의 지속이 모체의 건강을 해칠 우려가 현저할 뿐더러 기형아 내지 불구아를 출산할 가능성마저도 없지 않다는 판단하에 부득이 취하게된 산부인과 의사의 낙태 수술행위는 정당행위 내지 긴급피난에 해당되어 위법성이 없는 경우에 해당된다.

[대법원판결 2007. 6. 29. 2005도3832(태아가 사람으로 되는 시기; 제왕절개 수술의 경우 '의학적으로 제왕절개 수술이 가능하였고 규범적으로 수술이 필요하였던 시기(시기)'를 분만의 시기(시기)로 볼 수 있는지 여부; 태아를 사망에 이르게 하는 행위가 임산부에 대한 상해에 해당하는지 여부)] [1] 사람의 생명과 신체의 안전을 보호법익으로 하고 있는 형법의 해석으로는 규칙적인 진통을 동반하면서 분만이 개시된 때(소위 진통설 또는 분만개시설)가 사람의 시기(시기)라고 봄이 타당하다. [2] 제왕절개 수술의 경우 '의학적으로 제왕절개 수술이 가능하였고 규범적으로 수술이 필요하였던 시기(시기)'는 판단하는 사람 및 상황에 따라 다를 수 있어, 분만개시 시점 즉, 사람의 시기(시기)도 불명확하게 되므로 이 시점을 분만의 시기(시기)로 볼 수는 없다. [3] 현행 형법이 사람에 대한 상해 및 과실치사상의 죄에 관한 규정과는 별도로 태아를 독립된 행위객체로 하는 낙태죄, 부동의 낙태죄, 낙태치상 및 낙태치사의 죄 등에 관한 규정을 두어 포태한 부녀의 자기낙태행위 및 제3자의 부동의 낙태행위, 낙태로 인하여 위 부녀에게 상해 또는 사망에 이르게 한 행위 등에 대하여 처벌하도록 한 점, 과실낙태행위 및 낙태미수행위에 대하여 따로 처벌규정을 두지 아니한 점 등에 비추어 보면, 우리 형법은 태아를 임산부 신체의 일부로 보거나, 낙태행위가 임산부의 태아양육, 출산 기능의 침해라는 측면에서 낙태죄와는 별개로 임산부에 대한 상해죄를 구성하는 것으로 보지는 않는다고 해석된다. 따라서 태아를 사망에 이르게 하는 행위가 임산부 신체의 일부를 훼손하는 것이라거나 태아의 사망으로 인하여 그 태아를 양육, 출산하는 임산부의 생리적 기능이 침해되어 임산부에 대한 상해가 된다고 볼 수는 없다.

[대법원판결 2009. 7. 9. 2009도1025(태아를 사망에 이르게 하는 행위가 '임산부'에 대한 상해에 해당하는지 여부)] (…) 이 사건 공소사실의 요지는, '피고인들은 ○○대학교병원 소속 의사로서, 2006. 5. 11. 23:20경 복부의 지속적인 심한 통증을 호소하며 위 병원 응급실을 거쳐 산부인과로 내원한 임신 32주인 피해자를 진료함에 있어, 위에서 인정한 바와 같은 과실로, 피해자로 하여금 그 다음 날 06:40경 피해

량하게 만든 경우에 비로소 각각의 낙태치상죄가 문제된다. 판례는 아울러, 태아가 임부의 신체의 일부는 아니라는 점에서도 낙태행위 그 자체가 별도로 임부에 대한 상해행위에 해당될 여지는 없다고 한다-[대법원판결 2007. 6. 29. 2005도3832]. 따라서 가령 업무상과실로 인해 태아를 사망케 한 경우에 과실에 의한 낙태가 불가벌인 것은 물론이거니와 태아의 사망 그 자체만으로는 임부에 대한 업무상과실치상죄(268)도 문제되지 않는다. 그와는 달리 태아의 사망으로 인해 그것에 통상 수반되는 정도를 넘어 임부의 신체적·생리적 기능이 훼손된 사실이 인정되는 경우라면 임부에 대한 업무상과실치상죄(268)가 문제될 수 있는 것은 물론이다. [사례2-2-2] 에서 태아의 사망으로 인해 그것에 통상 수반되는 정도를 넘어 O의 신체적·생리적 기능이 훼손된 경우가 아니라면 O에 대한 업무상과실치상죄(268)가 성립될 여지는 없다-[대법원판결 2009. 7. 9. 선고 2009도1025].

▷ 한편, 각각의 낙태치사상죄가 성립되기 위해서 그 기본범죄가 기수에 이르러야 하는지에 관해서는 견해의 차이가 있다. 부동의不同意낙태치상죄(270③) 등이 낙태의 '죄를 범하여'라고 규정하고 있고, 「형법」은 〈낙태의 죄〉에서 그 미수를 처벌하는 규정을 두지 않고 있는 점에서, 각각의 낙태치사상죄가 성립되기 위해서는 그 기본범죄로서의 낙태죄가 기수에 이르러야 한다고 보아야 할 것이다.

자의 질에서 하혈이 있으면서 그 이전 불상의 시각에 피해자의 뱃속에 있던 32주 상태의 태아가 태반조기박리로 사망하게 하는 상해를 입게 하였다'는 것으로서, 이에 의하면, 검사는 태아를 사망에 이르게 한 피고인들의 행위가 산모인 피해자에 대한 상해에 해당한다고 보아 피고인들에 대하여 업무상과실치상죄로 공소를 제기하였음이 분명하다. 그런데 현행 형법이 사람에 대한 상해 및 과실치사상의 죄에 관한 규정과는 별도로 태아를 독립된 행위객체로 하는 낙태죄, 부동의 낙태죄, 낙태치상 및 낙태치사의 죄 등에 관한 규정을 두어 포태한 부녀의 자기낙태행위 및 제3자의 부동의 낙태행위, 낙태로 인하여 위 부녀에게 상해 또는 사망에 이르게 한 행위 등에 대하여 처벌하도록 한 점, 과실낙태행위 및 낙태미수행위에 대하여 따로 처벌규정을 두지 아니한 점 등에 비추어보면, 우리 형법은 태아를 임산부 신체의 일부로 보거나, 낙태행위가 임산부의 태아양육, 출산 기능의 침해라는 측면에서 낙태죄와는 별개로 임산부에 대한 상해죄를 구성하는 것으로 보지는 않는다고 해석되고, 따라서 태아를 사망에 이르게 하는 행위가 임산부 신체의 일부를 훼손하는 것이라거나 태아의 사망으로 인하여 그 태아를 양육, 출산하는 임산부의 생리적 기능이 침해되어 임산부에 대한 상해가 된다고 볼 수는 없다. 이러한 법리에 비추어 보면, 이 사건에서 비록 피고인들의 과실로 인하여 태아가 사망에 이르렀다고 하더라도, 그러한 사정만으로는 산모인 피해자에 대한 상해가 된다고 할 수 없다. 그럼에도 불구하고 태아의 사망이 산모인 피해자에 대한 상해가 된다고 보아 이 사건 공소사실을 유죄로 인정한 원심판결에는 태아와 모체의 관계 또는 상해의 개념 등에 관한 법리를 오해한 위법이 있고, 이는 판결에 영향을 미쳤음이 분명하다. (…)

3. 주거침입죄의 객체 및 실행행위

[사례2-3-1] X는 2008년 6월 13일 새벽 4시경에 대전 중구 유천동에 있는 아파트 앞에서 술에 취한 채 집으로 돌아가는 Y(여女)를 발견하고 Y를 강간할 생각으로 Y를 따라가 엘리베이터를 같이 탔다. X는 엘리베이터가 4층에 이르렀을 때 Y를 엘리베이터 구석으로 밀고 주먹으로 얼굴을 수회 때려 반항을 억압한 후 9층에서 피해자를 끌고 엘리베이터에서 내린 다음 12~13층 계단으로 Y를 끌고 갔다. X는 그곳에서 Y를 1회 강간하고, 그로 인해 Y는 약 2주간의 치료를 요하는 좌안 전방 출혈상을 입었다. X의 죄책은?

[사례2-3-2] 유부녀인 乙은 자신의 남편 O가 해외로 출장을 간 사이에 내연남 甲을 집으로 불러들여 정사를 나누었다. 甲의 죄책은?

[사례2-3-3] 丙은 평소에 마음대로 출입할 만큼 절친한 관계에 있던 옆집이 비어 있는 틈을 타 물건을 훔치러 그 집에 들어갔다. 丙의 죄책은?

▷ 「형법」 각칙 제36장은 〈주거침입의 죄〉를 규정하고 있는데 전자에 속하는 것으로서는 주거침입죄(319①)와 퇴거불응죄(3190②), 특수주거침입·특수퇴거불응죄(320) 및 신체주거등수색죄(321)가 있다.

〈주거침입의 죄〉의 개요

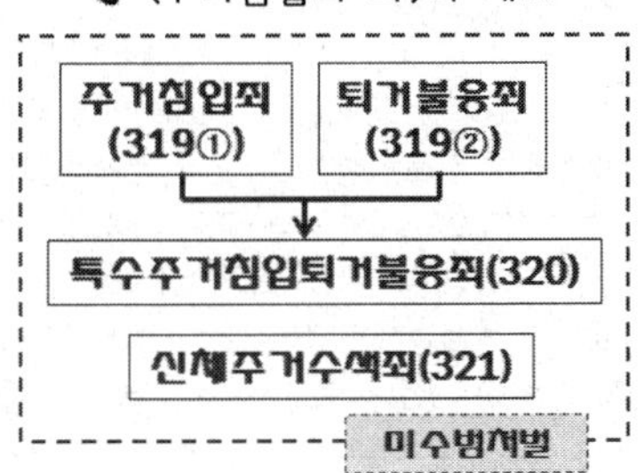

✓ 「폭력행위등처벌에관한법률」 제2조에 따라 주거침입죄(319①) 및 퇴거불응죄(319②)의 상습범은 가중처벌되고, 같은 법률 제3조는 특수주거침입 및 특수퇴거불응에 관해 규정을 두고 있다.

▷ 〈주거침입의 죄〉는 무엇보다도「헌법」제16조가 보장하는 주거의 자유를 구체화하는 규정으로 이해될 수 있는데, 그 보호법익에 관해서는 견해의 차이가 있다. 그 보호법익은 주거의 사실상의 평온이라는 것이 판례의 입장이자-[대법원판결 1995. 9. 15. 94도2561] 학설로서도 유력하다. 이와는 달리 그 보호법익을 주거권으로 보는 입장도 있고, 주거 등의 종류를 구분해서 주택 등과 같은 사적私的 영역에 대한 침입 등의 경우에는 주거의 사실상의 평온이 보호법익이 되지만 백화점 등과 같이 공중의 자유로운 출입이 허용된 구역에 대한 침입 등의 경우에는 업무상의 평온과 비밀이 보호법익 된다는 견해*도 있다.

* 任雄, 刑法各論, 改訂版·補訂, 2006, 239면.

■ 주거침입죄(319①)의 객체 및 실행행위

▷ 주거침입죄(319①)의 객체는 사람의 주거, 관리하는 건조물, 선박이나 항공기 또는 점유하는 방실이다. 여기에 침입하는 행위가 주거침입죄를 구성한다. 판례는 다가구용 단독주택이나 공동주택 내부에 있는 엘리베이터, 공용 계단 및 복도도 주거침입죄(319①)의 객체인 주거에 해당된다고 한다-[대법원판결 2009. 9. 10. 2009도4335]. 이에 따르면, [사례2-3-1] 에서 X는「형법」상의 강간상해죄(301)(: 그 법정형은 '무기 또는 5년 이상의 징역')가 아니라「성폭력범죄의처벌및피해자보호등에관한법률」상의 특수강도강간등상해죄(성폭력범죄의처벌및피해자보호등에관한법률9)(: 그 법정형은 '무지 또는 7년 이상의 징역')의 죄책을 지게 된다.

▷ 주거침입죄(319①)의 실행행위로서의 침입이란 거주자 등의 의사에 반해서 주거 등에 들어가는 것으로 해석되는 까닭에 거주자 등의 의사意思에 반하지 않고, 즉 거주자 등의 승낙을 얻어서 주거 등에 들어가는 경우는 침입에 해당되지 않으므로 구성요건에 해당되지 않는 것으로 이해된다. 이 점에서 주거침입죄(319①)에서의 피해자의 동의를 위법성조각사유가 아니라 이미 구성요건해당성배제사유, 즉 양해로 입장이 학설로서 우세하다. 판례는 "복수의 주거권자가 있는 경우 한 사람의 승낙이 다른 거주자의 의사意思에 직접·간접으로 반하는 경우에는 그에 의한 주거에의 출입은 그 의사意思에 반한 사람의 주거의 평온 즉 주거의 지배·관리의 평온을 해치는 결과가 되므로 주거침입죄가 성립"하는 것으로 본다-[대법원판결 1984. 6. 26. 83도685]. 이에 따르면, [사례2-3-2] 에서 O가 부재중인 경우라도 주거에 대한 O의 지배관리가 외관상 존재하는 상태로 인정되는 한에서는 설사 甲이 O의 아내인 乙의 의사意思에 기해 그 주거에 들어갔더라도 사회통념상 간통의 목적으로 주거에 들어간 것은 甲의 의사意思에 반해서 들어간 것이므로 甲의 행위는 주거침입죄(319①)를 구성한다. 한편, 일정한 장소에 마음대로 출입하는 것이 허용되어 있는 경우라도 그 장소에 들어갈 당시에 그 장소의 주거자 내지 관리자의 반대의사가 명백히 추정되는 때에는 그것은 침입행위에 해당된다. [사례2-3-3] 에서 丙으로서는 옆집에 출입하는 것이 평소 허용되어 있다고 하더라도 범죄의 목적으로 들어가는 것에 대해서는 그 주거자의 반대의사가 명

[대법원판결 1995. 9. 15. 94도2561(주거침입죄의 성립과 그 범의; 주거침입죄의 실행의 착수와 미수범; 야간에 타인의 집 창문을 열고 얼굴을 들이미는 등의 행위에 관하여 주거침입죄의 기수를 인정한 사례)] 가. 주거침입죄는 사실상의 주거의 평온을 보호법익으로 하는 것이므로, 반드시 행위자의 신체의 전부가 범행의 목적인 타인의 주거 안으로 들어가야만 성립하는 것이 아니라 신체의 일부만 타인의 주거 안으로 들어갔다고 하더라도 거주자가 누리는 사실상의 주거의 평온을 해할 수 있는 정도에 이르렀다면 범죄구성요건을 충족하는 것이라고 보아야 하고, 따라서 주거침입죄의 범의는 반드시 신체의 전부가 타인의 주거 안으로 들어간다는 인식이 있어야만 하는 것이 아니라 신체의 일부라도 타인의 주거 안으로 들어간다는 인식이 있으면 족하다. 나. '가'항의 범의로써 예컨대 주거로 들어가는 문의 시정장치를 부수거나 문을 여는 등 침입을 위한 구체적 행위를 시작하였다면 주거침입죄의 실행의 착수는 있었다고 보아야 하고, 신체의 극히 일부분이 주거 안으로 들어갔지만 사실상 주거의 평온을 해하는 정도에 이르지 아니하였다면 주거침입죄의 미수에 그친다. 다. 야간에 타인의 집의 창문을 열고 집 안으로 얼굴을 들이미는 등의 행위를 하였다면 피고인이 자신의 신체의 일부가 집 안으로 들어간다는 인식하에 하였더라도 주거침입죄의 범의는 인정되고, 또한 비록 신체의 일부만이 집 안으로 들어갔다고 하더라도 사실상 주거의 평온을 해하였다면 주거침입죄는 기수에 이르렀다.

[대법원판결 2009. 9. 10. 2009도4335(다가구용 단독주택이나 공동주택 내부에 있는 엘리베이터, 공용 계단과 복도가 주거침입죄의 객체인 '사람의 주거'에 해당하는지 여부; 피고인이 강간할 목적으로 피해자를 따라 피해자가 거주하는 아파트 내부의 엘리베이터에 탄 다음 그 안에서 폭행을 가하여 반항을 억압한 후 계단으로 끌고 가 피해자를 강간하고 상해를 입힌 사안에서, 피고인이 성폭력범죄의 처벌 및 피해자보호 등에 관한 법률 제5조 제1항에 정한 주거침입범의 신분을 가지게 되었다는 이유로, 주거침입을 인정하지 않고 강간상해죄만을 선고한 원심판결을 파기한 사례)] [1] 주거침입죄에 있어서 주거란 단순히 가옥 자체만을 말하는 것이 아니라 그 정원 등 위요지를 포함한다. 따라서 다가구용 단독주택이나 다세대주택·연립주택·아파트 등 공동주택 안에서 공용으로 사용하는 엘리베이터, 계단과 복도는 주거로 사용하는 각 가구 또는 세대의 전용 부분에 필수적으로 부속하는 부분으로서 그 거주자들에 의하여 일상생활에서 감시·관리가 예정되어 있고 사실상의 주거의 평온을 보호할 필요성이 있는 부분이므로, 다가구용 단독주택이나 다세대주택·연립주택·아파트 등 공동주택의 내부에 있는 엘리베이터, 공용 계단과 복도는 특별한 사정이 없는 한 주거침입죄의 객체인 '사람의 주거'에 해당하고, 위 장소에 거주자의 명시적, 묵시적 의사에 반하여 침입하는 행위는 주거침입죄를 구성한다. [2] 피고인이 강간할 목적으로 피해자를 따라 피해자가 거주하는 아파트 내부의 엘리베이터에 탄 다음 그 안에서 폭행을 가하여 반항을 억압한 후 계단으로 끌고 가 피해자를 강간하고 상해를 입힌 사안에서, 피고인이 성폭력범죄의 처벌 및 피해자보호 등에 관한 법률 제5조 제1항에 정한 주거침입범의 신분을 가지게 되었다는 이유로, 주거침입을 인정하지 않고 강간상해죄만을 선고한 원심판결을 파기한 사례.

[대법원판결 1984. 6. 26. 83도685(거주자중 1인의 승낙은 있으나 타거주자의 의사에 반하여 주거에 출입하는 경우 주거침입죄의 성부; 남편의 부재중 간통의 목적으로 처의 승낙하에 주거에 들어간 경우 주거침입죄의 성부)] 가. 형법상 주거침입죄의 보호법익은 주거권이라는 법적 개념이 아니고 사적 생활관계에 있어서의 사실상 주거의 자유와 평온으로서 그 주거에서 공동생활을 하고 있는 전원이 평온을 누릴 권리가 있다 할 것이나 복수의 주거권자가 있는 경우 한 사람의 승낙이 다른

백히 추정되므로 그것은 침입행위에 해당된다-[대법원판결 1983. 7. 12. 83도1394]. 이 점에서 침입의 여부, 즉 주거자 등의 의사意思에 반해서 들어간 것인지의 여부를 판단하는 데에 있어서 주거자의 등의 의사에는 명시적인 것뿐만 아니라 주의의 사정에 따라 추정되는 것도 포함된다.

▲ 주거침입죄(319①)의 실행의 착수시기 및 기수시기

▷ 주거침입죄(319①)의 실행행위는 침입이므로 그 실행의 착수시기는 행위자가 침입을 착수한 때가 된다. 그런데 실행의 착수시기에 관한 학설로서 '실질적 객관설'의 관점에서는, 침입행위와 밀접한 관련성을 가지기 때문에 실질적으로는 침입행위의 구성부분으로 여겨질 수 있는 행동, 즉 당연히 또는 자연히 침입행위의 구성부분으로 파악되는 행위가 개시된 때에 실행의 착수가 인정되거나, 혹은 보호법익으로서의 주거의 사실상의 평온에 대한 직접적인 동요가 개시된 때에 실행의 착수가 인정된다. 또한, "절충설'로서 이른바 '객관적 절충설(: 주관적 객관설)'에 따르면, 행위자의 범행계획에 비추어볼 때에 침입행위가 개시되었다고 볼 수 있는 시점, 따라서 행위자의 범행계획에 의하면 침입행위의 구성부분으로 여겨질 수 있는 행동이 개시되었다고 볼 수 있는 시점이 실행의 착수시기가 된다-[대법원판결 2006. 9. 14. 2006도2824].

▷ 주거침입죄(319①)는 구성요건상 단순거동범이므로 그 실행행위인 침입행위가 완성된 때에 기수에 이른다. 그런데 침입행위가 언제 완성되는지에 관해서는 견해의 차이가 있다. 다수설은 타인의 주거 등에 행위자의 신체가 전부 들어간 때에 침입행위가 완성되는 것으로 보고 그 때에 주거침입죄(319①)는 기수에 이르며, 행위자의 신체의 일부만이 들어간 데에 그친 때에는 그 미수(322)에 해당된다고 한다. 이와는 달리, 주거침입죄(319①)의 실행행위인 침입의 완성 여부는 보호법익의 관점에서 파악되어야 하므로 타인의 주거 등에 행위자의 신체의 일부만이 들어간 데에 그쳤더라도 주거의 사실상의 평온이 침해된 경우에는 주거침입죄(319①)는 이미 기수에 이른 것으로 해석하는 견해* 도 있다. 이는 판례의 입장이기도 하다-[대법원판결 1995. 9. 15. 94도2561]. 이에 따르면, 타인의 주거 등에 행위자의 신체의 전부가 들어갔더라도 주거의 사실상의 평온이 아직 침해되지 않고 있는 동안에는 침입행위는 완성되지 않은 것이므로 기껏해야 주거침입죄(319①)의 미수범(322)이 문제될 뿐이게 된다. 또한, 그와 같은 관점에서 주거침입죄(319①)는 침해범이라고 한다**. 한편, 주거침입죄(319①)는 그 실행행위가 완성되어 기수에 이르면 그로써 또한 그 위법행위가 종료되는 상태범에 해당된다는 견해가 있는가 하면, 주거침입죄(319①)는 그 실행행위가 완성되어 기수에 이르더라도 행위자가 퇴거할 때까지는 그 위법행위가 계속되는 계속범에 해당된다는 견해***도 있다. 후자에 따르면, 주거침입죄(319①)의 경우에 그 공소시효의 기산점은 행위자가 퇴거한 시점이 되고, 그 시점까지 종범(32) 등의 성립이 가능하며, 또한 그 시점까지 주거자 등은 침입행위자에 대해 정당방위를 할 수 있다. 이렇게 보면, 주거침입죄(319①)를 계속범으로 보는 것이 그것을 상태범으로 보는 것보다 피해자에게 유리하게 작용하는 점도

거주자의 의사에 직접·간접으로 반하는 경우에는 그에 의한 주거에의 출입은 그 의사에 반한 사람의 주거의 평온 즉 주거의 지배·관리의 평온을 해치는 결과가 되므로 주거침입죄가 성립한다. 나. 동거자중의 1인이 부재중인 경우라도 주거의 지배관리관계가 외관상 존재하는 상태로 인정되는 한 위 법리에는 영향이 없다고 볼 것이니 남편이 일시 부재중 간통의 목적하에 그 처의 승낙을 얻어 주거에 들어간 경우라도 남편의 주거에 대한 지배관리관계는 여전히 존속한다고 봄이 옳고 사회통념상 간통의 목적으로 주거에 들어오는 것은 남편의 의사에 반한다고 보여지므로 처의 승낙이 있었다 하더라도 남편의 주거의 사실상의 평온은 깨어졌다 할 것이므로 이러한 경우에는 주거침입죄가 성립한다고 할 것이다.

[대법원판결 1983. 7. 12. 83도1394(평소 무상출입하던 주거에 범죄의 목적으로 들어간 경우와 주거침입죄의 성부)] 피고인이 피해자와 이웃 사이어서 평소 그 주거에 무상출입하던 관계에 있었다 하더라도 범죄의 목적으로 피해자의 승낙없이 그 주거에 들어간 경우에는 주거침입죄가 성립된다.

[대법원판결 2006. 9. 14. 2006도2824(야간주거침입절도죄의 실행의 착수시기; 주거침입죄의 실행의 착수시기 및 출입문이 열려 있으면 안으로 들어가겠다는 의사 아래 출입문을 당겨보는 행위를 주거침입의 실행에 착수한 것으로 볼 수 있는지 여부)] [1] 야간에 타인의 재물을 절취할 목적으로 사람의 주거에 침입한 경우에는 주거에 침입한 단계에서 이미 형법 제330조에서 규정한 야간주거침입절도죄라는 범죄행위의 실행에 착수한 것이라고 보아야 한다. [2] 주거침입죄의 실행의 착수는 주거자, 관리자, 점유자 등의 의사에 반하여 주거나 관리하는 건조물 등에 들어가는 행위, 즉 구성요건의 일부를 실현하는 행위까지 요구하는 것은 아니고 범죄구성요건의 실현에 이르는 현실적 위험성을 포함하는 행위를 개시하는 것으로 족하므로, 출입문이 열려 있으면 안으로 들어가겠다는 의사 아래 출입문을 당겨보는 행위는 바로 주거의 사실상의 평온을 침해할 객관적인 위험성을 포함하는 행위를 한 것으로 볼 수 있어 그것으로 주거침입의 실행에 착수한 것으로 보아야 한다.

[대법원판결 1995. 9. 15. 94도2561(주거침입죄의 성립과 그 범의; 주거침입죄의 실행의 착수와 미수범; 야간에 타인의 집 창문을 열고 얼굴을 들이미는 등의 행위에 관하여 주거침입죄의 기수를 인정한 사례)] 가. 주거침입죄는 사실상의 주거의 평온을 보호법익으로 하는 것이므로, 반드시 행위자의 신체의 전부가 범행의 목적인 타인의 주거 안으로 들어가야만 성립하는 것이 아니라 신체의 일부만 타인의 주거 안으로 들어갔다고 하더라도 거주자가 누리는 사실상의 주거의 평온을 해할 수 있는 정도에 이르렀다면 범죄구성요건을 충족하는 것이라고 보아야 하고, 따라서 주거침입죄의 범의는 반드시 신체의 전부가 타인의 주거 안으로 들어간다는 인식이 있어야만 하는 것이 아니라 신체의 일부라도 타인의 주거 안으로 들어간다는 인식이 있으면 족하다. 나. '가'항의 범의로써 예컨대 주거로 들어가는 문의 시정장치를 부수거나 문을 여는 등 침입을 위한 구체적 행위를 시작하였다면 주거침입죄의 실행의 착수는 있었다고 보아야 하고, 신체의 극히 일부분이 주거 안으로 들어갔지만 사실상 주거의 평온을 해하는 정도에 이르지 아니하였다면 주거침입죄의 미수에 그친다. 다. 야간에 타인의 집의 창문을 열고 집 안으로 얼굴을 들이미는 등의 행위를 하였다면 피고인이 자신의 신체의 일부가 집 안으로 들어간다는 인식하에 하였더라도 주거침입죄의 범의는 인정되고, 또한 비록 신체의 일부만이 집 안으로 들어갔다고 하더라도 사실상 주거의 평온을 해하였다면 주거침입죄는 기수에 이르렀다.

있어서 낫다고 생각될 수 있다.

* 任雄, 刑法各論, 改訂版·補訂, 2006, 246면.
** 주거침입죄(319①) 규정의 보호법익이 주거권이라는 입장에서는 그것을 위험범으로 보게 된다.
*** 任雄, 刑法各論, 改訂版·補訂, 2006, 246면 등.

주거침입죄(319①)와 기타 범죄와의 관계

▷ 주거침입죄(319①)는 여타의 범죄를 위한 수단으로서 행해지는 경우가 많다. 그런데 주거침입이 가령 야간주거침입절도죄(330)나 특수절도죄(331①) 등에서와 같이 별개의 독립된 범죄의 구성요건을 이루고 있는 경우나 혹은 여타의 범행에 항상 직접적이고도 필연적으로 수반되는 경우 등이 아니라면 주거침입죄(319①)는 여타의 범죄와 실체적 경합관계에 있다. 그래서 예컨대 흉기를 들고 타인의 주거에 침입해서 강간을 한 경우에는 「폭력행위등처벌에관한법률」 제3조의 특수주거침입죄와 「성폭력범죄의처벌및피해자보호등에관한법률」 제6조의 특수강간죄가 각각 성립하고 양자는 실체적 경합관계에 있다-[대법원판결 1988. 12. 13. 88도1807]. 또한, 절도의 목적으로 주간에 타인의 주거에 침입해서 계획대로 절도를 범한 경우에도 주거침입죄(319①)와 절도죄(329)가 각각 성립하고 양자는 실체적 경합관계에 있다-[대법원판결 2008. 11. 27. 2008도7820]. 다만, 판례는 「특정범죄가중처벌등에관한법률」 제5조의4 제1항의 상습절도죄 등을 범할 목적으로 타인의 주거에 침입한 경우에는 주거침입행위가 절도의 상습성의 발현인 한에서는 그 상습절도죄 등에 흡수될 뿐 별도로 주거침입죄(319①)가 문제되지는 않는다고 한다-[대법원판결 1984. 12. 26. 84도1573]. 그렇지만 [대법원판결 1984. 12. 26. 84도1573]의 소수의견이 개진하는 것처럼 주거침입행위가 유독 상습절도죄 등(특정범죄가중처벌등에관한법률5의4①)의 경우에만 그것에 흡수된다고 보아야 할 이유는 없다고 생각되며, 이 점은 주거침입행위가 절도의 상습성의 발현이라고 하더라도 다르지 않다고 생각된다. 한편, 판례는 「특정범죄가중처벌등에관한법률」 제5조의4 제5항의 이른바 누범가중절도죄 등과 주거침입죄(319①)는 실체적 경합관계에 있다고 한다-[대법원판결 2008. 11. 27. 2008도7820].

[대법원판결 1988. 12. 13. 88도1807, 88감도130(주거침입죄와 강간죄와의 죄수; 강간미수죄와 폭력행위등처벌에관한법률위반상의 공갈죄가 사회보호법 제16조 제2항의 동종 또는 유사한 죄에 해당하는지 여부)] 가. 야간에 흉기를 들고 사람의 주거에 침입하여 강간을 한 경우에는 폭력행위등처벌에관한법률위반(주거침입)죄와 강간죄가 성립하고 이 경우 두 죄는 실체적 경합관계에 있다. 나. 강간미수죄와 폭력행위등처벌에관한법률위반상의 공갈죄는 그 죄명과 죄질, 보호법익, 범죄의 수법과 경향, 범죄의 유형 등이 같다고 할 수 없어서 사회보호법 제6조 제2항에서 말하는 동종 또는 유사한 죄에 해당하지 않는다.

[대법원판결 2008. 11. 27. 2008도7820(특정범죄가중처벌 등에 관한 법률 제5조의4 제5항 위반죄를 범한 절도범인이 그 범행수단으로 주간에 주거침입을 한 경우의 죄수)] 특정범죄가중처벌 등에 관한 법률 제5조의4 제5항은 범죄경력과 누범가중에 해당함을 요건으로 하는 반면, 같은 조 제1항은 상습성을 요건으로 하고 있어 그 요건이 서로 다르다. 또한, 형법 제330조의 야간주거침입절도죄 및 제331조 제1항의 손괴특수절도죄를 제외하고 일반적으로 주거침입은 절도죄의 구성요건이 아니므로, 절도범인이 그 범행수단으로 주거침입을 한 경우에 그 주거침입행위는 절도죄에 흡수되지 아니하고 별개로 주거침입죄를 구성하여 절도죄와는 실체적 경합의 관계에 서는 것이 원칙이다. 따라서 주간에 주거에 침입하여 절도함으로써 특정범죄가중처벌 등에 관한 법률 제5조의4 제5항 위반죄가 성립하는 경우, 별도로 형법 제319조의 주거침입죄를 구성한다.

[대법원판결 1984. 12. 26. 84도1573(특정범죄가중처벌등에관한법률 제5조의4 제1항 소정의 상습절도 등 죄를 범한 범인이 그 범행의 수단으로 주거침입을 한 경우의 죄책)]「다수의견」특정범죄가중처벌등에관한법률 제5조의4 제1항에 규정된 상습절도등 죄를 범한 범인이 그 범행의 수단으로 주거침입을 한 경우에 주거침입행위는 상습절도등 죄에 흡수되어 위 법조에 규정된 상습절도등죄의 1죄만이 성립하고 별개로 주거침입죄를 구성하지 않으며, 또 위 상습절도등 죄를 범한 범인이 그 범행 외에 상습적인 절도의 목적으로 주거침입을 하였다가 절도에 이르지 아니하고 주거침입에 그친 경우에도 그것이 절도상습성의 발현이라고 보여지는 이상 주거침입행위는 다른 상습절도등 죄에 흡수되어 위 법조에 규정된 상습절도등의 1죄만을 구성하고 이 상습절도등 죄와 별개로 주거침입죄를 구성하지 않는다.「소수의견」법률에 특별히 규정된 경우를 제외하고는 주거침입죄는 그 목적여하에 불구하고 그 목적하는 죄와 별도로 성립하는 것이며 그 목적때문에 주거침입죄의 성립여부에 영향을 받을리 없다 할 것이므로, 원래 별개의 주거침입죄를 유독 그가 목적하는 상습절도의 경우에만 동 상습절도등 죄에 흡수 내지 포괄된다고 볼 수는 없다.「소수의견」위 법 제5조의4 제1항은 상습으로 절도죄를 범한 자를 가중처벌함으로써 사회질서를 유지하려는 형사정책적인 고려에서 나온 규정으로 동 조항을 구성하는 행위는 거기에 열기되어 있는 형법 제329조 내지 제331조의 죄 또는 그 미수죄에 한정하고 있으므로, 형법 제319조의 주거침입죄는 비록 상습성의 발현으로서의 절도목적의 주거침입이라 하여도 거기에 열리되어 있지 않은 이상 위 법조에 포함시켜 처벌할 수 없다.

4. 퇴거불응죄

퇴거불응죄(319②)

▷ 퇴거불응죄(319②)는 사람의 주거, 관리하는 건조물, 선박이나 항공기 또는 점유하는 방실에 거주자 등의 의사에 반하지 않고 들어오거나 혹은 과실로 들어온 자가 그 곳에

서 퇴거요구를 받고 그것에 응하지 않는 것이다. 이와 같이 퇴거불응죄(319②)는 진정 부작위범의 전형이다.

▷ 퇴거불응죄(319②)는 퇴거요구에 응하지 않음으로써 실행의 착수가 인정되고, 퇴거에 필요한 시간이 경과함으로써 기수에 이르는 것으로 해석된다. 퇴거불응죄(319②)의 경우에도 주거침입죄(319①)의 경우와 마찬가지로 그 미수범은 처벌된다(322). 그리고 범죄가 기수에 이른 후에도 행위자가 퇴거하지 않고 있는 동안은 부작위로서의 퇴거불응행위는 계속되고 퇴거함으로써 비로소 범죄가 종료되는 것으로 해석된다. 이 점에서 퇴거불응죄(319②)는 계속범이다.

▷ 이미 거주자 등의 의사에 반해서 주거 등에 들어온 자가 거주자 등의 퇴거요구에 응하지 않는 경우는 주거침입죄(319①)만을 구성할 뿐 그것과는 별도로 퇴거불응죄(319②)를 구성하지는 않는다. 이 점은 주거침입죄(319①)를 상태범으로 보거나 계속범으로 보거나 마찬가지다. 즉, 주거침입죄(319①)가 상태범이라는 입장에서는 그러한 경우에 퇴거불응행위를 이른바 불가벌적 사후행위로서 취급하는 한편*, 주거침입죄(319①)가 계속범이라는 입장에서는 주거침입행위가 계속되고 있는 동안에는 따로 퇴거불응죄(319②)가 문제되지 않는다고 한다**. 후자의 입장은 주거침입죄(319①)와 퇴거불응죄(319②)가 법조경합의 관계, 특히 보충관계에 있는 것으로 이해한다.

---

* 金鍾源, 刑法各論 上卷, 改訂版, 1971, 145면 등.

** 任雄, 刑法各論, 改訂版補訂, 2006, 249면 등.

[제3강] 명예훼손죄·신용훼손죄·업무방해죄 등의 성부成否 / 공무집행방해죄와 업무방해죄의 관계 등

1. 명예훼손죄 등의 성부成否
2. 신용훼손죄·업무방해죄 등의 성부成否
3. 공무집행방해죄와 업무방해죄의 관계 등

1. 명예훼손죄 등의 성부成否

[사례3-1-1] 만 22세의 직장여성 X는 인터넷 포털사이트에서 유명 연예인 O에 관한 기사를 보자, O가 모 재벌 총수의 아이를 낳아준 대가로 수십억 원을 받았다는 소문을 떠올리고는, 그 기사란에 개똥녀라는 닉네임으로 "지고지순이 뜻이 뭔지나 아니? 모 재벌님하고의 관계는 끝났나?"라는 내용의 댓글을 게시했다. 그런데 O에 관한 그 소문은 사실무근이었고, X로서도 그 소문의 진위 여부를 몰랐다. X의 죄책은?

[사례3-1-2] 소설가 Y는 자신이 집필한 소설의 출판을 P도서출판의 대표 Z에게 제의했고, 그 제의에 따라 Y의 소설이 출판·판매되었다. 그런데 그 소설에는 "국가안전기획부는 1987년 대선에서 민주정의당 노태우 후보자의 당선을 위해, 북한의 지령을 받은 북한 공작원 김승일 및 김현희가 대한항공 858기를 폭파한 것으로 수사결과를 발표하기로 사전에 각본을 짜놓고, 소속 직원들로 하여금 미리 김포공항에서 대한항공 858기 화물칸에 외교행낭을 가장한 폭약을 탑재케 한 다음, 대한항공 858기가 1987. 11. 29. 아부다비를 이륙해서 서울을 향해 인도양 상공을 운항하고 있을 때 폭파시키고, 바레인 당국에 의해 체포된 김현희를 한국으로 압송한 후, 대한항공 858기 폭파사건이 북한의 지령에 의한 김현희의 범행이라는 허위의 수사결과를 발표했다. 필자는 1997년 이후 그와 같은 폭파 공작에서 중요한 역할을 담당한 해외공작원 A를 우연히 만나서 그 폭파사건의 실체에 대해 듣게 되었다."는 내용이 기술되어 있었다. Y와 Z의 죄책은?

▷ 명예와 신용에 대한 죄는 사람에 대한 사회적 평가를 침해하거나 위태롭게 하는 것이다. 「형법」 각칙 제33장의 〈명예에 관한 죄〉와 각칙 제34장의 〈신용, 업무와 경매에 관한 죄〉가 그것이다. 전자가 인격적 법익으로서의 사회적 평가에 대한 범죄인 한편, 후자는 경제적 요소를 포함하는 인격적 법익으로서의 사회적 평가에 대한 범죄라고 할 수 있고, 그 가운데에서도 업무에 관한 죄 및 경매에 관한 죄는 재산범적 성격이 강하다*.

* 金鍾源, 刑法各論 上卷, 改訂版, 1971, 152면.

▷ 〈명예에 관한 죄〉에는 단순명예훼손죄(307①)와 그 방법적 가중유형으로서의 허위사실명예훼손죄(307②)가 있고, 그 각각의 방법적 가중유형으로서 단순출판물명예훼손죄(309①) 및 허위사실출판물명예훼손죄(309②)가 있으며, 사자死者에 대한 허위사실명예훼손죄로서 사자명예훼손죄(308)가 있는 한편, 모욕죄(311)가 있다. 이 가운데에서 사자死者명예훼손죄와 모욕죄는 친고죄에 해당되고(312①) 나머지는 반의사불벌죄에 해당된다(312②).

〈명예에 관한 죄〉의 개요

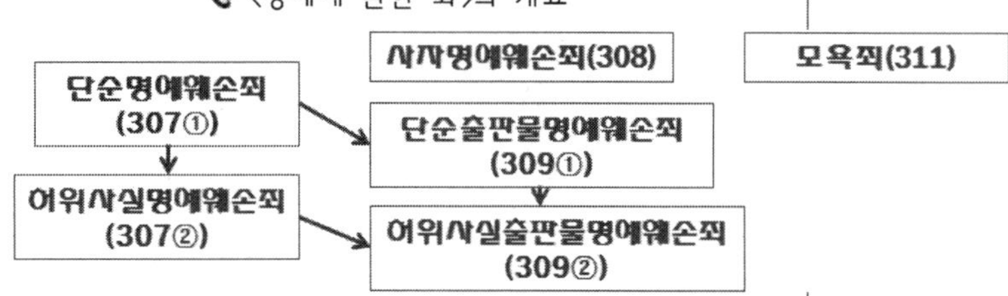

▷ 〈명예에 관한 죄〉는 「형법」 제307조 내지 제309조의 명예훼손의 죄와 제311조의 모욕죄로 구분될 수 있다. 양자兩者 공히 그 보호법익은 이른바 평판, 즉 사람의 인격적 가치에 대한 사회적 평가를 의미하는 이른바 외부적 명예

[대법원판결 1987. 5. 12. 87도739(명예훼손죄 및 모욕죄의 보호법익과 그 구별의 기준; 단순한 욕설이 명예훼손죄에 해당하는지 여부)] 가. 명예훼손죄와 모욕죄의 보호법익은 다같이 사람의 가치에 대한 사회적

라는 데에는 대체로 의견이 일치되는데, 명예훼손의 죄(307내지309)는 그러한 평가를 구체적인 사실의 적시를 통해 저하시키는 것인 반면에, 모욕죄(311)는 그러한 평가를 구체적인 사실의 적시가 아니라 단순한 추상적 판단이나 경멸적 감정의 표현을 통해 저하시키는 것이라고 한다. 요컨대, 명예훼손의 죄(307내지309)와 모욕죄(311)는 보호법익이 아니라 명예를 훼손하는 태양에서 차이가 있다고 한다-[대법원판결 1987. 5. 12. 87도739]. 그런데 근자의 판례 가운데에는 모욕죄(311)의 보호법익을 사람의 인격적 가치에 대한 그 자신의 주관적인 평가를 의미하는 이른바 명예감정으로 보는듯한 입장을 취한 것도 있다-[대법원판결 2007. 2. 22. 2006도8915]*.

* 판결의 대상이 된 사실관계에 관해서는 중앙일보 2007년 3월 12일자, 10면.

단순명예훼손죄(307①) 등에서의 사실의 적시 및 공연성

▷ 명예훼손의 죄(307내지309)의 기본유형인 단순명예훼손죄(307①)는 "공연히 사실을 적시하여 사람의 명예를 훼손"하는 것이다. 여기에서 사실의 적시란 과거 또는 현재의 구체적인 사실관계의 진술을 의미하며, 가치판단이나 평가를 내용으로 하는 의견표현에 대치되는 개념이라고 한다. 그 구별은 언어의 통상적 의미와 용법뿐만 아니라 입증가능성, 사용된 언어가 포함된 문맥 및 행위 당시의 사회적 상황 등을 고려해서 행해진다고 한다-[대법원판결 1998. 3. 24. 97도2956]. 따라서 가령 정보통신망이용명예훼손죄(정보통신망이용촉진및정보보호등에관한법률70)에 있어서의 사실의 적시도 사실이 반드시 직접적으로 표현된 경우만을 가리키는 것은 아니다. 즉, 간접적이고 우회적인 표현이라도 그것이 전체 문맥에 비추어 적시의 대상이 되는 사실의 존재를 암시하고, 이로 인해 특정인의 사회적 가치 내지 평가를 침해될 가능성이 있을 정도로 구체적인 것이라면 사실의 적시에 해당된다-[대법원판결 2008. 7. 10. 2008도2422]. 이와 같이 단순명예훼손죄(307①) 등에서의 사실의 적시에 해당되기 위해서는 사람의 사회적 가치 내지 평가를 저하시킬 정도의 구체성이 요구되며, 이 점에서 명예훼손의 죄(307내지309)가 모욕죄(311)로부터 구별된다-[대법원판결 1989. 3.14. 88도1397]. [사례3-1-1] 에서 X는 인터넷통신을 통해 O를 비방하는 내용의 댓글을 게시했는데, X가 게시한 댓글이 사실의 적시에 해당되는지의 여부가 문제된다. X로서는 그 댓글의 게시가 세간에 돌고 있는 소문에 대해 의문을 제기한 것에 지나지 않으므로 구체적인 사실을 적시에 해당되지 않는다는 주장을 할 수는 있겠지만, 이에 대해 대법원은 "사실의 적시란 반드시 사실을 직접적으로 표현한 경우에 한정할 것은 아니고, 간접적이고 우회적인 표현에 의하더라도 그 표현의 전 취지에 비추어 그와 같은 사실의 존재를 암시하고, 또 이로써 특정인의 사회적 가치 내지 평가가 침해될 가능성이 있을 정도의 구체성이 있으면 족"하다고 한다. 이에 따르면 X의 행위는 허위의 사실을 적시한 경우에 해당된다. 공연성 및 비방의 목적이 인정되는 한에서 X의 행위는 「정보통신망

평가인 이른바 외부적 명예인 점에서는 차이가 없으나 다만 명예훼손은 사람의 사회적 평가를 저하시킬 만한 구체적 사실의 적시를 하여 명예를 침해함을 요하는 것으로서 구체적 사실이 아닌 단순한 추상적 판단이나 경멸적 감정의 표현으로서 사회적 평가를 저하시키는 모욕죄와 다르다. 나. "늙은 화냥년의 간나, 너가 화냥질을 했잖아" 라고 한 피고인의 발언내용은 그 자체가 피해자의 사회적 평가를 저하시킬 만한 구체적 사실의 적시라기보다는 피고인이 피해자의 도덕성에 관하여 경멸적인 감정표현을 과장되게 강조한 욕설에 불과한 것으로서 이를 막바로 명예훼손죄로 의률할 수는 없다

[대법원판결 2007. 2. 22. 2006도8915("부모가 그런 식이니 자식도 그런 것이다"와 같은 표현으로 인하여 상대방의 기분이 다소 상할 수 있다고 하더라도 그 내용이 너무나 막연하여 그것만으로 곧 상대방의 명예감정을 해하여 형법상 모욕죄를 구성한다고 보기는 어렵다고 한 사례)] (…) 원심판결 이유에 의하면 원심은, 피고인이 (이름 생략)중학교 교무실에서 위 학교 학생인 공소외 1 등이 있는 자리에서 같은 교사인 공소외 2에게 큰 소리로 "공소외 3은 지 아비가 양아치니까 아들도 양아치 노릇을 한다. 공소외 3 그 새끼는 내가 경찰서에 처넣을 거야."라고 말하여 공연히 공소외 3의 아버지 공소외 4를 모욕하였다는 공소사실에 대하여, 당시 현장에 있었던 교사들인 공소외 2, 5는 피고인이 "부모가 그런 식이니 자식도 그런 것이다"라는 취지의 말을 하였을 뿐 위 공소사실과 같은 말을 한 적은 없다고 진술하고 있는 점, 피고인과 공소외 4는 언론보도 및 고소사건으로 인하여 불편한 관계에 있었던 점, 공소사실에 부합하는 진술을 한 공소외 1, 6은 공소외 3과 친구사이였고 공소외 4의 요구에 따라 진술서를 작성한 것으로 보이는 점 등에 비추어 보면, 공소외 4· 공소외 1, 6의 진술은 믿기 어렵고 다른 증거만으로는 공소사실을 인정하기에 부족하며 달리 이를 인정할 만한 증거가 없다는 이유로 이 부분 공소사실을 유죄로 인정한 제1심판결을 파기하고 무죄를 선고하였다. 관계 증거를 기록에 비추어 살펴보면, 원심의 이와 같은 판단은 수긍이 가고, 원심판결에 상고이유로 주장하는 바와 같이 채증법칙을 위반하여 사실을 잘못 인정한 위법이 있다고 볼 수 없다. 또한, 검사는 상고이유에서 "부모가 그런 식이니 자식도 그런 것이다"라는 말만으로도 모욕죄가 성립한다고 주장하나, 그와 같은 표현으로 인하여 상대방의 기분이 다소 상할 수 있다고 하더라도 그 내용이 너무나 막연하여 그것만으로 곧 상대방의 명예감정을 해하여 형법상 모욕죄를 구성한다고 보기는 어렵다 할 것이다. (…)

[대법원판결 1998. 3. 24. 97도2956(명예훼손죄에 있어서 '사실의 적시'의 의미 등)] (…) [4] 명예훼손죄에 있어서의 '사실의 적시'란 가치판단이나 평가를 내용으로 하는 의견표현에 대치되는 개념으로서 시간과 공간적으로 구체적인 과거 또는 현재의 사실관계에 관한 보고 내지 진술을 의미하는 것이며, 그 표현내용이 증거에 의한 입증이 가능한 것을 말하고 판단할 진술이 사실인가 또는 의견인가를 구별함에 있어서는 언어의 통상적 의미와 용법, 입증가능성, 문제된 말이 사용된 문맥, 그 표현이 행하여진 사회적 상황 등 전체적 정황을 고려하여 판단하여야 한다.

[대법원판결 2008. 7. 10. 2008도2422(구 정보통신망 이용촉진 및 정보보호 등에 관한 법률 제61조 제2항의 명예훼손죄가 성립하기 위한 '사실의 적시'의 정도; 적시한 사실이 이미 사회의 일부에서 다루어진 소문인 경우, 구 정보통신망 이용촉진 및 정보보호 등에 관한 법률 제61조 제2항 명예훼손죄의 공연성을 인정할 수 있는지 여부; 구 정보통신망 이용촉진 및 정보보호 등에 관한 법률 제61조 제2항에 정한 '사람을 비방할 목적'의 판단 방법; 인터넷 포탈사이트의 기사란에 마치 특정 여자연예인이 재벌의 아이를 낳았거나 그 대가를 받은 것처럼 댓글이 달린 상황에서 같은 취지의 댓글을 추가 게시한 경우, 구 정보통신

이용촉진및정보보호등에관한법률」 제70조 제2항의 허위사실정보통신망명예훼손죄를 구성한다. 한편, 범죄를 고발한 사실을 적시한 것이 단순명예훼손죄(307①) 내지 허위사실명예훼손죄(307②)에서의 사실의 적시에 해당되는지에 관해서 대법원은 고발한 사실 그 자체만으로는 고발인의 사회적 가치나 평가가 침해될 가능성이 없다고 한다-[대법원판결 2009. 9. 24. 2009도6687].

▷ 단순명예훼손죄(307①) 등에서의 사실의 적시는 공연성, 즉 공연히 행해질 것을 요한다. 판례는 공연성을 불특정 또는 다수인이 인식할 수 있는 상태 혹은 불특정다수인에게 전파될 가능성이 있는 상태로 해석한다-[대법원판결 1984. 4. 10. 83도49]. 이에 따르면, 가령 행위자가 개별적으로 1인에 대해 타인의 명예를 훼손하는 사실을 적시하더라도 그로부터 불특정 또는 다수인에게 전파될 가능성이 있는 경우에는 공연성의 요건이 충족된다-[대법원판결 2004. 4. 9. 2004도340]. 이러한 관점에서 판례는 "통상 기자가 아닌 보통 사람에게 사실을 적시할 경우에는 그 자체로서 적시된 사실이 외부에 공표되는 것이므로 그 때부터 곧 전파가능성을 따져 공연성 여부를 판단하여야 할 것이지만, 그와는 달리 기자를 통해 사실을 적시하는 경우에는 기사화되어 보도되어야만 적시된 사실이 외부에 공표된다고 보아야 할 것이므로 기자가 취재를 한 상태에서 아직 기사화하여 보도하지 아니한 경우에는 전파가능성이 없다고 할 것이어서 공연성이 없다고 봄이 상당하다"-[대법원판결 2000. 5. 16. 99도5622]고 하는 한편, "어느 사람에게 귀엣말 등 그 사람만 들을 수 있는 방법으로 그 사람 본인의 사회적 가치 내지 평가를 떨어뜨릴 만한 사실을 이야기하였다면, 위와 같은 이야기가 불특정 또는 다수인에게 전파될 가능성이 있다고 볼 수 없어 명예훼손의 구성요건인 공연성을 충족하지 못하는 것이며, 그 사람이 들은 말을 스스로 다른 사람들에게 전파하였더라도 위와 같은 결론에는 영향이 없다"-[대법원판결 2005. 12. 9. 2004도2880]고 하는데, 전파가능성의 유무를 확정하는 기준이 일관성을 유지할 수 있는지 그리고 사실의 적시가 기자에 대한 것인지의 여부 그 자체가 전파가능성을 판단하는 데에 결정적인 의미를 가지는 것인지에 관해서는 다소 의문이 든다.

단순명예훼손죄(307①) 등의 고의 등

▷ 고의란 범죄사실을 인식하고 적어도 그것을 인용하는 것을 말하므로, 가령 단순명예훼손죄(307①)의 고의가 인정되기 위해서는 공연히 사실을 적시해서 사람의 명예를 훼손하는 것을 행위자가 인식하고 최소한 그것을 인용했어야 한다. 그런데 단순명예훼손죄(307①) 등의 객관적 구성요건요소인 공연성은 적어도 전파가능성이 있는 경우에 인정된다고 본다면, 단순명예훼손죄(307①) 등의 고의가 인정되기 위해서는 적시된 사실의 전파가능성에 대한 인식 및 적어도 그것을 용인하는 내심의 의사가 요구된다. 허위사실명예훼손죄(307②)를 구성하기 위해서는 적시되는 사실의 내용이 허위라는 점에 대해서도 행위자의 인식이 요구되는 것은 물론이다. 그런데 행위자는 공연히 사실을 적시해서 타인의 명예를 훼손하는 것에 대한 고의가 있었는데 실제로는 적시된 사실의 내용이 허위인 경우에는 구성요건

망 이용촉진 및 정보보호 등에 관한 법률 제61조 제2항의 명예훼손죄가 성립한다고 한 사례 등)] (…) 구 정보통신망 이용촉진 및 정보보호 등에 관한 법률(2007. 12. 21. 법률 제8778호로 개정되기 전의 것, 이하 '구 법'이라고만 한다) 제61조 제2항에 규정된 정보통신망을 이용한 명예훼손죄에 있어서의 사실의 적시란 반드시 사실을 직접적으로 표현한 경우에 한정할 것은 아니고, 간접적이고 우회적인 표현에 의하더라도 그 표현의 전 취지에 비추어 그와 같은 사실의 존재를 암시하고, 또 이로써 특정인의 사회적 가치 내지 평가가 침해될 가능성이 있을 정도의 구체성이 있으면 족한 것인데, 원심판결 이유와 원심이 인용한 제1심판결의 채용 증거들에 의하면, 피고인은 인터넷 포탈사이트의 피해자에 대한 기사란에 그녀가 재벌과 사이에 아이를 낳거나 아이를 낳아준 대가로 수십억 원을 받은 사실이 없음에도 불구하고, 그러한 사실이 있는 것처럼 댓글이 붙어 있던 상황에서, 추가로 "지고지순이 뜻이 뭔지나 아니? 모 재벌님하고의 관계는 끝났나?"라는 내용의 댓글을 게시하였다는 것인바, 위와 같은 댓글이 이루어진 장소, 시기와 상황, 그 표현의 전 취지 등을 위 법리에 비추어 보면, 피고인의 위와 같은 행위는 간접적이고 우회적인 표현을 통하여 위와 같은 허위 사실의 존재를 구체적으로 암시하는 방법으로 사실을 적시한 경우에 해당한다고 하지 않을 수 없으므로, 피고인의 위 주장은 받아들여질 수 없는 것이다. (…)

[대법원판결 1989. 3. 14. 88도1397(명예훼손죄와 모욕죄의 구별기준; 명예훼손죄에 있어서의 사실의 적시에 해당되지 않는다고 한 사례)] 가. 명예훼손죄에 있어서의 사실의 적시는 사람의 사회적 가치 내지 평가를 저하시키는 구체적 사실의 적시를 요하며 단지 모욕적 언사를 사용하는 것은 모욕죄에 해당할 뿐 명예훼손죄에 해당하지는 않는다. 나. "아무것도 아닌 똥꼬다리 같은 놈"이라는 구절은 모욕적인 언사일 뿐 구체적인 사실의 적시라고 할 수 없고 "잘 운영되어 가는 어촌계를 파괴하려 한다"는 구절도 구체적인 사실의 적시라고 할 수 없으므로 명예훼손죄에 있어서의 사실의 적시에 해당한다고 볼 수 없다.

[대법원판결 2009. 9. 24. 2009도6687(명예훼손죄가 성립하기 위한 사실의 적시와 그 정도; 범죄를 고발하였다는 사실이 주위에 알려진 경우, 고발인의 사회적 가치나 평가가 침해될 가능성이 있는지 여부; 갑이 제3자에게 을이 병을 선거법 위반으로 고발하였다는 말만 하고 그 고발의 동기나 경위에 관하여는 언급하지 않았다면, 그 자체만으로는 을의 사회적 가치나 평가를 침해하기에 충분한 구체적인 사실이 적시되었다고 보기 어렵다고 한 사례)] [1] 명예훼손죄가 성립하기 위해서는 사실의 적시가 있어야 하고, 적시된 사실은 이로써 특정인의 사회적 가치 내지 평가가 침해될 가능성이 있을 정도로 구체성을 띠어야 한다. 비록 허위의 사실을 적시하였더라도 그 허위의 사실이 특정인의 사회적 가치 내지 평가를 침해할 수 있는 내용이 아니라면 형법 제307조 소정의 명예훼손죄는 성립하지 않는다. [2] 누구든지 범죄가 있다고 생각하는 때에는 고발할 수 있는 것이므로 어떤 사람이 범죄를 고발하였다는 사실이 주위에 알려졌다고 하여 그 고발사실 자체만으로 고발인의 사회적 가치나 평가가 침해될 가능성이 있다고 볼 수는 없다. 다만, 그 고발의 동기나 경위가 불순하다거나 온당하지 못하다는 등의 사정이 함께 알려진 경우에는 고발인의 명예가 침해될 가능성이 있다. [3] 갑이 제3자에게 을이 병을 선거법 위반으로 고발하였다는 말만 하고 그 고발의 동기나 경위에 관하여 언급하지 않았다면, 그 자체만으로는 을의 사회적 가치나 평가를 침해하기에 충분한 구체적 사실이 적시되었다고 보기 어렵다고 한 사례.

[대법원판결 1984. 4. 10. 83도49(여관방에서 피해자 및 그 가족앞에서 행한 발설과 공연성)] 피고인이 각 피해자에게 "사이비 기자 운운" 또는 "너 이 쌍년 왔구나"라고 말한 장소가 여관방안이고 그곳에는 피고인과 그의 처, 피해자들과 그들의 딸, 사위, 매형 밖에 없었고 피고인이 피고인의 딸과 피해자들의 아들간의 파탄된 혼인관계를 수습하기

의 착오로서 추상적 사실의 착오가 문제된다. 그와 같은 경우는 「형법」 제15조 제1항에 의해 단순명예훼손죄(307①)를 구성한다. 역으로 허위사실명예훼손죄(307②)의 고의로써 단순명예훼손죄(307①)의 결과를 발생시킨 경우에는 구성요건의 착오에 관한 학설 가운데 가령 '죄질부합설'에 의하면 죄질이 중첩되는 부분에 대해서만 죄책이 문제되는 결과 그 경우는 단순명예훼손죄(307①)를 구성한다. '구성요건부합설'에 의하더라도 결과는 마찬가지다.

「형법」 제310조에 의한 단순명예훼손행위의 위법성조각 등

▷ 공연히 사실을 적시해서 타인의 명예를 훼손하더라도 그 사실이 진실하고 또한 오로지 공공의 이익에 관한 것인 때에는 그와 같은 행위가 일단 단순명예훼손죄(307①)의 구성요건에는 해당되지만 그 위법성이 조각된다(310). 이와 같이 「형법」 제310조는 단순명예훼손행위의 위법성을 조각하는 요건으로서 사실의 진실성과 공익성을 규정하고 있다. 우선 진실성에 관해서 판례는, 적시된 사실의 내용 전체의 취지를 살펴볼 때에 그 중요한 부분이 객관적 사실과 합치되는 한에서는 그 세부적인 내용의 일부가 진실과 약간 차이가 있거나 그 표현이 다소 과장되더라도 사실의 진실성이 인정된다고 한다-[대법원판결 2001. 10. 9. 2001도3594]. 다음으로 공익성에 관해서 판례는, 공익의 의미는 널리 국가나 사회 기타 일반 다수인의 이익에만 한정되지 않고 특정한 사회집단이나 그 구성원의 관심과 이익도 포함하며-[대법원판결 2001. 10. 9. 2001도3594][대법원판결 2005. 7. 15. 2004도1388], 사실적시의 주된 동기가 그러한 의미에서의 공익을 위하는 데에 있는 한에서는 설사 행위자에게 부수적으로는 여타의 사익적 동기가 있었더라도 사실적시의 공익성은 인정된다고 한다-[대법원판결 1993. 6. 22. 92도3160].

▷ 「형법」 제310조와 관련해서는, 오로지 공공의 이익을 위해 사실을 적시해서 타인의 명예를 훼손한 자가 그 사실을 진실한 것으로 인식했지만 실제로는 그것이 허위인 것으로 판명된 경우가 종종 착오의 문제로서 다루어진다. 그러한 경우는 결국 단순명예훼손죄(307①)의 고의로써 허위사실명예훼손죄(307②)의 결과를 발생시킨 경우에 해당된다. 그러한 경우는 앞서 말한 것처럼 일단 구성요건의 착오에 해당되며 「형법」 제15조 제1항에 따라 단순명예훼손죄(307①)를 구성하고, 다음으로 공익성의 요건이 갖추어진 한에서 그 위법성이 조각된다고 생각된다. 이와는 달리 학설 가운데에는 그러한 경우를 곧바로 위법성조각사유의 전제사실에 관한 착오로 취급하는 입장도 있다. 판례는, 그러한 경우에 행위자의 착오에 상당한 이유가 있는 때에는 위법성이 조각된다고 한다-[대법원판결 1993. 6. 22. 92도3160].

✓ 오로지 공공의 이익을 위해 사실을 적시해서 타인의 명예를 훼손한 자가 그 사실을 진실한 것으로 인식했지만 실제로는 그것이 허위인 것으로 판명된 경우를 위법성조각사유의 전제사실에 관한 착오의 문제로 취급하는 경우에 그러한 착오를 취급하는 학설로서 '엄격책임설'과 '제한책임설'이 상이한 결과를 도출한다. 우선 '엄격책임설'은 그

위하여 만나 얘기하던 중 감정이 격화되어 위와 같은 발설을 한 사실이 인정된다면, 위 발언은 불특정 또는 다수인이 인식할 수 있는 상태, 또는 불특정다수인에게 전파될 가능성이 있는 상태에서 이루어진 것이라 보기 어려우므로 이는 공연성이 없다 할 것이다.

[대법원판결 2004. 4. 9. 2004도340(명예훼손죄에 있어서 공연성의 의미; 전파가능성을 이유로 명예훼손죄의 공연성을 인정하는 경우, 주관적 요소로서 고의의 내용 및 고의 유무의 판단 방법 등)] [1] 명예훼손죄의 구성요건인 공연성은 불특정 또는 다수인이 인식할 수 있는 상태를 말하고, 비록 개별적으로 한 사람에 대하여 사실을 적시하더라도 그로부터 불특정 또는 다수인에게 전파될 가능성이 있다면 공연성의 요건을 충족한다. [2] 전파가능성을 이유로 명예훼손죄의 공연성을 인정하는 경우에는 적어도 범죄구성요건의 주관적 요소로서 미필적 고의가 필요하므로 전파가능성에 대한 인식이 있음은 물론 나아가 그 위험을 용인하는 내심의 의사가 있어야 하고, 그 행위자가 전파가능성을 용인하고 있었는지의 여부는 외부에 나타난 행위의 형태와 행위의 상황 등 구체적인 사정을 기초로 하여 일반인이라면 그 전파가능성을 어떻게 평가할 것인가를 고려하면서 행위자의 입장에서 그 심리상태를 추인하여야 한다.

[대법원판결 2000. 5. 16. 99도5622(명예훼손죄에 있어서 공연성의 의미; 기자를 통하여 사실을 적시함에 있어 기자가 취재를 한 상태에서 아직 기사화하여 보도하지 않은 경우, 공연성 여부)] [1] 명예훼손죄의 구성요건인 공연성은 불특정 또는 다수인이 인식할 수 있는 상태를 의미하고, 비록 개별적으로 한사람에 대하여 사실을 유포하였다고 하더라도 그로부터 불특정 또는 다수인에게 전파될 가능성이 있다면 공연성의 요건을 충족하지만 이와 달리 전파될 가능성이 없다면 특정한 한 사람에 대한 사실의 유포는 공연성을 결한다. [2] 통상 기자가 아닌 보통 사람에게 사실을 적시할 경우에는 그 자체로서 적시된 사실이 외부에 공표되는 것이므로 그 때부터 곧 전파가능성을 따져 공연성 여부를 판단하여야 할 것이지만, 그와는 달리 기자를 통해 사실을 적시하는 경우에는 기사화되어 보도되어야만 적시된 사실이 외부에 공표된다고 보아야 할 것이므로 기자가 취재를 한 상태에서 아직 기사화하여 보도하지 아니한 경우에는 전파가능성이 없다고 할 것이어서 공연성이 없다고 봄이 상당하다.

[대법원판결 2005. 12. 9. 2004도2880(어느 사람에게 귀엣말 등 그 사람만 들을 수 있는 방법으로 그 사람 본인의 사회적 가치 내지 평가를 떨어뜨릴 만한 사실을 이야기한 경우, 명예훼손죄의 구성요건인 공연성이 인정되는지 여부)] 명예훼손죄의 구성요건인 공연성은 불특정 또는 다수인이 인식할 수 있는 상태를 말하는 것으로서, 비록 개별적으로 한 사람에 대하여 사실을 적시하더라도 그로부터 불특정 또는 다수인에게 전파될 가능성이 있다면 공연성의 요건을 충족하는 것이나, 어느 사람에게 귀엣말 등 그 사람만 들을 수 있는 방법으로 그 사람 본인의 사회적 가치 내지 평가를 떨어뜨릴 만한 사실을 이야기하였다면, 위와 같은 이야기가 불특정 또는 다수인에게 전파될 가능성이 있다고 볼 수 없어 명예훼손의 구성요건인 공연성을 충족하지 못하는 것이며, 그 사람이 들은 말을 스스로 다른 사람들에게 전파하였더라도 위와 같은 결론에는 영향이 없다.

[대법원판결 2001. 10. 9. 2001도3594(형법 제307조 제2항 소정의 '허위사실 적시에 의한 명예훼손죄'의 주관적 성립 요건; 형법 제310조에 의한 위법성조각의 요건인 '진실한 사실' 및 '공공의 이익'의 의미; 전국교직원노동조합 소속 교사가 작성·배포한 보도자료의 일부에 사실과 다른 기재가 있으나 전체적으로 그 기재 내용이 진실하고 공공의 이익을 위한 것이라고 보아 명예훼손죄의 위법성이 조각된다고 한 사례)] [1] 형법 제307조 제2항의 허위사실 적시에 의한 명예훼손죄가 성립하려면, 사실을 적시하는 사람이 그 사실을 허위라고 인식하였어야 한다. [2] 공연히 사실을 적시하여 사람의 명예를 훼손하는 행위가 진실

러한 착오를 위법성의 착오로 보므로, 그 착오에 정당한 이유가 있는 때(16참조), 즉 그 착오가 회피불가능한 것인 때에는 책임이 조각되지만, 그것에 정당한 이유가 없는 때, 즉 그것이 회피가능한 것인 때에는 책임이 조각되지 않고 감경(53참조)될 수 있을 뿐이라고 한다. 다음으로 제한책임설은 범죄의 구조에 관해서 구성요건요소로서의 고의와 함께 책임요소로서의 고의를 인정하는데, 위법성조각사유의 전제사실에 관한 착오가 있는 경우에는 책임요소로서의 고의가 탈락되어 고의범으로 처벌될 수는 없지만, 그 착오에 과실이 있는 경우, 즉 법과실이 있는 때에는 과실범으로 처벌될 수 있다고 한다. 그런데 명예훼손행위에 관해서는 과실범을 처벌하는 규정이 없으므로 '제한책임설'에 의하면 단순명예훼손죄(307①)의 고의로써 허위사실명예훼손죄(307②)의 결과를 발생시킨 경우는 착오에 과실이 있더라도 무죄가 된다.

▷ 한편, 진실한 사실을 적시해서 타인의 명예를 훼손한 자가 그 사실을 공공의 이익에 관한 것으로 여겼지만 객관적으로는 그것에 공익성이 없는 것으로 판명된 경우에는 구성요건의 착오가 문제될 여지는 없고 위법성조각사유의 전제사실에 관한 착오가 문제된다.

✓ 「형법」 제310조가 규정하는 진실성과 공익성에 대한 거증책임은 행위자, 즉 피고인에게 있는데, 그 증명은 유죄의 인정에 요구되는 것과 같이 법관으로 하여금 합리적 의심의 여지가 없을 정도의 확신을 가지게 하는 증명력을 가진 엄격한 증거에 의할 필요는 없다고 한다-[대법원판결 1996. 10. 25. 95도1473].

사자死者명예훼손죄(308)의 보호법익 등

▷ 사자死者명예훼손죄(308)는 공연히 허위의 사실을 적시해서 사자死者의 명예를 훼손하는 것인데, 판례는 그 규정의 보호법익을 사자死者에 대한 사회적·역사적 평가로 파악하고 있다-[대법원판결 1983. 10. 25. 83도1520].

✓ 사자死者명예훼손죄(308)의 고소권자는 원칙적으로 사자死者의 친족 또는 자손이다(형사소송법227). 그 친족 또는 자손이 없는 때에는 이해관계인의 신청에 의해 검사가 10일 이내에 고소권자를 지정한다(형사소송법228).

단순출판물명예훼손죄(309①) 및 허위사실출판물명예훼손죄(309②)에 있어서 비방의 목적 및 출판물의 범위

▷ 단순출판물명예훼손죄(309①)는 타인을 비방할 목적으로 신문·잡지·라디오방송 기타 출판물을 통해 사실을 적시함으로써, 그리고 허위사실출판물명예훼손죄(309②)는 마찬가지의 목적 및 마찬가지의 방법으로 허위의 사실을 적시함으로써 각각 타인의 명예를 훼손하는 것이다. 신문·잡지·라디오방송 기타 출판물은 광범위한 전파력을 가지고 있는 점에서 단순명예훼손죄(307①) 또는 허위사실명예훼손죄(307②)에 비해 그 법정형이 무겁다.

▷ 출판물명예훼손죄(309)를 구성하기 위해서는 행위자에게 사람을 비방할 목적이 있어야 하므로, 그러한 목적이 없는 명예훼손행위는 설사 출판물에 의하더라도 단순명예훼손죄(307①) 내지 허위사실명예훼손죄(307②)를 구성할 뿐이 한 사실로서 오로지 공공의 이익에 관한 때에는 형법 제310조에 따라 처벌할 수 없는데, 여기에서 '진실한 사실'이란 그 내용 전체의 취지를 살펴볼 때 중요한 부분이 객관적 사실과 합치되는 사실이라는 의미로서 일부 자세한 부분이 진실과 약간 차이가 나거나 다소 과장된 표현이 있다고 하더라도 무방하고, '공공의 이익'이라 함은 널리 국가·사회 기타 일반 다수인의 이익에 관한 것뿐만 아니라 특정한 사회집단이나 그 구성원의 관심과 이익에 관한 것도 포함한다. 전국교직원노동조합 소속 교사가 작성·배포한 보도자료의 일부에 사실과 다른 기재가 있으나 전체적으로 그 기재 내용이 진실하고 공공의 이익을 위한 것이라고 보아 명예훼손죄의 위법성이 조각된다고 한 사례.

[대법원판결 2005. 7. 15. 2004도1388(아파트 동대표인 피고인이 자신에 대한 부정비리 의혹을 해명하기 위하여 그 의혹제기자가 명예훼손죄로 입건된 사실 등을 기재한 문서를 아파트 입주민들에게 배포한 행위가 형법 제310조의 위법성조각사유에 해당한다고 한 사례)] 아파트 동대표인 피고인이 자신에 대한 부정비리 의혹을 해명하기 위하여 그 의혹제기자가 명예훼손죄로 입건된 사실 등을 기재한 문서를 아파트 입주민들에게 배포한 사안에서, 문서에 기재된 내용이 대체로 객관적인 사실과 일치하고, 배포가 이루어진 상대방의 범위가 제한되며, 그 표현방법도 위 의혹제기자를 비방하는 표현이 없는 점 등 제반 사정에 비추어, 위 문서 배포행위가 오로지 공공의 이익을 위하여 진실한 사실을 적시한 경우로서 형법 제310조의 위법성조각사유에 해당한다고 한 사례.

[대법원판결 1993. 6. 22. 92도3160(형법 제310조에 있어서 적시된 사실을 진실한 것으로 믿었고 그렇게 믿을 만한 상당한 이유가 있는 경우 위법성 유무; 위 "가"항의 경우 적시된 사실이 공공의 이익에 관한 것인지 여부의 판단기준; 노동조합 조합장이 전임 조합장의 업무처리 내용 중 근거자료가 불명확한 부분에 대하여 대자보를 작성 부착한 행위가 공공의 이익을 위한 것이고 적시된 내용을 진실이라고 믿고 그렇게 믿은 데에 상당한 이유가 있다 하여 위법성이 조각된다고 본 사례)] 가. 형법 제310조의 규정은 인격권으로서의 개인의 명예의 보호와 헌법 제21조에 의한 정당한 표현의 자유의 보장이라는 상충되는 두 법익의 조화를 꾀한 것이라고 보아야 할 것이므로, 두 법익간의 조화와 균형을 고려한다면 적시된 사실이 진실한 것이라는 증명이 없더라도 행위자가 진실한 것으로 믿었고 또 그렇게 믿을 만한 상당한 이유가 있는 경우에는 위법성이 없다. 나. 적시된 사실이 공공의 이익에 관한 것인지 여부는 사실 자체의 내용과 성질에 비추어 객관적으로 판단하여야 하고, 행위자의 주요한 목적이 공공의 이익을 위한 것이면 부수적으로 다른 사익적 동기가 내포되어 있더라도 형법 제310조의 적용을 배제할 수 없다. 다. 노동조합 조합장이 전임 조합장의 업무처리 내용 중 근거자료가 불명확한 부분에 대하여 대자보를 작성 부착한 행위가 공공의 이익을 위한 것이고 적시된 내용을 진실이라고 믿고 그렇게 믿은 데에 상당한 이유가 있다 하여 위법성이 조각된다고 본 사례.

[대법원판결 1996. 10. 25. 95도1473(명예훼손죄의 위법성조각사유에 대한 거증책임 및 형사소송법 제310조의2의 적용 여부; 형법 제310조에서의 '오로지 공공의 이익에 관한 때'의 의미 및 그 판단기준)] [1] 공연히 사실을 적시하여 사람의 명예를 훼손한 행위가 형법 제310조의 규정에 따라서 위법성이 조각되어 처벌대상이 되지 않기 위하여는 그것이 진실한 사실로서 오로지 공공의 이익에 관한 때에 해당된다는 점을 행위자가 증명하여야 하는 것이나, 그 증명은 유죄의 인정에 있어 요구되는 것과 같이 법관으로 하여금 의심할 여지가 없을 정도의 확신을 가지게 하는 증명력을 가진 엄격한 증거에 의하여야 하는 것은 아니므로, 이 때에는 전문증거에 대한 증거능력의 제한을 규정한 형사소송법 제310조의2는 적용될 여지가 없다. [2] 형법 제310조에서 '오로지 공공의 이익에 관한 때'라 함은 적시된 사실이 객관적으로 볼 때 공공의 이익에 관한 것으로서 행위자도 공공의 이익을 위하여 그 사실

다. 판례는, 행위자가 적시한 사실이 공공의 이익에 관한 것인 때에는 특별한 사정이 없다면 비방의 목적은 부인된다고 한다-[대법원 2003. 12. 26. 선고 2003도6036]. 〔사례3-1-2〕에서는 출판물명예훼손죄(309)가 문제될 수 있는데, 그 죄를 구성하기 위해서는 사실을 적시해서 타인의 명예를 훼손하는 것에 대한 고의가 요구되는 것은 물론이고, Y의 집필 내지는 Z의 출판이 그 폭파사건의 수사를 담당한 국가안전기획부 간부 및 직원들을 비방할 목적으로 행해진 것이어야 한다. 그런데 Y가 집필한 소설의 전체적 흐름에 비추어 볼 때에 그 내용이 관련자들의 명예를 훼손할만한 것이라고 하더라도, 그 소설의 집필 내지는 출판의 목적이 가령 그 폭파사건의 새로운 진상규명의 필요성을 사회적으로 호소하는 데에 있는 것이라면 그것은 공공의 이익에 관한 것으로 볼 수 있고, 그 한에서 비방의 목적은 부인된다. 이러한 관점에서 Y 등의 행위는 출판물명예훼손죄(309)를 구성할 여지는 없고 기껏해야 허위사실명예훼손죄(307②)를 구성할 수 있을 뿐이지만, Y 등에게 명예훼손의 고의가 있었다고 보기도 어렵다고 생각된다.

▷ 한편, 출판물명예훼손죄(309)에서 사실적시의 매개체가 되는 출판물에 TV방송이 포함되는지에 관해서는 견해의 차이가 있다. 그것을 부정하는 입장은 TV방송을 통한 비방목적의 명예훼손행위도 출판물명예훼손죄(309)를 구성한다고 보는 것은 행위자에게 불리한 유추해석이라는 사고방식을 취한다. 한편, 인터넷통신을 통한 명예훼손행위는 「정보통신망이용촉진및정보보호등에관한법률」 제70조에 의해 처벌의 대상이 된다.

모욕죄(311)

▷ 모욕죄(311)는 공연히 사람을 모욕하는 것인데, 여기에서 모욕이란 구체적인 사실을 적시하지 않으면서 사람의 사회적 평가를 저하시킬만한 언행을 취하거나 경멸적 감정을 표시하는 것을 말한다-[대법원판결 2003. 11. 28. 2003도3972]. 모욕죄(311)를 구성하기 위해서도 명예훼손의 죄(307내지309)에서와 마찬가지로 공연성이 요구된다.

을 적시한 것이어야 하고, 이 경우에 적시된 사실이 공공의 이익에 관한 것인지 여부는 당해 적시 사실의 구체적인 내용, 당해 사실의 공표가 이루어진 상대방의 범위, 그 표현의 방법 등 그 표현 자체에 관한 제반 사정을 감안함과 동시에 그 표현에 의하여 훼손되거나 훼손될 수 있는 명예의 침해 정도 등을 비교·고려하여 결정하여야 하며, 행위자의 주요한 목적이나 동기가 공공의 이익을 위한 것이라면 부수적으로 다른 사익적 목적이나 동기가 내포되어 있더라도 형법 제310조의 적용을 배제할 수 없다

[대법원판결 1983. 10. 25. 83도1520("빚 때문에 도망다니며 죽은 척하는 나쁜 놈"이란 발언과 사자에 대한 명예훼손 등)] (…) 라. 사자 명예훼손죄는 사자에 대한 사회적, 역사적 평가를 보호법익으로 하는 것이므로 그 구성요건으로서의 사실의 적시는 허위의 사실일 것을 요하는 바 피고인이 사망자의 사망사실을 알면서 위 망인은 사망한 것이 아니고 빚 때문에 도망다니며 죽은 척 하는 나쁜 놈이라고 함은 공연히 허위의 사실을 적시한 행위로서 사자의 명예를 훼손하였다고 볼 것이다.

[대법원판결 2003. 12. 26. 2003도6036(형법 제309조 제1항, 제2항 소정의 '사람을 비방할 목적'의 의미 및 그 판단 방법; 형법 제309조 제1항과 제310조와의 관계; 출판물에 의한 명예훼손죄에 있어서 비방의 목적이 인정되지 않는다고 한 사례)] [1] 형법 제309조 제1항, 제2항 소정의 '사람을 비방할 목적'이란 가해의 의사 내지 목적을 요하는 것으로서 사람을 비방할 목적이 있는지 여부는 당해 적시 사실의 내용과 성질, 당해 사실의 공표가 이루어진 상대방의 범위, 그 표현의 방법 등 그 표현 자체에 관한 제반 사정을 감안함과 동시에 그 표현에 의하여 훼손되거나 훼손될 수 있는 명예의 침해 정도 등을 비교, 고려하여 결정하여야 한다. [2] 형법 제309조 제1항 소정의 '사람을 비방할 목적'이란 가해의 의사 내지 목적을 요하는 것으로서 공공의 이익을 위한 것과는 행위자의 주관적 의도의 방향에 있어 서로 상반되는 관계에 있다고 할 것이므로, 형법 제310조의 공공의 이익에 관한 때에는 처벌하지 아니한다는 규정은 사람을 비방할 목적이 있어야 하는 형법 제309조 제1항 소정의 행위에 대하여는 적용되지 아니하고 그 목적을 필요로 하지 않는 형법 제307조 제1항의 행위에 한하여 적용되는 것이고, 반면에 적시한 사실이 공공의 이익에 관한 것인 경우에는 특별한 사정이 없는 한 비방 목적은 부인된다고 봄이 상당하므로 이와 같은 경우에는 형법 제307조 제1항 소정의 명예훼손죄의 성립 여부가 문제될 수 있고 이에 대하여는 다시 형법 제310조에 의한 위법성 조각 여부가 문제로 될 수 있다. [3] 출판물에 의한 명예훼손죄에 있어서 비방의 목적이 있다고 보기 어렵고, 나아가 형법 제307조 제1항의 명예훼손죄에 해당한다고 하더라도 형법 제310조에 의하여 위법성이 조각된다고 한 사례.

[대법원판결 2003. 11. 28. 2003도3972(모욕죄에서 말하는 모욕의 의미; 피고인이 방송국 시사프로그램을 시청한 후 방송국 홈페이지의 시청자 의견란에 작성·게시한 글 중 일부의 표현이 그 출연자인 피해자에 대한 사회적 평가를 훼손할 만한 모욕적 언사라고 한 사례; 피고인이 방송국 홈페이지의 시청자 의견란에 작성·게시한 글 중 일부의 표현이 모욕적 언사이기는 하나, 형법 제20조의 사회상규에 위배되지 아니하는 행위로서 위법성이 조각된다고 한 사례)] [1] 모욕죄에서 말하는 모욕이란 사실을 적시하지 아니하고 사람의 사회적 평가를 저하시킬 만한 추상적 판단이나 경멸적 감정을 표현하는 것이다. [2] 피고인이 방송국 시사프로그램을 시청한 후 방송국 홈페이지의 시청자 의견란에 작성·게시한 글 중 특히, "그렇게 소중한 자식을 범법행위의 변명의 방패로 쓰시다니 정말 대단하십니다."는 등의 표현은 그 게시글 전체를 두고 보더라도, 그 출연자인 피해자에 대한 사회적 평가를 훼손할 만한 모욕적 언사라고 한 사례. [3] 피고인이 방송국 홈페이지의 시청자 의견란에 작성·게시한 글 중 일부의 표현은 이미 방송된 프로그램에 나

타난 기본적인 사실을 전제로 한 뒤, 그 사실관계나 이를 둘러싼 문제에 관한 자신의 판단과 나아가 이러한 경우에 피해자가 취한 태도와 주장한 내용이 합당한가 하는 점에 대하여 자신의 의견을 개진하고, 피해자에게 자신의 의견에 대한 반박이나 반론을 구하면서, 자신의 판단과 의견의 타당함을 강조하는 과정에서 부분적으로 그와 같은 표현을 사용한 것으로서 사회상규에 위배되지 않는다고 봄이 상당하다고 한 사례.

2. 신용훼손죄·업무방해죄 등의 성부成否

[사례3-2-1] A주식회사는 공원모집은 하면서 응모자에게 대체로 중학교 2·3학년 수준의 문제를 출제해서 시험을 보게 했다. 甲은 노동운동을 하기 위해 노동현장에 취업하려고 했지만 자신의 대졸학력 때문에 쉽사리 취업할 수 없음을 알고 자신의 친구 乙의 승낙을 받아 乙 명의로 허위의 학력과 경력을 기재한 이력서를 기재하고 乙의 주민등록등본을 제출한 후 취업했다. 甲의 죄책은?

[사례3-2-2] 시험을 앞둔 甲은 자기 누이로부터 어떠한 경위로 입수되었는지 모르는 채점기준표를 받아 거기에 기재된 답을 암기한 후에 시험 당일 시험장에 들어가 답안을 작성했다. 甲의 죄책은?

[사례3-2-3] 광고대행 서비스를 제공하는 P주식회사의 대표이사인 X는, 실제로는 네티즌들이 A회사 등 750개 업체들의 홈페이지를 각 관련 검색어로 검색하고 그 검색결과에서 그 각 업체의 홈페이지 링크를 클릭해서 해당 홈페이지를 방문한 사실이 없는데도, 프로그램을 이용해서 마치 네티즌들이 그 각 관련 검색어로 검색해서 홈페이지 링크를 클릭한 것처럼 甲포털사이트의 통계집계시스템에 주기적으로 총 14,725,538회의 허위 클릭정보를 전송해서 甲포털사이트의 검색순위를 조작했다. X의 죄책은?

▷ 「형법」은 각칙 제34장에 사람에 대한 사회적 평가, 그 가운데에서도 특히 경제적 견지에서의 사회적 평가를 보호하기 위한 규정으로서 신용훼손죄(313), 경제적 업무 내지 사회적 활동으로서의 업무를 보호하기 위한 규정으로서 업무방해죄(314), 경제적 활동의 일면으로서의 경매 및 입찰의 공정을 보호하기 위한 규정으로서 경매입찰방해죄(315)를 두고 있다.

<신용, 업무와 경매에 관한 죄>의 개요

신용훼손죄(313)	경제적 견지에서의 사회적 평가 (→ 명예와 구별) 보호
업무방해죄(314)	경제적 업무 + 사회활동으로서의 업무 보호 → 재산범적 성질
경매입찰방해죄(315)	경제적 활동의 공정을 보호 → 재산범적 성질이 보다 강화

신용훼손죄(313)

▷ 신용훼손죄(313)는 "허위의 사실을 유포하거나 기타 위계로써 사람의 신용을 훼손"하는 것이다.

▷ 객체로서의 신용은 경제적 신용, 즉 사람의 지불능력 또는 지불의사에 대한 사회적 신뢰를 의미한다-[대법원판결 2006. 5. 25. 2004도1313].

▷ 실행행위로서의 신용훼손행위는 객체 내지 보호법익으로서의 신용을 저하시킬 염려가 있는 상태를 발생시키는 것으로 해석되며-[대법원판결 2006. 12. 7. 2006도3400], 이

[대법원판결 2006. 5. 25. 2004도1313(신용훼손죄에서 '신용'의 의미; 신용훼손죄와 업무방해죄에 있어서 허위사실의 유포의 의미 및 전파가능성을 이유로 허위사실의 유포를 인정하는 경우, 주관적 요소로서 고의의 내용과 고의 유무의 판단 방법; 건축공사의 시공사 대표이사가 비용을 줄이려는 시도에서 건축설계자에게 제품변경을 요청하는 문서를 송부한 사안에서, 위 문서의 내용은 위 제품을 판매하는 회사의 지불능력이나 지불의사에 대한 사회적 신뢰를 저해한 것이 아니라고 보아 신용훼손죄의 객체인 신용에 해당하지 않는다고 한 사례)] (…) 1. 형법 제313조에 정한 신용훼손죄에서의 '신용'은 경제적 신용, 즉 사람의 지불능력 또는 지불의사에 대한 사회적 신뢰를 말하는 것이다. 그리고 같은 조에 정한 '허위의 사실을 유포한다'고 함은 실제의 객관적인 사실과 다른 사실을 불특정 또는 다수인에게 전파시키는 것을 말하는데, 이러한 경우 그 행위자에게 행위 당시 자신이 유포한 사실이 허위라는 점을 적극적으로 인식하였을 것을 요한다고 할 것이며, 이와 같이 전파가능성을 이유로 허위사실의 유포를 인정하는 경우에는 적어도 범죄구성요건의 주관적 요소로서 미필적 고의가 필요하므로 전파가능성에 대한 인식이 있음은 물론 나아가 그 위험을 용인하는 내심의 의사가 있어야 하고, 그 행위자가 전파가능성을 용인하고 있었는지의 여부는 외부에 나타난 행위의 형태와 행위의 상황 등 구체적인 사정을 기초로 하여 일반인이라면 그 전파가능성을 어떻게 평가할 것인가를 고려하면서 행위자의 입장에서 그 심리상태를 추인하여야 할 것이다. 이는 같은 행위를 구성요건으로 하는 업무방해죄의 경우에도 마찬가지라고 할 것이다. (…)

[대법원판결 2006. 12. 7. 2006도3400(형법 제313조의 신용훼손죄에서 '허위사실의 유포' 및 '위계'의 의미와 그 범위; 피고인이 피해자에 관한 허위의 내용을 기재한 편지를 은행에 송부함으로써 은행의 오인 또는 착각 등을 일으켜 위계로써 피해자의 신용을 훼손하였다고 본 사례)] (…) 형법 제313조의 신용훼손죄는 허위의 사실을 유포하거나 기타 위계로써 사람의 신용을 저하시킬 염려가 있는 상태를 발생시키는 경우

점에서 신용훼손죄(313)는 위험범이다. 신용훼손행위는 "허위의 사실의 유포하거나 기타 위계로써" 행해져야 한다. 허위사실의 유포란 객관적으로 진실과 부합되지 않는 과거 또는 현재의 사실을 불특정 또는 다수인에게 전파시키는 것을 말하고, 위계란 상대방으로 하여금 오인이나 착각을 일으키게 하거나 상대방의 부지를 이용하는 것을 말한다-[대법원판결 2006. 12. 7. 2006도3400].

▲ 업무방해죄(314)

▷ 업무방해죄(314)는 "허위의 사실을 유포하거나 기타 위계 또는 위력으로써 사람의 업무를 방해"하거나(314①) 혹은 "컴퓨터 등 정보처리장치 또는 전자기록 등 특수매체기록을 손괴하거나 정보처리장치에 허위의 정보 또는 부정한 명령을 입력하거나 기타 방법으로 정보처리에 장애를 발생하게 하여 사람의 업무를 방해"하는 것이다(314②).

▪ 「형법」 제314조 제1항의 업무방해죄

▷ 객체로서의 업무는 사람이 사회생활상의 지위에 기해 계속적으로 행하는 사무를 의미한다-[대법원판결 2005. 4. 15. 2004도8701]. 이 점에서는 업무방해죄(314)에서의 업무가 업무상과실치사상죄(268) 등에서의 그것과 다르지 않다. 그런데 후자와 달리 전자는 사람의 생명 또는 신체에 대한 위험을 수반하거나 그러한 위험의 방지가 요구되는 업무에 한정되지 않는다. 또한, 업무방해죄(314)의 객체인 업무는 「형법」 제314조의 보호법익이기도 한 점에 비추어 보면 당연히 형법상 보호될 가치가 있는 것이어야 하므로 부적법하거나 위법한 업무를 포함하지 않는 점에서도 업무상과실치사상죄(268) 등에서의 그것과는 다르다. 다만, 업무방해죄(314)에서의 업무는 형법상 보호될 가치가 있는 것으로 족하므로 가령 업무의 기초가 되는 계약의 효력 또는 행정법상의 면허 등의 유무에 반드시 좌우되지는 않는다. 그밖에, 공적 업무는 〈공무방해에 관한 죄〉에 의해 따로 규율되므로 업무방해죄(314)의 업무에는 포함되지 않는 것으로 해석되는 한에서는-[대법원판결 2009. 11. 19. 2009도4166]*, 그 점에서도 업무방해죄(314)에서의 업무와 업무상과실치사상죄(268) 등에서의 그것은 차이가 있다.

* [대법관 양승태, 대법관 안대희, 대법관 차한성 반대의견] 공무원이 직무상 수행하는 공무 역시 공무원이라는 사회생활상의 지위에서 계속적으로 종사하는 사무이므로 업무방해죄의 '업무'의 개념에 당연히 포섭되고, 업무방해죄의 업무에 공무를 제외한다는 명문의 규정이 없는 이상 공무도 업무방해죄의 업무에 포함된다. 뿐만 아니라 업무방해죄는 일반적으로 사람의 사회적·경제적 활동의 자유를 보호법익으로 하는 것인데, 공무원 개인에 대하여도 자신의 업무인 공무수행을 통한 인격발현 및 활동의 자유는 보호되어야 하므로 단순히 공무원이 영위하는 사무가 공무라는 이유만으로 업무방해죄의 업무에서 배제되어서는 아니 된다. 따라서 공무의 성질상 그 집행을 방해하는 자를 배제할 수 있는 강제력을 가지지 않은 공무원에 대하여 폭행, 협박에 이르지 않는 위력 등에 의한 저항 행위가 있는 경우에는 일반 개인에 대한 업무방해행위와 아무런 차이가 없으므로 업무방해죄로 처벌되어야 한다. 그리고 형법이 컴퓨터 등 정보처리장치에 대한 손괴나 데이터의 부정조작의 방법에 의한 업무방해죄의 규정을 신설하면서 같은 내용의 공무집행방해죄를 따로 규정하지 않은 것은 컴퓨터 등 정보처리장치에 대한 손괴나 데이터의 부정조작의 방법에 의한 업무방해죄의 규정에 의하여 이러한 방

에 성립하는 것으로서, 여기서 '허위사실의 유포'라 함은 객관적으로 보아 진실과 부합하지 않는 과거 또는 현재의 사실을 불특정 또는 다수인에게 전파시키는 것을 말하고, '위계'라 함은 행위자의 행위목적을 달성하기 위하여 상대방에게 오인·착각 또는 부지를 일으키게 하여 이를 이용하는 것을 말한다. 그리고 신용훼손죄에 있어서의 범의는 반드시 확정적인 고의를 요하는 것은 아니고, 허위사실을 유포하거나 기타 위계를 사용한다는 점과 그 결과 다른 사람의 신용을 저하시킬 염려가 있는 상태가 발생한다는 점에 대한 미필적 인식으로도 족하다 할 것이다. 기록에 의하면, 피고인은 조흥은행 본점 앞으로 '피해자 공소외 1이 대출금 이자를 연체하여 위 은행의 수락지점장인 공소외 2가 3,000만 원의 연체이자를 대납하였다'는 등의 내용을 기재한 편지를 보낸 사실, 그러나 실제로는 공소외 2가 위 연체이자를 대납한 적이 없는 사실을 인정할 수 있고, 피고인은 위 내용이 허위라는 점에 대하여 미필적으로나마 인식하고 있었던 것으로 보이는바, 위 인정 사실에 의하면 피고인이 위 편지를 조흥은행 본점에 송부한 행위가 그 내용을 불특정 또는 다수인에게 전파시킨 경우에 해당한다고 보기는 어려우나, 그로써 조흥은행의 오인 또는 착각 등을 일으켜 위계로써 피해자의 신용을 훼손한 경우에는 해당한다 할 것이다. 또한, 위 편지의 내용 중 기본적인 사실이 진실이라 하더라도, 위와 같이 상당부분의 허위내용을 부가시킴으로써 신용훼손의 정도가 증가된 이상 신용훼손죄의 성립에 영향이 생기는 것도 아니다. 따라서 원심이, 이 사건 공소사실을 위계에 의한 신용훼손죄로 보지 않고 허위사실 유포에 의한 신용훼손죄로 본 것은 잘못이라 할 것이지만, 결국 신용훼손죄를 유죄로 판단한 이상, 위와 같은 잘못이 판결 결과에 영향을 미치지는 아니하였다 할 것이고, 달리 원심판결에 상고이유로 주장하는 바와 같이 채증법칙 위배로 인한 사실오인이나 신용훼손죄에 관한 법리오해 등으로 판결 결과에 영향을 미친 위법이 있다고 볼 수 없다. (…)

[대법원판결 2005. 4. 15. 2004도8701(업무방해죄에 있어서 '업무' 및 '업무방해'의 의미; 회사의 공장이전과 관련한 제반 업무가 업무방해죄에 의한 보호의 대상이 되는 업무에 해당하는지 여부)] [1] 업무방해죄에 있어서의 업무란 직업 또는 사회생활상의 지위에 기하여 계속적으로 종사하는 사무나 사업의 일체를 의미하고, 그 업무가 주된 것이든 부수적인 것이든 가리지 아니하며, 일회적인 사무라 하더라도 그 자체가 어느 정도 계속하여 행해지는 것이거나 혹은 그것이 직업 또는 사회생활상의 지위에서 계속적으로 행하여 온 본래의 업무수행과 밀접불가분의 관계에서 이루어진 경우에도 이에 해당한다 할 것이며, 한편 업무방해죄의 업무방해는 널리 그 경영을 저해하는 경우에도 성립하는데, 업무로서 행해져 온 회사의 경영행위에는 그 목적 사업의 직접적인 수행뿐만 아니라 그 확장, 축소, 전환, 폐지 등의 행위도 정당한 경영권 행사의 일환으로서 이에 포함된다. [2] 회사가 사업장의 이전을 계획하고 그 이전을 전후하여 사업을 중단 없이 영위할 목적으로 이전에 따른 사업의 지속적인 수행방안, 새 사업장의 신축 및 가동개시와 구 사업장의 폐쇄 및 가동중단 등에 관한 일련의 경영상 계획의 일환으로서 시간적·절차적으로 일정기간의 소요가 예상되는 사업장 이전을 추진, 실시하는 행위는 그 자체로서 일정기간 계속성을 지닌 업무의 성격을 지니고 있을 뿐만 아니라 회사의 본래 업무인 목적 사업의 경영과 밀접불가분의 관계에서 그에 수반하여 이루어지는 것으로 볼 수 있으므로 이 점에서도 업무방해죄에 의한 보호의 대상이 되는 업무에 해당한다.

[대법원판결 2009. 11. 19. 2009도4166(공무원이 직무상 수행하는 공무를 방해하는 행위를 업무방해죄로 의율할 수 있는지 여부; 공공기관 민원실에서 민원인들이 위력에 해당하는 소란을 피운 행위에 대하여 업무방해죄의 성립을 인정한 원심판결을 파기한 사례)] [1] [다수의견] 형법상 업무방해죄의 보호법익은 업무를 통한 사람의 사회적·경제적 활동을 보호하려는 데 있으므로, 그 보호대상이 되는 '업무'란 직업 또는

법에 의한 공무방해행위를 처벌할 수 있기 때문이라고 보아야 한다. 한편, 다수의견처럼 공무에 대하여는 업무방해죄가 성립하지 아니한다고 보게 되면 입법자가 예상하지 아니한 형벌의 불균형을 초래하고 현실적으로 공공기관에서 많은 민원인들의 감정적인 소란행위를 조장하는 결과를 초래하게 될 위험이 있다. 따라서 업무방해죄에 있어 '업무'에는 공무원이 직무상 수행하는 공무도 당연히 포함되는 것으로서 직무를 집행하는 공무원에게 폭행 또는 협박의 정도에 이르지 않는 위력을 가하여 그의 공무 수행을 방해한 경우에는 업무방해죄가 성립한다고 보아야 한다.

▷ 「형법」 제314조 제1항이 규정하는 업무방해죄의 실행행위인 업무방해행위는 객체 내지 보호법익으로서의 업무를 방해할 우려가 있는 상태를 발생시키는 것으로 해석되며-[대법원판결 2005. 4. 15. 2002도3453] 이 점에서 위계위력등업무방해죄(314①)는 위험범이다. 업무방해행위는 "허위의 사실을 유포하거나 기타 위계 또는 위력으로써" 행해져야 한다. 허위사실의 유포 및 위계의 의미는 신용훼손죄(313)에서와 그것과 마찬가지다. [사례3-2-1] 에서 甲의 행위는 위계에 의한 업무방해죄(314①)를 구성한다-[대법원판결 1992. 6. 9. 91도2221]. [사례3-2-2] 에서도 甲의 행위는 위계에 의한 업무방해죄(314①)를 구성한다. 다만, 기대가능성이 부정되는 한에서는 책임이 조각되어 범죄는 성립되지 않는다-[대법원판결 1966. 3. 22. 65도1164]. 한편, 위력이란 사람의 자유의사를 제압하거나 혼란케 하는 일체의 세력을 말하는데, 유형적인 것이든 무형적인 것이든 상관없다. 그래서 위력은 폭행이나 협박은 물론 사회적·경제적·정치적 지위와 권세에 의한 압박 등도 포함하며, 그와 같은 위력에 의해 실제로 상대방의 자유의사가 제압될 필요는 없다-[대법원판결 2005. 5. 27. 2004도8447].

▷ 근로자의 쟁의행위가 위력에 의한 업무방해죄(314①)를 구성하는 경우에도 그것이 법령에 따른 정당한 쟁의행위인 한에서는 정당행위(20)로서 위법성이 조각된다. 그런데 판례는 쟁의행위가 정당행위(20)에 해당되기 위한 요건을 상당히 엄격하게 보고 있기 때문에-[대법원판결 2006. 5. 25. 2002도5577], 실제로 쟁의행위가 정당행위로서 위법성이 조각되는 경우가 많지는 않을 것이라고 생각된다.

▪ 「형법」 제314조 제2항의 업무방해죄

▷ 「형법」 제314조 제2항의 업무방해죄는 "컴퓨터 등 정보처리장치 또는 전자기록 등 특수매체기록을 손괴하거나 정보처리장치에 허위의 정보 또는 부정한 명령을 입력하거나 기타 방법으로 정보처리에 장애를 발생하게 하여 사람의 업무를 방해"하는 것이다. 여기에서 '컴퓨터 등 정보처리장치'란 자동적으로 계산이나 데이터처리를 할 수 있는 전자장치로서 하드웨어와 소프트웨어를 모두 포함하고, '기타 방법'이란 컴퓨터의 정보처리에 장애를 초래하는 가해수단으로서 컴퓨터의 작동에 직접·간접으로 영향을 미치는 일체의 행위"를 말한다-[대법원판결 2004. 7. 9. 2002도631]. 정보처리장치에 부정한 명령을 입력하는 행위로서는 가령 정보처리장치를 관리·운영할 권한이 없는 자가 그 정보처리장치에 입력되어 있는 관리자의 아이디와 비밀번호를 무단으로 변경하는 행위 등을 들 수 있다-[대법원판결 2006. 3. 10. 2005도382].

▷ 「형법」 제314조 제2항의 업무방해죄를 구성하기 위해서 계속적으로 종사하는 사무나 사업을 말하고, 여기서 '사무' 또는 '사업'은 단순히 경제적 활동만을 의미하는 것이 아니라 널리 사람이 그 사회생활상의 지위에서 계속적으로 행하는 일체의 사회적 활동을 의미한다. 한편, 형법상 업무방해죄와 별도로 규정한 공무집행방해죄에서 '직무의 집행'이란 널리 공무원이 직무상 취급할 수 있는 사무를 행하는 것을 의미하는데, 이 죄의 보호법익이 공무원에 의하여 구체적으로 행하여지는 국가 또는 공공기관의 기능을 보호하고자 하는 데 있는 점을 감안할 때, 공무원의 직무집행이 적법한 경우에 한하여 공무집행방해죄가 성립하고, 여기에서 적법한 공무집행이란 그 행위가 공무원의 추상적 권한에 속할 뿐 아니라 구체적 직무집행에 관한 법률상 요건과 방식을 갖춘 경우를 가리키는 것으로 보아야 한다. 이와 같이 업무방해죄와 공무집행방해죄는 그 보호법익과 보호대상이 상이할 뿐만 아니라 업무방해죄의 행위유형에 비하여 공무집행방해죄의 행위유형은 보다 제한되어 있다. 즉 공무집행방해죄는 폭행, 협박에 이른 경우를 구성요건으로 삼고 있을 뿐 이에 이르지 아니하는 위력 등에 의한 경우는 그 구성요건의 대상으로 삼고 있지 않다. 또한, 형법은 공무집행방해죄 외에도 여러 가지 유형의 공무방해행위를 처벌하는 규정을 개별적·구체적으로 마련하여 두고 있으므로, 이러한 처벌조항 이외에 공무의 집행을 업무방해죄에 의하여 보호받도록 하여야 할 현실적 필요가 적다는 측면도 있다. 그러므로 형법이 업무방해죄와는 별도로 공무집행방해죄를 규정하고 있는 것은 사적 업무와 공무를 구별하여 공무에 관해서는 공무원에 대한 폭행, 협박 또는 위계의 방법으로 그 집행을 방해하는 경우에 한하여 처벌하겠다는 취지라고 보아야 한다. 따라서 공무원이 직무상 수행하는 공무를 방해하는 행위에 대해서는 업무방해죄로 의율할 수는 없다고 해석함이 상당하다. (…) [2] 지방경찰청 민원실에서 민원인들이 진정사건의 처리와 관련하여 지방경찰청장과의 면담 등을 요구하면서 이를 제지하는 경찰관들에게 큰소리로 욕설을 하고 행패를 부린 행위에 대하여, 경찰관들의 수사 관련 업무를 방해한 것이라는 이유로 업무방해죄의 성립을 인정한 원심판결에, 업무방해죄의 성립범위에 관한 법리를 오해한 위법이 있다고 한 사례.

[대법원판결 2005. 4. 15. 2002도3453(업무방해죄의 성립요건 등)] (…) [2] 형법 제314조의 위계 또는 위력에 의한 업무방해죄가 성립하려면 업무방해의 결과가 실제로 발생할 것을 요하지 아니하지만 업무방해의 결과를 초래할 위험은 발생하여야 하고, 그 위험의 발생은 위계 또는 위력으로 인한 것이어야 한다. (…)

[대법원판결 1992. 6. 9. 91도2221(위계에 의한 업무방해죄에 있어서 위계의 의미; 노동운동을 할 목적으로 자신의 신분을 숨긴 채 타인 명의로 허위의 학력, 경력을 기재한 이력서와 생활기록부 등을 제출하여 채용시험에 합격한 경우 위 '가'죄가 성립한다고 본 사례 등)] 가. 위계에 의한 업무방해죄에 있어서 위계라 함은 행위자의 행위목적을 달성하기 위하여 상대방에게 오인, 착각 또는 부지를 일으키게 하여 이를 이용하는 것을 말하며, 상대방이 이에 따라 그릇된 행위나 처분을 하였다면 위계에 의한 업무방해죄가 성립된다. 나. 회사가 공원모집을 함에 있어 학력, 경력을 기재한 이력서와 주민등록등본, 생활기록부및각서 등 서류를 교부받고, 응모자를 상대로 문제를 출제하여 시험을 보게 한 것은 단순히 응모자의 노동력을 평가하기 위한 것만이 아니라 노사간의 신뢰 형성및기업질서 유지를 위한 응모자의 지능과 경험, 교육 정도, 정직성및직장에 대한 적응도 등을 감안하여 위 회사의 근로자로서 고용할 만한 적격자인지 여부를 결정하기 위한 자료를 얻기 위함인 것으로 인정되는데 피고인이 노동운동을 하기 위하여 노동현장에 취업하고자 하나, 자신이 대학교에 입학한 학력과 국가보안법위반죄의 처벌 전력 때문에 쉽사리 입사할 수 없음을 알고, 타인 명의로 허위의 학력과 경력을 기재한 이력서를 작성하고, 동인의 고등학교 생활기록부 등 서류를 작성 제출하여 시험에 합격하였다면, 피고인은 위계에 의하여 위 회사의 근로자로서의 적격자를 채용하는 업무를 방해하였다고

는 "가해행위의 결과 정보처리장치가 그 사용목적에 부합하는 기능을 하지 못하거나 사용목적과 다른 기능을 하는 등 정보처리의 장애가 현실적으로 발생하였을 것을 요한다"고 한다-[대법원판결 2004. 7. 9. 2002도631]. 이 점에서 「형법」 제314조 제2항의 업무방해죄가 일종의 결과범으로 파악되기도 한다. 그렇지만 컴퓨터등장애업무방해죄(314②)를 구성하기 위해서는 정보처리에 장애를 발생케 해서 업무를 방해할 우려가 있는 상태를 초래하는 것으로 족하고 반드시 업무가 현실적으로 방해되는 것까지 요구되는 것은 아니다. 따라서 컴퓨터등장애업무방해죄(314②)도 위계위력등업무방해죄(314①)와 마찬가지로 위험범이다. 〔사례3-2-3〕에서, X가 프로그램을 이용해서 포털사이트의 통계집계시스템 서버에 허위의 쿼리query를 보낸 행위는 허위의 정보를 입력한 것에 해당되는 동시에, 포털사이트가 운영하는 통계집계시스템 등의 본래의 운영 목적과 상이하거나 그것이 본래 예상하고 있지 않은 명령으로서의 부정한 명령을 입력한 것에 해당된다. 그리고 포털사이트의 통계집계시스템이 X가 보낸 허위의 쿼리query를 실제의 클릭에 의해 이루어진 것으로 오인하여 클릭 수에 관한 통계에 반영했다면 그 통계집계시스템 등과 같은 정보처리장치가 그 사용목적에 부합하는 기능을 하지 못하거나 그 사용목적을 벗어나는 기능을 함으로써 정보처리에 장애가 현실적으로 발생한 것으로 볼 수 있다. 그와 같은 장애의 발생이 포털사이트가 제공하는 홈페이지 인기도 및 검색순위에 영향을 끼칠 우려가 있었던 한에서는, 그 포털사이트의 검색서비스 제공에 관한 업무를 방해할 우려가 있는 상태가 발생된 것으로 볼 수 있다. 이와 같이 포털사이트 운영회사의 통계집계시스템 서버에 허위의 클릭정보를 전송해서 검색순위 결정 과정에서 그 허위의 클릭정보가 실제로 통계에 반영됨으로써 정보처리에 장애가 현실적으로 발생했으므로 그로 인해 실제로 검색순위의 변동이 초래되지 않았다고 하더라도 X의 행위는 컴퓨터등장애업무방해죄(314②)를 구성한다-[대법원 2009. 4. 9. 선고 2008도11978].

경매입찰방해죄(315)

▷ 경매입찰방해죄(315)는 위계 또는 위력 기타 방법으로 경매 또는 입찰의 공정公正을 해하는 것이다. 위계 및 위력의 의미는 신용훼손죄(313) 내지 업무방해죄(324)에서의 그것과 마찬가지다. 경매입찰방해죄(315)는 그 실행행위로서의 가해행위가 완성된 때에 기수에 이르는데, 가해행위는 경매 등의 공정성이 방해될 우려가 있는 상태가 발생하면 이미 완성되고, 그 공정성이 현실적으로 침해되어야 비로소 완성되는 것은 아니다. 따라서 경매입찰방해죄(315)는 위험범이다-[대법원판결 2006. 6. 9. 2005도8498]. 입찰방해죄(315)를 구성하는 행위의 예로서는 담합행위를 들 수 있는데, 경우에 따라서 그것이 사회상규에 위배되지 않는 행위(20)로 평가될 여지도 있다고 한다.

본 사례. (…)

[대법원판결 1966. 3. 22. 65도1164(입학시험 응시자가, 우연한 기회에 출제될, 시험문제를 알게 되어, 그에 대한 해답을 암기한 후, 그 암기에 따라 입학시험답안을, 작성 제출한 경우에, 업무방해죄의 성립여부)] 입학시험에 응시한 수험생으로서 자기 자신이 부정한 방법으로 탐지한 것이 아니고 우연한 기회에 미리 출제될 시험문제를 알게 되어 그에 대한 답을 암기하였을 경우 그 암기한 답에 해당된 문제가 출제되었다 하여도 위와 같은 경위로서 암기한 답을 그 입학시험 답안지에 기재하여서는 아니된다는 것을 그 일반수험생에게 기대한다는 것은 보통의 경우 도저히 불가능하다 할 것이다.

[대법원판결 2005. 5. 27. 2004도8447(업무방해죄에 있어서 '위력'의 의미; 대부업체 직원이 대출금을 회수하기 위하여 채무자의 휴대전화로 수백 회에 이르는 전화공세를 한 것이 업무방해죄를 구성한다고 한 사례)] [1] 업무방해죄에 있어서의 '위력'이란 사람의 자유의사를 제압·혼란케 할 만한 일체의 세력을 말하고, 유형적이든 무형적이든 묻지 아니하며, 폭행·협박은 물론 사회적, 경제적, 정치적 지위와 권세에 의한 압박 등을 포함한다고 할 것이고, 위력에 의해 현실적으로 피해자의 자유의사가 제압되는 것을 요하는 것은 아니다. [2] 대부업체 직원이 대출금을 회수하기 위하여 소액의 지연이자를 문제삼아 법적 조치를 거론하면서 소규모 간판업자인 채무자의 휴대전화로 수백 회에 이르는 전화공세를 한 것이 사회통념상 허용한도를 벗어난 채권추심행위로서 채무자의 간판업 업무가 방해되는 결과를 초래할 위험이 있었다고 보아 업무방해죄를 구성한다고 한 사례.

[대법원판결 2006. 5. 25. 2002도5577(근로자의 쟁의행위가 형법상 정당행위가 되기 위한 요건; 근로자들의 근로제공 거부가 업무방해죄를 구성하는 경우 등)] (…) 가. 근로자의 쟁의행위가 형법상 정당행위가 되기 위하여는, 첫째 그 주체가 단체교섭의 주체로 될 수 있는 자이어야 하고, 둘째 그 목적이 근로조건의 향상을 위한 노사간의 자치적 교섭을 조성하는 데에 있어야 하며, 셋째 사용자가 근로자의 근로조건 개선에 관한 구체적인 요구에 대하여 단체교섭을 거부하였을 때 개시하되 특별한 사정이 없는 한 조합원의 찬성결정 등 법령이 규정한 절차를 거쳐야 하고, 넷째 그 수단과 방법이 사용자의 재산권과 조화를 이루어야 함은 물론 폭력의 행사에 해당되지 아니하여야 한다는 여러 조건을 모두 구비하여야 할 것인바, 정리해고나 사업조직의 통폐합, 공기업의 민영화 등 기업의 구조조정의 실시 여부는 경영주체에 의한 고도의 경영상 결단에 속하는 사항으로서 이는 원칙적으로 단체교섭의 대상이 될 수 없고, 그것이 긴박한 경영상의 필요나 합리적인 이유 없이 불순한 의도로 추진되는 등의 특별한 사정이 없는 한, 노동조합이 실질적으로 그 실시 자체를 반대하기 위하여 쟁의행위에 나아간다면, 비록 그 실시로 인하여 근로자들의 지위나 근로조건의 변경이 필연적으로 수반된다 하더라도 그 쟁의행위는 목적의 정당성을 인정할 수 없는 것이며, 쟁의행위에서 추구되는 목적이 여러 가지이고 그 중 일부가 정당하지 못한 경우에는 주된 목적 내지 진정한 목적의 당부에 의하여 그 쟁의목적의 당부를 판단하여야 할 것이고, 부당한 요구사항을 뺐더라면 쟁의행위를 하지 않았을 것이라고 인정되는 경우에는 그 쟁의행위 전체가 정당성을 갖지 못한다고 보아야 한다. (…) 나. 사용자와 근로계약을 체결한 근로자가 자의로 계약을 위반하여 근로를 제공하지 아니하였다고 하더라도 근로계약의 불이행에 따른 채무불이행의 책임을 지게 되는 것은 별론으로 하고, 바로 업무방해죄를 구성하는 것이라고 볼 수는 없겠지만, 다수의 근로자들이 상호 의사연락하에 집단적으로 작업장을 이탈하거나 결근하는 등 근로의 제공을 거부함으로써 사용자의 생산·판매 등 업무의 정상적인 운영을 저해하여 손해를 발생하게 하였다면, 그와 같은 행위가 노동관계법령에 따른 정당한 쟁의행위로서 위법성이 조각되는 경우가 아닌 한, 다중의 위력으로써 타인의 업무를 방해하는 행위에 해당하여 업무방해죄를 구성한다. (…)

[대법원판결 2004. 7. 9. 2002도631(메인컴퓨터의 비밀번호를 후임자에게 알려주지 않은 시스템관리자의 행위가 컴퓨터등장애업무방해죄에 해당하는지 여부)] (…) 형법 제314조 제2항은 '컴퓨터 등 정보처리장치 또는 전자기록 등 특수매체기록을 손괴하거나 정보처리장치에 허위의 정보 또는 부정한 명령을 입력하거나 기타 방법으로 정보처리에 장애를 발생하게 하여 사람의 업무를 방해한 자'를 처벌하도록 규정하고 있는바, 여기에서 '컴퓨터 등 정보처리장치'란 자동적으로 계산이나 데이터처리를 할 수 있는 전자장치로서 하드웨어와 소프트웨어를 모두 포함하고, '기타 방법'이란 컴퓨터의 정보처리에 장애를 초래하는 가해수단으로서 컴퓨터의 작동에 직접·간접으로 영향을 미치는 일체의 행위를 말하며, 위 죄가 성립하기 위해서는 위와 같은 가해행위의 결과 정보처리장치가 그 사용목적에 부합하는 기능을 하지 못하거나 사용목적과 다른 기능을 하는 등 정보처리의 장애가 현실적으로 발생하였을 것을 요한다고 할 것이다. 한편, 메인 컴퓨터의 비밀번호는 시스템관리자가 시스템에 접근하기 위하여 사용하는 보안 수단에 불과하므로, 단순히 메인 컴퓨터의 비밀번호를 알려주지 아니한 것만으로는 정보처리장치의 작동에 직접 영향을 주어 그 사용목적에 부합하는 기능을 하지 못하게 하거나 사용목적과 다른 기능을 하게 하였다고 볼 수 없어 형법 제314조 제2항에 의한 컴퓨터등장애업무방해죄로 의율할 수 없다 할 것이다.

[대법원판결 2006. 3. 10. 2005도382(권한 없는 자가 정보처리장치에 입력되어 있는 관리자의 아이디와 비밀번호를 무단으로 변경하는 행위가 컴퓨터 등 장애 업무방해죄를 구성하는지 여부; 대학의 컴퓨터시스템 서버를 관리하던 직원이 전보발령을 받아 더 이상 웹서버를 관리 운영할 권한이 없는 상태에서, 웹서버에 접속하여 홈페이지 관리자의 아이디와 비밀번호를 무단으로 변경한 행위가 컴퓨터 등 장애 업무방해죄를 구성한다고 한 사례)] [1] 정보처리장치를 관리 운영할 권한이 없는 자가 그 정보처리장치에 입력되어 있던 관리자의 아이디와 비밀번호를 무단으로 변경하는 행위는 정보처리장치에 부정한 명령을 입력하여 정당한 아이디와 비밀번호로 정보처리장치에 접속할 수 없게 만드는 행위로서 정보처리에 장애를 현실적으로 발생시킬 뿐 아니라 이로 인하여 업무방해의 위험을 초래할 수 있으므로, 컴퓨터 등 장애 업무방해죄를 구성한다. [2] 대학의 컴퓨터시스템 서버를 관리하던 피고인이 전보발령을 받아 더 이상 웹서버를 관리 운영할 권한이 없는 상태에서, 웹서버에 접속하여 홈페이지 관리자의 아이디와 비밀번호를 무단으로 변경한 행위는, 피고인이 웹서버를 관리 운영할 정당한 권한이 있는 동안 입력하여 두었던 홈페이지 관리자의 아이디와 비밀번호를 단지 후임자 등에게 알려 주지 아니한 행위와는 달리, 정보처리장치에 부정한 명령을 입력하여 정보처리에 현실적 장애를 발생시킴으로써 피해 대학에 업무방해의 위험을 초래하는 행위에 해당하여 컴퓨터 등 장애 업무방해죄를 구성한다고 한 사례.

[대법원판결 2009. 4. 9. 2008도11978(포털사이트 운영회사의 통계집계시스템 서버에 허위의 클릭정보를 전송하여 그 정보가 검색순위 결정 과정에 반영된 경우, '컴퓨터 등 장애 업무방해죄'가 성립하는지 여부)] 형법 제314조 제2항의 '컴퓨터 등 장애 업무방해죄'가 성립하기 위해서는 가해행위 결과 정보처리장치가 그 사용목적에 부합하는 기능을 하지 못하거나 사용목적과 다른 기능을 하는 등 정보처리에 장애가 현실적으로 발생하였을 것을 요하나, 정보처리에 장애를 발생하게 하여 업무방해의 결과를 초래할 위험이 발생한 이상, 나아가 업무방해의 결과가 실제로 발생하지 않더라도 위 죄가 성립한다. 따라서 포털사이트 운영회사의 통계집계시스템 서버에 허위의 클릭정보를 전송하여 검색순위 결정 과정에서 위와 같이 전송된 허위의 클릭정보가 실제로 통계에 반영됨으로써 정보처리에 장애가 현실적으로 발생하였다면, 그로 인하여 실제로 검색순위의 변동을 초래하지는 않았다 하더라도 '컴퓨터 등 장애 업무방해죄'가 성립한다.

[대법원판결 2006. 6. 9. 2005도8498(입찰방해죄에서 '입찰의 공정을 해하는 행위'의 의미; 담합행위가 입찰방해죄로 되기 위하여는 반드시 입찰참가자 전원과의 사이에 담합이 이루어져야 하는지 여부 등)] [1] 입찰방해죄는 위계 또는 위력 기타의 방법으로 입찰의 공정을 해하는 경우에 성립하는 위태범으로서 결과의 불공정이 현실적으로 나타나는 것을 요하는 것이 아니고, 여기서 '입찰의 공정을 해하는 행위'란 공정한 자유경쟁을 방해할 염려가 있는 상태를 발생시키는 것, 즉 공정한 자유경쟁을 통한 적정한 가격형성에 부당한 영향을 주는 상태를 발생시키는 것으로서 그 행위에는 가격을 결정하는 데 있어서 뿐 아니라, 적법하고 공정한 경쟁방법을 해하는 행위도 포함된다. [2] 가장경쟁자를 조작하거나 입찰의 경쟁에 참가하는 자가 서로 통모하여 그 중의 특정한 자를 낙찰자로 하기 위하여 일정한 가격 이하 또는 이상으로 입찰하지 않을 것을 협정하거나 입찰을 포기하게 하는 등의 소위 담합행위가 입찰방해죄로 되기 위하여는 반드시 입찰참가자 전원과의 사이에 담합이 이루어져야 하는 것은 아니고, 입찰참가자들 중 일부와의 사이에만 담합이 이루어진 경우라고 하더라도 그것이 입찰의 공정을 해하는 것으로 평가되는 이상 입찰방해죄는 성립한다. (…)

3. 공무집행방해죄와 업무방해죄의 관계 등

[사례3-3-1] 위증교사 및 위조증거사용죄로 기소된 변호사 甲에게 무죄가 선고되자 공판검사 P는 재판에 불복해서 항소한 후에 무죄가 선고된 공소사실에 대한 보완수사를 한다며 甲의 변호사사무실 사무장 乙에게 검사실로 출석하라고 요구했다. 이에 자진출석한 乙에 대해 P는 참고인조사를 하지 않은 채 곧바로 위증 및 위증교사의 혐의로 피의자신문조서를 받기 시작했고, 乙은 인적사항만을 진술한 후에 검사의 승낙 하에 甲에게 전화를 걸어 자신을 데리고 나가달라고 요청했다. 더 이상의 조사가 이루어지지 않는 사이에 甲이 검사실로 찾아와 수사에 협조하지 않겠다는 의사를 밝히고 乙에게 밖으로 나갈 것을 지시했다. 甲의 지시에 따라 乙이 검사실을 나가려는데 P가 乙에게 "지금부터 긴급체포하겠다"고 말하면서 乙의 퇴거를 제지하자 甲은 乙에게 밖으로 나갈 것을 재차 지시하면서 乙을 붙잡으려는 P를 몸으로 밀어 P에게 좌측팔꿈치 좌상 등을 입혔다. 甲의 죄책은?

[사례3-3-2] X는 2007년 9월 정오경 차량을 운행해서 자신의 집에 들어가려다가 아파트단지 출입카드가 없어 경비실의 경비원 G에게 출입문을 열어줄 것을 요청했지만 거절당하자 화가 나서 출입구 차단기 일부를 파손했다. 그 후 G의 신고로 출동한 경찰관 P가 X의 호주머니에서 차량의 열쇠를 꺼내려고 하자 X는 P의 계급장을 뜯어내고 얼굴을 들이받아 P에게 상해를 입혔다. X의 죄책은?

[사례3-3-3] Y와 Z는 지방경찰청 민원실에서 자신들이 제기한 민원의 처리와 관련해서 지방경찰청장과의 면담 등을 요구하는 과정에서 자신들을 제지하는 경찰관 A와 B에게 큰소리로 욕설을 하고 행패를 부렸다. Y와 Z의 죄책은?

▷ 국가적 법익에 대한 죄 중에서도 국가의 기능·작용에 대한 죄로서 「형법」은 각칙 제7장에 〈공무원의 직무에 관한 죄〉(122내지135), 제8장에 〈공무방해에 관한 죄〉(136내지144), 제9장에 〈도주와 범인은닉의 죄〉(145내지151), 제10장에 〈위증과 증거인멸의 죄〉(152내지155) 그리고 제11장에 〈무고의 죄〉(156내지157)를 규정하고 있다. 이 가운데에서 〈공무방해에 관한 죄〉는 공무집행방해죄(136), 위계에 의한 공무집행방해죄(137) 및 특수공무방해죄(144①)·특수공무방해치사상죄(144②) 이외에 법정국회회의장모욕죄(138), 인권옹호직무방해죄(139), 공무상비밀표시무효죄(140), 부동산강제집행효용침해죄(140의2), 공용서류등무효죄(141①)·공용물파괴죄(141②) 및 공무상보관물무효죄(142)로 구성되어 있다.

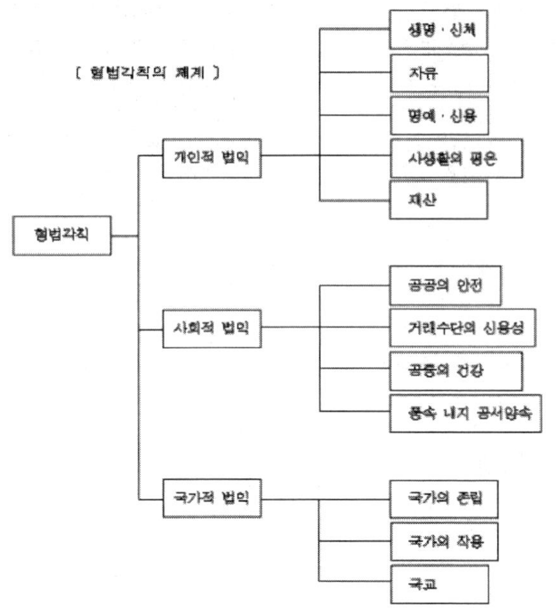

공무집행방해죄(136)

▷ "직무를 집행하는 공무원에 대하여 폭행 또는 협박한" 때에는 공무집행방해죄(136①)를 구성한다. "공무원에 대하여 그 직무상의 행위를 강요 또는 저지하거나 그 직을 사퇴하게 할 목적으로 폭행 또는 협박한" 때에도 마찬가지다(136②)*.

* 「형법」 제136조 제2항의 죄를 일컬어 직무강요죄라고도 한다.

▷ 공무집행방해죄(136①)의 행위객체는 직무를 집행하는 공무원이다. 공무원이란 법령에 근거해서 국가 또는 지방자치단체 및 그것에 준하는 공법인의 사무에 종사하는 자를 가리킨다-[대법원판결 1991. 3. 27. 90도2930]참조*.

* [대법원판결 1983. 2. 22. 82도794(범인을 추격 중인 방범대원을 협박한 경우 공무집행방해죄의 성부)] 방범대원의 근무명령은 파출소장이 한다는 내무부예규가 있다 하더라도 방범대원이 주민의 자치적 방범활동을 위하여 갹출한 비용으로 구성된 방범위원회에서 위촉되고, 보수를 받는 사람인 이상 주민의 자치적 방범활동의 대행자일지언정 경찰관의 범인검거를 위한 공무집행의 보조자라고는 볼 수 없고 그 법령상의 근거도 없으므로 범인을 추격 중인 방범대원에게 협박을 가하였다 하더라도 공무집행방해죄가 성립하지 아니한다.

▷ 공무집행방해죄(136①)에서 말하는 직무의 집행에는 공권력의 행사를 내용으로 하는 권력적 작용뿐만 아니라 사私경제주체로서의 활동과 같은 비권력적 작용도 포함된다-[대법원판결 2003. 12. 26. 2001도6349]. 또한, 공무집행방해죄(136①)에서 말하는 직무의 집행은 공무원이 그 직무의 수행에 직접적으로 필요한 행위를 현실적으로 행하고 있는 때만을 가리키는 것이 아니라 공무원이 그 직무의 수행을 위해 근무 중인 상태에 있는 때를 포괄하는 것으로 해석된다. 왜냐하면 직무의 성질에 따라서는 직무수행의 과정을 개별적으로 분리해서 부분적으로 각각의 개시와 종료를 논하는 것이 부적절하고 여러 종류의 행위를 포괄해

[대법원판결 1991. 3. 27. 90도2930, 90감도229(파출소에서 근무하는 방범원이 형법 제136조(공무집행방해) 소정의 "공무원"에 해당하는지 여부)] (…) 관계법령의 규정내용에 의하면, 파출소에서 근무하는 방범원은 직할시·도·시·군·자치구지방고용직공무원의임용등에관한조례(준칙) 제4조의2에 의한 임용권자의 명에 따라 경찰서·지서 또는 파출소에 파견되어 근무하는 지방공무원법 제2조 제3항 제4호 소정의 지방고용직공무원임이 분명하므로, 이와 같은 방범원이 형법 제136조 소정의 "공무원"에 해당하지 않는다는 취지의 논지는 받아들일 것이 못된다. 소론이 내세우는 당원 1983. 2. 22. 선고 82도794 판결은 방범원을 공무원으로 볼 법령의 근거가 마련되기 전의 사안에 관한 것이어서 이 사건에 원용하기에는 적절하지 않다.

[대법원판결 2003. 12. 26. 2001도6349(위계에 의한 공무집행방해죄에 있어서 '공무원의 직무집행'의 의미 등)] [1] 위계에 의한 공무집행방해죄는 행위목적을 이루기 위하여 상대방에게 오인, 착각, 부지를 일으키게 하여 이를 이용함으로써 법령에 의하여 위임된 공무원의 적법한 직무에 관하여 그릇된 행위나 처분을 하게 하는 경우에 성립하고, 여기에서 공무원의 직무집행이란 법령의 위임에 따른 공무원의 적법한 직무집행인 이상 공권력의 행사를 내용으로 하는 권력적 작용뿐만 아니라 사경제주체로서의 활동을 비롯한 비권력적 작용도 포함되는 것으로 봄이 상당하다. [2] 감척어선 입찰자격이 없는 자가 제3자와 공모하여 제3자의 대리인 자격으로 제3자 명의로 입찰에 참가하고, 낙찰받은 후 자신의 자금으로 낙찰대금을 지급하여 감척어선에 대한 실질적 소유권을 취득한 경우, 위계에 의한 공무집행방해죄가 성립한다고 한 사례.

[대법원판결 1999. 9. 21. 99도383(공무집행방해죄에 있어서 '직무를 집행하는'의 의미 등)] [1] 형법 제136조 제1항 소정의 공무집행방해죄에 있어서 '직무를 집행하는'이라 함은 공무원이 직무수행에 직접 필요한 행위를 현실적으로 행하고 있는 때만을 가리키는 것이 아니라 공무원이 직무수행을 위하여 근무중인 상태에 있는 때를 포괄한다 할 것이고, 직무의 성질에 따라서는 그 직무수행의 과정을 개별적으로 분리하여 부분적으로 각각의 개시와 종료를 논하는 것이 부적절하고 여러 종류의 행위를 포괄하여 일련의 직무수행으로 파악함이 상당한 경우가 있다. [2] 불법주차 차량에 불법주차 스티커를 붙였다가 이를 다시 떼어 낸 직후에 있는 주차단속 공무원을 폭행한 경우, 폭행 당시 주차단속 공무원은 일련의 직무수행을 위하여 근무중인 상태에 있었다고 보아야 한다는 이유로 공무집행방해죄의 성립을 인정한 사례.

[대법원판결 1996. 12. 23. 96도2673(공무집행방해죄에 있어서 공무집행의 의미 등)] (…) [5] 일반적으로 형법 제136조가 규정하는 공무집행방해죄는 공무원의 직무집행이 적법한 경우에 한하여 성립하는 것이고 여기서 적법한 공무집행이라고 함은 그 행위가 공무원의 추상적 권한에 속할 뿐 아니라 구체적 직무집행에 관한 법률상 요건과 방식을 갖춘 경우를 가리키는 것이므로, 이러한 적법성이 결여된 직무행위를

서 일련의 직무수행으로 파악하는 것이 적절한 경우도 있기 때문이다-[대법원판결 1999. 9. 21. 99도383]. 그런데 공무집행방해죄(136①)는 공무원의 직무집행이 적법한 경우에 한해서 성립될 여지가 있다. 이는 공무집행방해죄(136①) 등을 규정하는 형벌법규의 보호법익이 공무원에 의해서 구체적으로 행해지는 국가 또는 공공기관의 기능인 점에 비추어보더라도 분명하다. 적법한 공무집행이란 그 행위가 공무원의 추상적 권한에 속할 뿐만 아니라 구체적 직무집행에 관한 법률상의 요건과 형식을 갖춘 경우를 가리킨다. 이러한 관점에서 가령 경찰관이 적법절차를 준수하지 않고 실력으로써 현행범인을 연행하는 것은 적법한 공무집행이 아니다. 예컨대, 사법경찰관 등이 피의자에 대한 구속영장을 소지했더라도 체포 당시에 피의자에게 범죄사실의 요지, 구속의 이유 및 변호인선임권 등을 고지하고 변명할 기회를 준 후가 아니면 체포할 수 없으므로 그와 같은 절차를 밟지 않은 채 실력으로 피의자를 연행하는 것은 적법한 공무집행으로 볼 수 없다-[대법원판결 1996. 12. 23. 96도2673]. 따라서 그러한 경우에 현행범인이 그 경찰관에 대해 연행을 거부하면서 폭행을 가했더라도 공무집행방해죄(136①)는 성립되지 않는다-[대법원판결 2006. 9. 8. 2006도148]. 이와 같이 위법한 직무집행에 대항해서 공무원에게 폭행을 가하는 경우는 공무집행방해죄(136①)를 구성하지 않는다.

▷ 공무원의 구체적인 직무집행의 적법성 여부는 궁극적으로 법령의 내용에 의해서 판단되는데, 그 적법성 여부가 법령에 의해서는 명확하게 드러나지 않는 경우도 있다. 판례 가운데에는 그와 같은 경우에 공무의 적법성 여부를 판단하는 기준으로서 '합리적 필요성'의 유무를 제시하고 있는 것이 있다-[대법원판결 1992. 4. 28. 92도220].

▷ 공무집행방해죄(136①)를 구성하는 행위로서의 폭행은 공무원에 대한 직접 또는 간접의 유형력의 행사를 말한다-[대법원판결 2009. 10. 29. 2007도3584]. 이 점에서 공무집행방해죄(136①)에서의 폭행은 형법상의 폭행의 유형 가운데에서 이른바 광의의 폭행에 해당된다. 한편, 공무집행방해죄(136①)를 구성하는 행위로서의 협박이란 사람에게 공포심을 일으키기 위해 해악을 고지하는 행위로서 상대방인 공무원이 공포심을 일으킬만한 것으로서 족하다. 이 점에서 공무집행방해죄(136①)에서의 협박은 형법상의 협박의 유형 가운데에서 이른바 광의의 협박에 해당된다. 따라서 협박이 경미해서 상대방이 전혀 개의치 않을 정도의 것은 공무집행방해죄(136①)에서의 협박에는 해당되지 않지만, 객관적으로 상대방이 공포심을 일으킬만한 것이라면 상대방이 현실적으로 공포심을 일으키지 않았더라도 공무집행방해죄(136①)에서의 협박에 해당된다. 고지되는 해악의 내용이 상대방에게 공포심을 일으키게 할 만한 것인지의 여부는 행위의 경위 및 당시의 주위상황, 행위자의 성향, 행위자와 상대방 사이의 친숙도 및 상호관계 등과 같은 사정을 종합하여 객관적으로 판단된다-[대법원판결 2006. 1. 13. 2005도4799].

하는 공무원에 대항하여 폭행을 가하였다고 하더라도 이를 공무집행방해죄로 다스릴 수는 없고, 비록 사법경찰관 등이 피의자에 대한 구속영장을 소지하였다 하더라도 피의자를 체포하기 위하여는 체포 당시에 피의자에 대한 범죄사실의 요지, 구속의 이유와 변호인을 선임할 수 있음을 말하고 변명할 기회를 준 후가 아니면 체포할 수 없고, 이와 같은 절차를 밟지 아니한 채 실력으로 연행하려 하였다면 적법한 공무집행으로 볼 수 없다. (…)

[대법원판결 2006. 9. 8. 2006도148(긴급체포가 요건을 갖추지 못하여 위법한 체포에 해당하는 경우; 공무집행방해죄에서 '공무집행'의 의미 및 수사기관에 자진출석한 사람이 긴급체포의 요건을 갖추지 못하였음에도 실력으로 자신을 체포하려고 한 검사나 사법경찰관에게 폭행을 가한 경우 공무집행방해죄의 성립 여부; 검사가 참고인 조사를 받는 줄 알고 검찰청에 자진출석한 변호사사무실 사무장을 합리적 근거 없이 긴급체포하자 그 변호사가 이를 제지하는 과정에서 위 검사에게 상해를 가한 것이 정당방위에 해당한다고 본 사례)] [1] 긴급체포는 영장주의원칙에 대한 예외인 만큼 형사소송법 제200조의3 제1항의 요건을 모두 갖춘 경우에 한하여 예외적으로 허용되어야 하고, 요건을 갖추지 못한 긴급체포는 법적 근거에 의하지 아니한 영장 없는 체포로서 위법한 체포에 해당하는 것이고, 여기서 긴급체포의 요건을 갖추었는지 여부는 사후에 밝혀진 사정을 기초로 판단하는 것이 아니라 체포 당시의 상황을 기초로 판단하여야 하고, 이에 관한 검사나 사법경찰관 등 수사주체의 판단에는 상당한 재량의 여지가 있다고 할 것이나, 긴급체포 당시의 상황으로 보아서도 그 요건의 충족 여부에 관한 검사나 사법경찰관의 판단이 경험칙에 비추어 현저히 합리성을 잃은 경우에는 그 체포는 위법한 체포라 할 것이다. [2] 형법 제136조가 규정하는 공무집행방해죄는 공무원의 직무집행이 적법한 경우에 한하여 성립하고, 여기서 적법한 공무집행은 그 행위가 공무원의 추상적 권한에 속할 뿐 아니라 구체적 직무집행에 관한 법률상 요건과 방식을 갖춘 경우를 가리키므로, 검사나 사법경찰관이 수사기관에 자진출석한 사람을 긴급체포의 요건을 갖추지 못하였음에도 실력으로 체포하려고 하였다면 적법한 공무집행이라고 할 수 없고, 자진출석한 사람이 검사나 사법경찰관에 대하여 이를 거부하는 방법으로써 폭행을 하였다고 하여 공무집행방해죄가 성립하는 것은 아니다. [3] 검사가 참고인 조사를 받는 줄 알고 검찰청에 자진출석한 변호사사무실 사무장을 합리적 근거 없이 긴급체포하자 그 변호사가 이를 제지하는 과정에서 위 검사에게 상해를 가한 것이 정당방위에 해당한다고 본 사례.

[대법원판결 1992. 4. 28. 92도220(경찰공무원이 자동차운전자에게 후렛쉬봉에 의한 3회에 걸친 음주측정 후에도 이를 확인할 수 없어 다시 음주측정기로 검사받을 것을 요구한 행위가 적법한 공무집행에 해당한다고 본 사례)] (…) 원심판결 이유에 의하면 원심은 이 사건 공소사실 중 공무집행방해부분에 관하여 피고인이 승용차에 가족을 태우고 가다가 의경 이철회로부터 음주측정을 받음에 있어서 위 이철회가 시키는 대로 두번이나 후렛쉬봉에 입김을 불었는데도 잘 모르겠다면서 그 앞에 있던 의경 공소외 1에게 다시 음주확인을 부탁하여 또 공소외 1이 시키는대로 입김을 불었으나 그도 잘 모르겠다고 하면서 음주측정기로 검사하자고 말하자 지나친 단속에 화가 난 피고인이 차에서 내려 공소외 1의 뺨을 때리고 멱살을 잡고 밀어 그에게 전치 10일 간의 전경부찰과상을 입게 한 사실을 인정하고 나서 술을 마시지 않은 피고인에게 세차례에 걸쳐 위와 같이 음주 여부를 확인하였음에도 또 다시 음주측량기로 확인하자는 것은 공무집행의 한계를 벗어난 적법하지 못한 행위라 할 것이어서 그에 대항하기 위하여 폭행을 한 피고인의 행위는 공무집행방해죄를 구성하지 아니한다고 판단하였다. 그러나 도로교통법 제41조 제2항은 경찰공무원은 교통안전과 위험방지를 위하여 필요하다

형법상의 폭행의 유형

최광의의 폭행	사람 또는 물건에 대한 일체의 유형력의 행사 예) 소요죄(115)·다중불해산죄(116) 등에서의 폭행
광의의 폭행	사람에 대한 직접·간접의 유형력의 행사 예) 공무집행방해죄(136)·특수도주죄(146)·강요죄(324) 등에서의 폭행
협의의 폭행	사람의 신체에 대한 유형력의 행사 예) 폭행죄(260)·폭행가혹행위죄(125) 등에서의 폭행
최협의의 폭행	상대방의 항거를 현저히 곤란케 할 정도의 유형력의 행사 예) 강간죄(297)·강제추행죄(298) 등에서의 폭행
	상대방의 반항을 억압할 정도의 유형력의 행사 예) 강도죄(333)·준강도죄(335) 등에서의 폭행

형법상의 협박의 유형

광의의 협박	예) 공무집행방해죄(136)·소요죄(115)·특수도주죄(146) 등에서의 협박 ※ 판례는, 「공직선거법」 제244조가 규정하는 '선거사무관리관계자에 대한 협박' 등에서의 협박은 객관적으로 상대방이 공포심을 느낄만한 해악의 고지를 말하며, 이로 인해 상대방이 실제로 공포심을 일으킬 것까지 요구하는 것은 아니라고 하므로-[대법원판결 2005. 3. 25. 2004도8984], 관점에 따라서는 그러한 협박이 이른바 '광의의 협박'을 가리키는 것으로 해석될 수도 있다.
협의의 협박	예) 협박죄(283)·강요죄(324)·공갈죄(350) 등에서의 협박
최협의의 협박	상대방의 반항을 현저히 곤란케 할 정도의 공포심을 일게 하는 해악의 고지 예) 강간죄(297)·강제추행죄(298) 등에서의 협박
	상대방의 반항을 억압할 정도의 공포심을 일게 하는 해악의 고지 예) 강도죄(333)·준강도죄(335) 등에서의 협박

고 인정하는 때에는 운전자가 술에 취하였는지의 여부를 측정할 수 있으며 운전자는 이러한 경찰공무원의 측정에 응하여야 한다고 규정하고 있는데 경찰공무원이 음주여부나 주취정도를 측정함에 있어서는 그 측정방법이나 측정회수에 있어서 합리적인 필요한 한도에 그쳐야 하겠지만 그 한도 내에서는 어느 정도의 재량이 있다고 하여야 할 것이다. 따라서 원심이 확정한 사실을 기록과 함께 살펴보아도 비록 피고인이 술을 마시지 않았고 가족들이 같이 있는 자리라 하더라도 판시와 같이 위 이철희가 음주 여부를 확인하려고 피고인으로 하여금 후렛쉬봉에 입김을 불게 했으나 잘 모르겠다고 하면서 공소외 1에게 확인해 줄 것을 부탁하였고 공소외 1이 위와 같은 방법으로 다시 확인하려 했으나 역시 알 수 없어 보다 정확한 음주측정기로 검사받을 것을 피고인에게 요구했다면 다른 사정이 없는 한 위와 같은 상황에서의 음주 여부의 확인을 위하여 한 공소외 1의 행위는 합리적인 필요한 한도를 넘은 것이라고 할 수 없어 적법한 공무집행에 해당한다고 하지 않을 수 없다. 그럼에도 불구하고 원심이 그 판시와 같은 사실을 인정하고서도 공소외 1의 행위가 공무집행의 한계를 넘은 것이라고 단정하여 피고인이 공소외 1을 폭행한 것이 공무집행방해죄를 구성하지 아니한다고 판시한 것은 공무집행방해죄의 법리를 오해하여 판결결과에 영향을 미쳤다 할 것이다. (…)

[대법원판결 2009. 10. 29. 2007도3584(공무원의 직무 수행에 대한 비판이나 시정 등을 요구하는 집회·시위 과정에서 음향을 발생시킨 행위가 공무집행방해죄에서의 폭행에 해당하는지 여부 및 그 판단 기준)] 민주사회에서 공무원의 직무수행에 대한 시민들의 건전한 비판과 감시는 가능한 한 널리 허용되어야 한다는 점에서 볼 때, 공무원의 직무수행에 대한 비판이나 시정 등을 요구하는 집회·시위 과정에서 일시적으로 상당한 소음이 발생하였다는 사정만으로는 이를 공무집행방해죄에서의 음향으로 인한 폭행이 있었다고 할 수는 없다. 그러나 의사전달수단으로서 합리적 범위를 넘어서 상대방에게 고통을 줄 의도로 음향을 이용하였다면 이를 폭행으로 인정할 수 있을 것인바, 구체적인 상황에서 공무집행방해죄에서의 음향으로 인한 폭행에 해당하는지 여부는 음량의 크기나 음의 높이, 음향의 지속시간, 종류, 음향발생 행위자의 의도, 음향발생원과 직무를 집행 중인 공무원과의 거리, 음향발생 당시의 주변 상황을 종합적으로 고려하여 판단하여야 한다.

[대법원판결 2006. 1. 13. 2005도4799(공무집행방해죄에 있어서 협박의 의미 및 그 정도 등)] (…) 공무집행방해죄에 있어서 협박이라 함은 상대방에게 공포심을 일으킬 목적으로 해악을 고지하는 행위를 의미하는 것으로서 고지하는 해악의 내용이 그 경위, 행위 당시의 주위 상황, 행위자의 성향, 행위자와 상대방과의 친숙함의 정도, 지위 등의 상호관계 등 행위당시의 여러 사정을 종합하여 객관적으로 상대방으로 하여금 공포심을 느끼게 하는 것이어야 하고, 그 협박이 경미하여 상대방이 전혀 개의치 않을 정도인 경우에는 협박에 해당하지 않는다. 기록에 의하여 알 수 있는 다음과 같은 사정, 즉 대구광역시 동구청(이하 '동구청'이라고만 한다) 정보통신과장인 공소외 1의 노조원들을 향한 부적절한 언사에 흥분한 노조원 공소외 2, 공소외 3 등이 이에 대항하여 공소사실 기재와 같은 폭언을 하고 이어 동구청 실·과장들과 노조원들이 언쟁을 한 점, 당시 현장에는 노조원 10여 명이 있었고 동구청 간부들로는 공소외 1 외에 실·과장 약 15명 가량이 더 있었던 점, 피고인을 비롯한 노조원과 폭언의 상대방인 공소외 1이 같은 동구청에 근무하는 공무원들로서 평소 잘 알고 지내는 사이인 점, 노조원과 실·과장들이 언쟁 후에 화해를 하고 같이 식사를 하러 간 점, 피고인에게 협박 등 폭력행위 전력이 없는 점 등과 앞서 본 법리에 비추어 보면, 노조원들의 공소사실 기재 욕설은 공소외 1로 하여금 공포심을 느끼게 하는 정도의 것이라고 보기 어렵다. (…)

◎ 형법상의 협박의 개념

〔 구성요건에 따른 협박 개념의 구분에 관한 학설(Ⅰ) 〕

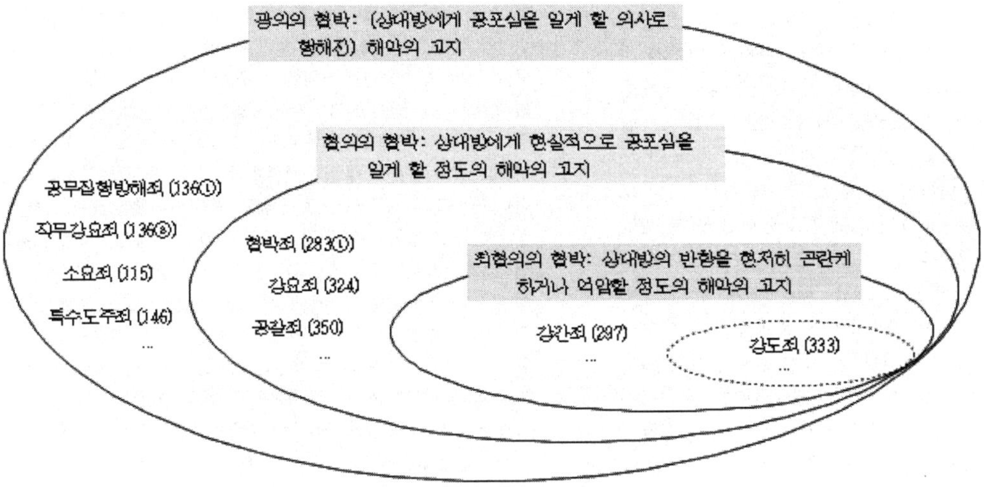

광의의 협박: (상대방에게 공포심을 일게 할 의사로 행해진) 해악의 고지

협의의 협박: 상대방에게 현실적으로 공포심을 일게 할 정도의 해악의 고지

최협의의 협박: 상대방의 반항을 현저히 곤란케 하거나 억압할 정도의 해악의 고지

공무집행방해죄 (136①)
직무강요죄 (136②)
소요죄 (115)
특수도주죄 (146)
...

협박죄 (283①)
강요죄 (324)
공갈죄 (350)
...

강간죄 (297)
...

강도죄 (333)
...

〔 구성요건에 따른 협박 개념의 구분에 관한 학설(Ⅱ) 〕

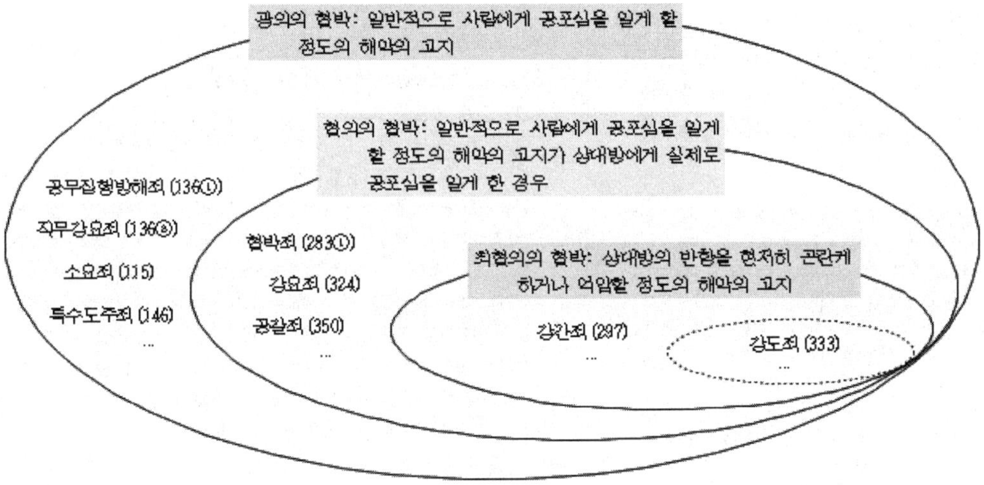

광의의 협박: 일반적으로 사람에게 공포심을 일게 할 정도의 해악의 고지

협의의 협박: 일반적으로 사람에게 공포심을 일게 할 정도의 해악의 고지가 상대방에게 실제로 공포심을 일게 한 경우

최협의의 협박: 상대방의 반항을 현저히 곤란케 하거나 억압할 정도의 해악의 고지

공무집행방해죄 (136①)
직무강요죄 (136②)
소요죄 (115)
특수도주죄 (146)
...

협박죄 (283①)
강요죄 (324)
공갈죄 (350)
...

강간죄 (297)
...

강도죄 (333)
...

〔 구성요건에 따른 협박 개념의 구분에 관한 학설(Ⅲ) 〕

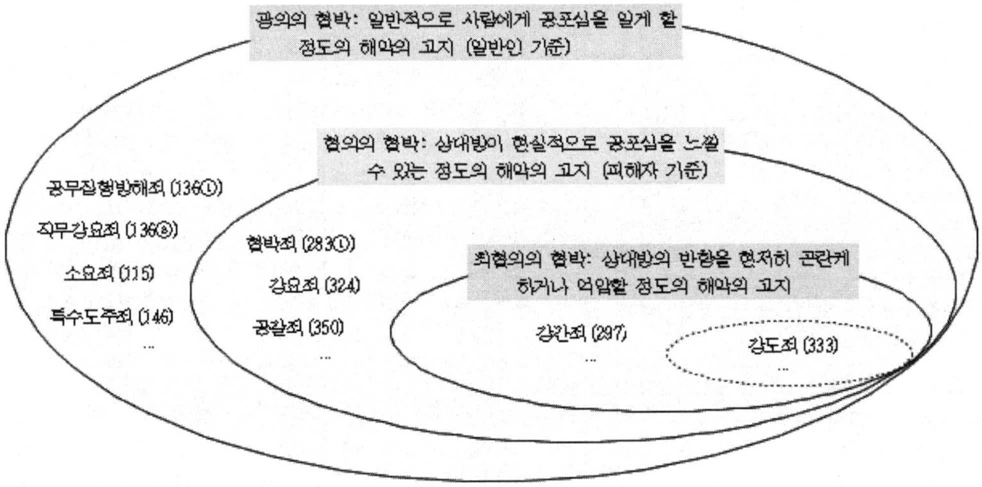

광의의 협박: 일반적으로 사람에게 공포심을 일게 할 정도의 해악의 고지 (일반인 기준)

협의의 협박: 상대방이 현실적으로 공포심을 느낄 수 있는 정도의 해악의 고지 (피해자 기준)

최협의의 협박: 상대방의 반항을 현저히 곤란케 하거나 억압할 정도의 해악의 고지

공무집행방해죄 (136①)
직무강요죄 (136②)
소요죄 (115)
특수도주죄 (146)
...

협박죄 (283①)
강요죄 (324)
공갈죄 (350)
...

강간죄 (297)
...

강도죄 (333)
...

▷ 공무원의 위법한 직무집행에 대해 폭행을 넘어 상해를 가한 때에는 공무집행방해죄(136①)와는 별도로 상해죄(257①)의 성립 여부가 문제된다. 그 경우에는 상해행위가 부당한 법익침해에 대한 방위행위로서 상당성을 갖추고 있는지의 여부, 요컨대 정당방위(21①)에 해당되는지의 여부가 관건이 될 것이다-[대법원판결 2000. 7. 4. 99도4341][대법원판결 2006. 9. 8. 2006도148]. 〔사례3-3-1〕에서는 참고인 자격으로 자진출석한 乙을 긴급체포하려고 한 P의 행위는 적법한 공무집행이라고 할 수 없다. 왜냐하면 당시로서는 乙이 위증 및 위증교사의 범했다고 의심할 만한 상당한 이유가 있었다고 볼 수 없을 뿐만 아니라 乙이 검사실에서 퇴거하려고 한 것만으로 그가 도망하거나 증거를 인멸할 우려가 있었다고 보기도 어려운 점에서 P의 행위는 「형사소송법」 제203조의3 제1항의 요건을 갖추지 못했기 때문이다. 따라서 그와 같이 부당한 법익침해를 벗어나기 위해서 가해진 상해는 상당성이 인정되는 한에서는 정당방위(21①)로서 위법하지 않다-[대법원판결 2006. 9. 8. 2006도148]. 마찬가지로 〔사례3-3-2〕에서도 경찰관 P가 X의 동의 없이 적법한 영장을 제시하지 않은 채 X의 호주머니에서 차량의 열쇠를 꺼내려고 한 것은 적법한 공무집행이라고는 볼 수 없으므로 P에 대해서 X가 정당방위(21①)를 할 수 있는 것은 물론이지만 대법원은 X의 방위행위가 상당성을 갖추지 못한 것으로서 정당화되지 않는 것으로 보고 있다*.

*『영장을 제시하지 않고 주머니를 뒤지려는 경찰에게 상해를 입힌 경우 공무집행방해죄로 처벌할 수 없지만 상해죄로는 처벌할 수 있다는 대법원판결이 나왔다. 대법원 형사3부(주심 안대희 대법관)는 최근 공무집행방해 및 상해, 재물손괴 혐의로 기소된 최모(60)씨에 대한 상고심(2009도11041)에서 재물손괴 혐의에 대해서만 유죄로 판단해 벌금 100만원을 선고한 원심을 파기하고 사건을 수원지법으로 돌려보냈다. 재판부는 판결문에서 "경찰공무원이 피고인의 동의도 받지 않고, 적법한 영장을 제시하지도 않은 채 피고인의 주머니에서 차량열쇠를 꺼내려 한 행위는 적법한 공무집행이라 볼 수 없다고 판단한 원심은 정당하다"고 밝혔다. 재판부는 그러나 "비록 경찰관이 피고인의 주머니에서 차량열쇠를 꺼내려 한 행위가 부적법한 것으로 피고인이 저항할 수 있다고 하더라도 피고인이 경찰관의 계급장을 뜯고 자신의 이마로 눈 부위를 들이받는 등의 상해를 가한 행위는 부당한 법익침해를 방위하기 위해 상당한 이유가 있는 행위로 볼 수 없으므로 상해죄를 구성한다"며 "상해를 가한 행위가 정당방위에 해당한다고 판단해 무죄를 선고한 원심은 잘못"이라고 지적했다. 최씨는 2007년9월 집에 들어가려다 아파트단지 출입카드가 없어 경비실에 문을 열어줄 것을 요청했지만 거절당하자 출입구 차단기 일부를 파손했다. 또 출동한 경찰관이 자신의 호주머니에서 차열쇠를 꺼내려하자 계급장을 뜯어내고 얼굴을 들이받아 상해를 입힌 혐의로 기소됐다. 1심은 "공무집행방해 및 상해, 재물손괴죄 모두 인정된다"며 벌금 200만원을 선고했으나 2심은 "위법한 공무집행을 면하기 위해 반항하는 과정에서 피고인이 상해를 가한 것은 정당방위"라며 재물손괴부분에 대해서만 유죄로 판단, 벌금 100만원을 선고했다.』(법률신문 2010년 1월 28일자, 5면)

▷ 공무집행방해죄(136①)의 실행행위는 폭행 또는 협박이므로 그것에 이르지 않는 경우로서 가령 위력 등에 의한 경우는 그 구성요건에 해당되지 않는다. 따라서 〔사례3-3-3〕에서 Y와 Z의 소란행위가 폭행 또는 협박에 이르지 않는 것인 한에서는 공무집행방해죄(136①)가 성립될 여지는 없다. 그렇다면 Y와 Z의 행위에 대해서 업무방해

[대법원판결 2000. 7. 4. 99도4341(순찰 중이던 경찰관이 교통사고를 낸 차량이 도주하였다는 무전연락을 받고 주변을 수색하다가 범퍼 등의 파손상태로 보아 사고차량으로 인정되는 차량에서 내리는 사람을 발견한 경우, 준현행범으로 체포할 수 있다고 한 사례; 사법경찰리가 현행범인의 체포 또는 긴급체포를 하기 위하여는 반드시 범죄사실의 요지, 구속의 이유와 변호인을 선임할 수 있음을 말하고 변명할 기회를 주어야 하는지 여부및 그 시기; 공무집행방해죄에 있어서 '공무집행'의 의미 및 현행범인이 적법절차를 준수하지 아니한 채 실력으로 자신을 연행하려고 한 경찰관에 대하여 폭행을 한 경우, 공무집행방해죄의 성립 여부; 상해죄의 성립요건으로 상해의 원인인 폭행에 대한 인식 외에 상해를 가할 의사의 존재까지 필요한지 여부; 경찰관의 불법한 체포를 면하려고 반항하는 과정에서 경찰관에게 상해를 가한 경우, 불법 체포로 인한 신체에 대한 현재의 부당한 침해에서 벗어나기 위한 행위로서 정당방위에 해당한다고 한 사례)] [1] 순찰 중이던 경찰관이 교통사고를 낸 차량이 도주하였다는 무전연락을 받고 주변을 수색하다가 범퍼 등의 파손상태로 보아 사고차량으로 인정되는 차량에서 내리는 사람을 발견한 경우, 형사소송법 제211조 제2항 제2호 소정의 '장물이나 범죄에 사용되었다고 인정함에 충분한 흉기 기타의 물건을 소지하고 있는 때'에 해당하므로 준현행범으로서 영장 없이 체포할 수 있다고 한 사례. [2] 헌법 제12조 제5항 전문은 '누구든지 체포 또는 구속의 이유와 변호인의 조력을 받을 권리가 있음을 고지받지 아니하고는 체포 또는 구속을 당하지 아니한다.'는 원칙을 천명하고 있고, 형사소송법 제72조는 '피고인에 대하여 범죄사실의 요지, 구속의 이유와 변호인을 선임할 수 있음을 말하고 변명할 기회를 준 후가 아니면 구속할 수 없다.'고 규정하는 한편, 이 규정은 같은 법 제213조의2에 의하여 검사 또는 사법경찰관리가 현행범인을 체포하거나 일반인이 체포한 현행범인을 인도받는 경우에 준용되므로, 사법경찰리가 현행범인으로 체포하는 경우에는 반드시 범죄사실의 요지, 구속의 이유와 변호인을 선임할 수 있음을 말하고 변명할 기회를 주어야 할 것임은 명백하며, 이러한 법리는 비단 현행범인을 체포하는 경우뿐만 아니라 긴급체포의 경우에도 마찬가지로 적용되는 것이고, 이와 같은 고지는 체포를 위한 실력행사에 들어가기 이전에 미리 하여야 하는 것이 원칙이나, 달아나는 피의자를 쫓아가 붙들거나 폭력으로 대항하는 피의자를 실력으로 제압하는 경우에는 붙들거나 제압하는 과정에서 하거나, 그것이 여의치 않은 경우에라도 일단 붙들거나 제압한 후에는 지체 없이 행하여야 한다. [3] 형법 제136조가 규정하는 공무집행방해죄는 공무원의 직무집행이 적법한 경우에 한하여 성립하는 것이고, 여기서 적법한 공무집행이라 함은 그 행위가 공무원의 추상적 권한에 속할 뿐 아니라 구체적 직무집행에 관한 법률상 요건과 방식을 갖춘 경우를 가리키는 것이므로, 경찰관이 적법절차를 준수하지 아니한 채 실력으로 현행범인을 연행하려고 하였다면 적법한 공무집행이라고 할 수 없고, 현행범인이 그 경찰관에 대하여 이를 거부하는 방법으로써 폭행을 하였다고 하여 공무집행방해죄가 성립하는 것은 아니다. [4] 상해죄의 성립에는 상해의 원인인 폭행에 대한 인식이 있으면 충분하고 상해를 가할 의사의 존재까지는 필요하지 않다. [5] 경찰관의 행위가 적법한 공무집행을 벗어나 불법하게 체포한 것으로 볼 수밖에 없다면, 그 체포를 면하려고 반항하는 과정에서 경찰관에게 상해를 가한 것은 불법 체포로 인한 신체에 대한 현재의 부당한 침해에서 벗어나기 위한 행위로서 정당방위에 해당하여 위법성이 조각된다고 한 사례.

[대법원판결 1986. 9. 9. 86도1245(운전면허시험에 대리응시한 경우, 위계공무집행방해죄의 성부)] 피고인이 마치 그의 형인양 시험감독자를 속이고 원동기장치 자전거운전면허시험에 대리로 응시하였다면 피고인의 소위는 위계에 의한 공무집행방해죄가 성립한다.

죄(314①)가 적용될 수 있는지의 여부가 문제될 수 있다. 판례는, "형법이 업무방해죄와는 별도로 공무집행방해죄를 규정하고 있는 것은 사적私的 업무와 공무를 구별하여 공무에 관해서는 공무원에 대한 폭행, 협박 또는 위계의 방법으로 그 집행을 방해하는 경우에 한하여 처벌하겠다는 취지라고 보아야" 하는 점 등을 근거로 해서 "공무원이 직무상 수행하는 공무를 방해하는 행위에 대해서는 업무방해죄로 의율할 수는 없다"고 한다-[대법원판결 2009. 11. 19. 2009도4166].

☗ 위계에 의한 공무집행방해죄(137)

▷ 위계로써 공무원의 직무집행을 방해하는 경우는 위계에 의한 공무집행방해죄(137)를 구성한다. 즉, 공무집행방해에 관해 위계가 있는 경우에는 폭행 또는 협박이 없더라도 그것이 있는 경우와 마찬가지로 처벌된다. 이와 같이 위계에 의한 공무집행방해죄(137)는 공무원으로 하여금 오인 또는 착각을 일으키게 해서 그것을 이용하거나 혹은 공무원의 부지를 이용함으로써 공무원의 적법한 직무, 즉 법령에 의해 위임된 공무원의 직무에 관해 그릇된 행위나 처분을 하도록 하는 경우에는 성립된다. 예컨대, 원동기장치 자전거 운전면허시험의 응시자인 것처럼 시험감독자를 속여 그 시험에 대리응시한 경우-[대법원판결 1986. 9. 9. 86도1245], 고등학교 입학원서 추천서란을 사실과 다르게 조작·허위기재해서 그 추천서 성적이 고등학교입학전형의 자료가 된 경우-[대법원판결 1983. 9. 27. 83도1864] 등이 위계에 의한 공무집행방해죄(137)에 해당된다. 그밖에도, 가령 감척어선 입찰자격이 없는 자가 그러한 자격이 있는 제3자와 공모해서 제3자의 대리인 자격으로 제3자 명의로 입찰에 참가해 낙찰을 받은 후에 자신의 자금으로 낙찰대금을 지급하고 감척어선에 대한 실질적 소유권을 취득한 경우-[대법원판결 2003. 12. 26. 2001도6349]도 위계에 의한 공무집행방해죄(137)에 해당된다.

▷ 위계에 의한 공무집행방행방해죄(137)가 성립되기 위해서는 위계행위가 공무원의 직무집행을 저지하거나 현실적으로 곤란하게 하는 데에까지 이르러야 한다는 것이 판례의 입장이다. 가령 법원경매업무를 담당하는 집행관의 구체적인 직무집행을 저지하거나 현실적으로 곤란하게 하는 데에까지는 이르지 않고 입찰의 공정을 해하는 정도에 그친 행위라면 경매·입찰방해죄(315)에는 해당될 수 있을지언정 위계에 의한 공무집행방해죄(137)에는 해당되지 않는다고 한다-[대법원판결 2000. 3. 24. 2000도102]. 또한, 가령 수사기관에 대해 피의자가 허위의 자백을 하거나 참고인이 허위의 진술을 한 것만으로도 위계에 의한 공무집행방해죄(137)가 성립되지 않는다고 한다-[대법원판결 1971. 3. 9. 71도186].

▷ 위계에 의한 공무집행방해죄(137)를 구성하기 위해서는 행위자에게 위계로 인한 공무집행방해의 의사가 있어야 하는 것은 물론이다-[대법원판결 1970. 1. 27. 69도2260].

☗ 특수공무방해죄(144①)·특수공무방해치사상죄(144②)

▷ 단체 또는 다중의 위력을 보이거나 위험한 물건을 휴대해서 공무집행방해죄(136)등을 범하는 경우는 특수공무방해

[대법원판결 1983. 9. 27. 83도1864(입학원서 추천서란의 허위기재와 위계에 의한 업무방해)] 위계에 의한 공무집행방해죄에 있어서의 소위 위계라 함은 행위자의 행위목적을 이룩하기 위하여 상대방에 오인, 착각 또는 부지를 일으키게 하여 이를 이용하는 것을 말하며 상대방이 이에 따라 그릇된 행위나 처분을 하였다면 위계에 의한 공무집행방해죄가 성립된다고 할 것이므로 고등학교 입학원서 추천서란을 사실과 다르게 조작허위기재하여 그 추천서 성적이 고등학교입학전형의 자료가 되었다면 위계에 의하여 고등학교입학전형업무를 방해한 것이다.

[대법원판결 2000. 3. 24. 2000도102(법원경매업무를 담당하는 집행관의 구체적인 직무집행을 저지하거나 현실적으로 곤란하게 하는 데까지는 이르지 않고 입찰의 공정을 해하는 정도의 행위가 위계에 의한 공무집행방해죄를 구성하는지 여부 등)] (…) [2] 범죄행위가 법원경매업무를 담당하는 집행관의 구체적인 직무집행을 저지하거나 현실적으로 곤란하게 하는 데까지는 이르지 않고 입찰의 공정을 해하는 정도의 행위라면 형법 제315조의 경매·입찰방해죄에만 해당될 뿐, 형법 제137조의 위계에 의한 공무집행방해죄에는 해당되지 않는다. (…)

[대법원판결 1971. 3. 9. 71도186(수사기관에 대하여 피의자가 허위자백을 하거나 참고인이 허위진술을 한 사실만으로써는 위계에 의한 공무집행방행죄가 성립된다고 할 수 없다.)] (…) 피고인 "갑"에게 대한 범죄사실로서 원심이 유지한 제1심 판결적시의 사실에 의하면 피고인 "갑"은 대전우체국 통신과 소속 집배원인바 1968. 11. 16. 서대전 역에서 열차편으로 도착된 우편물을 인수하여 삼륜차에 싣고 대전우체국으로 오던 중 같은 차에 실은 우편랑에서 원인모를 화재가 발생하여 우편물의 일부가 소훼된 사건이 발생하여 대전경찰서 수사과에서 그 화인을 수사하게 되자 피고인 "갑"은 위의 화재가 자기의 실수에 의한 것 처럼 가장하여 자기가 형사책임을 지므로써 상사들에게 누가 미치게 하지 아니하고 그 사건을 조속히 종결시키려는 의도하에 동 피고인은 공동피고인 "을"에게 대하여 수사기관에서 조사를 할 때에 「담배한 개를 "갑"에게 준 일이 있다」라고 거짓말을 하도록 하고 또 공동피고인 "병"에게 대하여는 「"갑"이 우편물 옆에서 담배를 피우는 것을 보았다」라는 거짓말을 하도록 한후 피고인 "갑"은 수사기관으로 부터 위 화재사건의 피의자로서 조사를 받게되자 동 피고인은 허위로 "자기가 위 우편랑 부근에서 담배를 피우다가 그 꽁초를 끄지 않은채 버린 일이 있다"라고 허위진술을 하고, 공동피고인들 역시 위와같은 허위진술을 하도록 하게 하므로써 수사기관의 공무집행을 방해하였다는 취지의 사실을 인정하였다. 그러나 위와 같은 사실 자체로 보아 피고인에게 공무원의 공무집행을 방해할 의사가 있다고 단정하기 어려울 뿐 아니라, 형사피의자는 진술거부권, 묵비권이 있고, 또 진실을 진술하여야 할 법률상의 의무가 없으며, 허위로 그 피의사실을 자백하였다 하더라도 수사기관은 그 자백유무에 불구하고 진실을 발견할 수 있는 증거를 조사수집하여야 할 권리의무가 있을뿐 아니라 자백이 그 진실에 부합되는 자백이라 하더라도 그 자백이 객관적으로 진실에 부합되는 것임을 인정할 수 있는 보강증거가 없는 이상, 그 범죄사실을 인정할 유일한 증거가 되지 못하며, 그 자백이 자유의사에 의한 것인지 혹은 다른 특별한 사정에 의하여 부득이 허위자백을 하게된 것인지의 여부를 구별하기 어렵고, 수사기관과 그 피의자와는 서로 공격 방어를 하는 위치에서 서로 대립적 위치에 있는 당사자라 할 수 있음에도 불구하고, 그 당사자 중의 일방인 피의자가 그 상대방의 질문에 대하여 가사 허위로 그 피의사실을 자백하였다고 하여서 곧 그 상대방의 공무집행을 방해한 것이라고는 해석할 수 없다(만일 위와같은 허위자백이 진실한 범인을 은익 또는 도피케 할 의사로서 한 것이라면 그와 같은 범죄들로서 처벌될 수 있는가의 여부는 별개문제라 할 것이다)할 것이라는 점등을 종합하여 고찰하면 피고인 "갑"이 그 공소장 기재와 같은 사실을 수사

죄(144①)로서 가중처벌된다. 그 결과적 가중범이 특수공무방해치사상죄(144②)인데, 특수공무방해치사죄는 진정 결과적 가중범으로 이해되는 한편, 특수공무방해치상죄는 부진정 결과적 가중범으로 이해되고 있다-[대법원판결 1995. 1. 20. 94도2842].

기관에게 대하여 피의자로서 심문을 당함에 있어서 허위로 자백을 하였다는 사실만으로서는 위계에 의한 공무집행방해죄가 성립된다고는 할 수 없고, 또 피고인 "갑"의 교사에 의하여 공동피고인들이 수사기관에서 참고인으로서 진술하면서 그 공소장 기재와 같은 허위사실을 진술하였다 하더라도 법률에 의하여 선서를 한 증인이 허위로 공술을 한 경우에 한하여 위증죄가 성립된다는 점과를 대비할 때에 선서를 시키고 진술을 하게 할 수 없는 참고인이 수사기관에게 대하여 허위진술을 하였다 하더라도 이를 곧 공무집행방해에 해당된다고는 해석할 수 없는 이상, 그 교사자인 피고인 "갑"의 위와 같은 교사행위도 공무집행방해죄에는 해당될 수 없다고 할 것임에도 불구하고 원심이 피고인 "갑"에게 대하여 본건의 위계에 의한 공무집행방해죄에 관한 법리를 오해한 위법이 있다고 아니할 수 없다

[대법원판결 1970. 1. 27. 69도2260(위계에 의한 공무집행방해의 죄가 성립되려면 자기의 위계행위로 인하여 공무집행을 방해하려는 의사가 있어야 한다.)] 위계에 의한 공무집행방해죄가 성립되려면 자기의 위계행위로 인하여 공무집행을 방해하려는 의사가 있을 경우에 한한다고 보는 것이 상당하다할 것이므로 피고인이 경찰관서에 허구의 범죄를 신고한 까닭은 피고인이 생활에 궁하여 오로지 직장을 구하여 볼 의사로서 허위로 간첩이라고 자수를 한 데 불과하고 한 걸음 더 나아가서 그로 말미암아 공무원의 직무집행을 방해하려는 의사까지 있었던 것이라고는 인정되지 아니한다.

[대법원판결 1995. 1. 20. 94도2842(특수공무집행방해치상죄가 중한 결과에 대한 고의가 있는 경우까지도 포함하는 부진정결과적가중범인지 여부; 기본범죄를 통하여 고의로 중한 결과를 발생케 한 부진정결과적 가중범의 경우, 그 중한 결과가 별도의 구성요건에 해당한다면 결과적 가중범과 중한 결과에 대한 고의범의 상상적 경합관계에 있다고 보아야 하는지 여부)] 가. 특수공무집행방해치상죄는 원래 결과적가중범이기는 하지만, 이는 중한 결과에 대하여 예견가능성이 있었음에 불구하고 예견하지 못한 경우에 벌하는 진정결과적가중범이 아니라 그 결과에 대한 예견가능성이 있었음에도 불구하고 예견하지 못한 경우뿐만 아니라 고의가 있는 경우까지도 포함하는 부진정결과적가중범이다. 나. 고의로 중한 결과를 발생케 한 경우에 무겁게 벌하는 구성요건이 따로 마련되어 있는 경우에는 당연히 무겁게 벌하는 구성요건에서 정하는 형으로 처벌하여야 할 것이고, 결과적가중범의 형이 더 무거운 경우에는 결과적가중범에 정한 형으로 처벌할 수 있도록 하여야 할 것이므로, 기본범죄를 통하여 고의로 중한 결과를 발생케 한 부진정결과적가중범의 경우에 그 중한 결과가 별도의 구성요건에 해당한다면 이는 결과적가중범과 중한 결과에 대한 고의범의 상상적 경합관계에 있다고 보아야 할 것이다.

[제4강] 불법영득의 의사意思 / 절도죄의 객체 및 실행행위 등

1. 불법영득의 의사意思
2. 절도죄의 객체 및 실행행위 등

1. 불법영득의 의사意思

[사례4-1-1] 甲은 A에 집에서 돈 문제로 A와 심하게 다투다가 화를 참지 못하고 A를 살해했는데, 마침 A의 예금통장과 인감이 보이기에 그것을 들고 나와 은행으로 가서 A 명의의 예금지급청구서를 작성해서 창구에 제출했지만 은행직원이 이를 의심해 신고함으로써 검거되었다. 甲의 행위는 절도죄를 구성하는가?

[사례4-1-2] X는 자신의 여자친구 Y가 특별한 이유도 없이 차일피일 결혼을 미루자 Y의 승낙 없이 혼인신고서를 작성하기 위해 Y의 집 안방 화장대 서랍에서 Y의 도장을 몰래 꺼내어 사용한 후에 다시로 제자리에 갖다 놓았다. X의 죄책은?

[사례4-1-3] X는 O를 살해한 다음 O의 주머니에서 꺼낸 지갑을 살해도구로 이용한 O의 골프채와과 함께 자신의 차량에 싣고 가다가 쓰레기 소각장에서 태워버렸다. X의 죄책은?

▷ 절도죄(329) 등을 구성하기 위해서는 고의범의 일반적 주관적 구성요건요소로서의 고의, 따라서 '타인의 재물을 절취'하는 것에 대한 행위자의 인식 및 최소한 그 인용이 있어야 하는 것은 물론인데, 그것과 더불어 특수한 주관적 구성요건요소로서 불법영득의 의사意思도 필요하다고 한다-[대법원판결 2006. 3. 24. 2005도8081]. 판례는, 불법영득의 의사意思를 '권리자를 배제하고 타인의 물건을 자기의 소유물과 같이 그 경제적 용법에 따라 이용·처분할 의사意思'로 파악하고 있다-[대법원판결 2006. 3. 24. 2005도8081]. 따라서 절도죄(329) 등을 구성하기 위해서는 타인의 점유를 침해하는 것에 관한 고의와 더불어 그와 같은 의미에서의 불법영득의사도 필요하다.

▷ 그런데 불법영득의 의사意思가 반드시 영구적으로 재물의 경제적 이익을 보유할 의사意思이어야 할 필요는 없으며, 소유권 또는 그것에 준하는 본권을 침해할 의사意思로써 족하고, 재물 그 자체를 영득할 의사意思이든 그 가치만을 영득할 의사意思이든 상관없다는 것이 판례의 입장이다-[대법원판결 2006. 3. 24. 2005도8081]. [사례4-1-1]에서 甲이 타인의 재물, 즉 O의 점유 하에 있는 예금통장 및 인감을 절취할 당시에 절도의 고의가 인정되는 데에는 무리가 없다. 그런데 만일 불법영득의사의 대상을 오로지 재물 자체로만 보는 이른바 '물체설'에 따르면, 甲에게는 예금통장 및 인감 그 자체를 영득할 의사意思가 있었던 것은 아니므로 절도에 관한 불법영득의 의사意思가 인정될 수 없게 되어 甲에게 절도죄(329)의 죄책을 물을 수는 없다. 이와는 달리, 판례의 입장, 즉 불법영득의사의 대상은 재물 그 자체이거나 그 경제적 가치이거나 상관없다고 보는 이른바 '종합설'에 따르면, 甲에게는 예금통장으로 체화되어 있는 금전가치로서의 예금액을 영득할 의사가 있었으므로 절도에 관한 불법영득의 의사가 인정될 수 있어서 甲에게 절도죄(329)의 죄책을 물을 수 있다.

▷ 불법영득의사의 인정 여부에 관해서 판례는, 점유자의 의사意思에 반해서 점유를 배제하는 행위를 하는 때에 특별한 사정이 없는 한에서는 불법영득의 의사意思가 인정된다-[대법원판결 2001. 10. 26. 2001도4546]고 하는 한편, 가령 타인의 재물을 점유자의 승낙 없이 무단으로 사용하는

[대법원판결 2006. 3. 24. 2005도8081(형법상 절취 및 불법영득의 의사의 의미; 채권 확보를 목적으로 점유자의 의사에 반하여 점유를 배제한 행위가 절도죄에 해당하는지 여부 등)] (…) 형법상 절취란 타인이 점유하고 있는 자기 이외의 자의 소유물을 점유자의 의사에 반하여 그 점유를 배제하고 자기 또는 제3자의 점유로 옮기는 것을 말하고, 절도죄의 성립에 필요한 불법영득의 의사라 함은 권리자를 배제하고 타인의 물건을 자기의 소유물과 같이 그 경제적 용법에 따라 이용·처분할 의사를 말하는 것으로, 단순한 점유의 침해만으로는 절도죄를 구성할 수 없으나 영구적으로 그 물건의 경제적 이익을 보유할 의사가 필요한 것은 아니고, 소유권 또는 이에 준하는 본권을 침해하는 의사 즉 목적물의 물질을 영득할 의사이든 그 물질의 가치만을 영득할 의사이든을 불문하고 그 재물에 대한 영득의 의사가 있으면 족하다. 또한, 비록 채권을 확보할 목적이라고 할지라도 취거 당시에 점유 이전에 관한 점유자의 명시적·묵시적인 동의가 있었던 것으로 인정되지 않는 한 점유자의 의사에 반하여 점유를 배제하는 행위를 함으로써 절도죄는 성립하는 것이고, 그러한 경우에 특별한 사정이 없는 한 불법영득의 의사가 없었다고 할 수는 없다. 원심은 그 판시와 같은 사정에 비추어 피고인들이 자신들의 피해자에 대한 물품대금 채권을 다른 채권자들보다 우선적으로 확보할 목적으로 피해자가 부도를 낸 다음날 새벽에 피해자의 승낙을 받지 아니한 채 피해자의 가구점의 시정장치를 쇠톱으로 절단하고 그곳에 침입하여 시가 16,000,000원 상당의 피해자의 가구들을 화물차에 싣고 가 다른 장소에 옮겨 놓은 행위에 대하여 피고인들에게는 불법영득의사가 있었다고 볼 수밖에 없어 특수절도죄가 성립한다고 판단하였는바, 앞서 본 법리에 비추어 기록을 살펴보면, 원심의 위와 같은 판단은 정당한 것으로 수긍이 가고, 거기에 상고이유로 주장하는 바와 같이 절도죄에 있어서의 불법영득의사에 관한 법리를 오해하는 등의 위법이 있다고 할 수 없다. (…)

[대법원판결 2001. 10. 26. 2001도4546(형법상 절취의 의미 및 약정에 기한 인도청구권이 인정되는 경우에도 점유자의 의사에 반하여 점유를 배제하는 행위를 함으로써 절도죄는 성립하는지 여부; 굴삭기 매수인이 약정된 기일에 대금채무를 이행하지 아니하면 굴삭기를 회수하여 가도 좋다는 약정을 하고 각서와 매매계약서 및 양도증명서 등을 작성하여 판매회사 담당자에게 교부한 후 그 채무를 불이행하자 그 담당자가 굴삭기를 취거하여 매도한 경우, 그 굴삭기 취거행위는 절도죄에 해당하고 불법영득의 의사도 인정된다고 한 사례)] [1] 형법상 절취란 타인이 점유하고 있는 자기 이외의 자의 소유물을 점유자의 의사에 반하여 그 점유를 배제하고 자기 또는 제3자의 점유로 옮기는 것을 말하는 것으

경우에는, "그 사용으로 인해서 물건 자체가 가지는 경제적 가치가 상당한 정도로 소모되거나 또는 사용 후 그 재물을 본래 있었던 장소가 아닌 다른 장소에 버리거나 곧 반환하지 아니하고 장시간 점유하고 있는 것과 같은 때에는 그 소유권 또는 본권을 침해할 의사意思가 있다고 보아 불법영득의 의사意思를 인정할 수 있을 것이나, 그렇지 않고 그 사용으로 인한 가치의 소모가 무시할 수 있을 정도로 경미하고, 또한 사용 후 곧 반환한 것과 같은 때에는 그 소유권 또는 본권을 침해할 의사意思가 있다고 할 수 없어 불법영득의 의사意思가 있다고 인정할 수 없다"고 해서, "은행이 발급한 직불카드를 사용하여 타인의 예금계좌에서 자기의 예금계좌로 돈을 이체시켰다 하더라도 직불카드 자체가 가지는 경제적 가치가 계좌이체된 금액만큼 소모되었다고 할 수는 없으므로, 이를 일시 사용하고 곧 반환한 경우에는 그 직불카드에 대한 불법영득의 의사意思는 없다"고 한다-[대법원판결 2006. 3. 9. 2005도7819][대법원판결 1999. 7. 9. 99도857]. 그와 같은 입장에 따르면, 〔사례4-1-2〕 에서 Y의 도장에 대한 X의 불법영득의사는 인정되지 않는다-[대법원판결 2000. 3. 28. 2000도493].

▷ 판례의 입장처럼 불법영득의사를 행위자가 타인의 재물을 자신의 소유물과 같이 '그 경제적 용법에 따라' 이용·처분할 의사意思로 이해하는 한에서는, 타인의 재물을 그 경제적 용법이 아니라 가령 손괴하거나 은닉할 의사意思로 절취한 때에는 그 재물에 대한 불법영득의 의사意思가 인정될 여지가 없게 된다. 그렇게 보면 〔사례4-1-3〕 에서는 X가 O의 재물을 절취한 점은 인정되지만, X에게는 그것을 손괴·은닉할 의사意思가 있었을 뿐이고 그 경제적 용법에 따라 이용·처분할 의사意思가 있었던 것이 아니므로, 그 재물에 대한 X의 불법영득의사는 인정되지 않는다-[대법원판결 2000. 10. 13. 2000도3655]. 그런데 판례의 입장과는 달리, 불법영득의사를 타인의 재물을 자기의 소유물과 같이 그 소유권의 내용을 행사할 의사意思로 이해한다면*, 행위자가 타인의 재물을 가령 손괴의 의사意思로써 절취한 경우라도 단순한 손괴의 의사意思가 아니라 적어도 그 소유자로서 손괴할 의사가 있었던 한에서는** 불법영득의 의사意思가 인정될 여지가 있다. 다만, 그와 같은 사고방식에 따르더라도 〔사례4-1-3〕 에서 X의 불법영득의사가 인정되기는 어렵다.

* 그와 같은 견해가 학설로서는 다수설이다.
** 그 예에 관해서는 任雄, 刑法各論, 改訂版·補訂, 2006, 286면 참조.

재산에 대한 죄의 개요 및 체계

▷ 재산에 대한 죄, 즉 법익으로서의 개인의 재산 내지 재산권(헌법23·민법211참조)을 해하는 죄로서 「형법」은 각칙 제38장에 〈절도와 강도의 죄〉(329내지346), 각칙 제39장에 〈사기와 공갈의 죄〉(347내지354), 각칙 제40장에 〈횡령과 배임의 죄〉(355내지361), 각칙 제41장에 〈장물에 관한 죄〉(362내지365), 각칙 제42장에 〈손괴의 죄〉(366내지372) 및 각칙 제37장에 〈권리행사를 방해하는 죄〉(323·325내지328)를 규정하고 있다.

로, 비록 약정에 기한 인도 등의 청구권이 인정된다고 하더라도, 취거 당시에 점유 이전에 관한 점유자의 명시적·묵시적인 동의가 있었던 것으로 인정되지 않는 한, 점유자의 의사에 반하여 점유를 배제하는 행위를 함으로써 절도죄는 성립하는 것이고, 그러한 경우에 특별한 사정이 없는 한 불법영득의 의사가 없었다고 할 수는 없다. [2] 굴삭기 매수인이 약정된 기일에 대금채무를 이행하지 아니하면 굴삭기를 회수하여 가도 좋다는 약정을 하고 각서와 매매계약서 및 양도증명서 등을 작성하여 판매회사 담당자에게 교부한 후 그 채무를 불이행하자 그 담당자가 굴삭기를 취거하여 매도한 경우, 굴삭기에 대한 소유권 등록 없이 매수인의 위와 같은 약정 및 각서 등의 작성, 교부만으로 굴삭기에 대한 소유권이 판매회사로 이전될 수는 없으므로 굴삭기 취거 당시 그 소유권은 여전히 매수인에게 남아 있고, 매수인의 의사표시 중에 자신의 동의나 승낙 없이 현실적으로 자신의 점유를 배제하고 굴삭기를 가져가도 좋다는 의사까지 포함되어 있었던 것으로 보기는 어렵다는 이유로, 그 굴삭기 취거행위는 절도죄에 해당하고 불법영득의 의사도 인정된다고 한 사례.

[대법원판결 2006. 3. 9. 2005도7819(타인의 재물을 점유자의 승낙 없이 무단 사용하는 경우, 불법영득의사 유무의 판단 기준; 타인의 은행 직불카드를 무단 사용하여 자신의 예금계좌로 돈을 이체시킨 후 곧 직불카드를 반환한 경우, 그 직불카드에 대한 절도죄의 성립 여부)] [1] 타인의 재물을 점유자의 승낙 없이 무단 사용하는 경우에 있어서 그 사용으로 인하여 물건 자체가 가지는 경제적 가치가 상당한 정도로 소모되거나 또는 사용 후 그 재물을 본래 있었던 장소가 아닌 다른 장소에 버리거나 곧 반환하지 아니하고 장시간 점유하고 있는 것과 같은 때에는 그 소유권 또는 본권을 침해할 의사가 있다고 보아 불법영득의 의사를 인정할 수 있을 것이나, 그렇지 않고 그 사용으로 인한 가치의 소모가 무시할 수 있을 정도로 경미하고, 또한 사용 후 곧 반환한 것과 같은 때에는 그 소유권 또는 본권을 침해할 의사가 있다고 할 수 없어 불법영득의 의사가 있다고 인정할 수 없다. [2] 은행이 발급한 직불카드를 사용하여 타인의 예금계좌에서 자기의 예금계좌로 돈을 이체시켰다 하더라도 직불카드 자체가 가지는 경제적 가치가 계좌이체된 금액만큼 소모되었다고 할 수는 없으므로, 이를 일시 사용하고 곧 반환한 경우에는 그 직불카드에 대한 불법영득의 의사는 없다고 보아야 한다.

[대법원판결 1999. 7. 9. 99도857(타인의 신용카드를 임의로 가지고 가 현금자동지급기에서 현금을 인출한 후 곧바로 반환한 경우, 신용카드에 대한 절도죄의 성립 여부 등)] (…) [2] 신용카드업자가 발행한 신용카드는 이를 소지함으로써 신용구매가 가능하고 금융의 편의를 받을 수 있다는 점에서 경제적 가치가 있다 하더라도, 그 자체에 경제적 가치가 화체되어 있거나 특정의 재산권을 표창하는 유가증권이라고 볼 수 없고, 단지 신용카드회원이 그 제시를 통하여 신용카드회원이라는 사실을 증명하거나 현금자동지급기 등에 주입하는 등의 방법으로 신용카드업자로부터 서비스를 받을 수 있는 증표로서의 가치를 갖는 것이어서, 이를 사용하여 현금자동지급기에서 현금을 인출하였다 하더라도 신용카드 자체가 가지는 경제적 가치가 인출된 예금액만큼 소모되었다고 할 수 없으므로, 이를 일시 사용하고 곧 반환한 경우에는 불법영득의 의사가 없다. (…)

[대법원판결 2000. 3. 28. 2000도493(피해자의 승낙 없이 혼인신고서를 작성하기 위하여 피해자의 도장을 몰래 꺼내어 사용한 후 곧바로 제자리에 갖다 놓은 경우, 도장에 대한 불법영득의 의사가 있었다고 볼 수 없다고 한 사례 등)] (…) [2] 피해자의 승낙 없이 혼인신고서를 작성하기 위하여 피해자의 도장을 몰래 꺼내어 사용한 후 곧바로 제자리에 갖다 놓은 경우, 도장에 대한 불법영득의 의사가 있었다고 볼 수 없다

✓ 〈방화와 실화의 죄〉(164내지176) 등은 공중의 생명, 신체, 재산 등에 대한 위험을 예방하기 위한 것이므로 그것도 개인의 재산을 보호하는 데에 기여하는 측면이 있는 것은 물론이지만, 그 주된 보호법익은 공공의 안전이며-[대법원판결 1989. 1. 8. 82도2341]참조, 그것이 재산적 법익의 보호를 직접적인 목적으로 하는 것은 아니다.

▷ 재산에 대한 죄는 법익으로서의 재산 내지 재산권의 존재형식에 따라 (1) 재물죄와 이득죄(= 이익죄)로 구별되고, 재물죄는 다시 그 침해의 성질에 따라 (2) 영득죄와 손괴죄로 구별되며, 영득죄는 다시 그 방법에 있어서 상대방 내지 피해자의 의사에 반하는 것인지의 여부에 따라 (3) 탈취죄와 편취죄로 구별된다.

고 한 사례.

[대법원판결 2000. 10. 13. 2000도3655(절도죄의 성립에 필요한 '불법영득의 의사'의 의미; 피고인이 살해된 피해자의 주머니에서 꺼낸 지갑을 살해도구로 이용한 골프채와 옷 등 다른 증거품들과 함께 자신의 차량에 싣고 가다가 쓰레기 소각장에서 태워버린 경우, 살인 범행의 증거를 인멸하기 위한 행위로서 불법영득의 의사가 있었다고 보기 어렵다고 한 사례)] [1] 절도죄의 성립에 필요한 불법영득의 의사라 함은 권리자를 배제하고 타인의 물건을 자기의 소유물과 같이 그 경제적 용법에 따라 이용, 처분하려는 의사를 말한다. [2] 피고인이 살해된 피해자의 주머니에서 꺼낸 지갑을 살해도구로 이용한 골프채와 옷 등 다른 증거품들과 함께 자신의 차량에 싣고 가다가 쓰레기 소각장에서 태워버린 경우, 살인 범행의 증거를 인멸하기 위한 행위로서 불법영득의 의사가 있었다고 보기 어렵다고 한 사례.

재산에 대한의 죄의 개요

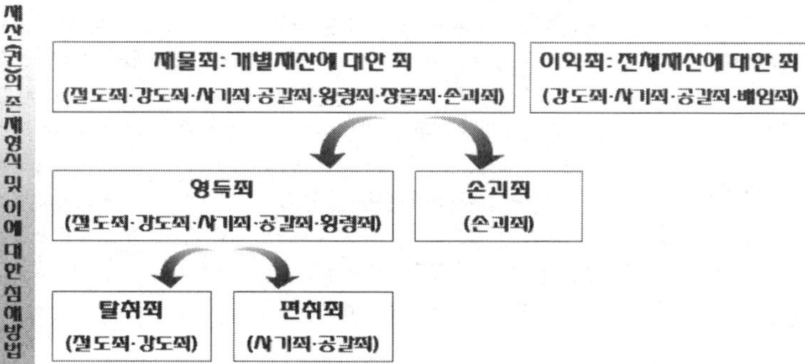

2. 절도죄의 객체 및 실행행위 등

[사례4-2-1] 농장주인 甲은 자신의 농장과 접하고 있는 A의 농장 일부를 취할 의사로 자신의 농장과 A의 그것 사이에 있는 경계표를 몰래 이동시켰다. 甲의 죄책은?

[사례4-2-2] P당구장 종업원 甲은 청소를 하다가 당구대 밑에서 누군가가 잃어버린 금반지를 주워서 손가락에 끼고 다니다가 그 소유자가 나타나지 않자 그것을 Q금은방에 팔아 용돈을 마련했다. 甲의 죄책은?

[사례4-2-3] X는 생활비를 마련하기 위해 절도를 마음먹고 2006년 1월 2일 새벽 2시 서울 구의동 한 다세대주택 건물로 들어서서 출입구 옆 101호 현관문 손잡이를 돌렸지만 열리지 않았고 옆 102호도 마찬가지였다. X는 계속해서 2·3층의 네 집을 한 바퀴 돌았지만 현관문은 모두 굳게 잠겨있었다. 허탕을 쳤다고 생각한 X는 옆 동으로 옮겨가다가 경비원에게 붙잡혔다. X의 죄책은?

〈절도의 죄〉의 개요

▷ 〈절도의 죄〉의 기본유형은 단순절도죄(329)다. 그 방법적 가중유형이 특수절도죄(331②), 결합적 가중유형이 야간주거침입절도죄(330)·중重야간주거침입절도죄(331①)다. 그 밖에도 이른바 사용절도의 형태로서 자동차등불법사용죄(331의2)가 있다. 이상 각 범죄의 상습범(332) 및 미수범(342)은 처벌되며, 〈절도의 죄〉에 관해서는 친족상도례親族相盜例(328)가 적용되고(344) 자격정지의 병과竝科도 인정된다(345).

✓ 〈절도와 강도의 죄〉는 타인의 소유권 내지 점유를 침해하거나 위태롭게 하는 범죄다. 그 주된 보호법익은 타인의 소유권이며, 부차적으로는 타인의 점유도 보호법익이 된다. 따라서 〈절도와 강도의 죄〉는 타인의 소유권이라는

보호법익의 측면에서 보면 위험범이지만, 타인의 점유라는 보호법익의 측면에서는 침해범으로 이해될 수 있다.

✓ 〈절도의 죄〉는 재산죄 가운데에서 재물죄에 속하지만, 〈강도의 죄〉는 재물죄인 동시에 이득죄이기도 하다. 또한, 〈강도의 죄〉는 폭행 또는 협박을 수단으로 하는 점에서 〈절도의 죄〉와 구별된다.

〈절도의 죄〉의 개요

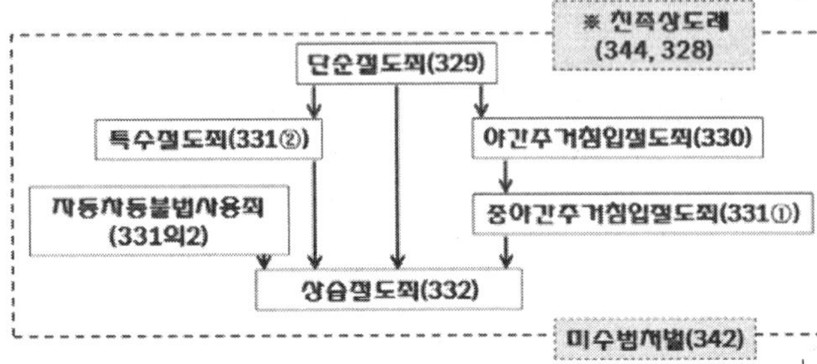

〈절도의 죄〉의 객체로서의 타인의 재물

▷ 단순절도죄(329) 등의 객체는 '타인의 재물', 즉 타인이 소유하고 또한 점유하는 재물이다.

- 재물

▷ 재물이란 사전적으로 '돈이나 기타 값나가는 물건'을 의미한다. 〈절도의 죄〉 등의 객체로서의 재물도 그 어떤 가치를 지니는 것으로 이해될 수 있는데, 그것이 반드시 객관적으로 경제적 가치를 가지고 있는 것에 한정되지는 않는다-[대법원판결 1996. 5. 10. 95도3057][대법원판결 1976. 1. 27. 74도3442]. 또한, 유체물뿐만 아니라 물리적으로 관리가능한 무체물도 재물에 해당된다*. 「형법」 제346조도 '관리할 수 있는 동력'을 재물로 간주하고 있다. 바꾸어 말하면, 동력 등과 같은 무체물은 물리적으로 관리될 수 있는 한에서만 〈절도의 죄〉 등의 객체가 된다. 그래서 동력이라도 가령 사람이나 동물의 노동력은 사무적으로 관리될 수 있을지언정 물리적으로는 관리될 수 없으므로 〈절도의 죄〉 등의 객체는 되지 않으며, 예컨대 전기통신역무 혹은 컴퓨터에 저장되어 있는 정보도 그 자체로서는 유체물도 아니고 물질성을 가진 동력도 아니므로 재물이 될 수 없다-[대법원판결 1998. 6. 23. 98도700][대법원판결 2002. 7. 12. 2002도745]. 채권과 같은 권리도 마찬가지다. 채권 그 자체는 재산상의 이득에 해당될 수는 있어도 재물은 아니므로-[대법원판결 1994. 3. 8. 93도2272] 절도죄의 객체가 될 수 없다. 다만, 재산상의 권리라도 그것이 유가증권 등으로 체화된 때에는 재물에 해당된다-[대법원판결 1998. 11. 24. 98도2967].

* 재물의 개념에 관한 학설로서 이른바 '관리가능성설'의 입장이다.

▷ 부동산이 절도죄의 객체로서 재물에 포함되는지에 관해서는 견해의 차이가 있는데, 판례는 긍정적인 입장을 취하고 있는 것으로 볼 수 있다-[대법원판결 1998. 4. 24. 97도3425]. 부동산의 절취, 즉 타인이 소유하는 토지에 대한 타인의 사실상의 점유를 침해해서 자기 또는 제3자의 점유로

[대법원판결 1996. 5. 10. 95도3057(백지의 자동차출고의뢰서 용지가 절도죄의 객체인 재물에 해당하는지 여부 등)] [1] 재산죄의 객체인 재물은 반드시 객관적인 금전적 교환가치를 가질 필요는 없고 소유자, 점유자가 주관적인 가치를 가지고 있음으로써 족하다고 할 것이고, 이 경우 주관적, 경제적 가치의 유무를 판별함에 있어서는 그것이 타인에 의하여 이용되지 않는다고 하는 소극적 관계에 있어서 그 가치가 성립하더라도 관계없다 할 것이므로, 피고인이 절취한 백지의 자동차출고의뢰서 용지도 그것이 어떠한 권리도 표창하고 있지 않다 하더라도 경제적 가치가 없다고는 할 수 없어 이는 절도죄의 객체가 되는 재물에 해당한다.

[대법원판결 1976 .1. 27. 74도3442(발행자가 회수하여 세조각으로 찢어버림으로서 객관적 가치가 경미하여 교환가격을 갖지 않는 약속어음의 소지를 침해한 경우에 절도죄의 성부; 찢어서 폐지로 된 타인발행 명의의 약속어음 파지면을 이용 조합하여 어음의 외형을 갖춘 경우에 유가증권위조죄의 성부)] 가. 재산죄의 객체인 재물은 반드시 객관적인 금전적 교환 가치를 가질 필요는 없고 소유자 점유자가 주관적인 가치를 가지고 있음으로서 족하고 주관적 경제적 가치 유무의 판별은 그것이 타인에 의하여 이용되지 않는다고 하는 소극적 관계에 있어서 그 가치가 성립하는 경우가 있을 수 있는 것이니 발행자가 회수하여 세조각으로 찢어버림으로서 폐지로 되어 쓸모없는 것처럼 보이는 약속어음의 소지를 침해하여 가져갔다면 절도죄가 성립한다. 나. 찢어서 폐지로 된 타인발행 명의의 약속어음 파지면을 이용 조합하여 어음의 외형을 갖춘 경우에는 새로운 약속어음을 작성한 것으로서 그 행사의 목적이 있는 이상 유가증권 위조죄가 성립한다.

[대법원판결 1998. 6. 23. 98도700(타인의 전화기를 무단사용하는 경우, 절도죄가 성립하는지 여부)] 타인의 전화기를 무단으로 사용하여 전화통화를 하는 행위는 전기통신사업자가 그가 갖추고 있는 통신선로, 전화교환기 등 전기통신설비를 이용하고 전기의 성질을 과학적으로 응용한 기술을 사용하여 전화가입자에게 음향의 송수신이 가능하도록 하여 줌으로써 상대방과의 통신을 매개하여 주는 역무, 즉 전기통신사업자에 의하여 가능하게 된 전화기의 음향송수신기능을 부당하게 이용하는 것으로, 이러한 내용의 역무는 무형적인 이익에 불과하고 물리적 관리의 대상이 될 수 없어 재물이 아니라고 할 것이므로 절도죄의 객체가 되지 아니한다.

[대법원판결 2002. 7. 12. 2002도745(컴퓨터에 저장된 정보가 절도죄의 객체로서 재물에 해당하는지 여부 및 이를 복사하거나 출력해 간 경우 절도죄를 구성하는지 여부; 컴퓨터 속의 정보를 빼내갈 목적으로 종이에 출력하여 가져간 경우 그 정보가 기재된 그 문서에 대한 절도죄가 성립하는지 여부)] [1] 절도죄의 객체는 관리가능한 동력을 포함한 '재물'에 한한다 할 것이고, 또 절도죄가 성립하기 위해서는 그 재물의 소유자 기타 점유자의 점유 내지 이용가능성을 배제하고 이를 자신의 점유하에 배타적으로 이전하는 행위가 있어야만 할 것인바, 컴퓨터에 저장되어 있는 '정보' 그 자체는 유체물이라고 볼 수도 없고, 물질성을 가진 동력도 아니므로 재물이 될 수 없다 할 것이며, 또 이를 복사하거나 출력하였다 할지라도 그 정보 자체가 감소하거나 피해자의 점유 및 이용가능성을 감소시키는 것이 아니므로 그 복사나 출력 행위를 가지고 절도죄를 구성한다고 볼 수도 없다. [2] 피고인이 컴퓨터에 저장된 정보를 출력하여 생성한 문서는 피해 회사의 업무를 위하여 생성되어 피해 회사에 의하여 보관되고 있던 문서가 아니라, 피고인이 가지고 갈 목적으로 피해 회사의 업무와 관계없이 새로이 생성시킨 문서라 할 것이므로, 이는 피해 회사 소유의 문서라고 볼 수는 없다 할 것이어서, 이를 가지고 간 행위를 들어 피해 회사 소유의 문서를 절취한 것으로 볼 수는 없다.

옮기는 경우가 현실적으로는 드물다고 생각되지만, 어쨌거나 부동산의 절도를 인정한다면 〔사례4-2-1〕에서 甲의 행위는 경계침범죄(370)를 구성할 뿐만 아니라 절도죄(329)도 구성하며 양자는 상상적 경합관계에 있다.

✓ 사람의 신체는 그 사람이 생존하는 동안에는 재산권의 객체가 될 수 없으므로 절도죄의 객체인 재물에 해당되지 않는 것은 당연하다. 다만, 헌혈된 혈액이나 절단된 모발 또는 적출된 장기 등과 같이 사람의 신체의 일부가 그 사람으로부터 이미 분리된 때에는 재물이 될 수 있다. 사람의 사체도 인격자의 유해로서 원칙적으로는 재산권의 객체가 될 수는 없지만*, 해부용 사체와 같이 인격자의 유해로서의 성질을 상실한 경우에는 재물이 될 수 있다. 한편, 금제품禁制品, 즉 소유 또는 소지가 법적으로 금지되어 있는 물건도 재물인 것은 물론이므로, 그것이 타인의 소유 및 점유에 속하는 한에서는 절도죄의 객체가 된다고 보아야 할 것이다.

* 사람의 사체는 장례 등의 대상이 되는 점에서 「형법」은 사체영득죄(161)를 〈신앙에 관한 죄〉의 일종으로 취급하고 있다.

▪ 타인의 재물 - 타인 소유 및 점유에 속하는 재물

▷ 타인의 소유에 속하는 재물이란 자기 이외의 자의 소유에 속하는 물건을 말한다. 타인과의 공유물도 역시 타인 소유의 재물에 해당되므로 단순절도죄(329) 등의 객체가 된다-[대법원판결 1994. 11. 25. 94도2432].

▷ 단순절도죄(329) 등의 객체로서의 재물은 타인의 소유에 속할 뿐만 아니라 타인의 점유에 속하는 것이어야 한다. 형법상의 점유란 재물에 대한 사실상의 지배를 말하며, 그 유무는 궁극적으로 사회통념에 의해 판단된다. 주의할 것은 민법상의 점유와 형법상의 점유는 그 개념적 외연을 달리하는 점이다. 예컨대 민법상 상속에 의한 점유의 이전(민법193)이나 간접점유(민법194)는 형법상의 점유에는 해당되지 않는다. 이 점에서 형법상의 점유는 민법상의 그것보다는 현실적인 개념으로 파악된다. 그렇다고 해서 가령 재물을 손에 쥐고 있어야만 형법상의 점유가 인정되는 것은 아니다. 〔사례4-1-1〕에서 A가 살해된 후에도 현장에 있는 A의 소지품은 여전히 A의 사실상의 지배하에 있는 것으로 보아야 한다-[대법원판결 1993. 9. 28. 93도2143]. 따라서 A의 예금통장과 인감은 단순절도죄(329) 등의 객체가 된다. 다만, 단순절도죄(329) 등을 구성하기 위해서는 행위자에게 타인의 재물을 절취하는 것에 대한 고의와 더불어 불법영득의사가 인정되어야 하는데, 불법영득의사의 대상을 어떻게 볼 것인지에 따라 甲의 행위가 단순절도죄(329)의 구성요건에 해당되는지의 여부가 결정될 것이다.

▷ 단순절도죄(329) 등의 객체로서의 재물이 타인의 점유 하에 있는지의 여부는, 객관적인 요소로서 재물에 대한 관리범위 내지 사실적 관리가능성과 아울러 주관적 요소로서 재물에 대한 지배의사를 참작해서 결정되는데, 궁극적으로는 그 재물의 형상과 기타 구체적인 사정에 따라 사회통념에 비추어 규범적 관점에서 판단되어야 한다-[대법원판결 2008. 7. 10. 2008도3252]. 〔사례4-2-2〕에서 甲이 영득한 금반지가 타인의 점유에 속하는 때에는 그것은 타인이

[대법원판결 1994. 3. 8. 93도2272(횡령죄의 객체인 재물의 의미; 광업권이 횡령죄의 객체가 되는지 여부)] 가. 횡령죄에 있어서의 재물은 동산, 부동산의 유체물에 한정되지 아니하고 관리할 수 있는 동력도 재물로 간주되지만, 여기에서 말하는 관리란 물리적 또는 물질적 관리를 가리킨다고 볼 것이고, 재물과 재산상 이익을 구별하고 횡령과 배임을 별개의 죄로 규정한 현행 형법의 규정에 비추어 볼 때 사무적으로 관리가 가능한 채권이나 그 밖의 권리 등은 재물에 포함된다고 해석할 수 없다. 나. 광업권은 재물인 광물을 취득할 수 있는 권리에 불과하지 재물 그 자체는 아니므로 횡령죄의 객체가 된다고 할 수 없고, 광업법 제12조가 광업권을 물권으로 하고 광업법에서 따로 정한 경우를 제외하고는 부동산에 관한 민법 기타 법령의 규정을 준용하도록 규정하고 있다 하여 광업권이 부동산과 마찬가지로 횡령죄의 객체가 된다고 할 수는 없다.

[대법원판결 1998. 11. 24. 98도2967(형법상 유가증권의 개념; 스키장의 리프트탑승권이 형법상 유가증권이라고 본 사례; 위조유가증권이 형법상 재물로서 절도죄의 객체가 되는지 여부; 리프트탑승권 발매기를 전산조작하여 위조한 탑승권을 발매기에서 뜯어 간 행위는 탑승권 위조행위와 위조탑승권 절취행위가 결합된 것이라는 이유로, 위조탑승권의 장물성을 인정한 사례)] [1] 형법상 유가증권이라 함은 증권상에 표시된 재산상의 권리의 행사와 처분에 그 증권의 점유를 필요로 하는 것을 총칭하는 것이다. [2] 스키장의 리프트탑승권이 형법상 유가증권이라고 본 사례. [3] 유가증권도 그것이 정상적으로 발행된 것은 물론 비록 작성권한 없는 자에 의하여 위조된 것이라고 하더라도 절차에 따라 몰수되기까지는 그 소지자의 점유를 보호하여야 한다는 점에서 형법상 재물로서 절도죄의 객체가 된다. [4] 리프트탑승권 발매기를 전산조작하여 위조한 탑승권을 발매기에서 뜯어 간 행위는 탑승권 위조행위와 위조탑승권 절취행위가 결합된 것이라는 이유로, 위조탑승권의 장물성을 인정한 사례.

[대법원판결 1998. 4. 24. 97도3425(권원 없이 타인의 토지 위에 식재한 감나무에서 감을 수확한 것이 절도죄에 해당하는지 여부)] 타인의 토지상에 권원 없이 식재한 수목의 소유권은 토지소유자에게 귀속하고 권원에 의하여 식재한 경우에는 그 소유권이 식재한 자에게 있으므로, 권원 없이 식재한 감나무에서 감을 수확한 것은 절도죄에 해당한다.

[대법원판결 1994. 11. 25. 94도2432(타인과 공유관계에 있는 물건이 절도죄의 객체가 되는지 여부)] 타인과 공유관계에 있는 물건도 절도죄의 객체가 되는 타인의 재물에 속한다.

[대법원판결 1993. 9. 28. 93도2143(살해된 피해자의 재물에 대한 점유; 생존중의 날짜를 작성일자로 하여 사망자 명의의 문서를 작성한 경우 사문서위조죄의 성부)] 가. 피해자를 살해한 방에서 사망한 피해자 곁에 4시간 30분쯤 있다가 그곳 피해자의 자취방 벽에 걸려 있던 피해자가 소지하는 물건들을 영득의 의사로 가지고 나온 경우 피해자가 생전에 가진 점유는 사망 후에도 여전히 계속되는 것으로 보아야 한다. 나. 사망자 명의로 된 문서라고 할지라도 그 문서의 작성일자가 명의자의 생존중의 날짜로 된 경우 일반인으로 하여금 사망자가 생존중에 작성한 것으로 오신케 할 우려가 있으므로, 비록 시간적으로 피해자의 사망 이후에 피해자 명의의 문서를 위조하고 이를 행사한 것이라 하더라도 사문서위조죄와 동행사죄가 성립한다.

[대법원판결 2008. 7. 10. 2008도3252(절도죄에서 절취의 의미 및 어떤 물건이 타인의 점유하에 있는지 여부의 판단 기준; 임차인이 임대계약 종료 후 식당건물에서 퇴거하면서 종전부터 사용하던 냉장고의 전원을 켜 둔 채 그대로 두어 전기가 소비된 사안에서 절도죄의 성립을 부정

소유하고 점유하는 재물이므로 단순절도죄(329) 등에 객체가 되므로 甲이 그 금반지를 영득한 것은 단순절도죄(329)를 구성하지만, 그 금반지가 甲의 점유에 속하는 때에는 甲으로서는 타인이 소유하고 자신이 점유하는 재물을 영득한 것이어서 〈횡령의 죄〉가 문제된다. 이와 같이 〈절도의 죄〉는 타인 소유의 재물에 대한 타인의 점유를 침해하는 것이라는 점에서, 자신이 점유하는 타인 소유의 재물을 영득하는 〈횡령의 죄〉와 구별된다. 판례는, 재물이 유실된 장소가 당구장과 같이 타인의 관리하에 있는 곳일 경우에는 그 재물은 그 관리자의 점유에 속한는 것으로 보므로-[대법원판결 1988. 4. 25. 88도409], 〔사례4-2-2〕에서 甲이 금반지를 영득한 행위는 당구장의 관리자인 그 주인이 점유하는 타인의 재물, 즉 타인이 소유하고 점유하는 재물을 영득한 것이어서, 단순절도죄(329)를 구성한다. 이와 같이 점유의 귀속주체가 문제되는 경우, 즉 영득행위의 대상이 된 타인 소유의 재물이 타인의 점유에 속하는지 혹은 행위자 자신의 점유에 속하는지의 여부가 특히 문제되는 경우로서 민법상의 점유보조자의 영득행위를 들 수 있다. 「민법」 제195조는, '가사상家事上, 영업상 기타 유사한 관계에 의해 타인의 지시를 받아 물건에 대한 사실상의 지배를 하는 자'를 점유보조자로 보는 한편, 그 타인만이 점유자라고 한다. 이와 관련해서 판례는, "민법상 점유보조자(점원)라고 할지라도 그 물건에 대하여 사실상 지배력을 행사하는 경우에는 형법상 보관의 주체로 볼 수 있으므로 이를 영득한 경우에는 절도죄가 아니라 횡령죄에 해당한다"고 한다-[대법원판결 1982. 3. 9. 81도3396]. 이러한 판례의 입장은, 민법상으로는 점유자가 아니라 점유보조자라도 형법상으로는 점유자가 될 수 있다는 것으로 생각된다. 이러한 관점에서, 가령 상점의 점원 등이 상점내의 물건을 취거하는 것은, 민법상으로는 점유보조자가 점유자 소유의 물건을 영득하는 것이지만, 형법상으로는 말하자면 일방 점유자가 타방 점유자 소유의 물건을 영득하는 것이므로, 양자의 관계를 어떻게 볼 것인지에 따라서 〈절도의 죄〉에 해당되거나 혹은 〈횡령의 죄〉에 해당된다고 볼 수 있다. 즉, 재물의 영득행위 당시에 행위자가 타방 점유자와 그 재물을 공동으로 - 행위자가 민법상의 점유보조자(민법195)인 때에는 대체로 종속적으로 - 점유하고 있는 것으로 파악될 수 있는 경우라면 그 영득행위는 타인이 소유하는 재물이면서 자신과 타인이 공동점유하는 재물, 따라서 타인이 소유하고 또한 타인이 점유하는 재물을 영득한 것이어서 절도에 해당되지만, 재물의 영득행위 당시에 행위자가 타방 점유자와는 사실상 독립해서 단독으로 그 재물을 점유하고 있는 것으로 파악될 수 있는 경우라면 그 영득행위는 타인이 소유하고 자신이 점유하는 재물을 영득한 것이어서 횡령에 해당된다고 본다-[대법원판결 1966. 1. 31. 65도1178][대법원판결 1982. 3. 9. 81도3396]참조.

✓ 봉함 등의 방법으로 포장된 물건 내지 재물이 위탁된 경우에는, 그 전체로서는 물론이고 포장과는 별개로 그 내용물도 수탁자의 점유에 속한다고 본다면, 수탁자가 그 전체를 영득하는 행위는 물론이고 그 내용물을 발취拔取하는 행위도 자신이 점유하는 타인의 재물을 영득한 것으

한 사례)] [1] 절취란 타인이 점유하고 있는 재물을 점유자의 의사에 반하여 그 점유를 배제하고 자기 또는 제3자의 점유로 옮기는 것을 말하고, 어떤 물건이 타인의 점유하에 있는지 여부는, 객관적인 요소로서의 관리범위 내지 사실적 관리가능성 외에 주관적 요소로서의 지배의사를 참작하여 결정하되 궁극적으로는 당해 물건의 형상과 그 밖의 구체적인 사정에 따라 사회통념에 비추어 규범적 관점에서 판단하여야 한다. [2] 임차인이 임대계약 종료 후 식당건물에서 퇴거하면서 종전부터 사용하던 냉장고의 전원을 켜 둔 채 그대로 두었다가 약 1개월 후 철거해 가는 바람에 그 기간 동안 전기가 소비된 사안에서, 임차인이 퇴거 후에도 냉장고에 관한 점유·관리를 그대로 보유하고 있었다고 보아야 하므로, 냉장고를 통하여 전기를 계속 사용하였다고 하더라도 이는 당초부터 자기의 점유·관리하에 있던 전기를 사용한 것일 뿐 타인의 점유·관리하에 있던 전기가 아니어서 절도죄가 성립하지 않는다고 한 사례. (…) 절취란 타인이 점유하고 있는 재물을 점유자의 의사에 반하여 그 점유를 배제하고 자기 또는 제3자의 점유로 옮기는 것을 말하고, 어떤 물건이 타인의 점유하에 있다고 할 것인지의 여부는, 객관적인 요소로서의 관리범위 내지 사실적 관리가능성 외에 주관적 요소로서의 지배의사를 참작하여 결정하되 궁극적으로는 당해 물건의 형상과 그 밖의 구체적인 사정에 따라 사회통념에 비추어 규범적 관점에서 판단하여야 한다. 원심판결 이유를 기록에 비추어 검토하여 보면, 피고인은 피해자로부터 임대계약 종료를 원인으로 한 명도요구를 받고 2006. 9. 3.경 이 사건 식당 건물에서 퇴거하기는 하였으나, 이 사건 식당 건물 외벽 쪽에 설치하여 사용하던 대형냉장고는 그 전원이 연결되어 있는 상태로 둔 사실, 피해자측은 피고인의 퇴거 직후 명도상황을 점검하면서 위 대형냉장고가 전원이 연결된 상태로 존치되어 있는 것을 확인하고 피고인에게 그 철거를 요구하였으며, 이에 따라 피고인이 2006. 10.경 위 대형냉장고를 철거하였는데, 그 기간 동안 전기사용료가 22,965원가량인 사실을 각 인정할 수 있다. 사실관계가 이와 같다면, 비록 피고인이 이 사건 식당 건물에서 퇴거하기는 하였으나, 위 대형냉장고의 전원을 연결한 채 그대로 둔 이상 그 부분에 대한 점유·관리는 그대로 보유하고 있었다고 보아야 하며, 피고인이 위 대형냉장고를 통하여 전기를 계속 사용하였다고 하더라도 이는 당초부터 자기의 점유·관리하에 있던 전기를 사용한 것에 불과하고, 타인의 점유·관리하에 있던 전기를 사용한 것이라고 할 수는 없고, 피고인에게 절도의 범의가 있었다고도 할 수 없으므로 피고인을 절도죄로 의율할 수는 없다고 할 것이다. 그럼에도 불구하고, 원심은 피고인의 위 전기사용행위가 절도죄에 해당한다고 판단하였으니, 원심판결에는 절도죄에 관한 법리를 오해하여 판결 결과에 영향을 미친 위법이 있고, 이 점을 지적하는 상고이유의 주장은 이유 있다. (…)

[대법원판결 1988. 4. 25. 88도409(종업원으로 종사하던 당구장에서 주운 금반지를 처분한 자의 죄책)] 어떤 물건을 잃어버린 상소가 당구장과 같이 타인의 관리 아래 있을 때에는 그 물건은 일응 그 관리자의 점유에 속한다 할 것이고, 이를 그 관리자 아닌 제3자가 취거하는 것은 유실물횡령이 아니라 절도죄에 해당한다.

[대법원판결 1982. 3. 9. 81도3396(재물을 사실상 지배하는 점유보조자(점원)와 형법상 보관의 주체성 여부)] 민법상 점유보조자(점원)라고 할지라도 그 물건에 대하여 사실상 지배력을 행사하는 경우에는 형법상 보관의 주체로 볼 수 있으므로 이를 영득한 경우에는 절도죄가 아니라 횡령죄에 해당한다. (…) 원심은 피고인이 피해자 이노현의 점포에서 종업원으로 종사하던 중 위 피해자가 부재중임을 틈타 점포의 금고 안에 든 200,000원과 점포 내에 있던 오토바이 1대를 절취한 사실을 인정하여 피고인을 절도죄로 의율처단하고 있다. 그러나, 기록에 편철된 위 피해자 작성의 피해 신고서와 검사의 피고인에 대한 피의자신문조

로서 횡령에 해당된다. 다만, 수탁자로서의 지위에 있는지의 여부는 위탁관계의 구체적인 성격에 따라 정해져야 할 것이다-[대법원판결 1996. 10. 15. 96도2227]참조*.

* [대법원판결 1996. 10. 15. 96도2227]은 '예식장 축의금 접수대에서 접수인인 것처럼 행세해서 축의금을 교부받아 가로챈 행위'를 절도로 본 것인데, 그와 같이 피해자를 기망해서 재물의 교부를 받았더라도 그 교부가 피해자의 종국적인 점유이전의 의사意思에 기한 것이 아니라 잠정적인 의사意思에 기한 것으로 인정되는 한에서는 피해자의 의사意思의 반하는 절취에 해당되는 것으로 해석되고 있다. 그 점에 관해서는 任雄, 刑法各論, 改訂版·補訂, 2006, 280면 참조.

<절도의 죄>의 실행행위로서의 절취

▷ 단순절도죄(329) 등의 실행행위는 절취다. 절취란 타인이 점유하고 있는 재물을 점유자의 의사에 반해서 그 점유를 배제하고 자기 또는 제3자의 점유로 옮기는 것을 말한다-[대법원판결 2008. 7. 10. 2008도3252]. 이와 같이 단순절도죄(329) 등은 상대방의 의사意思에 반해서 재물을 영득하는 것으로서 탈취죄에 해당된다. 이와는 달리, 비록 하자있는 의사意思이기는 하지만 상대방의 의사意思에 기해서 재물을 영득하는 경우에는 편취죄로서의 <사기의 죄>가 문제될지언정 단순절도죄(329) 등은 문제되지 않는다. 요컨대, 절취행위가 인정되기 위해서는 재물에 대한 점유의 이전이 점유자의 의사意思에 반하는 것이어야 한다. 다만, 타인의 재물을 영득하기 위해 기망이 행해진 경우라도 그것이 상대방을 착오에 빠뜨려 그로 하여금 재물을 교부케 하기 위한 것이 아니라 상대방의 의사意思에 반하는 점유침탈의 수단에 불과한 때에는 여전히 절취행위가 인정될 수 있다-[대법원판결 1983. 2. 22. 82도3115][대법원판결 1994. 8. 12. 94도1487]*.

* 그와 같은 경우를 일컬어 책략절도라고 한다. 任雄, 刑法各論, 改訂版·補訂, 2006, 280면; 김성돈, 형법각론, 제2판, 2009, 259면 등 참조.

▷ 타인의 신용카드나 직불카드 등을 부정사용해서 금전을 영득하는 경우, 예컨대 타인의 신용카드를 무단으로 현금자동입출금기에 주입해서 현금을 인출한 경우에는 「여신전문금융업법」 제70조에 따라 처벌의 대상이 되는 외에, 타인의 재물을 절취한 것에 해당되는지의 여부가 문제된다. 즉, 그것이 타인이 점유하고 있는 재물을 그 의사意思에 반해서 영득한 것에 해당되는지의 여부가 문제된다. 판례는, 현금자동입출금기에 들어있는 현금은 현금자동입출금기 관리자의 점유에 속하는 것으로 보는 한편, 그와 같이 신용카드를 부정사용해서 현금을 인출하는 것은 그 관리자의 의사意思에 반하는 점유침탈이므로 절취행위에 해당된다고 한다-[대법원판결 1995. 7. 28. 95도997]. 타인의 명의를 모용해서 발급받은 신용카드를 현금자동입출금기에서 주입해서 현금을 대출받는 것도 마찬가지로 절취행위에 해당된다-[대법원판결 2006. 7. 27. 2006도3126].

단순절도죄(329)의 실행의 착수시기 및 기수시기 등

▷ 단순절도죄(329)의 실행행위는 절취이므로 그 실행의 착수시기는 행위자가 절취, 즉 타인의 점유를 침해하는 행위

서 기재에 보면, 위 피해자는 당일 피고인에게 금고 열쇠와 오토바이 열쇠를 맡기고 금고 안의 돈은 배달될 깨스대금으로 지급할 것을 지시한 후 외출하였던 바, 피고인은 혼자서 점포를 지키다가 금고 안에서 현금을 꺼내어 오토바이를 타고 도주한 사실이 인정된다. 위와 같은 인정 사실에 비추어 보면 피고인은 점원으로서는 평소는 점포 주인인 위 피해자의 점유를 보조하는 자에 지나지 않으나 위 범행 당시는 위 피해자의 위탁을 받아 금고 안의 현금과 오토바이를 사실상 지배하에 두고 보관한 것이라고 보겠으니, 피고인의 위 범행은 자기의 보관하에 있는 타인의 재물을 영득한 것으로서 횡령죄에 해당한다고 보아야 할 것이다. (…)

[대법원판결 1966. 1. 31. 65도1178(운반을 위하여 소지하게 된 타인의 금원을 영득한 경우와 절도죄)] 은행에서 찾은 현금을 운반하기 위하여 소지하게 된 자가 그 금원중 일부금을 꺼내어 이를 영득한 경우에는 피고인의 운반을 위한 소지는 피고인의 독립적인 점유에 속하는 것이 아니고 피해자의 점유에 종속하는 점유의 기관으로서 소지함에 지나지 않으므로 이를 영득한 행위는 피해자의 점유를 침탈함에 돌아가기 때문에 절도죄가 성립한다고 해석함이 정당하다. (…) 원심의 확정한 사실은 피고인은 전주연초제조창 기사보로서 작업과 예비계 차석으로 근무하던중 동예비계 경리담당직원 공소외인의 요청으로 공소외인과 동행하여 한국은행 전주지점에 가서 공소외인이 찾은 현금 200여만 원 중 50만 원을 그의 부탁으로 피고인이 소지하고 피해자와 동행하여 위 피해자와 피고인이 근무하는 전주연초제조창 사무실에 당도하여 위 50만 원을 피해자에게 교부할때 그중 10만 원을 현금처럼 가장한 돈뭉치와 바꿔치기 하여서 이를 절취하였다는데 있는바 위와 같은 경우에 피고인이 돈 50만 원을 피해자를 위하여 운반하기 위하여 소지하였다 하더라도 피해자의 점유가 상실된 것이라고 볼 수 없을 뿐더러 피고인의 운반을 위한 소지는 피고인의 독립적인 점유에 속하는 것이 아니고 피해자 공소외인의 점유에 종속하는 점유의 기관으로서 소지함에 지나지 않으므로 그 소지중에 있는 돈 10만 원을 꺼내어 이를 영득한 행위는 피해자의 점유를 침탈함에 돌아가기 때문에 절도죄가 성립한다고 해석함이 정당하다 같은 견해로 원심이 피고인의 위 소위를 절도죄로 의율처단하였음은 정당하며 횡령죄가 성립된것이라는 피고인의 상고논지는 이유없다. (…)

[대법원판결 1996. 10. 15. 선고 96도2227, 96감도94(예식장 축의금 접수대에서 접수인인 것처럼 행세하여 축의금을 교부받아 가로챈 행위의 처단 죄명)] 피해자가 결혼예식장에서 신부측 축의금 접수인인 것처럼 행세하는 피고인에게 축의금을 내어 놓자 이를 교부받아 가로챈 사안에서, 피해자의 교부행위의 취지는 신부측에 전달하는 것일 뿐 피고인에게 그 처분권을 주는 것이 아니므로, 이를 피고인에게 교부한 것이라고 볼 수 없고 단지 신부측 접수대에 교부하는 취지에 불과하므로 피고인이 그 돈을 가져간 것은 신부측 접수처의 점유를 침탈하여 범한 절취행위라고 보는 것이 정당하다.

[대법원판결 1983. 2. 22. 82도3115(책을 빌려서 보는 척하다가 가져간 경우 절도죄의 성부)] 피해자가 가지고 있는 책을 잠깐 보겠다고 하며 동인이 있는 자리에서 보는 척 하다가 가져갔다면 위 책은 아직 피해자의 점유하에 있었다고 할 것이므로 절도죄가 성립한다.

[대법원판결 1994. 8. 12. 94도1487(금방에서 마치 귀금속을 구입할 것처럼 가장하여 순금목걸이 등을 건네받은 다음 화장실에 갔다 오겠다는 핑계를 대고 도주한 경우 절도죄의 성부)] 피고인이 피해자 경영의 금방에서 마치 귀금속을 구입할 것처럼 가장하여 피해자로부터 순금목걸이 등을 건네받은 다음 화장실에 갔다 오겠다는 핑계를 대고 도주한 것이라면 위 순금목걸이 등은 도주하기 전까지는 아직 피해자의 점유하에 있었다고 할 것이므로 이를 절도죄로 의율 처단한 것은 정당하다.

에 착수한 때가 된다. 그런데 실행의 착수시기에 관한 학설로서 '실질적 객관설'의 관점에서는, 절취행위와 밀접한 관련성을 가지기 때문에 실질적으로는 절취행위의 구성부분으로 여겨질 수 있는 행동, 즉 당연히 또는 자연히 절취행위의 구성부분으로 파악되는 행위가 개시된 때에 실행의 착수가 인정되거나, 혹은 보호법익으로서의 타인의 소유권 내지 점유에 대한 직접적인 동요가 개시된 때에 실행의 착수가 인정된다. 또한, '절충설'로서 이른바 '객관적 절충설(= 주관적 객관설)'에 따르면, 행위자의 범행계획에 비추어 볼 때에 절취행위가 개시되었다고 볼 수 있는 시점, 따라서 행위자의 범행계획에 의하면 절취행위의 구성부분으로 여겨질 수 있는 행동이 개시되었다고 볼 수 있는 시점이 실행의 착수시기가 된다. 따라서 가령 주간에 절도의 목적으로 타인의 주거에 침입해서 절취할 재물을 물색한 시점에서는 절취행위의 착수가 인정된다-[대법원판결 2003. 6. 24. 2003도1985]*.

* 『남의 차량을 열지 못했더라도 그런 의도로 문의 손잡이를 잡았다면 이미 절도행위에 착수한 것으로 봐야 한다는 대법원 판결이 나왔다. 대법원 2부(주심 김지형 대법관)는 절도미수 혐의로 기소된 방모 씨에게 무죄를 선고한 원심을 깨고 사건을 광주지법 합의부로 돌려보냈다고 2009년 10월 14일 밝혔다. 재판부는 "피고인이 야간에 승합차량의 문이 잠겨 있는지 확인하기 위해 양손으로 문 손잡이를 잡고 열려고 하던 중 경찰에게 발각됐고 이는 재물을 훔치려고 차량 안으로 침입하려는 행위에 착수한 것으로 볼 수 있다"고 말했다. 또 "피고인의 행위로 차량 내에 있는 재물에 대한 피해자의 지배를 침해하는 데 밀접한 상관이 있는 행위가 시작된 것"이라고 설명했다. 방 씨는 2009년 2월 새벽 전남 목포의 집 근처에 주차된 신모씨 소유의 승합차 문을 열려고 한 혐의로 기소됐고 1심은 절도미수죄를 인정해 징역8월을 선고했다. 당시 박스를 포장할 때 쓰는 노끈과 손전등을 들고 운전석 문의 손잡이를 잡고 있다가 순찰 중인 경찰관에게 발각된 방 씨는 자신의 행위가 절도에 착수한 것은 아니라고 주장하며 항소했다. 항소심은 "절도 실행의 착수시기는 재물에 대한 타인의 사실상의 지배를 침해하는 데 밀접한 행위를 시작한 때"라며 "운전석 문의 손잡이를 잡고 열려고 하던 중 경찰관에게 발각돼 멈춘 행위만으로는 차량 안의 재물에 대한 소유자의 지배를 침해하는 데 밀접한 행위라고 보기 어렵다"며 무죄 판결했다.』(http://article.joins.com/article/article.asp?total_id=3823285)

▷ 단순절도죄(329) 등의 기수시기는 재물에 대한 타인의 점유를 침해해서 그 재물의 점유를 취득한 때, 즉 그 재물을 자기 또는 제3자의 점유 하에 둔 때다. 판례도 그와 같이 이른바 '취득설'의 입장을 취하고 있다-[대법원판결 1964. 12. 8. 64도577][대법원판결 1984. 2. 14. 83도3242][대법원판결 1991. 4. 23. 91도476].

✓ 단순절도죄(329) 등은 타인의 재물을 자기 또는 제3자의 점유 하에 둔 때에 기수에 이르는 동시에 종료되는 점에서 즉시범인 한편, 범죄가 종료된 이후에도 소유권의 위태화 내지는 점유의 침해라는 위법한 상태는 그것이 회복될 때까지는 지속되는 점에서 상태범이다. 후자와 관련해서는, 사후행위, 즉 범죄가 종료된 후의 행위는 그 위법한 상태가 지속되는 동안에는 설사 그 행위가 외관상 일정한 범죄구성요건에 해당되더라도 그 불법성이 단순절도죄(329) 등의 그것에 의해 이미 포괄적으로 평가되어 있는 한에서는 별개의 범죄를 구성하지 않는 점에 유의할 필요가 있다-[대법원판결 1982. 7. 27. 82도822][대법원판결

[대법원판결 1995. 7. 28. 95도997(현금인출기에서 현금서비스를 제공받는 행위도 신용카드의 본래 용도에 따른 사용인지 여부; 절취한 신용카드로 '가'항의 현금서비스를 제공받으려는 일련의 행위가 신용카드업법 제25조 제1항 소정의 부정사용에 포함되는지 여부; 상상적 경합관계에 있는 수 죄 중 일부에 대한 판단오류의 판결결과에 대한 영향 유무; '나'항과 같이 현금을 인출, 취득한 경우, 신용카드 부정사용죄와 절도죄의 성부 및 관계)] 가. 신용카드회원이 대금결제를 위하여 가맹점에 신용카드를 제시하고 매출표에 서명하는 일련의 행위뿐 아니라 신용카드를 현금인출기에 주입하고 비밀번호를 조작하여 현금서비스를 제공받는 일련의 행위도 신용카드의 본래 용도에 따라 사용하는 것으로 보아야 한다. 나. 신용카드업법 제25조 제1항 소정의 부정사용이라 함은 도난·분실 또는 위조·변조된 신용카드를 진정한 카드로서 신용카드의 본래의 용법에 따라 사용하는 경우를 말하는 것이므로, 절취한 신용카드를 현금인출기에 주입하고 비밀번호를 조작하여 현금서비스를 제공받으려는 일련의 행위는 그 부정사용의 개념에 포함된다. 다. 상상적 경합관계에 있는 수죄 중 그 일부만이 유죄로 인정된 경우와 그 전부가 유죄로 인정된 경우와는 양형의 조건을 참작함에 있어서 차이가 생겨 선고형을 정함에 있어 차이가 있을 수 있으므로, 상상적 경합관계에 있는 수죄가 모두 유죄임에도 그 중 일부 죄를 무죄로 인정한 위법은 판결결과에 영향을 미친 것이다. 라. 피해자 명의의 신용카드를 부정사용하여 현금자동인출기에서 현금을 인출하고 그 현금을 취득까지 한 행위는 신용카드업법 제25조 제1항의 부정사용죄에 해당할 뿐 아니라 그 현금을 취득함으로써 현금자동인출기 관리자의 의사에 반하여 그의 지배를 배제하고 그 현금을 자기의 지배하에 옮겨 놓는 것이 되므로 별도로 절도죄를 구성하고, 위 양 죄의 관계는 그 보호법익이나 행위태양이 전혀 달라 실체적 경합관계에 있는 것으로 보아야 한다.

[대법원판결 2006. 7. 27. 2006도3126(타인의 명의를 모용하여 발급받은 신용카드를 이용하여 현금자동지급기에서 현금대출을 받는 경우의 죄책; 타인의 명의를 모용하여 발급받은 신용카드를 이용하여 ARS 전화서비스나 인터넷 등을 통하여 신용대출을 받는 경우의 죄책; 타인의 명의를 모용하여 발급받은 신용카드를 이용하여 현금자동지급기에서 현금을 인출한 행위와 ARS 전화서비스 등으로 신용대출을 받은 행위를 포괄적으로 카드회사에 대한 사기죄가 된다고 판단한 원심판결을 파기한 사례)] [1] 피고인이 타인의 명의를 모용하여 신용카드를 발급받은 경우, 비록 카드회사가 피고인으로부터 기망을 당한 나머지 피고인에게 피모용자 명의로 발급된 신용카드를 교부하고, 사실상 피고인이 지정한 비밀번호를 입력하여 현금자동지급기에 의한 현금대출(현금서비스)을 받을 수 있도록 하였다 할지라도, 카드회사의 내심의 의사는 물론 표시된 의사도 어디까지나 카드명의인인 피모용자에게 이를 허용하는 데 있을 뿐 피고인에게 이를 허용한 것은 아니라는 점에서, 피고인이 타인의 명의를 모용하여 발급받은 신용카드를 사용하여 현금자동지급기에서 현금대출을 받는 행위는 카드회사에 의하여 미리 포괄적으로 허용된 행위가 아니라, 현금자동지급기의 관리자의 의사에 반하여 그의 지배를 배제한 채 그 현금을 자기의 지배하에 옮겨 놓는 행위로서 절도죄에 해당한다. [2] 타인의 명의를 모용하여 발급받은 신용카드의 번호와 그 비밀번호를 이용하여 ARS 전화서비스나 인터넷 등을 통하여 신용대출을 받는 방법으로 재산상 이익을 취득하는 행위 역시 미리 포괄적으로 허용된 행위가 아닌 이상, 컴퓨터 등 정보처리장치에 권한 없이 정보를 입력하여 정보처리를 하게 함으로써 재산상 이익을 취득하는 행위로서 컴퓨터 등 사용사기죄에 해당한다. [3] 타인의 명의를 모용하여 발급받은 신용카드를 이용하여 현금자동지급기에서 현금을 인출한 행위와 ARS 전화서비스 등으로 신용대출을 받은 행위를 포괄적으로 카드회사에 대한 사기죄가 된다고 판단한 원심판결을 파기한

1975. 8. 29. 75도1996]참조. 그와 같은 경우의 사후행위는 불가벌적不可罰的 사후행위로 일컬어진다. 사후행위가 단순절도죄(329) 등에 의해 이미 포괄적으로 평가되어 있는 불법성의 범위를 넘어 새로운 법익을 침해하는 것인 때에는 물론 별개의 범죄를 구성한다-[대법원판결 1974. 11. 26. 74도2817][대법원판결 1980. 11. 25. 80도2310] 참조.

▲ 야간주거침입절도죄(330)·중重야간주거침입절도죄(331①)

▷ 야간주거침입절도죄(330)는 야간에 사람의 주거 등에 침입해서 절도를 범하는 것이다. 이와 같이 야간주거침입절도죄(330)는 야간이라는 행위상황을 구성요건요소로 하고 있는데, 실행행위로서의 주거침입과 절도 가운데에 어느 하나라도 야간에 행해진 경우에는 야간주거침입절도죄(330)가 문제된다. 한편, 야간주거침입절도죄(330)의 실행의 착수시기는 사람의 주거 등에 침입한 때이므로 결과적으로는 주거침입죄(319①)의 실행의 착수시기와 마찬가지로 이해될 수 있다. 따라서 실행의 착수시기에 관한 학설로서 가령 '객관적 절충설'에 따르면, 행위자의 범행계획에 의하면 침입행위의 구성부분으로 여겨질 수 있는 행동이 개시되었다고 볼 수 있는 시점 혹은 보호법익으로서의 주거의 사실상의 평온을 직접적으로 동요하는 행동이 개시되었다고 볼 수 있는 시점이 실행의 착수시기가 된다. 이러한 관점에서 〔사례4-2-3〕에서 X는 야가주거침입절도죄(330)의 실행에 착수한 것으로 평가되고, 외부적 장애로 인해 범죄를 완성하지 못한 경우로서 그 행위는 야간주거침입절도미수죄(342·25)를 구성한다-[대법원판결 2006. 9. 14. 2006도2824].

▲ 특수절도죄(331②)

▷ 특수절도죄(331②)는 흉기를 휴대해서 단순절도죄(329)를 범하거나 2인 이상이 합동해서 단순절도죄(329)를 범하는 것으로서, 단순절도죄(329)의 방법적 가중유형에 해당된다. 후자, 즉 합동절도는 합동강도(334②) 및 합동도주(146) 등과 함께 합동범의 예가 된다. 합동범의 성립요건 내지 법적 성격에 관해서 판례는 이른바 '현장설'을 취하고 있다-[대법원판결 1989. 3. 14. 88도837]. 특수절도죄(331②)의 실행의 착수시기와 관련해서 판례는 "2인 이상이 합동하여 야간이 아닌 주간에 절도의 목적으로 타인의 주거에 침입하였다 하여도 아직 절취할 물건의 물색행위를 시작하기 전이라면 특수절도죄의 실행에는 착수한 것으로 볼 수 없"다고 한다-[대법원판결 2009. 12. 24. 2009도9667].

▲ 자동차등불법사용죄(331의2)

▷ 자동차등불법사용죄(331의2)는 권리자의 동의 없이 타인의 자동차 등을 일시 사용하는 것이, 즉 타인의 자동차 등에 대한 불법영득의 의사는 없이 그 사용권을 침해하는 것이다. 그 실행의 착수시기는 자동차 등의 시동을 건 때라고 볼 수 있으며, 그 후 상당시간을 주행함으로써 범죄가 기수에 이른다고 해석된다. 그리고 범죄가 기수에 이른 후, 즉 행위자 타인의 자동차 등을 무단으로 사용해서 상당시간을 주행한 후에도 자동차 등을 불법하게 사용하고 있는 동안은 범죄가 종료되지 않고 계속되는 것으로 이해되는 것으 사례.

[대법원판결 2003. 6. 24. 2003도1985, 2003감도26(주간에 절도의 목적으로 타인의 주거에 침입한 경우, 절도죄의 실행의 착수시기; 주간에 절도의 목적으로 방 안까지 들어갔다가 절취할 재물을 찾지 못하여 거실로 돌아나온 경우, 절도죄의 실행 착수가 인정된다고 한 사례)] [1] 야간이 아닌 주간에 절도의 목적으로 다른 사람의 주거에 침입하여 절취할 재물의 물색행위를 시작하는 등 그에 대한 사실상의 지배를 침해하는 데에 밀접한 행위를 개시하면 절도죄의 실행에 착수한 것으로 보아야 한다. [2] 주간에 절도의 목적으로 방 안까지 들어갔다가 절취할 재물을 찾지 못하여 거실로 돌아나온 경우, 절도죄의 실행 착수가 인정된다고 한 사례.

[대법원판결 1964. 12. 8. 64도577(절도죄의 기수시기)] 절도죄는 타인의 소지를 침해하여 재물이 자기의 소지로 이동할 때 즉 자기의 사실적 지배밑에 둔 때에 기수가 된다고 할 것인바 피고인이 공동피고인과 함께 피해자 집에 침입하여 그 집 광에서 공동피고인이 자루에 담아 내주는 백미를 받아 그 집을 나오려 하다가 피해자에게 발각된 경우에는 특수절도죄의 기수가 된다 할 것이고 미수에 해당한다 할 수 있다.

[대법원판결 1984. 2. 14. 83도3242, 83감도546(창고밖으로 물건을 운반해 가다가 발각된 경우에 절도죄의 기수)] 창고에서 물건을 밖으로 들고 나와 운반해가다가 방범대원들에게 발각되어 체포되었다면 절도의 기수에 해당한다.

[대법원판결 1991. 4. 23. 91도476(야간에 까페에서 그 곳 내실에 침입하여 장식장 안에 들어 있던 정기적금통장등을 꺼내 들고 까페로 나오던 중 발각되어 돌려 준 경우 야간주거침입절도의 기수 여부)] 피고인이 피해자 경영의 까페에서 야간에 아무도 없는 그 곳 내실에 침입하여 장식장 안에 들어 있던 정기적금통장 등을 꺼내 들고 까페로 나오던 중 발각되어 돌려 준 경우 피고인은 피해자의 재물에 대한 소지(점유)를 침해하고, 일단 피고인 자신의 지배 내에 옮겼다고 볼 수 있으니 절도의 미수에 그친 것이 아니라 야간주거침입절도의 기수라고 할 것이다.

[대법원판결 1982. 7. 27. 82도822(절취한 자기앞 수표를 추심의뢰하여 환금한 경우 사기죄 불성립)] 금융기관 발행의 자기앞수표는 즉시 지급받을 수 있어 현금에 대신하는 기능을 하고 있는 점에서 현금적인 성격이 강하므로 절취한 자기앞수표의 환금행위는 절취행위에 대한 수반한 당연의 경과라 하여 절도행위에 대한 가벌적 평가에 당연히 포함된다 봄이 상당하므로 사기죄가 성립하지 아니한다.

[대법원판결 1975. 8. 29. 75도1996(열차승차권을 절취한 자가 역직원에게 자기의 소유인 양 속여 현금과 교환한 경우 절도죄 외에 사기죄의 성부)] 열차승차권은 그 자체에 권리가 화체되어 있는 무기명증권이므로 이를 곧 사용하여 승차하거나 권면가액으로 양도할 수 있고 매입금액의 환불을 받을 수 있는 것으로서 열차승차권을 절취한 자가 환불을 받음에 있어 비록 기망행위가 수반한다 하더라도 절도죄 외에 따로히 사기죄가 성립하지 아니한다.

[대법원판결 1974. 11. 26. 74도2817(절취한 은행예금통장을 이용하여 은행원을 기만해서 예금을 인출한 행위가 별도로 사기죄를 구성하는가 여부)] 절취한 은행예금통장을 이용하여 은행원을 기망해서 진실한 명의인이 예금을 찾는 것으로 오신시켜 예금을 편취한 것이라면 새로운 법익의 침해로 절도죄 외에 따로 사기죄가 성립한다.

[대법원판결 1980. 11. 25. 80도2310(절도가 장물을 자기것인 양 제3자에게 담보로 제공하고 금원을 편취한 행위와 사기죄)] 절도범인이 절취한 장물을 자기 것인양 제3자에게 담보로 제공하고 금원을 편취한 경우에는 별도의 사기죄가 성립된다. (…) 절도범인이 그 절취한 장물을

로 해석되는 점에서 자동차등불법사용죄(331의2)는 계속범에 해당된다.

▷ 자동차등불법사용죄(331의2)는 무엇보다도 그 행위자가 타인의 재물인 자동차 등에 대해 불법영득의 의사를 가지지 않는 점에서 타인의 자동차 등에 대한 단순절도죄(329) 등과 구별된다. 따라서 타인의 자동차 등에 대한 행위자의 불법영득의사가 인정되는 한에서는 자동차등불법사용죄(331의2)는 문제될 여지가 없다. 그래서 판례는, 타인의 자동차 등을 그 권리자의 동의 없이 사용한 경우에도 그것을 "반환할 의사 없이 상당한 장시간 점유하고 있거나 본래의 장소와 다른 곳에 유기하는 경우에는 이를 일시 사용하는 경우라고는 볼 수 없으므로 영득의 의사가 없다고 할 수 없다"고 해서, "소유자의 승낙 없이 오토바이를 타고 가서 다른 장소에 버린 경우, 자동차등불법사용죄가 아닌 절도죄가 성립한다"고 한다–[대법원판결 2002. 9. 6. 2002도3465]. 이와 같이 자동차등불법사용죄(331의2)는 단순절도죄(329) 등을 구성하지 않는 때에 한에서만 그것이 문제되는 점에서 단순절도죄(329) 등에 대해서 보충관계에 있으며, 따라서 양자는 법조경합의 관계에 있는 것으로 풀이된다. 다만, 「특정범죄가중처벌등에관한법」 제5조의4 제1항에 따른 상습절도죄와 자동차등불법사용죄(331의2)는 포괄일죄의 관계에 있다는 것이 판례의 입장이다–[대법원판결 2002. 4. 26. 2002도429].

자기 것인양 제3자를 기망하여 금원을 편취한 경우에는 장물에 관하여 소비 또는 손괴하는 경우와는 달리 제3자에 대한 관계에 있어서는 새로운 법익의 침해가 있다고 할 것이므로 절도죄 외에 사기죄의 성립을 인정할 것인 바, 원심은 이와 배치되는 이론 아래 피고인이 절취한 장물을 제3자에게 담보로 제공하고 금원을 차용한 사실을 인정하고 담보제공 물건이 장물아닌 자기의 물건인 것처럼 행세 하였거나 차용금을 변제할 의사가 없다고 하더라도 그것만으로는 새로운 법익의 침해가 없으므로 피고인의 행위는 절도죄의 불가벌적 사후행위라고 볼 것이며 따라서 피고인의 행위가 별도로 사기죄를 구성하지 아니한다는 취지로 판단하고 있어 원심판결에는 불가벌적 사후행위 및 사기죄의 법리오해가 있다고 아니할 수없고 이 점에 관한 논지는 이유있으므로 원심판결을 파기한다. (…)

[대법원판결 2006. 9. 14. 2006도2824(야간주거침입절도죄의 실행의 착수시기; 주거침입죄의 실행의 착수시기 및 출입문이 열려 있으면 안으로 들어가겠다는 의사 아래 출입문을 당겨보는 행위를 주거침입의 실행에 착수한 것으로 볼 수 있는지 여부)] [1] 야간에 타인의 재물을 절취할 목적으로 사람의 주거에 침입한 경우에는 주거에 침입한 단계에서 이미 형법 제330조에서 규정한 야간주거침입절도죄라는 범죄행위의 실행에 착수한 것이라고 보아야 한다. [2] 주거침입죄의 실행의 착수는 주거자, 관리자, 점유자 등의 의사에 반하여 주거나 관리하는 건조물 등에 들어가는 행위, 즉 구성요건의 일부를 실현하는 행위까지 요구하는 것은 아니고 범죄구성요건의 실현에 이르는 현실적 위험성을 포함하는 행위를 개시하는 것으로 족하므로, 출입문이 열려 있으면 안으로 들어가겠다는 의사 아래 출입문을 당겨보는 행위는 바로 주거의 사실상의 평온을 침해할 객관적인 위험성을 포함하는 행위를 한 것으로 볼 수 있어 그것으로 주거침입의 실행에 착수한 것으로 보아야 한다.

[대법원판결 1989. 3. 14. 88도837(합동범인 특수절도죄의 성립요건)] 형법 제331조 제2항 후단에 정한 합동범으로서의 특수절도가 성립되기 위하여서는 주관적 요건으로서의 공모와 객관적 요건으로서의 실행행위의 분담이 있어야 하고 그 실행행위에 있어서는 시간적으로나 장소적으로 협동관계가 있음을 요한다.

[대법원판결 2009. 12. 24. 2009도9667(형법 제331조 제2항의 특수절도에서 절도범인이 그 범행수단으로 주거에 침입한 경우, 특수절도죄와 주거침입죄와의 죄수관계 및 특수절도죄의 실행의 착수 시기; '주간에' 아파트 출입문 시정장치를 손괴하다가 발각되어 도주한 피고인들이 특수절도미수죄로 기소된 사안에서, '실행의 착수'가 없었다는 이유로 형법 제331조 제2항의 특수절도죄의 점에 대해 무죄를 선고한 원심 판단을 수긍한 사례)] [1] 형법 제331조 제2항의 특수절도에 있어서 주거침입은 그 구성요건이 아니므로, 절도범인이 그 범행수단으로 주거침입을 한 경우에 그 주거침입행위는 절도죄에 흡수되지 아니하고 별개로 주거침입죄를 구성하여 절도죄와는 실체적 경합의 관계에 있게 되고, 2인 이상이 합동하여 야간이 아닌 주간에 절도의 목적으로 타인의 주거에 침입하였다 하여도 아직 절취할 물건의 물색행위를 시작하기 전이라면 특수절도죄의 실행에는 착수한 것으로 볼 수 없는 것이어서 그 미수죄가 성립하지 않는다. [2] '주간에' 아파트 출입문 시정장치를 손괴하다가 발각되어 도주한 피고인들이 특수절도미수죄로 기소된 사안에서, '실행의 착수'가 없었다는 이유로 형법 제331조 제2항의 특수절도죄의 점에 대해 무죄를 선고한 원심 판단을 수긍한 사례.

[대법원판결 2002. 9. 6. 2002도3465(형법 제331조의2 소정의 자동차등불법사용죄의 적용 요건 및 절도죄에 있어서 불법영득의 의사; 소유자의 승낙 없이 오토바이를 타고 가서 다른 장소에 버린 경우, 자동차등불법사용죄가 아닌 절도죄가 성립한다고 한 사례)] [1] 형법 제331

조의2에서 규정하고 있는 자동차등불법사용죄는 타인의 자동차 등의 교통수단을 불법영득의 의사 없이 일시 사용하는 경우에 적용되는 것으로서 불법영득의사가 인정되는 경우에는 절도죄로 처벌할 수 있을 뿐 본죄로 처벌할 수 없다 할 것이며, 절도죄의 성립에 필요한 불법영득의 의사라 함은 권리자를 배제하고 타인의 물건을 자기의 소유물과 같이 이용, 처분할 의사를 말하고 영구적으로 그 물건의 경제적 이익을 보유할 의사임은 요치 않으며 일시사용의 목적으로 타인의 점유를 침탈한 경우에도 이를 반환할 의사 없이 상당한 장시간 점유하고 있거나 본래의 장소와 다른 곳에 유기하는 경우에는 이를 일시 사용하는 경우라고는 볼 수 없으므로 영득의 의사가 없다고 할 수 없다. [2] 소유자의 승낙 없이 오토바이를 타고 가서 다른 장소에 버린 경우, 자동차등불법사용죄가 아닌 절도죄가 성립한다고 한 사례.

[대법원판결 2002. 4. 26. 2002도429(절도습벽의 발현으로 자동차등불법사용의 범행도 함께 저지른 경우, 형법 제331조의2 소정의 자동차등불법사용죄가 특정범죄가중처벌등에관한법률 제5조의4 제1항 소정의 상습절도죄와 포괄일죄의 관계에 있는지 여부)] 형법 제331조의2, 제332조 및 특정범죄가중처벌등에관한법률(이하 '특가법'이라 한다) 제5조의4 제1항 등의 규정 취지나 자동차등불법사용죄의 성질에 비추어 보면, 상습으로 절도, 야간주거침입절도, 특수절도 또는 그 미수 등의 범행을 저지른 자가 마찬가지로 절도 습벽의 발현으로 자동차등불법사용의 범행도 함께 저지른 경우에 검사가 형법상의 상습절도죄로 기소하는 때는 물론이고, 자동차등불법사용의 점을 제외한 나머지 범행에 대하여 특가법상의 상습절도 등의 죄로 기소하는 때에도 자동차등불법사용의 위법성에 대한 평가는 특가법상의 상습절도 등 죄의 구성요건적 평가 내지 위법성 평가에 포함되어 있다고 보는 것이 타당하고, 따라서 상습절도 등의 범행을 한 자가 추가로 자동차등불법사용의 범행을 한 경우에 그것이 절도 습벽의 발현이라고 보이는 이상 자동차등불법사용의 범행은 상습절도 등의 죄에 흡수되어 1죄만이 성립하고 이와 별개로 자동차등불법사용죄는 성립하지 않는다고 보아야 하고, 검사가 상습절도 등의 범행을 형법 제332조 대신에 특가법 제5조의4 제1항으로 의율하여 기소하였다 하더라도 그 공소제기의 효력은 동일한 습벽의 발현에 의한 자동차등불법사용의 범행에 대하여도 미친다고 보아야 한다.

[제5강] 강도죄의 성부成否 / 준準강도죄의 기수시기 등

1. 강도죄의 성부成否
2. 준準강도죄의 기수시기 등
3. 강도상해치상죄 및 강도강간죄 등

1. 강도죄의 성부成否

[사례5-1-1] 甲은 전셋집을 보러왔다고 속여 A의 집에 들어가 A를 폭행해서 현금과 MP3 등 26만원 상당의 금품 및 현금카드를 빼앗고 현금카드의 비밀번호를 알아낸 뒤 근처의 새마을금고 현금자동지급기에서 163만원을 인출했다. 甲의 죄책은?

[사례5-1-2] 乙은 강도를 계획하고 칼을 휴대해 야간에 A의 집에 들어가 집안의 동정을 살피다가 잠들어 있는 B女를 발견하고 돌연 욕정을 일으켜 칼로 협박해서 A를 강간한 후 달아났다. 乙의 죄책은?

[사례5-1-3] 丙은 자신의 절도행위가 발각되어 도주하다가 곧바로 뒤쫓아 L은 보안요원 C에게 붙잡혀 보안사무실로 인도되어 피해자로부터 그 경위를 확인받던 중에 체포상태를 벗어나기 위해서 피해자에게 폭행을 가해서 상해를 입혔다. 丙의 죄책은?

〈강도의 죄〉의 개요

▷ 〈강도의 죄〉의 기본유형은 단순강도죄(333)다. 특수강도죄(334②)는 단순강도죄(333)의 방법적 가중유형에 해당되고, 준準강도죄(335) 및 인질강도죄(336)는 단순강도죄(333)의 특수유형에 해당된다. 단순강도죄(333)의 결합적 가중유형으로서는 야간주거침입강도죄(334①) 및 강도강간죄(339)가 있고, 강도상해치상죄(337) 및 강도살인치사죄(338)는 단순강도죄(333)의 결합적·결과적 가중유형이다. 그밖에도 이른바 해적죄에 해당되는 해상강도죄(340①)와 그 결합적 내지 결합적·결과적 가중유형으로서 해상강도강간죄(340③)·해상강도상해치상죄(340②) 및 해상강도살인치사죄가 있다. 이상 각 범죄의 미수범은 처벌되고(342), 강도에 관해서는 예비·음모도 처벌의 대상이 된다(343). 그리고 〈강도의 죄〉 가운데에서 단순강도죄(333), 특수강도죄(334②)·야간주거침입강도죄(334①), 인질강도죄(336) 및 해상강도죄(340①)의 상습범은 가중처벌된다(341). 〈강도의 죄〉에 관해서도 〈절도의 죄〉와 마찬가지로 자격정지의 병과竝科(345)가 인정된다.

〈강도의 죄〉의 개요

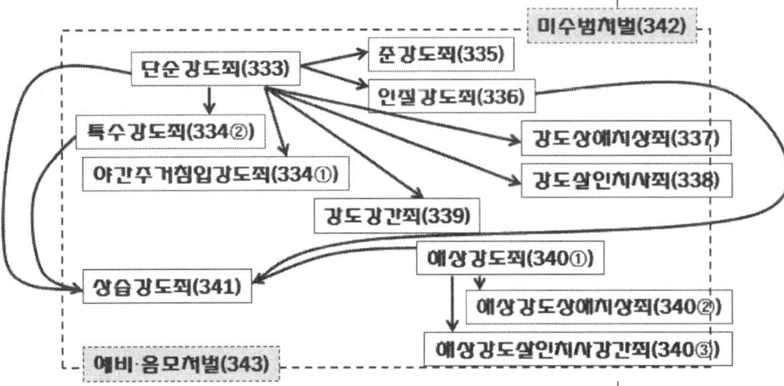

✓ 단순강도죄(333) 등은 폭행 또는 협박을 수단으로 하는 점* 및 재물죄인 동시에 이득죄이기도 한 점**에서는 물론, 친족상도례親族相盜例(328)가 적용되지 않는 점에서

단순절도죄(329) 등과 구별된다.

* 이 점에서 〈강도의 죄〉에서는 개인의 재산 내지 재산권뿐만 아니라 그 신체 및 자유도 보호법익이 된다.
** 이 점에서 단순강도죄(333) 등은 '폭행 또는 협박으로 타인의 재물을 강취'(333전)하는 경우로서의 강제취재죄와 '폭행 또는 협박으로 재산상의 이익을 취득하거나 제3자로 하여금 이를 취득하게'(333후) 하는 경우로서의 강제이득죄로 구별되기도 한다.

▲ 단순강도죄(333) 등의 행위수단으로서의 폭행·협박

▷ 단순강도죄(333) 등의 행위수단인 폭행·협박은 상대방의 반항을 억압하거나 항거를 불가능하게 할 정도이어야 하며, 그 정도는 사회통념에 따라 객관적으로 판단된다. 가령 약물 등으로 상대방을 졸음에 빠지게 하고서 그 사이에 금품 등을 빼앗은 경우도 상대방의 항거를 억압할 정도의 폭행에 해당되고-[대법원판결 1979. 9. 25. 79도1735], 맞은편에서 걸어오고 있는 행인을 발견하고서 금품 등을 탈취할 생각으로 접근해서 미리 준비한 돌멩이로 안면을 한차례 강타함으로써 전치 3주간의 안면부좌상 및 피하출혈상 등을 입히고 가방을 빼앗은 경우에도 피해자의 반항을 억압할 수 있을 정도의 폭행이 있었다고 볼 수 있다-[대법원판결 1986. 12. 23. 86도2203]. 반면에, 가령 노상에서 행인과 충돌해서 그가 단순히 당황하는 틈을 타서 재물을 탈취한 경우라면 상대방의 반항을 억압할 정도의 폭행이 있었다고는 볼 수 없으므로 강도가 아닌 절도에 해당되는 것으로 보아야 할 것이다*.

* 金鍾源, 刑法各論 上卷, 改訂版, 1971, 198면.

▷ 단순강도죄(333) 등에서의 폭행 또는 협박은 강취 등의 수단으로서 사용된 것이어야 한다. 따라서 가령 상대방에게 상해를 가해서 그 상대방이 혼수상태에 빠진 후에 우발적으로 그의 재물을 취거한 경우에는 단순강도죄(333) 등은 문제되지 않는다-[대법원판결 1956. 8. 17. 4289형상170]. 한편, 폭행 또는 협박이 강취의 수단으로서 사용된 이상 반드시 재물의 소유자 내지 점유자에게 직접 가해져야 할 필요는 없고, 가령 강취에 장애가 되는 자에게 가해지더라도 상관없다.

▲ 단순강도죄(333) 등의 실행행위로서의 '재산상의 이익의 취득'

▷ 단순강도죄(333) 등에서 말하는 재산상의 이익에는 재산의 증가뿐만 아니라 부채의 감소도 포함되므로, 가령 폭행이나 협박으로 채무면제의 의사표시를 하게 하는 경우도 재산상의 이득을 취득하는 행위가 된다. 그런데 강제이득죄(333후)는 상대방의 의사표시나 처분행위를 수반하는 경우가 많겠지만 그것을 반드시 필요로 하지는 않는다-[대법원판결 1964. 9. 8. 64도310]. 예컨대, 택시운전사에게 폭행을 가해 승차요금을 청구하지 못하도록 함으로써 그 지불을 면하는 경우에 택시운전사로부터 채무면제의 의사표시가 없더라도 단순강도죄(333)를 구성한다. 따라서 채무를 면하기 위해 채권자를 살해한 경우는 강도살인죄(338전)를 구성한다-[대법원판결 1999. 3. 9. 99도242][대법원판결 1985. 10. 22. 85도1527][대법원판결 2004. 6. 24.

[대법원판결 1979. 9. 25. 79도1735(약물로써 졸음에 빠지게 하는 것이 강도죄에 있어서의 폭행에 해당되는지 여부)] "아리반" (신경안정제) 4알을 탄 우유나 사와가 들어 있는 갑을 휴대하고 다니다가 사람에게 마시게 하여 졸음에 빠지게하고 그 틈에 그 사람의 돈이나 물건을 빼앗은 경우에 그 수단은 강도죄에서 요구하는 남의 항거를 억압할 정도의 폭행에 해당된다.

[대법원판결 1986. 12. 23. 86도2203(피해자의 반항을 억압할 수 있을 정도의 폭행에 해당한다고 본 예)] 피해자가 맞은 편에서 걸어오고 있는 것을 발견하고 접근하여 미리 준비한 돌멩이로 안면을 1회 강타하여 전치 3주간의 안면부좌상 및 피하출혈상등을 입히고 가방을 빼앗은 것이라면 피해자의 반항을 억압할 수 있을 정도의 폭행행위에 해당한다.

[대법원판결 1956. 8. 17. 4289형상170(절도죄와 재물의 악지; 타인의 혼수상태하에서 우발적으로 행한 도취죄의 태용)] 가. 설사 피해자가 졸도하여 의식을 상실한 경우에도 현장에 일실된 피해자의 물건은 자연히 그 지배하에 있는 것으로 보아야 할 것이다. 나. 타인에게 상해를 가하여 혼미상태에 빠지게 한 경우에 우발적으로 그의 재물을 도취하는 소유는 폭행을 도취의 수단으로 시용한 것이 아니므로 강도죄가 성립하지 아니한다.

[대법원판결 1999. 3. 9. 99도242(술값 채무를 면탈할 목적으로 술집 주인을 살해하고 곧바로 피해자가 소지하던 현금을 탈취한 경우, 강도살인죄의 성립 여부)] 술집에 피고인과 술집 주인 두 사람밖에 없는 상황에서 술값의 지급을 요구하는 술집 주인을 살해하고 곧바로 피해자가 소지하던 현금을 탈취한 경우 강도살인죄가 성립한다. (…) 원심판결 이유에 의하면, 원심은 피고인이 피해자 경영의 소주방에서 금 35,000원 상당의 술과 안주를 시켜 먹은 후 피해자가 피고인에게 술값을 지급할 것을 요구하며 피고인의 허리를 잡고 피고인이 도망가지 못하게 하자 피고인은 그 술값을 면할 목적으로 피해자를 살해하고, 곧바로 피해자가 소지하고 있던 현금 75,000원을 꺼내어 갔다고 인정하였는바, 원심이 유지한 제1심판결이 채택한 증거들을 기록과 대조하여 검토하여 보면 원심의 이러한 사실인정은 정당하고, 여기에 피고인과 국선변호인이 논하는 바와 같은 채증법칙 위반으로 인한 사실오인의 위법이 있다고 할 수 없다. 한편 제1심판결이 채택한 증거들에 의하면 피고인이 피해자를 살해할 당시 그 소주방 안에는 피고인과 피해자 두 사람밖에 없었음을 알 수 있는바, 그와 같은 경우 피고인이 피해자를 살해하면 피해자는 피고인에 대하여 술값 채권을 행사할 수 없게 되고, 피해자 이외의 사람들에게는 피해자가 피고인에 대하여 술값 채권을 가지고 있음이 알려져 있지 아니한 탓으로 피해자의 상속인이 있다 하더라도 피고인에 대하여 그 채권을 행사할 가능성은 없다 하겠다. 그러므로 위와 같은 상황에서 피고인이 채무를 면탈할 목적으로 피해자를 살해한 것은 재산상의 이익을 취득할 목적으로 피해자를 살해한 것이라 할 수 있고, 또한 피고인이 피해자를 살해한 행위와 즉석에서 피해자가 소지하였던 현금을 탈취한 행위는 서로 밀접하게 관련되어 있기 때문에 살인행위를 이용하여 재물을 탈취한 행위라고 볼 수 있으니 원심이 피고인의 위와 같은 일련의 행위에 대하여 강도살인죄의 성립을 인정한 조치는 정당하고, 그와 같은 조치에 피고인이 논하는 바와 같은 강도살인죄의 법리오해의 위법이 있다고 할 수 없다. (…)

[대법원판결 1985. 10. 22. 85도1527(채무면탈의 목적으로 채권자를 살해한 후 소지하였던 재물까지 탈취한 경우의 죄책)] 채무면탈의 목적으로 채권자를 살해하고 동인의 반항능력이 완전히 상실된 것을 이용하여 즉석에서 동인이 소지하고 있던 재물까지 탈취하였다면 살인행위와 재물탈취행위는 서로 밀접하게 관련되어 있어 살인행위를 이용한 재물

2004도1098].

▲ 단순강도죄(333) 등에서의 폭행·협박과 재물강취 사이의 인과관계 및 기수시기 등

▷ 단순강도죄(333) 등을 구성하기 위해서는 폭행·협박과 재물의 강취 내지 재산상의 이익의 취득 사이에 인과관계가 인정되어야 한다. 따라서 객관적으로는 상대방의 반항을 억압할 정도의 폭행 또는 협박을 가했는데도 상대방이 조금도 공포심을 일으키지 않았지만 가령 연민의 정이나 동정심 등에 기해 행위자에게 재물을 교부한 경우는 단순강도죄(333)의 미수에 그치게 된다. 이러한 결론은 단순강도죄(333) 등이 내용적으로는 폭행·협박과 재물탈취의 결합범이므로 그 기수시기도 폭행·협박에 의해 상대방의 반항이 억압되었을 뿐만 아니라 행위자가 재물 또는 재산상의 이익을 취득한 때라는 점으로부터도 도출된다. 요컨대, 양자 가운데 어느 하나라도 완성되지 않은 경우에는 강도죄의 미수범이 문제될 뿐이다. 한편, 단순강도죄(333)의 실행의 착수시기는 강취 등을 위해 폭행 또는 협박이 개시된 때다.

▲ 단순강도죄(333)와 기타 범죄와의 관계

▷ 판례에 따르면, 강취한 현금카드를 사용해 현금자동지급기에서 예금을 인출하는 경우는 강도죄(333)와 별도로 절도죄(329)를 구성한다-[대법원판결 2007. 5. 10. 2007도1375]. 이에 따르면 〔사례5-1-1〕에서 甲의 행위는 강도죄(333)와 더불어 절도죄(329)를 구성한다.

▲ 야간주거침입강도죄(334①) 및 특수강도죄(334②)

▷ 「형법」 제334조는 '특수강도'로서 제1항에 '야간주거침입강도죄'를, 제2항에 '흉기휴대강도죄' 및 '합동강도죄'를 규정하고 있다. '야간주거침입강도죄(334①)는 구성요건의 내용상 야간주거침입절도죄(330)에 대응하는 것이지만, 그 실행의 착수시기를 야간주거침입절도죄(330)의 경우와는 달리 폭행 또는 협박이 개시된 때로 보는 것이 학설로서는 유력하다. 판례 가운데에는 그것과 마찬가지의 입장을 취한 것도 있고-[대법원판결 1991. 11. 22. 91도2296] 그와는 달리 주거에 침입한 때를 그 실행의 착수시기로 본 것도 있다-[대법원판결 1992. 7. 28. 92도917]. 〔사례5-1-2〕에서 乙이 야간주거침입강도죄(334①)의 실행에 착수한 것으로 보는 한에서는 乙의 행위가 특수강도강간죄(성폭력범죄의처벌및피해자보호등에관한법률5②)를 구성하겠지만, 乙이 아직 야간주거침입강도죄(334①)의 실행의 착수에는 이르지 않은 것으로 보는 한에서는 특수강도강간죄(성폭력범죄의처벌및피해자보호등에관한법률5②)가 문제되지 않는다.

탈취행위라고 볼 것이므로 이는 강도살인죄에 해당한다. (…) 원심이 인용한 증거에 의하면, 피고인은 피해자의 택시를 무임승차하고 택시요금을 요구하는 피해자의 추급을 벗어나고자 동인을 살해한 직후 피해자의 주머니에서 택시 열쇠와 돈 8,000원을 꺼내어 피해자의 택시를 운전하고 현장을 벗어난 사실이 인정되는 바, 위와 같은 사실관계에 비추어 보면 피고인은 채무면탈의 목적으로 피해자를 살해하고 피해자의 반항능력이 완전히 상실된 것을 이용하여 즉석에서 피해자가 소지하였던 재물까지 탈취한 것이므로, 살인행위와 재물탈취행위는 서로 밀접하게 관련되어 있어 살인행위를 이용한 재물탈취행위라고 볼 것이니 피고인을 강도살인죄로 의율한 원심조치는 정당하고 이 점을 다투는 논지는 이유없다. (…)

[대법원판결 2004. 6. 24. 2004도1098(채무를 면탈할 의사로 채권자를 살해하였으나 일시적으로 채권자측의 추급을 면한 것에 불과한 경우, 강도살인죄의 성립 여부 등)] [1] 강도살인죄가 성립하려면 먼저 강도죄의 성립이 인정되어야 하고, 강도죄가 성립하려면 불법영득(또는 불법이득)의 의사가 있어야 하며, 형법 제333조 후단 소정의 이른바 강제이득죄의 성립요건인 '재산상 이익의 취득'을 인정하기 위하여는 재산상 이익이 사실상 피해자에 대하여 불이익하게 범인 또는 제3자 앞으로 이전되었다고 볼 만한 상태가 이루어져야 하는데, 채무의 존재가 명백할 뿐만 아니라 채권자의 상속인이 존재하고 그 상속인에게 채권의 존재를 확인할 방법이 확보되어 있는 경우에는 비록 그 채무를 면탈할 의사로 채권자를 살해하더라도 일시적으로 채권자측의 추급을 면한 것에 불과하여 재산상 이익의 지배가 채권자측으로부터 범인 앞으로 이전되었다고 보기는 어려우므로, 이러한 경우에는 강도살인죄가 성립할 수 없다. [2] 강도살인죄는 강도범인이 강도의 기회에 살인행위를 함으로써 성립하는 것이므로, 강도범행의 실행중이거나 그 실행 직후 또는 실행의 범의를 포기한 직후로서 사회통념상 범죄행위가 완료되지 아니하였다고 볼 수 있는 단계에서 살인이 행하여짐을 요건으로 한다. [3] 피고인이 피해자 소유의 돈과 신용카드에 대하여 불법영득의 의사를 갖게 된 것이 살해 후 상당한 시간이 지난 후로서 살인의 범죄행위가 이미 완료된 후의 일이라면, 살해 후 상당한 시간이 지난 후에 별도의 범의에 터잡아 이루어진 재물 취거행위를 그보다 앞선 살인행위와 합쳐서 강도살인죄로 처단할 수 없다고 한 사례.

[대법원판결 2007. 5. 10. 2007도1375(갈취한 현금카드를 사용하여 현금자동지급기에서 예금을 인출한 행위가 공갈죄와 별도로 절도죄를 구성하는지 여부; 강취한 현금카드를 사용하여 현금자동지급기에서 예금을 인출한 행위가 강도죄와 별도로 절도죄를 구성하는지 여부)] [1] 예금주인 현금카드 소유자를 협박하여 그 카드를 갈취한 다음 피해자의 승낙에 의하여 현금카드를 사용할 권한을 부여받아 이를 이용하여 현금자동지급기에서 현금을 인출한 행위는 모두 피해자의 예금을 갈취하고자 하는 피고인의 단일하고 계속된 범의 아래에서 이루어진 일련의 행위로서 포괄하여 하나의 공갈죄를 구성하므로, 현금자동지급기에서 피해자의 예금을 인출한 행위를 현금카드 갈취행위와 분리하여 따로 절도죄로 처단할 수는 없다. 왜냐하면 위 예금 인출 행위는 하자 있는 의사표시이기는 하지만 피해자의 승낙에 기한 것이고, 피해자가 그 승낙의 의사표시를 취소하기까지는 현금카드를 적법, 유효하게 사용할 수 있으므로, 은행으로서도 피해자의 지급정지 신청이 없는 한 그의 의사에 따라 그의 계산으로 적법하게 예금을 지급할 수밖에 없기 때문이다. [2] 강도죄는 공갈죄와는 달리 피해자의 반항을 억압할 정도로 강력한 정도의 폭행·협박을 수단으로 재물을 탈취하여야 성립하므로, 피해자로부터 현금카드를 강취하였다고 인정되는 경우에는 피해자로부터 현금카드의 사용에 관한 승낙의 의사표시가 있었다고 볼 여지가 없다. 따라서 강취한 현금카드를 사용하여 현금자동지급기에서 예금을 인출한 행위는 피해자의 승낙에 기한 것이라고 할 수 없으므로, 현금자동지급기 관리자의 의사에 반하여 그의 지배를 배제하고 그 현금을 자기의

지배하에 옮겨 놓는 것이 되어서 강도죄와는 별도로 절도죄를 구성한다.

[대법원판결 1991. 11. 22. 91도2296(특수강도죄에 있어서의 실행의 착수시기 등)] 가. 특수강도의 실행의 착수는 강도의 실행행위 즉 사람의 반항을 억압할 수 있는 정도의 폭행 또는 협박에 나아갈 때에 있다 할 것이다. 나. 강도의 범의로 야간에 칼을 휴대한 채 타인의 주거에 침입하여 집안의 동정을 살피다가 피해자를 발견하고 갑자기 욕정을 일으켜 칼로 협박하여 강간한 경우, 야간에 흉기를 휴대한 채 타인의 주거에 침입하여 집안의 동정을 살피는 것만으로는 특수강도의 실행에 착수한 것이라고 할 수 없으므로 위의 특수강도에 착수하기도 전에 저질러진 위와 같은 강간행위가 구 특정범죄가중처벌등에관한법률 제5조의6 제1항 소정의 특수강도강간죄에 해당한다고 할 수 없다.

[대법원판결 1992. 7. 28. 92도917(강도행위가 야간에 주거에 침입하여 이루어지는 특수강도죄의 실행의 착수시기 등)] (…) 다. 형법 제334조 제1항 소정의 야간주거침입강도죄는 주거침입과 강도의 결합범으로서 시간적으로 주거침입행위가 선행되므로 주거침입을 한 때에 본죄의 실행에 착수한 것으로 볼 것인바, 같은 조 제2항 소정의 흉기휴대 합동강도죄에 있어서도 그 강도행위가 야간에 주거에 침입하여 이루어지는 경우에는 주거침입을 한 때에 실행에 착수한 것으로 보는 것이 타당하다. (…)

2. 준準강도죄의 기수시기 등

[사례5-2-1] 甲은 양주를 절취할 목적으로 장소를 물색하다가 A가 운영하는 주점에 이르러 그 주점의 잠금장치를 뜯고 들어가 주점의 진열장에 있는 양주 45병(시가 1,622,000원 상당)을 미리 준비한 바구니에 담고 있던 중에 주점 종업원 B에게 발각되어 양주를 그대로 둔 채 출입문을 열고 나오다가 B에게 붙잡히자 체포를 면탈할 목적으로 B의 오른손을 깨무는 등 폭행을 가했다. 甲의 죄책은?

준準강도죄(335)의 주체 및 실행행위로서의 폭행·협박 등

▷ 준準강도죄(335)는 단순강도죄(333)의 특수유형으로서 사후事後강도죄로 일컬어지기도 한다. 그 주체는 절도범인, 즉 절도의 실행에 착수한 자이므로 절도의 미수에 그친 자도 준準강도죄(335)의 주체가 된다-[대법원판결 1990. 2. 27. 89도2532]. 강도도 준準강도죄(335)의 주체가 될 수 있는지에 관해서는 견해의 차이가 있다. 그 점을 인정하는 입장에서는 강도가 체포면탈 등의 목적으로 폭행·협박을 가한 경우에 준準강도와 강도의 실체적 경합 등을 인정하는 반면, 그 점을 부정하는 입장에서는 마찬가지의 경우에 단순히 준準강도죄는 따로 문제되지 않고 강도와 폭행·협박의 실체적 경합을 인정한다*. 판례의 입장은 후자라고 할 수 있다-[대법원판결 1992. 7. 28. 92도917].

* 任雄, 刑法各論, 改訂版·補訂, 2006, 321면; 김성돈, 형법각론, 제2판, 2009, 301면 이하 등 참조.

▷ 준準강도죄(335)의 구성요건은 절도가 재물의 탈환을 항거하거나 체포를 면탈하거나 죄적을 인멸할 목적으로 폭행이나 협박을 가하는 것이므로 일종의 목적범에 해당된다. 그 실행행위로서의 폭행·협박은 절도의 피해자에 대해서는 물론이고 그 외의 추적자 등에게 가해지더라도 상관없다. 가령 범인을 체포하려는 경찰관에게 체포면탈 등의 목적으

[대법원판결 1990. 2. 27. 89도2532(절도미수범이 준강도 내지 강도상해죄의 주체가 될 수 있는지 여부)] 형법 제335조의 조문 가운데 "절도" 운운함은 절도기수범과 절도미수범을 모두 포함하는 것이고, 준강도가 사람을 상해했을 때에는 형법 제337조의 강도상해죄가 성립된다.

[대법원판결 1992 .7 .28. 92도917(강도행위가 야간에 주거에 침입하여 이루어지는 특수강도죄의 실행의 착수시기. 절도범인 또는 강도범인이 체포를 면탈할 목적으로 경찰관에게 폭행(협박)을 가한 경우 준강도죄 또는 강도죄와 공무집행방해죄의 죄수 등)] (…) 라. 절도범인이 체포를 면탈할 목적으로 경찰관에게 폭행 협박을 가한 때에는 준강도죄와 공무집행방해죄를 구성하고 양죄는 상상적 경합관계에 있으나, 강도범인이 체포를 면탈할 목적으로 경찰관에게 폭행을 가한 때에는 강도죄와 공무집행방해죄는 실체적 경합관계에 있고 상상적 경합관계에 있는 것이 아니다. (…)

[대법원판결 1984. 9. 11. 84도1398, 84감도214(준강도죄의 성립요건과 폭행, 협박의 시기)] 준강도는 절도범인이 절도의 기회에 재물탈환·항거 등의 목적으로 폭행 또는 협박을 가함으로써 성립되는 것이므로 그 폭행 또는 협박은 절도의 실행에 착수하여 그 실행중이거나 그 실행 직후 또는 실행의 범의를 포기한 직후로서 사회통념상 범죄행위가 완료되지 아니하였다고 인정될 만한 단계에서 행하여짐을 요한다.

[대법원판결 1999. 2. 26. 98도3321(준강도죄의 성립요건으로서의 폭행·협박의 시한 등)] (…) [2] 피해자의 집에서 절도범행을 마친지 10분가량 지나 피해자의 집에서 200m 가량 떨어진 버스정류장이 있는 곳에서 피고인을 절도범인이라고 의심하고 뒤쫓아 온 피해자에게 붙잡혀

로 폭행 등이 가해진 경우는 준準강도죄(335)와 공무집행방해죄(136①)의 상상적 경합이 된다. 준準강도죄(335)의 실행행위로서의 폭행·협박은 절도의 기회에, 따라서 사회통념상 절도의 범행이 종료되지 않은 것으로 볼 수 있는 단계에서 행해지면 족하다－[대법원판결 1984. 9. 11. 84도1398][대법원판결 1999. 2. 26. 98도3321][대법원판결 2001. 10. 23. 2001도4142]참조. 판례에 따르면 〔사례5-1-3〕 에서 丙이 체포를 면탈하기 위해 가한 폭행은 절도의 기회에 행해진 것으로서 준準강도죄(335)의 구성요건에 해당되고, 따라서 丙에게는 강도상해죄(337)의 죄책이 문제된다.

✓ 준準강도죄(335)에서의 폭행·협박의 정도는 단순강도죄(333)에서의 그것과 기본적으로는 같지만, 판례는 준準강도죄(335)에서의 폭행·협박이 상대방의 반항을 억압하는 수단으로서 일반적·객관적으로 가능한 것이라고 인정되면 반드시 현실적으로 상대방의 반항을 억압했을 필요는 없다고 한다－[대법원판결 1981. 3. 24. 81도409].

준準강도죄(335)의 기수시기

▷ 준準강도죄(335)는 행위자에게 주관적으로 재물의 탈환을 항거하거나 체포를 면탈하거나 죄적을 인멸할 목적이 있는 경우에 성립되지만 그 목적의 달성 여부가 범죄의 기수·미수 여하에 영향을 미치지 않는 것은 물론이다. 준準강도죄(335)의 기수시기에 관해서는 절도의 기수 여부를 기준으로 그것을 판단하는 견해와 폭행·협박의 기수 여부를 기준으로 그것을 판단하는 견해 등이 대립하는데, 판례는 전자의 입장을 취하고 있다－[대법원판결 2004. 11. 18. 2004도5074]. 판례의 입장에 따르면 〔사례5-2-1〕 에서 甲의 행위는 준準강도미수죄(335·342)를 구성한다.

피해자의 집으로 돌아왔을 때 비로소 피해자를 폭행한 경우, 그 폭행은 사회통념상 절도범행이 이미 완료된 이후에 행하여졌다는 이유로 준강도죄가 성립하지 않는다고 한 사례.

[대법원판결 2001. 10. 23. 2001도4142, 2001감도100(준강도죄의 성립에 있어서 절도행위와 폭행·협박행위의 관련성 등)] [1] 준강도는 절도범인이 절도의 기회에 재물탈환의 항거 등의 목적으로 폭행 또는 협박을 가함으로써 성립되는 것으로서, 여기서 절도의 기회라고 함은 절도범인과 피해자측이 절도의 현장에 있는 경우와 절도에 잇달아 또는 절도의 시간·장소에 접착하여 피해자측이 범인을 체포할 수 있는 상황, 범인이 죄적인멸에 나올 가능성이 높은 상황에 있는 경우를 말하고, 그러한 의미에서 피해자측이 추적태세에 있는 경우나 범인이 일단 체포되어 아직 신병확보가 확실하다고 할 수 없는 경우에는 절도의 기회에 해당한다. [2] 절도범인이 일단 체포되었으나 아직 신병확보가 확실하지 않은 단계에서 체포 상태를 면하기 위해 폭행하여 상해를 가한 경우, 그 행위는 절도의 기회에 체포를 면탈할 목적으로 폭행하여 상해를 가한 것으로서 강도상해죄에 해당한다고 한 사례.

[대법원판결 1981. 3. 24. 81도409(준강도죄에 있어서의 폭행과 협박의 정도)] 준강도죄에 있어서의 폭행이나 협박은 상대방의 반항을 억압하는 수단으로서 일반적 객관적으로 가능하다고 인정하는 정도의 것이면 되고 반드시 현실적으로 반항을 억압하였음을 필요로 하는 것은 아니다.

[대법원판결 2004. 11. 18. 2004도5074(준강도죄의 미수·기수의 판단 기준 등)] [1] [다수의견] 형법 제335조에서 절도가 재물의 탈환을 항거하거나 체포를 면탈하거나 죄적을 인멸할 목적으로 폭행 또는 협박을 가한 때에 준강도로서 강도죄의 예에 따라 처벌하는 취지는, 강도죄와 준강도죄의 구성요건인 재물탈취와 폭행·협박 사이에 시간적 순서상 전후의 차이가 있을 뿐 실질적으로 위법성이 같다고 보기 때문인바, 이와 같은 준강도죄의 입법 취지, 강도죄와의 균형 등을 종합적으로 고려해 보면, 준강도죄의 기수 여부는 절도행위의 기수 여부를 기준으로 하여 판단하여야 한다. [별개의견] 폭행·협박행위를 기준으로 하여 준강도죄의 미수범을 인정하는 외에 절취행위가 미수에 그친 경우에도 이를 준강도죄의 미수범이라고 보아 강도죄의 미수범과 사이의 균형을 유지함이 상당하다. [반대의견] 강도죄와 준강도죄는 그 취지와 본질을 달리한다고 보아야 하며, 준강도죄의 주체는 절도이고 여기에는 기수는 물론 형법상 처벌규정이 있는 미수도 포함되는 것이지만, 준강도죄의 기수·미수의 구별은 구성요건적 행위인 폭행 또는 협박이 종료되었는가 하는 점에 따라 결정된다고 해석하는 것이 법규정의 문언 및 미수론의 법리에 부합한다. [2] 절도미수범이 체포를 면탈할 목적으로 폭행한 행위에 대하여 준강도미수죄로 의율한 원심판결을 수긍한 사례.

3. 강도상해치상죄 및 강도강간죄 등

강도상해치상죄(337)

▷ 강도가 고의로 사람을 상해한 경우는 강도상해죄(337)를 구성한다. 준準강도(335)의 경우에도 마찬가지다－[대법원판결 1984. 1. 24. 83도3043]. 상해는 강도의 기회에 행해지면 족하므로 가령 재물의 강취와 상해 사이에 다소의 시간적 간격이 있더라도 범죄의 성립에 영향을 미치지 않는다－[대법원판결 1992. 1. 21. 91도2727]. 판례는 강도의 수단으로서 행해진 감금행위가 상해의 범행이 끝난 후에도 계속해서 행해진 때에는 감금죄(276)와 강도상해죄(337)의

[대법원판결 1984. 1. 24. 83도3043(준강도에 의한 상해와 강도상해죄의 성부)] 형법 제337조에서 말하는 강도 중에는 형법 제333조의 죄를 범한 강도 뿐만 아니라 형법 제335조에 의하여 강도로서 논할 범인 즉 준강도도 포함되는 것으로 해석할 것이다.

[대법원판결 1992. 1. 21. 91도2727(피해자가 운전하는 자동차에 함께 타고 도주하던 강도가 강취 후 1시간 20분이 지나 피해자에게 상해를 가한 경우 강도상해죄를 구성하는지 여부)] 피고인이 피해자로부터 재물을 강취하고 피해자가 운전하는 자동차에 함께 타고 도주하다가 단

경합범(37)으로 본다-[대법원판결 2003. 1. 10. 2002도4380].

▷ 강도가 과실로 사람을 상해에 이르게 한 경우는 강도치상죄(337)를 구성한다. 따라서 강도가 단지 폭행의 고의로써 상해의 결과를 발생시킨 때에는 강도상해죄(337전)가 아니라 강도치상죄(337후)가 문제된다. 치상의 결과도 강도의 기회에 발생하면 족하고, 그 한에서는 가령 피해자가 강도의 폭행을 피하려다가 상해를 입은 경우도 폭행과 상해 사이에 인과관계가 인정되는 한에서는 강도치상죄(337)를 구성한다-[대법원판결 1996. 7. 12. 96도1142].

강도강간죄(339)

▷ 강도가 부녀를 강간한 경우는 강도강간죄(339)를 구성한다. 강간은 강도의 기회에 행해지면 족하고, 강간의 범행이 기수에 이른 때에 강도강간죄(339)는 기수가 되며, 강도가 기수·미수 여하는 범죄의 성립에 영향을 미치지 않는다-[대법원판결 1986. 1. 28. 85도2416]. 강간행위 후에 비로소 강도의 고의로써 피해자의 재물을 강취한 경우에는 강도강간죄(339)가 아니라 강간죄(297)와 강도죄(333)의 경합범(37)이 문제된다-[대법원판결 2002. 2. 8. 2001도6425]. 한편, 강도가 부녀를 강간해서 그 부녀를 상해 또는 사망에 이르게 한 경우에는 동일한 폭행 등이 강도강간의 수단이 된 동시에 상해 또는 사망의 결과를 초래한 것인 한에서는 강도강간죄(339)와 강도치상죄(337)·강간치상죄(301)의 상상적 경합 또는 강도강간죄(339)와 강도치사죄(338)·강간치사죄(301의2)의 상상적 경합이 된다-[대법원판결 1988. 6. 28. 88도820].

✓ 강도가 애초부터 상해의 의사로써 폭행을 가해 강간함으로써 상해의 결과가 발생한 경우에도 강도강간죄(339)와 강도상해죄(337)·강간상해죄(301)의 상상적 경합이 되겠지만, 그와는 달리 강도가 강간 후에 비로소 상해 또는 살해의 의사로써 피해자를 상해하거나 살해한 경우는 강도강간죄(339)와 강도상해죄(337)의 실체적 경합 또는 강도강간죄(339)와 강도살인죄(301의2)의 실체적 경합으로 보아야 할 것이다.

속 경찰관이 뒤따라오자 피해자를 칼로 찔러 상해를 가하였다면 강도상해죄를 구성한다 할 것이고 강취와 상해 사이에 1시간 20분이라는 시간적 간격이 있었다는 것만으로는 그 범죄의 성립에 영향이 없다.

[대법원판결 2003. 1. 10. 2002도4380(감금행위가 강도상해 범행의 수단에 그치지 아니하고 강도상해의 범행이 끝난 뒤에도 계속된 경우, 감금죄와 강도상해죄의 죄수)] 감금행위가 단순히 강도상해 범행의 수단이 되는 데 그치지 아니하고 강도상해의 범행이 끝난 뒤에도 계속된 경우에는 1개의 행위가 감금죄와 강도상해죄에 해당하는 경우라고 볼 수 없고, 이 경우 감금죄와 강도상해죄는 형법 제37조의 경합범 관계에 있다.

[대법원판결 1996. 7. 12. 96도1142(강도치상죄의 성립요건 등)] [1] 폭행 또는 협박으로 타인의 재물을 강취하려는 행위와 이에 극도의 흥분을 느끼고 공포심에 사로잡혀 이를 피하려다 상해에 이르게 된 사실과는 상당인과관계가 있다 할 것이고 이 경우 강취 행위자가 상해의 결과의 발생을 예견할 수 있었다면 이를 강도치상죄로 다스릴 수 있다. [2] 피고인이 피해자와 함께 도박을 하다가 돈 3,200만 원을 잃자 도박을 할 때부터 같이 있었던 일행 2명 외에 후배 3명을 동원한 데다가 피고인은 식칼까지 들고 위 피해자로부터 돈을 빼앗으려고 한 점, 위 피해자는 이를 피하려고 도박을 하고 있었던 위 집 안방 출입문을 잠그면서 출입문이 열리지 않도록 완강히 버티고 있었던 점, 이에 피고인이 위 피해자에게 "이 새끼 죽여 버리겠다."고 위협하면서 위 출입문 틈 사이로 위 식칼을 집어 넣어 잠금장치를 풀려고 하고 발로 위 출입문을 수회 차서 결국 그 문을 열고 위 안방 안으로 들어 왔으며, 칼을 든 피고인 외에도 그 문 밖에 피고인의 일행 5명이 있어 그 문을 통해서는 밖으로 탈출하기가 불가능하였던 점 등을 종합하여 보면 피고인의 위 폭행·협박행위와 위 피해자의 상해 사이에는 상당인과관계가 있고, 피고인으로서는 위 피해자가 위 도박으로 차지한 금원을 강취당하지 않기 위하여 반항하면서 경우에 따라서는 베란다의 외부로 통하는 창문을 통하여 위 주택 아래로 뛰어 내리는 등 탈출을 시도할 가능성이 있고 그러한 경우에는 위 피해자가 상해를 입을 수 있다는 예견도 가능하였다고 봄이 상당하므로, 피고인의 위 범죄사실은 강도치상죄를 구성한다고 본 사례.

[대법원판결 1986. 1. 28. 85도2416, 85감도352(강도가 미수인 경우의 강도강간죄의 성부)] 강도강간죄는 형법 제333조, 제335조, 제336조의 강도죄와 같은법 제297조, 제299조, 제305조의 강간죄와의 결합범으로서 강도가 부녀를 강간함으로서 성립하고 강도가 기수이거나 미수이거나를 가리지 아니한다.

[대법원판결 2002. 2. 8. 2001도6425(강간범이 강간의 범행 후에 특수강도의 범의를 일으켜 부녀의 재물을 강취한 경우, 성폭력범죄의처벌및피해자보호등에관한법률 제5조 제2항 소정의 특수강도강간죄로 의율할 수 있는지 여부)] (…) [5] 강간범이 강간행위 후에 강도의 범의를 일으켜 그 부녀의 재물을 강취하는 경우에는 형법상 강도강간죄가 아니라 강간죄와 강도죄의 경합범이 성립될 수 있을 뿐인바, 성폭력범죄의처벌및피해자보호등에관한법률 제5조 제2항은 형법 제334조(특수강도) 등의 죄를 범한 자가 형법 제297조(강간) 등의 죄를 범한 경우에 이를 특수강도강간 등의 죄로 가중하여 처벌하고 있으므로, 다른 특별한 사정이 없는 한 강간범이 강간의 범행 후에 특수강도의 범의를 일으켜 그 부녀의 재물을 강취한 경우에는 이를 성폭력범죄의처벌및피해자보호등에관한법률 제5조 제2항 소정의 특수강도강간죄로 의율할 수 없다.

[대법원판결 1988. 6. 28. 88도820(강도강간이 미수에 그쳤으나 반항을

억압하기 위한 폭행으로 상해를 입힌 경우의 그 죄명 및 죄수)] 강도가 재물강취의 뜻을 재물의 부재로 이루지 못한 채 미수에 그쳤으나 그 자리에서 항거불능의 상태에 빠진 피해자를 간음할 것을 결의하고 실행에 착수했으나 역시 미수에 그쳤더라도 반항을 억압하기 위한 폭행으로 피해자에게 상해를 입힌 경우에는 강도강간미수죄와 강도치상죄가 성립되고 이는 1개의 행위가 2개의 죄명에 해당되어 상상적 경합관계가 성립된다.

[제6강] 권리행사를 방해하는 죄

<권리행사를 방해하는 죄>의 구성

▷ 「형법」 각칙 제37장은 <권리행사를 방해하는 죄>를 규정하고 있는데, 여기에는 재산적 법익으로서의 제한물권 내지 채권에 대한 죄에 해당되는 <권리행사를 방해하는 죄>뿐만 아니라 인격적 법익으로서의 자유에 대한 죄에 해당되는 <강요의 죄>도 규정되어 있다*.

* 이와 같이 「형법」 각칙 제37장은 성격 내지 보호법익을 달리하는 <권리행사를 방해하는 죄>와 <강요의 죄>가 함께 규정하고 있는 점에서 절절하지는 않다고 생각된다.

<강요의 죄>

<강요의 죄>의 개요

▷ <강요의 죄>에는 강요죄(324)와 그 결과적 가중유형으로서의 중重강요죄(326前)*, 인질강요죄(324의2)와 그 결합적·결과적 가중유형으로서의 인질상해·치상죄(324의3) 및 인질살해·치사죄(324의4), 그리고 중重강요죄(326前)를 제외한 각 범죄의 미수범(형법324의5)이 속한다.

* 「형법」 상의 표제어는 중重권리행사방해죄다.

<강요의 죄>의 개요

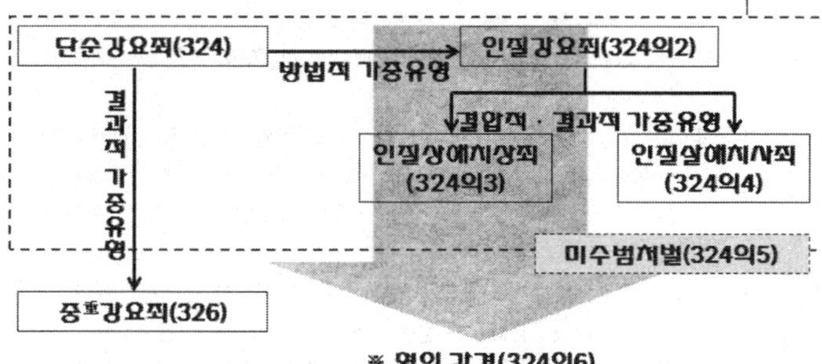

[대법원판결 2003. 9. 26. 2003도763(강요죄에 있어서 협박의 의미; 골프시설의 운영자가 골프회원에게 불리하게 변경된 내용의 회칙에 대하여 동의한다는 내용의 등록신청서를 제출하지 아니하면 회원으로 대우하지 아니하겠다고 통지한 것이 강요죄에 해당한다고 한 사례 등)] [1] 강요죄라 함은 폭행 또는 협박으로 사람의 권리행사를 방해하거나 의무 없는 일을 하게 하는 것을 말하고, 여기에서의 협박은 객관적으로 사람의 의사결정의 자유를 제한하거나 의사실행의 자유를 방해할 정도로 겁을 먹게 할 만한 해악을 고지하는 것을 말한다. [2] 골프시설의 운영자가 골프회원에게 불리하게 변경된 내용의 회칙에 대하여 동의한다는 내용의 등록신청서를 제출하지 아니하면 회원으로 대우하지 아니하겠다고 통지한 것이 강요죄에 해당한다고 한 사례. (…)

[대법원판결 2008. 11. 27. 2008도7018(직장 상사가 범죄행위를 저지른 부하직원에게 사직을 단순히 권유한 것만으로는 강요죄의 협박에 해당하지 않는다고 한 사례 등)] (…) 직장에서 상사가 범죄행위를 저지른 부하직원에게 징계절차에 앞서 자진하여 사직할 것을 단순히 권유하였다고 하여 이를 강요죄에서의 협박에 해당한다고 볼 수는 없다.(…)

[대법원판결 2008. 5. 15. 2008도1097(강요죄에서 '의무 없는 일'의 의미 및 폭행 또는 협박으로 법률상 의무 있는 일을 하게 한 경우 강요죄가 성립하는지 여부 등)] [1] 강요죄는 폭행 또는 협박으로 사람의 권리행사를 방해하거나 의무 없는 일을 하게 하는 것을 말하고, 여기에서 '의무 없는 일'이란 법령, 계약 등에 기하여 발생하는 법률상 의무 일을 말하므로, 폭행 또는 협박으로 법률상 의무 있는 일을 하게 경우에는 폭행 또는 협박죄만 성립할 뿐 강요죄는 성립하지 아니한 (…)

단순강요죄(324) 및 중重강요죄(326前)

▷ 단순강요죄(324)는 '폭행 또는 협박으로 사람의 권리행사를 방해하거나 의무 없는 일을 하게 하는 것'이며, 단순강요죄(324)를 범해서 사람의 생명에 대한 위험을 발생하게 한 경우는 그 결과적 가중유형의 일종으로서 중重강요죄(326前)를 구성한다.

▷ 단순강요죄(324) 등에서의 폭행은 사람에 대한 직접·간접의 유형력의 행사를 의미하는 이른바 '광의의 폭행'을 가리킨다. 따라서 단순강요죄(324) 등을 구성하는 폭행은 반드시 사람의 신체에 대해 가해질 필요는 없고, 상대방에게 간접적으로라도 영향이 미칠 수 있는 한에서는 제3자나 물건에 대해서도 가해지더라도 상관없다. 한편, 단순강요죄(324) 등에서의 협박은 협박죄(283) 등에서와 마찬가지로 일반적으로 사람에게 공포심을 일게 할 정도의 해악을 고지하는 것, 즉 객관적으로 볼 때에 사람의 의사결정의 자유를 제한하거나 의사실행의 자유를 방해할 정도로 해악을

[대법원판결 2003. 5. 30 2000도5767(자기의 소유가 아닌 물건이 권리행사방해죄의 객체가 될 수 있는지 여부 등)] [1] 형법 제323조의 권리행사방해죄는 타인의 점유 또는 권리의 목적이 된 자기의 물건을 취거, 은닉 또는 손괴하여 타인의 권리행사를 방해함으로써 성립하는 것이므로 그 취거, 은닉 또는 손괴한 물건이 자기의 물건이 아니라면 권리행사방해죄가 성립할 여지가 없다. [2] 피고인이 택시를 회사에 지입하여 운행하였다고 하더라도, 피고인이 회사와 사이에 위 택시의 소유권을 피고인이 보유하기로 약정하였다는 등의 특별한 사정이 없는 한, 위 택시는 그 등록명의자인 회사의 소유이고 피고인의 소유는 아니라고 할 것이므로 회사의 요구로 위 택시를 회사 차고지에 입고하였다가 회사의 승낙을 받지 않고 이를 가져간 피고인의 행위는 권리행사방해죄에 해당하지 않는다고 한 사례.

[대법원판결 2007. 1. 11. 2006도4215(권리행사방해죄에서 말하는 '자기의 물건'의 의미와 그 소유권 귀속의 기준 및 명의신탁 받은 부동산이 명의수탁자의 '자기의 물건'인지 여부 등)] (…) 형법 제323조의 권리행사방해죄에서 말하는 '자기의 물건'이라 함은 범인이 소유하는 물건을 의미하고, 여기서 소유권의 귀속은 민법 기타 법령에 의하여 정하여진다 할 것인바, 부동산실권리자 명의등기에 관한 법률 제4조 제1항,

고지하는 것을 말한다-[대법원판결 2003. 9. 26. 2003도763]. 판례 가운데에는 "골프시설의 운영자가 골프회원에게 불리하게 변경된 내용의 회칙에 대하여 동의한다는 내용의 등록신청서를 제출하지 아니하면 회원으로 대우하지 아니하겠다고 통지한 것"을 단순강요죄(324)에서의 협박에 해당되는 것으로 본 것이 있는가 하면-[대법원판결 2003. 9. 26. 2003도763], "직장에서 상사가 범죄행위를 저지른 부하직원에게 징계절차에 앞서 자진하여 사직할 것을 단순히 권유"한 것은 단순강요죄(324)에서의 협박에 해당되지 않는 것으로 본 것이 있다-[대법원판결 2008. 11. 27. 2008도7018].

▷ 단순강요죄(324)는 폭행 또는 협박의 결과로서 사람의 권리행사를 방해하거나 그로 하여금 의무 없는 일을 하게 한 때에 성립될 수 있는데, 여기에서 의무 없는 일이란 법령이나 계약 등에 기해 발생하는 법률상의 의무 없는 일을 말하므로, 가령 폭행 또는 협박으로 법률상 의무 있는 일을 하게 한 경우는 폭행죄(260) 또는 협박죄(283)를 구성할지언정 단순강요죄(324)를 구성하지는 않는다-[대법원판결 2008. 5. 15. 2008도1097].

▷ 폭행·협박을 수단으로 하는 공갈죄(350), 강도죄(333) 또는 강간죄(297) 등이 성립되는 경우에 그들 범죄에 대해 단순강요죄(324)는 법조경합의 관계에 있으므로 따로 문제되지 않는다.

인질강요죄(324의2) 등

▷ 인질강요죄(324의2), 인질상해·치상죄(324의3) 및 인질살해·치사죄(324의4)는 1995년의 「형법」 개정을 통해 신설된 것이다. 인질강요죄(324의2)는 "사람을 체포·감금·약취 또는 유인하여 이를 인질로 삼아 제3자에 대하여 권리행사를 방해하거나 의무없는 일을 하게" 하는 것으로서, "사람을 체포·감금·약취 또는 유인하여 이를 인질로 삼아 재물 또는 재산상의 이익을 취득하거나 제3자로 하여금 이를 취득하게" 하는 것을 내용으로 하는 인질강도죄(336)와는 구별된다. 인질강도죄(336)는 재산적 법익에 대한 죄에 속한다. 무엇보다도, 인질강요죄(324의2)와 인질상해·치상죄(324의3) 및 그 각각의 미수범에 관해서는 형刑의 감경에 관한 규정(324조의6)이 있는 점이 주목된다. 즉, 인질강요죄(324의2)를 범한 자, 인질상해·치상죄(324의3)를 범한 자 또는 각 미수범이 인질을 안전한 장소로 풀어준 때에는 그 형刑이 감경될 수 있다. 이는 「형법」 총칙의 중지범(26)에 관한 규정과 유사한 성격을 띠지만, ⓐ 행위자의 자의성自意性이 형刑 감경의 요건은 아닌 점, ⓑ 범죄가 기수에 이른 후에도 형刑의 감경이 인정되는 점 및 ⓒ 필요적 감면이 아니라 임의적 감경이 인정될 뿐인 점에서 중지범(26)과는 구별된다.

<권리행사를 방해하는 죄>

<권리행사를 방해하는 죄>의 개요

▷ 재산에 대한 죄로서의 <권리행사를 방해하는 죄>에는 권리행사방해죄(323), 점유강취·준점유강취죄(325①②)와 그 결과적 가중유형으로서의 중重점유강취죄(326後)*, 그리

제2항 및 제8조에 의하면 종중 및 배우자에 대한 특례가 인정되는 경우나 부동산에 관한 물권을 취득하기 위한 계약에서 명의수탁자가 그 일방당사자가 되고 그 타방 당사자가 명의신탁약정이 있다는 사실을 알지 못하는 경우 이외에는 명의수탁자는 명의신탁 받은 부동산의 소유자가 될 수 없고, 이는 제3자에 대한 관계에 있어서도 마찬가지이므로, 명의수탁자로서는 명의신탁 받은 부동산이 '자기의 물건'이라고 할 수 없다. (…)

[대법원판결 1992. 1. 21. 91도1170(주식회사의 대표이사가 직무집행행위로서 타인이 점유하는 위 회사의 물건을 취거한 경우 위 물건이 권리행사방해죄에 있어서의 "자기의 물건"에 해당하는지 여부)] 주식회사의 대표이사가 대표이사의 지위에 기하여 그 직무집행행위로서 타인이 점유하는 위 회사의 물건을 취거한 경우에는, 위 행위는 위 회사의 대표기관으로서의 행위라고 평가되므로, 위 회사의 물건도 권리행사방해죄에 있어서의 "자기의 물건"이라고 보아야 할 것이다.

[대법원판결 2006.3.23. 2005도4455(권리행사방해죄의 보호대상인 '타인의 점유'의 의미 등)] [1] 권리행사방해죄에서의 보호대상인 타인의 점유는 반드시 점유할 권원에 기한 점유만을 의미하는 것은 아니고, 일단 적법한 권원에 기하여 점유를 개시하였으나 사후에 점유 권원을 상실한 경우의 점유, 점유 권원의 존부가 외관상 명백하지 아니하여 법정절차를 통하여 권원의 존부가 밝혀질 때까지의 점유, 권원에 기하여 점유를 개시한 것은 아니나 동시이행항변권 등으로 대항할 수 있는 점유 등과 같이 법정절차를 통한 분쟁 해결시까지 잠정적으로 보호할 가치 있는 점유는 모두 포함된다고 볼 것이고, 다만 절도범인의 점유와 같이 점유할 권리 없는 자의 점유임이 외관상 명백한 경우는 포함되지 아니한다. [2] 렌트카회사의 공동대표이사 중 1인이 회사 보유 차량을 자신의 개인적인 채무담보 명목으로 피해자에게 넘겨 주었는데 다른 공동대표이사인 피고인이 위 차량을 몰래 회수하도록 한 경우, 위 피해자의 점유는 권리행사방해죄의 보호대상인 점유에 해당한다고 한 사례.

[대법원판결 2003. 11. 28. 2003도4257(형법 제323조 권리행사방해죄 소정의 타인의 점유의 의미 및 무효인 경매절차에 의하여 부동산을 낙찰받아 점유하게 된 자의 점유가 형법 제323조 소정의 '타인의 점유'에 해당하는지 여부)] 형법 제323조의 권리행사방해죄에 있어서의 타인의 점유라 함은 권원으로 인한 점유 즉 정당한 원인에 기하여 그 물건을 점유하는 권리있는 점유를 의미하는 것으로서 본권을 갖지 아니한 절도범인의 점유는 여기에 해당하지 아니하나, 반드시 본권에 의한 점유만에 한하지 아니하고 동시이행항변권 등에 기한 점유와 같은 적법한 점유도 여기에 해당한다고 할 것이고, 한편, 쌍무계약이 무효로 되어 각 당사자가 서로 취득한 것을 반환하여야 할 경우, 어느 일방의 당사자에게만 먼저 그 반환의무의 이행이 강제된다면 공평과 신의칙에 위배되는 결과가 되므로 각 당사자의 반환의무는 동시이행 관계에 있다고 보아 민법 제536조를 준용함이 옳다고 해석되고, 이러한 법리는 경매절차가 무효로 된 경우에도 마찬가지라고 할 것이므로, 무효인 경매절차에서 경매목적물을 경락받아 이를 점유하고 있는 낙찰자의 점유는 적법한 점유로서 그 점유자는 권리행사방해죄에 있어서의 타인의 물건을 점유하고 있는 자라고 할 것이다.

[대법원판결 1988. 2. 23. 87도1952(형법 제323조 소정의 '취거'의 의미)] 형법 제323조 소정의 권리행사방해죄에 있어서의 취거라 함은 타인의 점유 또는 권리의 목적이 된 자기의 물건을 그 점유자의 의사에 반하여 그 점유자의 점유로부터 자기 또는 제3자의 점유로 옮기는 것을 말하므로 점유자의 의사나 그의 하자있는 의사에 기하여 점유가 이전된 경우에는 여기에서 말하는 취거로 볼 수는 없다.

[대법원판결 1983. 5. 10. 82도1987(부동산의 선순위 가등기권자 및 제3취득자가 채무자와 공모하여 후순위채권자의 강제집행을 막고자 선순

고 강제집행면탈죄(327)가 속한다. 이 가운데에서 점유강취·준점유강취죄(325①②)의 미수범은 처벌되며(325③), 권리행사방해죄(323)에 대해서는 친족상도례가 적용된다(328).

---

*「형법」상의 표제어는 중重권리행사방해죄다.

〈권리행사를 방해하는 죄〉의 개요

권리행사방해죄(323) …… 점유강취·준점유강취(325①②)

※ 친족상도례(328)　　미수범처벌(325③)

강제집행면탈죄(327)　　중점유강취죄(중권리행사방해죄)(326)

권리행사방해죄(323)

▷ 권리행사방해죄(323)는 타인의 점유 또는 권리의 목적이 된 자기의 물건을 취거, 은닉하거나 손괴함으로써 타인의 권리행사를 방해하는 것이다-[대법원판결 2003. 5. 30. 2000도5767][대법원판결 2007. 1. 11. 2006도4215][대법원판결 1992. 1. 21. 91도1170][대법원판결 2006. 3. 23. 2005도4455][대법원판결 2003. 11. 28. 2003도4257][대법원판결 1988. 2. 23. 87도1952].

강제집행면탈죄(327)

▷ 강제집행면탈죄(327)는 강제집행을 면할 목적으로 재산을 은닉, 손괴, 허위양도하거나 허위의 채무를 부담해서 채권자를 해하는 것이다. 그 주된 보호법익은 채권자의 정당한 권리행사 내지 채권이다. 강제집행면탈죄(327)의 주체가 채무자에 한정되는 것으로 해석하는 입장도 있지만, 채무자뿐만 아니라 제3자도 그 주체가 될 수 있다고 보는 것이 다수설이다-[대법원판결 1983. 5. 10. 82도1987][대법원판결 1983. 10. 25. 82도808][대법원판결 2001. 11. 27. 2001도4759][대법원판결 2003. 10. 9. 2003도3387][대법원판결 1996. 1. 26. 95도2526][대법원판결 1999. 2. 12. 98도2474][대법원판결 1999. 2. 9. 96도3141][대법원판결 1990. 3. 23. 89도2506].

위 가등기권자 앞으로 본등기를 경료한 경우 강제집행면탈죄의 공범성립 여부; 다른 채권자의 강제집행을 면하고자 선순위 가등기권자 앞으로 본등기를 경료한 것이 재산의 "은닉"에 해당하는지 여부)] 가. 부동산의 1번 가등기권자와 제3취득자 (갑)이 채무자인 부동산 소유자의 이익을 위하여 후순위 채권자들에 의한 강제집행을 막고자 (갑)이 그 부동산을 매수하고 그 매매대금의 일부로 그 부동산의 가등기권자에 대한 채무를 변제하되 일단 가등기권자 명의로의 소유권이전의 본등기를 경료하여 다른 채권자들의 가압류 및 강제경매의 기입등기를 직권말소케 하는 일련의 등기절차를 거치기로 상호 간에 사전에 협의, 공 하였다면, 가등기권자는 채무자의 강제집행면탈죄에 가담하였다 할 이므로 설사 가등기권자 자기의 채권담보의 실행책으로 소유권이전 본등기를 하고 또 (갑)이 정당한 가격으로 그 부동산을 매수하였다 지라도 채무자의 강제집행면탈죄의 공범으로서의 죄책을 면할 수 없 . 나. 강제집행면탈죄에 있어서 재산의 "은닉"이라 함은 재산의 소유 계를 불명케 하는 행위도 포함하는 것이므로 부동산의 선순위 가등기권자와 그 부동산 소유자가 사전모의하여 그 부동산에 관한 다른 채권자의 강제집행을 면할 목적으로 선순위 가등기권자 앞으로 소유권이전의 본등기를 한 경우도 재산의 은닉에 해당한다.

[대법원판결 1983. 10. 25. 82도808(강제집행면탈죄에서의 강제집행의 의미)] 강제집행면탈죄에서 말하는 강제집행이란 소위 광의의 강제집행인 소유권이전등기 절차이행의 청구소의 제기도 포함된다.

[대법원판결 2001. 11. 27. 2001도4759(강제집행면탈죄에 있어서 '허위양도' 또는 '은닉'의 의미 및 채권자를 해하는 결과발생이 필요한지 여부; 강제집행면탈죄에 있어서 '재산'의 범위 등)] [1] 강제집행면탈죄에 있어서 허위양도라 함은 실제로 양도의 진의가 없음에도 불구하고 표면상 양도의 형식을 취하여 재산의 소유명의를 변경시키는 것이고, 은닉이라 함은 강제집행을 실시하는 자로 하여금 채무자의 재산을 발견하는 것을 불능 또는 곤란하게 만드는 것을 말하는바, 그와 같은 행위로 인하여 채권자를 해할 위험이 있으면 강제집행면탈죄가 성립하고 반드시 현실적으로 채권자를 해하는 결과가 야기되어야만 강제집행면탈죄가 성립하는 것은 아니다. [2] 강제집행면탈죄에 있어서 재산에는 동산·부동산뿐만 아니라 재산적 가치가 있어 민사소송법에 의한 강제집행 또는 보전처분이 가능한 특허 내지 실용신안 등을 받을 수 있는 권리도 포함된다. (…)

[대법원판결 2003. 10. 9. 2003도3387(강제집행면탈죄에 있어서 재산의 '은닉'의 의미 및 판단기준 등)] [1] 형법 제327조에 규정된 강제집행면탈죄에 있어서의 재산의 '은닉'이라 함은 강제집행을 실시하는 자에 대하여 재산의 발견을 불능 또는 곤란케 하는 것을 말하는 것으로서, 재산의 소재를 불명케 하는 경우는 물론 그 소유관계를 불명하게 하는 경우도 포함하나, 재산의 소유관계를 불명하게 하는 데 반드시 공부상의 소유자 명의를 변경하거나 폐업 신고 후 다른 사람 명의로 새로 사업자 등록을 할 것까지 요하는 것은 아니고, 강제집행면탈죄의 성립에 있어서는 채권자가 현실적으로 실제로 손해를 입을 것을 요하는 것이 아니라 채권자가 손해를 입을 위험성만 있으면 족하다. [2] 사업장의 유체동산에 대한 강제집행을 면탈할 목적으로 사업자 등록의 사업자 명의를 변경함이 없이 사업장에서 사용하는 금전등록기의 사업자 이름만을 변경한 경우, 강제집행면탈죄에 있어서 재산의 '은닉'에 해당한다고 한 사례.

[대법원판결 1996. 1. 26. 95도2526(강제집행면탈죄의 성립요건 등)] (…) [3] 형법 제327조의 강제집행면탈죄는 위태범으로서 현실적으로 민사소송법에 의한 강제집행 또는 가압류, 가처분의 집행을 받을 우려가 있는 객관적인 상태 아래 즉 채권자가 본안 또는 보전소송을 제기하거나 제기할 태세를 보이고 있는 상태에서 주관적으로 강제집행을 면탈하려는 목적으로 재산을 은닉, 손괴, 허위양도하거나 허위의 채무를 부담하여 채권자를 해할 위험이 있으면 성립하는 것이고, 반드시

채권자를 해하는 결과가 야기되거나 행위자가 어떤 이득을 취하여야 범죄가 성립하는 것은 아니며, 현실적으로 강제집행을 받을 우려가 있는 상태에서 강제집행을 면탈할 목적으로 허위의 채무를 부담하는 등의 행위를 하는 경우에는 달리 특별한 사정이 없는 한 채권자를 해할 위험이 있다고 보아야 한다. [4] 채권자를 해할 정도의 위험을 발생하게 하였다고 인정되지 아니한다는 이유로 강제집행면탈죄의 성립을 부정한 원심판결에 대하여 현실적으로 강제집행을 받을 우려가 있는 상태에서 강제집행을 면탈할 목적으로 허위의 채무를 부담하였다면 달리 특별한 사정이 없는 한 채권자를 해할 위험이 발생하였다고 봄이 상당하다는 이유로, 원심판결을 파기한 사례.

[대법원판결 1999. 2. 12. 98도2474(강제집행면탈죄의 성립요건 및 허위양도한 부동산에 그 시가액보다 다액의 피담보채무가 있는 경우 강제집행면탈죄의 성립 여부 등)] [1] 강제집행면탈죄는 이른바 위태범으로서 강제집행을 당할 구체적인 위험이 있는 상태에서 재산을 은닉, 손괴, 허위양도 또는 허위의 채무를 부담하면 바로 성립하는 것이고, 반드시 채권자를 해하는 결과가 야기되거나 이로 인하여 행위자가 어떤 이득을 취하여야 범죄가 성립하는 것은 아니며, 허위양도한 부동산의 시가액보다 그 부동산에 의하여 담보된 채무액이 더 많다고 하여 그 허위양도로 인하여 채권자를 해할 위험이 없다고 할 수 없다. (…)

[대법원판결 1999. 2. 9. 96도3141(강제집행면탈죄의 성립요건으로서 '강제집행을 당할 구체적인 위험이 있는 상태'의 의미 등)] (…) 원심은 이 사건 공소사실 중 피고인이 그 채권자들의 강제집행을 면탈할 목적으로, 실제로는 매도한 사실이 없음에도 피고인 소유의 고양시 일산읍 탄현리 30의 27에 있는 아파트는 1995. 7. 28. 공소외 1에게, 경기 파주군 파평면 두포리 93 및 같은 리 98에 있는 피고인 경영의 대진여과기산업의 공장부지 및 건물은 같은 달 29. 피고인의 처남인 공소외 김완근에게 각 매매를 원인으로 한 소유권이전등기를 경료하여 줌으로써 허위양도하였다는 강제집행면탈의 점에 대하여 피고인의 채권자들이 피고인으로부터 물품대금으로 지급받아 소지하고 있던 약속어음들의 지급기일은 모두 위 각 소유권이전등기 이후일 뿐만 아니라, 위 채권자들이 위 각 등기를 전후하여 어음금 등 청구소송을 제기하거나 가압류, 가처분을 신청하려는 기세에 있었다고 볼 아무런 자료가 없으므로, 위 각 등기 당시 피고인이 강제집행을 면탈할 상태에 있었다고 할 수 없고, 이는 피고인 발행의 약속어음들이 같은 달 28.부터 부도가 나기 시작하였다고 하더라도 마찬가지라고 하여 무죄를 선고하였다. 형법 제327조의 강제집행면탈죄는 강제집행을 당할 구체적인 위험이 있는 상태에서 재산을 은닉, 손괴, 허위양도 또는 허위의 채무를 부담하여 채권자를 해할 때 성립된다 할 것이고, 여기서 집행을 당할 구체적인 위험이 있는 상태란 채권자가 이행청구의 소 또는 그 보전을 위한 가압류, 가처분신청을 제기하거나 제기할 태세를 보인 경우를 말한다 할 것이다. 기록에 의하면 피고인은 위와 같이 그 발행의 약속어음이 부도가 났으나 그 이후에도 위 대진여과기산업을 계속 경영하려는 마음을 먹고 위 공장부지 및 건물에 대한 근저당권자인 공소외 주식회사 동남은행으로부터 근저당권을 곧바로 실행하지 않겠다는 양해를 받은 다음, 다른 금융기관이나 일반 채권자들로부터의 가압류 등을 면탈하려는 목적으로 위 공장 등을 각 허위양도한 사실, 위 부도 당시 피고인은 위 각 부동산 외에 다른 재산이 없었는데 피고인의 총 채무액은 위 각 부동산의 가액 합계를 훨씬 초과하는 약 금 1,800,000,000원 정도에 이르고, 한편 부도가 난 약속어음 외에도 피고인이 물품대금의 지급을 위하여 발행한 약속어음들이 다수 있었던 사실을 알 수 있는바, 위와 같이 약속어음이 부도가 난 이상 특별한 사정이 없는 한 피고인 발행의 다른 약속어음들도 만기에 지급거절이 될 것이 예상되어 그 소지인들이 만기 전이라고 할지라도 소구가 가능할 뿐만 아니라, 통상 약속어음의 부도는 그 발행인의 신용상태가 파탄상태에 이른 것이 객관적으로 확인되는 의미가 있어 위와 같은 정도

의 채무초과상태라면 변제기가 도래하지 아니한 피고인의 다른 일반 채권자들도 채권확보에 나설 것이 예상되는 점과 실제로 채권자 중 1인인 공소외 이희억이 위 각 등기 후에 바로 피고인을 상대로 한 유체동산가압류결정을 받아 1995. 9. 5. 그 집행을 시도한 사실이 기록상 인정되는 점 등에 비추어 보면 위 각 등기 당시에 피고인의 채권자들은 가압류신청 등을 제기할 기세를 보이고 있는 상태였다고 인정함이 상당하다 할 것이고, 따라서 피고인은 현실적으로 강제집행을 당할 구체적인 위험이 있는 상태에서 강제집행을 면탈할 목적으로 재산을 허위양도하였다고 할 것이니, 달리 특별한 사정이 없는 한 피고인의 위와 같은 행위는 강제집행면탈죄를 구성한다고 보아야 할 것이다.

[대법원판결 1990. 3. 23. 89도2506(피고인이 허위채무를 부담하고 근저당권설정등기를 경료해 준 부동산외에도 다른 재산을 갖고 있는 경우 강제집행면탈죄의 성부)] 피고인이 강제집행을 면할 목적으로 허위채무를 부담하고 근저당권설정등기를 경료하여 줌으로써 채권자를 해하였다고 인정된다면 설혹 피고인이 그 근저당권이 설정된 부동산외에 약간의 다른 재산이 있더라도 강제집행면탈죄가 성립된다.

[제7강] 상해의 개념 / 상해죄의 성부成否 등

1. 상해의 개념
2. 상해죄 등의 성부成否
3. 폭행죄 등

1. 상해의 개념

[사례7-1-1] 영화계에서 라이벌 관계에 있는 여배우 X와 Y는 甲이 감독하는 영화에 각각 주연과 조연으로 캐스팅되어 그 제작발표회에서 인터뷰를 마친 후에 술자리에 동석하게 되었는데, X가 몸을 가누지 못할 정도의 과음으로 정신을 잃고 잠이 들자 Y는 X에 대한 질투심을 참지 못한 나머지 마침 소지하고 있던 손톱가위로 X의 머리카락을 1시간에 걸쳐 남김없이 잘라 버렸다. 평소 자신의 풍성한 두발에 남다른 자부심을 가지고 있었을 뿐만 아니라 영화 촬영을 앞둔 X로서는 그 일로 인해 일주일 넘게 식욕부진과 함께 불면증에 시달리는 바람에 몸이 눈에 띄게 쇠약해졌다. Y의 죄책은?

[사례7-1-2] 丙은 C를 강간하는 과정에서 C의 왼쪽 어깨를 빨아 동전 크기 정도의 반점을 남겼다. 丙의 죄책은?

[사례7-1-3] H고등학교 3학년생인 T는 같은 학교 1학년생인 A와 B를 방과 후에 옥상으로 불러내어 버릇이 없다는 이유로 2시간에 걸쳐 호된 기합을 주면서 A와 B의 옆구리 등을 발로 수회 걷어찼다. 이로 인해 심한 공포감을 느낀 A와 B는 그 후 3개월 동안 심리적 스트레스 상태에 빠졌다. T의 죄책은?

〈상해와 폭행의 죄〉의 개요

▷ 「형법」 각칙 제25장 〈상해와 폭행의 죄〉는 사람의 생명·신체에 대한 죄 가운데에서도 특히 신체의 불가침성 내지 무사無事에 대한 죄에 해당된다. 〈상해와 폭행의 죄〉는 법익침해의 태양態樣 내지 정도程度의 관점에서 〈상해의 죄〉와 〈폭행의 죄〉로 구분될 수 있는데, 〈상해의 죄〉가 신체의 건강을 해하는 것이라면, 〈폭행의 죄〉는 신체의 건재健在를 해하는 것이다.

▷ 〈상해의 죄〉의 기본유형은 단순상해죄(257①)이고, 그 신분적 가중유형이 존속상해죄(257②)이며, 각각의 미수범은 처벌된다(257③). 단순상해죄(257①) 및 존속상해죄(257②)의 결과적 가중유형이 각각 상해치사죄(259①) 존속상해치사죄(259②)다*. 중상해죄(258①②) 및 존속중상해죄(258③)도 각각 단순상해죄(257①) 및 존속상해죄(257②)와의 관계에서는 일종의 결과적 가중유형에 해당된다,

✓ 존속상해치사죄(259②)는 상해치사죄(259①)에 대해서, 그리고 존속중상해죄(258③)는 보통중상해죄(258①②)에 대해서 각각 신분적 가중유형이 된다.

〈상해의 죄〉의 개요

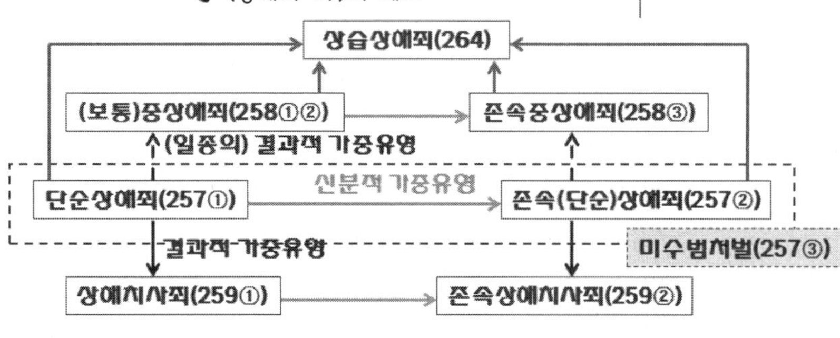

※ 동시범특례(263)

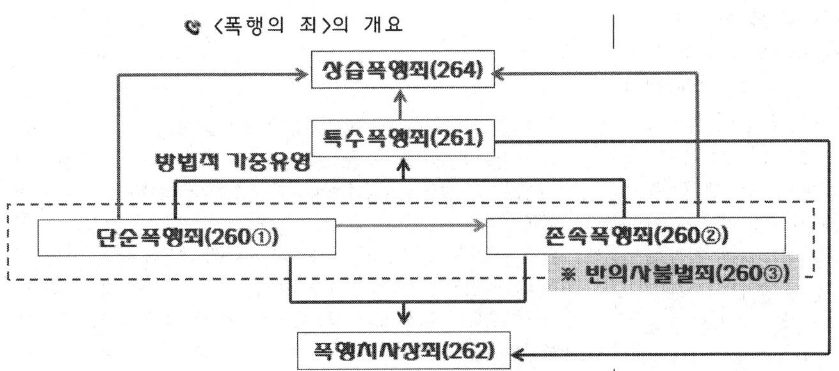

▷ 〈폭행의 죄〉의 기본유형은 단순폭행죄(260①)이고, 그 신분적 가중유형이 존속폭행죄(260②)이며, 양자는 반의사불벌죄反意思不罰罪에 해당된다(260③). 단순폭행죄(260①) 및 존속폭행죄(260②)의 방법적 가중유형에 해당되는 것이 특수폭행죄(261)이고, 단순폭행죄(260①)·존속폭행죄(260②) 및 특수폭행죄(261)의 결과적 가중유형에 해당되는 것이 폭행치사상죄(262)다.

▷ 〈상해와 폭행의 죄〉에는 동시범(263)에 관한 규정이 있는 점에 유념할 필요가 있다. 그밖에, 상해죄(257①②)·중상해죄(258) 및 폭행죄(260①②)·특수폭행죄(261)의 상습범은 가중처벌되고(264), 존속상해죄(257②)·중상해죄(258) 및 존속폭행죄(260②)·특수폭행죄(261)에 대해서는 자격정지의 병과竝科가 인정된다(265).

✓ 상해(257①②)·폭행(260①②)의 상습범·합동범·누범과 특수상해·특수폭행(261)에 대해서는 특별형법으로서의 「폭력행위등처벌에관한법률」 제2조 및 제3조가 적용된다*.

* 2004년 한 해 동안 「폭력행위등처벌에관한법률」 위반사건은 21만3742건이 발생해 전체 형사사건 205만8306건 가운데에 10.4%를 차지했다.

상해의 개념

▷ 상해죄(257①②) 등의 실행행위는 타인의 신체를 상해하는 것이다. 판례에 따르면, 상해란 신체의 완전성을 훼손하거나 생리적 기능에 장애를 초래하는 것이다–[대법원판결 2000. 2. 25. 99도4305]. 그런데 신체의 생리적 기능에 장애를 일으켜 사람의 건강상태를 불량하게 변경시키는 것뿐만 아니라 신체의 완전성을 훼손하는 것도 상해에 해당된다고 보는 경우에는 사람의 건강을 해하지 않으면서 단지 신체의 외관에 다소의 변경을 초래하는 행위도 상해죄에 구성요건에 해당될 여지가 있다. 「형법」 은 〈상해의 죄〉와는 별도로 〈폭행의 죄〉를 두고 있는데, 후자의 규정이 신체의 건재健在, 즉 생리적·사회적 관점에서의 신체의 완전성*을 보호법익으로 하는 것이라면, 전자는 그와 같은 의미에서의 신체의 완전성을 훼손함으로써 건강을 해하는 것을 그 사정범위에 두고 있다고 생각된다. 따라서 상해를 폭행과는 개념적으로 구별되게 하는 요소는 사람의 건강을 해하는 것, 즉 신체의 생리적 기능에 장해를 일으키거나 사람의 건강상태를 불량하게 만드는 것이라고 본다. 이러한 관점에서 생해란 일반적으로 인체의 생리적 기능에 장애를

[대법원판결 2000. 2. 25. 99도4305(상해죄에 있어서 상해의 의미 등)]
(…) [2] 상해죄에서의 상해는 피해자의 신체의 완전성을 훼손하거나 생리적 기능에 장애를 초래하는 것을 의미한다. (…)

일으키는 행위 혹은 사람의 건강상태를 불량하게 만드는 행위를 가리키는 것으로 해석하는 편이 상해의 개념을 논하는 실제적 의의, 즉 상해와 폭행의 개념적 구별을 명확히 하는 점에서, 아울러 상해의 사회적 의미에도 합치되는 점에서 낫다고 생각된다-[대법원판결 2000. 3. 23. 99도3099]참조. 이렇게 보면 [사례7-1-1] 에서 Y의 행위, 즉 X의 두발을 모두 절제해버린 것 그 자체가 X의 생리적 기능에 장애를 초래하거나 그의 건강상태를 불량하게 변경시키는 것은 아니므로 폭행에는 해당될지언정 상해에는 해당되지 않는다. 다만, Y가 X의 두발을 절제할 당시에 그로 인해 X가 정신적 고통을 겪고 건강을 잃게 될 것을 예견할 수 있었다면 그 점에 대해서는 Y에게 과실의 책임을 물을 수 있을 것이다. 따라서 Y의 죄책으로서는 단순폭행죄(260①) 또는 폭행치상죄(262)가 성립될 수 있다. 이와는 달리, 건강상태를 불량하게 만드는 것뿐만 아니라 인체의 완전성을 해하는 것을 상해로 보거나 혹은 생리적 기능에 장애를 초래하는 것과 신체의 외관에 현저한 변경을 가하는 것을 상해로 보는 입장에서는 Y의 행위는 상해죄를 구성할 여지가 있다. 이러한 입장에서는, 신체의 외부적 완전성을 훼손하는 것이 생리적 기능의 장애에 필적하는 고통을 피해자에게 주는 경우라면 그것도 상해에 포함된다는 사고방식을 취하기도 하지만, 단순폭행죄(260①)에 대한 법정형의 상한이 2년으로서 비교적 높으므로 생명에 대한 위험과는 거리가 먼 경우로서 신체의 완전성을 훼손하는 행위에 대한 처벌은 그 한도 내에서 적절히 이루어질 수 있다고 생각된다.

[대법원판결 2000. 3. 23. 99도3099(강제추행치상죄에 있어서의 상해의 의미; 부녀의 음모를 1회용 면도기로 일부 깎은 것이 강제추행치상죄에 있어서의 상해에 해당하는지 여부)] [1] 강제추행치상죄에 있어서의 상해는 피해자의 신체의 건강상태가 불량하게 변경되고 생활기능에 장애가 초래되는 것을 말하는 것으로서, 신체의 외모에 변화가 생겼다고 하더라도 신체의 생리적 기능에 장애를 초래하지 아니하는 이상 상해에 해당한다고 할 수 없다. [2] 음모는 성적 성숙함을 나타내거나 치부를 가려주는 등의 시각적·감각적인 기능 이외에 특별한 생리적 기능이 없는 것이므로, 피해자의 음모의 모근(毛根) 부분을 남기고 모간(毛幹) 부분만을 일부 잘라냄으로써 음모의 전체적인 외관에 변형만이 생겼다면, 이로 인하여 피해자에게 수치심을 야기하기는 하겠지만, 병리적으로 보아 피해자의 신체의 건강상태가 불량하게 변경되거나 생활기능에 장애가 초래되었다고 할 수는 없을 것이므로, 그것이 폭행에 해당할 수 있음은 별론으로 하고 강제추행치상죄의 상해에 해당한다고 할 수는 없다.

▷ 상해의 개념을 신체의 생리적 기능에 장애를 일으키는 행위 또는 사람의 건강상태를 불량하게 만드는 행위로 정의하는 경우에도 그것이 일시적이고 극히 경미한 것일 때에는 〈상해의 죄〉 등에서 말하는 상해의 개념 범주에 속하지 않는 것으로 보아야 할 것이다-[대법원판결 1996. 12. 23. 96도2673]. 즉, 생리적 기능에 장애를 일으키는 행위라도 그것이 일상생활에 지장을 초래하지 않고, 통상은 상해로 인식되지 않거나 일상생활상 간과될 수 있으며, 의료행위를 특별히 요하지 않는 정도인 경우에는, 형법상 그것을 폭행으로 볼 수는 있을지언정 상해로 보는 것은 적절치 않다고 생각된다. 상해의 정도와 관련해서 종종 문제되는 것이 강도치상죄(337후) 또는 강간치상죄(301후) 등에서의 상해다. 강도치상죄(337후)에서의 상해는 강도행위의 결과로서 초래되는 것인데*, 강도상해치상죄(337)의 법정형은 무기 또는 7년 이상의 징역이어서 강도죄(333)의 법정형인 3년 이상의 유기징역과 비교하면 상당히 중한 점에 비추어 강도치상죄(337후)에서의 상해는 신체의 경미한 손상을 포함하지 않고 일반적으로 간과될 수 없는 정도의 것에 한정된다고 보아야 할 것이다. 마찬가지로, 강간치상죄(301후)에서의 상해는 강간행위의 결과로서 초래되는 것인데**, 강간상해치상죄(301)의 법정형은 무기 또는 5년 이상의 징역이므로 강간죄(297)의 법정형이 3년 이상의 유기징역인 점에 비추어 강간치상죄(301후)에서의 상해에도 신체의 경미

[대법원판결 1996. 12. 23. 96도2673(좌측팔 부분에 약 1주간의 치료를 요하는 동전크기의 멍이 든 것이 상해죄의 상해에 해당되지 않는다고 본 원심의 판단을 수긍한 사례 등)] (…) [6] 피고인이 피해자와 연행문제로 시비하는 과정에서 치료도 필요 없는 가벼운 상처를 입었으나, 그 정도의 상처는 일상생활에서 얼마든지 생길 수 있는 극히 경미한 상처이므로 굳이 따로 치료할 필요도 없는 것이어서 그로 인하여 인체의 완전성을 해하거나 건강상태를 불량하게 변경하였다고 보기 어려우므로, 피해자가 약 1주간의 치료를 요하는 좌측팔 부분의 동전크기의 멍이 든 것이 상해죄에서 말하는 상해에 해당되지 않는다고 본 원심의 판단을 수긍한 사례. (…) 원심판결 이유에 의하면, 원심은 피고인 2가 위 가 항의 원심사실인정에서 본 바와 같은 실랑이를 하는 과정에서 위 공소외 1의 좌측팔 부분에 약간의 멍이 생기기는 하였으나 그 크기도 동전 크기 정도이고 별도의 병원치료를 받을 정도의 상처는 아니어서 위 공소외 1이 며칠 뒤 파스를 붙인 것 이외에는 따로 치료를 받지도 않았으며 위 상해 부분에 대한 소견서의 기재도 단순히 약 1주간의 안정을 요한다는 취지인 사실, 위 공소외 1이 위 상처를 입은 후에도 경찰단계에서는 아무런 고소나 이 부분 수사가 이루어지지 않았다가 위 피고인이 검찰에 송치된 후에도 묵비권을 행사하는 등 수사에 비협조적이자 위 피해자의 구두 고소에 의하여 사법경찰관이 이 부분을 인지·수사하여 1995. 12. 19. 검찰에 추송한 사실을 인정한 다음, 위 상해는 피고인이 피해자와 연행문제로 시비하는 과정에서 치료도 필요없는 가벼운 상처로서 그 정도의 상처는 일상생활에서 얼마든지 생길 수 있는 극히 경미한 상처이므로 굳이 따로 치료할 필요도 없는 것이어서 그로 인하여 인체의 완전성을 해하거나 건강상태를 불량하게 변경하였다고 보기 어려우므로 피해자가 입은 위 상처를 가지고서 상해죄에서 말하는 상해에 해당된다고 할 수 없다고 판단하였다. 기록을 검토하여 보면 원심의 위와 같은 사실인정과 판단은 정당한 것으로 여겨지고, 거기에 채증법칙을 위배하여 사실을 오인하였다거나 상해죄에 있어서의 상해에 관한 법리를 오해한 위법 등이 있다고 할 수 없다. (…)

* 金鍾源, 刑法各論 上卷, 改訂版, 1971, 56면 참조.

한 손상은 포함되지 않는 것으로 해석되어야 할 것이다. 따라서 강도행위 또는 강간행위에 의해 초래된 신체적 손상의 정도가 사회통념상 간과될 수 있을 정도의 경미한 것에 지나지 않는 때에는 그러한 행위가 강도죄(333) 또는 강간죄(297)를 구성할 뿐 강도치상죄(337후) 또는 강간치상죄(301후)를 구성하지는 않는 것으로 보아야 할 것이다. [사례7-1-2] 에서도 丙의 강간행위의 결과로서 초래된 C의 신체적 손상은 극히 경미한 것이어서 자연적인 치유가 가능하므로 C로서는 굳이 의료적 처치를 받지 않더라도 아무런 지장 없이 일상생활을 할 수 있다고 보이므로 강간치상죄(301후)에서의 상해는 문제되지 않는다고 할 수 있다-[대법원판결 2005. 5. 26. 2005도1039].

* [대법원판결 1985. 1. 15. 84도2397] 참조.
** [대법원판결 1999. 4. 9. 99도519] 참조.

▷ 〈상해의 죄〉에서 말하는 상해가 일반적으로 인체의 생리적 기능에 장애를 일으키는 행위 혹은 사람의 건강상태를 불량하게 만드는 행위를 가리키는 것으로 본다면, 사람의 정신적 기능에 장애를 일으키는 것도 인체의 생리적 기능에 장애를 초래하는 것으로서 상해의 개념 범주에 속한다-[대법원판결 1996. 12. 10. 96도2529]. 그런데 범죄에 기인하는 정신적 쇼크를 어디까지 상해로 인정할 것인지에 관해서는 신중한 검토가 필요하다. 일정한 범죄의 피해자는 대개는 그 범죄로 인해 어느 정도의 정신적 쇼크나 심리적 스트레스를 받게 되기 마련이고, 각 범죄의 기본적 구성요건도 그러한 결과를 어느 정도는 예상하고 있다고 생각된다. 그래서 가령 단순폭행으로 인해 피해자에게 초래된 정신적 쇼크가 단순폭행죄(260①) 그 자체에 이미 예상되어 있는 정도에 그치는 것이라면 이를 폭행치상죄(262)로 취급하기보다는 그 정도에 비추어 정상情狀으로서 양형에 고려하는 것이 상당한 경우도 있을 것이다. [사례7-1-3] 에서도, 피해자인 A와 B의 심리적 스트레스 증상이 그러한 범죄 또는 다양한 범죄의 피해자가 받게 되는 정신적 쇼크 등과 같은 피해를 특히 상회하는 것이 아니라 말하자면 범죄의 피해자로서 느끼는 공포에 따른 이차적이고 일반적인 스트레스 증상에 머무르는 것이라면, T에 대해 유형력의 행사인 폭행의 결과적 가중범으로 폭행치상죄(262)의 성립을 인정하는 것은 상당하지 않다고 보아야 할 것이다. 이와 같이 폭행의 직접적인 결과이기는 하지만 파생적인 결과로서 피해자에게 정신적 스트레스 등을 초래한 경우에 결과적 가중범으로서의 폭행치상죄(262)의 성립을 인정하는 데에는 피해자에게 초래된 정신적 기능장애가 어느 정도에 미치는 때에 그것을 상해에 해당된다고 볼 것인지가 문제된다. 그 판단기준은 기본적으로는 신체적 기능장애에 관한 경우와 마찬가지로 파악되어야 할 것이다. 따라서 가령 정신적 기능장애가 일상생활에 지장을 초래하는 것인지 아니면 그것이 사회통념상 상해로서 의식되지 않고 일상생활상으로 간과될 수 있는 정도인지의 여부라든가, 혹은 그것이 의료행위를 특별히 필요로 하는지의 여부* 등이 그 판단기준이 될 수 있을 것이다. 이와 관련해서, 이른바 외상후外傷後스트레스장애Post Traumatic Stress

[대법원판결 2005. 5. 26. 2005도1039(강간치상죄에 있어서 상해의 판단 기준; 피해자가 소형승용차 안에서 강간범행을 모면하려고 저항하는 과정에서 피고인과의 물리적 충돌로 인하여 입은 '우측 슬관절 부위 찰과상' 등이 강간치상죄의 상해에 해당하지 않는다고 본 원심판결을 파기한 사례)] [1] 강간행위에 수반하여 생긴 상해가 극히 경미한 것으로서 굳이 치료할 필요가 없어서 자연적으로 치유되며 일상생활을 하는 데 아무런 지장이 없는 경우에는 강간치상죄의 상해에 해당되지 아니한다고 할 수 있을 터이나, 그러한 논거는 피해자의 반항을 억압할 만한 폭행 또는 협박이 없어도 일상생활 중 발생할 수 있는 것이거나 합의에 따른 성교행위에서도 통상 발생할 수 있는 상해와 같은 정도임을 전제로 하는 것이므로 그러한 정도를 넘는 상해가 그 폭행 또는 협박에 의하여 생긴 경우라면 상해에 해당된다고 할 것이며, 피해자의 건강상태가 나쁘게 변경되고 생활기능에 장애가 초래된 것인지는 객관적, 일률적으로 판단될 것이 아니라 피해자의 연령, 성별, 체격 등 신체, 정신상의 구체적 상태를 기준으로 판단되어야 한다. [2] 피해자가 소형승용차 안에서 강간범행을 모면하려고 저항하는 과정에서 피고인과의 물리적 충돌로 인하여 입은 '우측 슬관절 부위 찰과상' 등이 강간치상죄의 상해에 해당하지 않는다고 본 원심판결을 파기한 사례. (…) 기록에 의하면, 피해자는 이 사건 사고 당일 16:00경 병원을 방문하여 팔꿈치 부위에 대한 X-Ray 촬영과 무릎부분의 치료를 하였고, 위 병원에서 발부한 상해진단서에 의하면, 피해자의 상해부위는 '우측 슬관절 부위 찰과상 및 타박상, 우측 주관절 부위 찰과상'이고, 예상치료기간은 수상일로부터 2주이며, 입원 및 향후 치료(정신과적 치료를 포함)가 필요할 수도 있는 사실, 피해자는 만 14세의 중학교 3학년 여학생으로 154㎝의 신장에 40㎏의 체구인데, 이러한 피해자가 40대의 건장한 군인인 피고인과 소형승용차의 좁은 공간에서 밖으로 빠져나오려고 실랑이를 하고 위 차량을 벗어난 후에는 다시 타지 않으려고 격렬한 몸싸움을 하는 과정에서 적지 않은 물리적 충돌로 인하여 위와 같은 상해를 입게 된 사실을 알 수 있는바, 이러한 사실들을 위의 법리에 비추어 보면, 피해자가 입은 위 상해의 정도가 일상생활에 지장이 없고 단기간 내에 자연치유가 가능한 극히 경미한 상처라고 할 수 없고, 그러한 정도의 상처로 인하여 피해자의 신체의 건강상태가 불량하게 변경되고 생활기능에 장애가 초래된 것이 아니라고 단정하기도 어렵다고 할 것이다. (…)

[대법원판결 1996. 12. 10. 96도2529(협박과 폭행으로 실신한 경우, 상해에 해당된다고 본 사례 등)] (…) [2] 오랜 시간 동안의 협박과 폭행을 이기지 못하고 실신하여 범인들이 불러온 구급차 안에서야 정신을 차리게 되었다면, 외부적으로 어떤 상처가 발생하지 않았다고 하더라도 생리적 기능에 훼손을 입어 신체에 대한 상해가 있었다고 본 사례. (…) 원심이 채용한 증거들을 기록과 대조하여 검토하여 보면, 피고인과 그의 공범들이 피해자를 피고인 경영의 초밥집 에 불러내어 22:00경부터 그 다음날 02:30경까지 사이에 회칼로 죽여버리겠다거나 소주병을 깨어 찌를 듯한 태도를 보이면서 계속하여 협박하다가 손바닥으로 피해자의 얼굴과 목덜미를 수회 때리자, 피해자가 극도의 공포감을 이기지 못하고 기절하였다가 피고인 등이 불러온 119 구급차 안에서야 겨우 정신을 차리고 인근 병원에까지 이송된 사실이 명백히 인정되는바, 이와 같이 오랜 시간 동안의 협박과 폭행을 이기지 못하고 실신하여 범인들이 불러온 구급차 안에서야 정신을 차리게 되었다면, 외부적으로 어떤 상처가 발생하지 않았다고 하더라도 생리적 기능에 훼손을 입어 신체에 대한 상해가 있었다고 봄이 상당하므로, 원심판결에 논하는 바와 같은 채증법칙 위반이나 상해죄에 관한 법리오해의 위법이 있다고 할 수 없고, 또 위와 같은 상해사실이 피해자와 피고인의 공범들의 진술 및 소방서장의 구급활동사항통보서의 기재에 의하여 충분히 인정되는 이상, 원심이 의사의 진단서에 의하지 아니하고 상해사실을

Disorder(: PTSD)**가 정신적 장애의 일종으로서 널리 인식되면서 범죄의 피해에 기인하는 PTSD가 일반적으로 상해에 해당되는지에 관해서 논의가 있다. 판례 가운데에는, 정신적 기능에 장애를 초래하는 것도 상해에 해당될 수 있다는 점을 전제로 해서, 강간범죄로 인해 그 피해자에게 나타난 외상후外傷後스트레스장애가 강간을 당한 모든 피해자에게 필연적으로 나타나는 증상은 아니라는 점 등에서 상해에 해당된다고 본 것이 있다-[대법원판결 1999. 1. 26. 98도3732]. 생각건대, 폭행죄(260) 등의 규정은 사람의 신체에 대한 물리력의 행사 그 자체를 불법한 것으로 보고 처벌하는 것이지 상해의 위험을 반드시 전제로 하지는 않으므로, 폭행이 상대방의 신체에 일상적으로 간과될 수 있는 정도를 넘는 정신적 기능장애를 야기한 때에는 그것이 폭행의 파생적인 결과이기는 하지만 직접적인 결과인 이상 설사 그것이 PTSD 등과 같은 정신장애의 판단기준을 충족하지 않더라도 상해의 결과가 인정될 수 있을 것이다. 다만, 정신적 기능장애가 현실적으로 특히 문제되는 경우는 폭행이 경미할 뿐만 아니라 상해라고 볼 수 있는 신체적 기능장애가 야기되지 않은 때이니만큼, 그것을 상해로 볼 것인지에 관해서 신중한 판단이 필요한 것은 물론이다. 그리고 정신적 기능장애가 상해로 평가되는 경우에도 폭행행위와 상해의 결과 사이에 인과관계 내지 객관적 귀속이 부정되거나 행위자 측에서의 구체적·주관적 예견가능성이 부정되는 경우는 있을 수 있고, 그러한 경우에는 상해의 결과에 대해 행위자에게 책임을 물을 수 없는 것도 결과적 가중범의 법리에 비추어 당연하다.

* 가령 피해자가 정신적 기능장애에 관해 의사의 치료를 받지 않은 사실 그 자체만을 가지고서 곧바로 그 피해의 정도가 심하지 않다고 보는 것은 물론 부당하다. 그러한 사실은 오히려 피해자의 정신적 쇼크 등이 컸던 것에 기인할 수도 있기 때문이다.

** 천재지변이나 화재 등과 같은 사고 또는 폭행이나 강간 등과 같은 범죄에 기해 생명을 위협하는 신체적·정신적 충격을 경험한 후에 나타나는 정신적 질병을 말한다. 충격후스트레스장애, 외상성스트레스장애라고도 한다.

인정하였다거나 또는 범죄사실에 치료일수가 명시되지 않았다고 하여 위법이라고 할 수도 없다. (…)

[대법원판결 1999. 1. 26. 98도3732(성폭력범죄의처벌및피해자보호등에관한법률 제9조 제1항 소정의 상해의 의미; 정신과적 증상인 외상 후 스트레스 장애가 성폭력범죄의처벌및피해자보호등에관한법률 제9조 제1항 소정의 상해에 해당한다고 본 사례)] [1] 성폭력범죄의처벌및피해자보호등에관한법률 제9조 제1항의 상해는 피해자의 신체의 완전성을 훼손하거나 생리적 기능에 장애를 초래하는 것으로, 반드시 외부적인 상처가 있어야만 하는 것이 아니고, 여기서의 생리적 기능에는 육체적 기능뿐만 아니라 정신적 기능도 포함된다. [2] 정신과적 증상인 외상 후 스트레스 장애가 성폭력범죄의처벌및피해자보호등에관한법률 제9조 제1항 소정의 상해에 해당한다고 본 사례. (…) 원심판결 이유에 의하면, 원심은 성폭력범죄의처벌및피해자보호등에관한법률 제9조 제1항의 상해는 피해자의 신체의 완전성을 훼손하거나 생리적 기능에 장애를 초래하는 것으로, 반드시 외부적인 상처가 있어야만 하는 것이 아니고, 여기서의 생리적 기능에는 육체적 기능뿐만 아니라 정신적 기능도 포함된다고 전제한 후, 제1심이 조사·채택한 증거들에 장신경외과의원 원장 장여봉에 대한 사실조회에 대한 회신의 기재를 종합하여 피고인들의 강간행위로 인하여 피해자이 불안, 불면, 악몽, 자책감, 우울감정, 대인관계 회피, 일상생활에 대한 무관심, 흥미상실 등의 증상을 보였고, 이와 같은 증세는 의학적으로는 통상적인 상황에서는 겪을 수 없는 극심한 위협적 사건에서 심리적인 충격을 경험한 후 일으키는 특수한 정신과적 증상인 외상 후 스트레스 장애에 해당하고, 피해자는 그와 같은 증세로 인하여 2일간 치료약을 복용하였고, 6개월간의 치료를 요하는 사실을 인정하고, 피해자이 겪은 위와 같은 증상은 강간을 당한 모든 피해자가 필연적으로 겪는 증상이라고 할 수도 없으므로 결국 피해자은 피고인들의 강간행위로 말미암아 위 법률 제9조 제1항이 정하는 상해를 입은 것이라고 판단하였는바, 원심의 위와 같은 사실인정 및 판단은 모두 수긍할 수 있고, 여기에 피고인들의 변호인과 피고인 2이 논하는 바와 같은 채증법칙 위반 또는 심리미진의 위법이나 피고인들의 변호인이 논하는 위 법률 제9조 제1항의 상해에 대한 법리오해의 위법 등이 있다고 할 수 없다. (…)

2. 상해죄 등의 성부成否

[사례7-2-1] 甲은 2005년 4월 5일 13시경 서울특별시 노원구 월계동에 소재하는 P주유소에서 자신이 운전하던 소나타 승용차에 4만원 상당의 기름을 주입했는데 유감스럽게도 지갑을 집에 두고 온 것을 깨달았다. 甲이 기름 값을 내지 않은 채로 차를 몰고 가자 주유소 직원인 A가 승용차의 창문을 잡고 차를 세우려고 했지만 甲이 차를 멈추지 않는 바람에 A가 넘어져 전치 3주의 부상을 입었다. 甲의 죄책은?

[사례7-2-2] 甲과 乙은 뱃놀이를 하며 술은 먹은 후 인근 술집에서 한 잔 더 하기로 하고 甲이 먼저 술집에 들어섰는데, 그곳에 있던 丙이 발을 걸었다는 이유로 시비가 붙었다. 이에 甲이 丙의 멱살을 잡아 미는 바람에 丙은 시멘트 바닥에 머리를 부딪치게 되었다. 뒤따라 술집에 들어 온 乙은 넘어 진 丙의 멱살을 잡고 한 번 더 丙의 머리를 시멘트 바닥에 부딪치게 하였다. 그 결과 丙은 머리가 좌우에 각각 10센티 씩 찢어졌다. 그러나 상처부위가 누구의 공격에 의해 발생하였는지는 알 수 없었다. 甲과 乙의 죄책은?

상해의 故意

▷ 상해죄(257①②) 등을 구성하기 위해서는 행위자에게 상해의 고의, 즉 상대방의 건강상태를 불량하게 만드는 것에

대한 인식 및 최소한의 인용이 있어야 하는 것은 물론이다. 폭행의 고의로써 상해의 결과를 야기한 경우에는 상해죄(257①②) 등이 아니라 폭행치상죄(262)가 문제된다.

피해자의 승낙에 의한 상해행위의 위법성

▷ 〈상해의 죄〉에는 동의살인죄(252①)와 같은 (특별)규정이 없으므로 상해에 관해서는 피해자의 승낙(24)이 있으면 위법성이 조각될 여지가 있다. 그런데 피해자의 승낙(24)에 의한 행위도 사회상규에 위배되지 않는 행위로서의 정당행위의 하나로서 위법성이 조각되는 것이라는 점에서 피해자의 승낙(24)에 의한 상해가 위법하지 않기 위해서는 그것이 사회상규에 위배되지 않아야 한다. 피해자의 승낙(24)에 의한 상해와 관련해서 종종 문제되는 것이 치료행위다. 치료행위의 적법성에 관해서는, 치료행위도 상해죄(257)의 구성요건에는 해당되지만 정당행위(20)로서 또는 피해자의 승낙(24)에 의한 것으로서 위법성이 조각된다고 보는 견해, 치료행위가 성공한 경우에는 건강이 촉진되었으므로 상해에 해당되지 않지만 실패한 경우에는 상해에 해당된다고 보는 견해 등이 있지만, 치료행위란 치료의 목적으로 의학상 일반적으로 승인된 수단·방법으로써 기술적으로 올바르게 시행된 의료적 처치라는 점에서, 또한 그 한에 있어서는 상해와 구별되는 것으로서 상해죄(257)의 구성요건에는 해당되지 않는다고 보아야 할 것이다. 물론 (업무상)과실치상죄의 구성 여부는 별개의 문제다. 판례는 치료행위가 상해에 해당되더라도 업무로 인한 행위로서 위법하지 않다고 보는 한편-[대법원판결 1978. 11. 14. 78도2388], 환자의 유효한 승낙이 없는 경우의 치료행위는 위법성을 조각하지 않는다고 보고 있다-[대법원판결 1993. 7. 27. 92도2345].

「폭력행위등처벌에관한법률」 제3조 제1항의 특수상해죄

▷ 특별형법으로서의「폭력행위등처벌에관한법률」은 '단체나 다중의 위력으로써 또는 단체나 집단을 가장하여 위력을 보임으로써' 또는 '흉기 기타 위험한 물건을 휴대하여' 단순상해죄(257①) 또는 존속상해죄(257②)를 범한 자를 3년 이상의 유기징역에 처하도록 함으로써(폭력행위등처벌에관한법률3①·2①) 이른바 특수상해죄(폭력행위등처벌에관한법률3①)의 법정형을 보통의 단순상해죄(257①)·존속상해죄(257②)의 그것보다 무겁게 규정하고 있다. 따라서 흉기 기타 위험한 물건을 휴대해서 상해를 범한 자 등에 대해서는「폭력행위등처벌에관한법률」이 적용된다. [사례 7-2-1] 에서 甲은 자신의 자동차를 이용해서 A를 상해했는데, 자동차 본래의 기능이 살상이나 파괴는 아니더라도 그것이 사람의 생명이나 신체에 위해를 가하거나 타인의 재물을 손괴하는 데에 사용되었다면「폭력행위등처벌에관한법률」제3조 제1항의 '위험한 물건'에 해당되는 것으로 해석된다. 즉, 어떤 물건이「폭력행위등처벌에관한법률」제3조 제1항의 '위험한 물건'에 해당하는지의 여부는 구체적인 사안에서 사회통념에 비추어 그 물건을 사용하면 상대방이나 제3자가 생명 또는 신체에 위험을 느낄 수 있는지의 여부에 따라 판단된다-[대법원판결 2003. 1. 24. 2002도5783].

[대법원판결 1978. 11. 14. 78도2388(의료행위가 정당업무범위를 넘은 위법행위가 아니라고 한 사례)] 의사가 인공분만기인 "샥숀"을 사용하면 통상 약간의 상해정도가 있을 수 있으므로 그 싱해가 있다하여"샥숀"을 거칠고 험하게 사용한 결과라고는 보기 어려워 의사의 정당업무의 범위를 넘은 위법행위라고 할 수 없다.

[대법원판결 1993. 7. 27. 92도2345(수술승낙이 의사의 부정확 또는 불충분한 설명에 의한 것인 경우의 효력; 난소의 제거로 임신불능인 상태에 있어서의 자궁적출행위가 업무상 과실치상죄 소정의 상해에 해당하는지 여부)] 가. 산부인과 전문의 수련과정 2년차인 의사가 자신의 시진, 촉진결과 등을 과신한 나머지 초음파검사 등 피해자의 병증이 자궁외 임신인지, 자궁근종인지를 판별하기 위한 정밀한 진단방법을 실시하지 아니한 채 피해자의 병명을 자궁근종으로 오진하고 이에 근거하여 의학에 대한 전문지식이 없는 피해자에게 자궁적출술의 불가피성만을 강조하였을 뿐 위와 같은 진단상의 과오가 없었으면 당연히 설명받았을 자궁외 임신에 관한 내용을 설명받지 못한 피해자로부터 수술승낙을 받았다면 위 승낙은 부정확 또는 불충분한 설명을 근거로 이루어진 것으로서 수술의 위법성을 조각할 유효한 승낙이라고 볼 수 없다. 나. 난소의 제거로 이미 임신불능 상태에 있는 피해자의 자궁을 적출했다 하더라도 그 경우 자궁을 제거한 것이 신체의 완전성을 해한 것이 아니라거나 생활기능에 아무런 장애를 주는 것이 아니라거나 건강상태를 불량하게 변경한 것이 아니라고 할 수 없고 이는 업무상 과실치상죄에 있어서의 상해에 해당한다.

[대법원판결 2003. 1. 24. 2002도5783(폭력행위등처벌에관한법률 제3조 제1항 소정의 '위험한 물건'의 판단 기준 및 자동차가 '위험한 물건'에 해당하는지 여부; 위험한 물건을 휴대하고 재물을 손괴한 경우, 피해자 등이 그 위험한 물건의 존재를 인식하거나 그 위험한 물건의 사용으로 생명 또는 신체에 위해를 입어야만 폭력행위등처벌에관한법률 제3조 제1항 위반죄가 성립하는지 여부; 자동차를 이용하여 다른 사람의 자동차 2대를 손괴한 경우, 폭력행위등처벌에관한법률 제3조 제1항 위반죄가 성립한다고 한 사례)] [1] 어떤 물건이 폭력행위등처벌에관한법률 제3조 제1항의 '위험한 물건'에 해당하는지 여부는 구체적인 사안에서 사회통념에 비추어 그 물건을 사용하면 상대방이나 제3자가 생명 또는 신체에 위험을 느낄 수 있는지 여부에 따라 판단하여야 하고, 자동차는 원래 살상용이나 파괴용으로 만들어진 것이 아니지만 사람의 생명 또는 신체에 위해를 가하거나 다른 사람의 재물을 손괴하는 데 사용되었다면 폭력행위등처벌에관한법률 제3조 제1항의 '위험한 물건'에 해당한다. [2] 위험한 물건을 휴대하고 다른 사람의 재물을 손괴하면 상대방이 그 위험한 물건의 존재를 인식하지 못하였거나 그 위험한 물건의 사용으로 생명 또는 신체에 위해를 입지 아니하였다고 하더라도 폭력행위등처벌에관한법률 제3조 제1항 위반죄가 성립한다. [3] 자동차를 이용하여 다른 사람의 자동차 2대를 손괴한 경우, 그 자동차의 소유자 등이 실제로 해를 입거나 해를 입을 만한 위치에 있지 아니하였다고 하더라도 폭력행위등처벌에관한법률 제3조 제1항 위반죄가 성립한다고 한 사례.

중상해죄(258) 및 상해치사죄(259)

▷ 중상해죄(258)는 보통의 상해죄(257①②)와의 관계에서는 일종의 결과적 가중유형에 해당되는데, 중한 결과(: '생명에 대한 위험' 또는 '불구 또는 불치나 난치의 질병')의 발생에 관해 과실이 있는 경우뿐만 아니라 고의가 있는 경우도 중상해죄를 구성하는 것으로 해석된다. 이 점에서 중상해죄(258)는 부진정 결과적 가중범이다. 중상해죄(258)의 규정을 진정 결과적 가중범, 즉 상해행위로 인한 중한 결과가 오로지 과실에 의해 초래된 경우만을 대상으로 하는 것이라고 해석하는 때에는 처벌의 불균형이 초래되기 때문이다. 즉, 중상해죄(258)의 규정을 진정 결과적 가중범으로 본다면, 가령 애초에 생명에 대한 위험을 발생시킬 의도로 혹은 불구 또는 불치·난치의 질병에 이르게 할 의도로 타인의 신체를 상해한 경우에는 중상해죄의 규정이 적용될 여지는 없고 결국 상해죄(257)이 규정이 적용될 수밖에 없다. 이렇게 되면 단순상해로 인한 중한 결과의 발생에 과실이 있는 경우는 1년 이상 10년 이하의 징역(존속에 대한 경우에는 2년 이상의 유기징역)으로 처벌되는 것에 반해, 단순상해로 인한 중한 결과의 발생에 고의가 있는 경우는 7년 이하의 징역 등(존속에 대한 경우에는 10년 이하의 징역 등)으로 처벌되어 중한 결과의 발생에 과실이 있는 경우보다 그것에 고의가 있는 경우가 오히려 가볍게 처벌되어 불합리하다.

▷ 상해치사죄(259①) 및 존속상해치사죄(259②)는 결과적 가중범의 전형典型이다. 즉, 고의의 상해행위(·존속상해행위)로부터 상해의 결과를 초과하는 사망의 결과가 과실에 의해 발생한 경우가 상해치사죄(259①)(·존속상해치사죄(259②))다. 이 점에서 상해치사죄(259①) 등은 진정 결과적 가중범에 해당된다*. 결과적 가중범의 특색은 행위자가 의도한 결과의 발생을 초과하는 결과의 발생에 의해 형벌이 가중되는 데에 있다. 가령 상해의 의사로 폭행을 가했는데 피해자가 사망한 경우에 상해치사죄(259)의 규정이 없다면 상해죄(257①)와 과실치사죄(267)의 상상적 경합으로서(40참조) 상해죄의 법정형인 7년 이하의 징역 등으로 처벌된다. 그런데 상해치사죄(259)의 법정형은 그보다 중한 3년 이상의 유기징역이다. 이와 같이 형벌이 가중되는 이유는 사망이라는 중한 결과의 발생이 고의의 상해행위에 전형적으로 내포되어 있는 잠재적인 위험의 실현이기 때문에 그러한 결과를 단순히 과실로 야기한 것에 비해 보다 강한 행위반가치가 인정되는 데에 있는 것으로 설명된다.

* 따라서 상해치사죄(259)가 적용되기 위해서는 중한 결과로서의 사망에 대한 고의가 없어야 하는 것은 물론이다. 만일 사망에 대한 고의가 있는 경우라면 살인죄(250)가 문제된다.

상해의 동시범(: 동시상해죄)(263)

▷ 「형법」 제263조는 상해의 동시범에 관해 입증의 곤란을 구제하기 위한 정책적인 배려로서 동시범, 즉 독립행위의 경합(19)에 대한 예외를 규정하고 있다. 이 점에서 「형법」 제263조는 동시범에 관한 「형법」 제19조에 대한 특별규정으로 이해될 수 있다. 즉, 「형법」 제263조에 따라 독립행위의 경합해서 상해의 결과를 발생시킨 경우에 그 원인된

✓ 부진정 결과적 가중범의 예로서는 그 밖에도 중상해죄(258), 현주건조물방화치사상죄(164②), 특수공무방해치상죄(144②전) 등을 들 수 있다.

행위의 판명되지 않으면 각 행위자는 공동정범으로, 따라서 각자가 상해의 결과를 발생시킨 것과 마찬가지로 취급된다. 그런데 「형법」 제263조의 규정내용 및 그 서열에 비추어 볼 때에 경합된 독립행위는 반드시 상해행위에 한하지 않고 폭행행위라도 족한 것으로 풀이된다. 따라서 폭행치상(262)의 경우에도 「형법」 제263조가 적용된다고 보는 것이 일반적이다. [사례7-2-2] 에서 甲의 폭행행위(·상해행위)와 乙의 그것은 상호 의사의 연락 없이 동일 객체인 丙에 대해서 근접한 시간에 행해졌고 그로 인해 상해의 결과가 발생했지만 재판에서 그 원인이 누구의 행위인지가 판명되지 않은 때에는 「형법」 제263조에 따라 甲과 乙은 각각 폭행치상죄(262)(·상해죄(257①))의 정범으로 처벌된다. 판례는 나아가 상해치사(259)나 폭행치사(262)의 경우에도 상해의 동시범에 관한 특례(263)가 적용되는 것으로 보지만-[대법원판결 1985. 5. 14. 84도2118][대법원판결 2000. 7. 28. 2000도2466], 그렇게 보는 것은 유추해석 금지의 원칙에 반하는 것으로서 부당하다고 생각된다. 한편, 상해의 동시범에 관한 특례(263)가 〈상해와 폭행의 죄〉에 관한 특별규정인 점에서 보면 보호법익을 달리하는 강간치상(301전)의 경우 등에는 그 적용이 없는 것으로 보아야 한다-[대법원판결 1984. 4. 24. 84도372]. 과실치상(266①)의 경우에 「형법」 제263조가 적용되는지의 여부에 관해서는 견해가 나뉘는데, 「형법」 제263조의 취지가 집단상해 내지 집단폭행을 방지하려는 데에 있다는 점에 비추어 과실치상(266①)의 경우에는 그 규정이 적용되지 않는다고 보아야 할 것이다.

상습상해죄(264)

▷ 상습상해죄(264)는 상습으로 단순상해죄(257①), 존속단순상해죄(257②), 보통중상해죄(258①②) 또는 존속중상해죄(258③)를 범하는 것이며, 그 형은 각 '죄에 정한 형의 2분의 1까지 가중'된다. 이와 같이 상습상해죄(264)는 행위자의 상해의 상습성으로 인해 형이 가중되는 점에서 그 각 죄에 대한 신분적 가중유형이다. 상습(성)이란 일정한 행위를 반복해서 행하는 습벽習癖을 말한다-[대법원판결 1995. 7. 11. 95도955][대법원판결 1985. 7. 9. 85도1000]*. 따라서 행위자가 단지 상해행위를 반복한 사실만으로 상해의 상습성이 인정되기에는 충분치 않고 행위자에게 상해행위의 습벽이 인정되어야 비로소 상해의 상습성이 인정될 수 있다. 그러한 의미에서의 상습성이 있는 자가 가령 단순상해죄(257①)를 범한 때에는 설사 1회의 상해행위라도 상습상해죄(264)를 구성한다. 또한, 상해의 상습성이 있는 자가 수회에 걸쳐서 상해행위를 한 경우에도 그 수회의 상해행위는 포괄되어 전체로서 1개의 상습상해죄(264)를 구성한다**.

* 상습범은 원래 범죄학상의 개념이며 형법상의 개념인 누범(35①)과는 구별된다(金鍾源, 刑法各論 上卷, 改訂版, 1971, 66면). 그러한 의미에서 상습범에 기한 형의 가중과 누범에 기한 형의 가중은 별개다. 따라서 상습범이 누범인 때에는 상습범가중이 행해진 후에 다시 누범가중이 행해진다(56).

** 이 점에서 상습범은 이른바 영업범 등과 함께 집합범 - 필요적 공범에 속하는 집단범과는 개념상 구별된다 - 으로 분류되어 죄수

✓ 상해의 동시범에 있어서 자신의 행위가 원인된 행위가 아니라는 입증은 피고인이 해야 한다. 여기에서 상해의 동시범에 관한 특례(263)는 피고인에게 자신이 그 상해의 결과를 발생시킨 것이 아니라는 거증책임을 인정하는 것이라고 보는 견해(: 거증책임전환설)와 피고인의 법률상 책임을 추정하는 것이라고 보는 견해(: 책임추정설)가 있다.

[대법원판결 1985. 5. 14. 84도2118(행위자 일방의 가공의사와 공동정범의 성부; 상해치사죄에도 형법 제263조(동시범의 특례)가 적용되는지 여부)] 가. 공동정범은 행위자 상호간에 범죄행위를 공동으로 한다는 공동가공의 의사를 가지고 범죄를 공동실행하는 경우에 성립하는 것으로서, 여기에서의 공동가공의 의사는 공동행위자 상호간에 있어야 하며 행위자 일방의 가공의사만으로는 공동정범관계가 성립할 수 없다. 나. 동시범의 특례를 규정한 형법 제263조는 상해치사죄에도 적용된다.

[대법원판결 2000. 7. 28. 2000도2466(시간적 차이가 있는 독립된 상해행위나 폭행행위가 경합하여 사망의 결과가 일어나고 그 사망의 원인된 행위가 판명되지 않는 경우, 공동정범의 예에 의하여 처벌할 것인지 여부)] 시간적 차이가 있는 독립된 상해행위나 폭행행위가 경합하여 사망의 결과가 일어나고 그 사망의 원인된 행위가 판명되지 않은 경우에는 공동정범의 예에 의하여 처벌할 것이다.

[대법원판결 1984. 4. 24. 84도372(강간치상죄와 동시범 규정 적용 가부)] 형법 제263조의 동시범은 상해와 폭행죄에 관한 특별규정으로서 동 규정은 그 보호법익을 달리하는 강간치상죄에는 적용할 수 없다.

[대법원판결 1995. 7. 11. 95도955(상습도박죄에 있어서 상습성의 판단 등)] (…) 나. 상습도박죄에 있어서의 상습성이라 함은 반복하여 도박행위를 하는 습벽으로서 행위자의 속성을 말하는데, 이러한 습벽의 유무를 판단함에 있어서는 도박의 전과나 도박횟수 등이 중요한 판단자료가 되나 도박전과가 없다 하더라도 도박의 성질과 방법, 도금의 규모, 도박에 가담하게 된 태양 등의 제반 사정을 참작하여 도박의 습벽이 인정되는 경우에는 상습성을 인정하여도 무방하다.

[대법원판결 1985. 7. 9. 85도1000(특정범죄가중처벌등에관한법률 제5조의4 제1항 위반의 경우, 누범가중 여부)] 특정범죄가중처벌등에 관한 법률 제5조의4 제1항 위반죄가 성립되는 경우에도 형법 제35조 소정의 누범요건을 충족하는 때에는 누범가중을 하여야 한다.

에 관해서는 포괄일죄로 취급된다.

✓ 「형법」 각칙에서 상습범이 가중처벌되는 경우로서는 상습상해죄(264) 외에도 상습폭행죄(264), 상습체포·감금죄(279), 상습협박죄(285), 상습약취·유인죄(293), 상습절도죄(332), 상습강도죄(341), 상습사기죄(351), 상습공갈죄(351) 및 상습도박죄(246②) 등이 있다. 상습자도 형법상의 신분에 해당되므로 비非상습자가 상습자와 공범관계에 있는 경우에는 공범과 신분에 관한 문제(33참조)가 검토되어야 한다.

3. 폭행죄 등

폭행의 개념

▷ 폭행죄(260①②) 등은 사람의 신체에 폭행을 가하는 범죄다. 폭행죄(260①②) 등에서의 폭행은 협의의 그것, 즉 사람의 신체에 대한 유형력의 행사를 말한다.

반의사불벌죄反意思不罰罪로서의 단순폭행죄(260①)·존속폭행죄(260②)

▷ 단순폭행죄(260①) 및 존속폭행죄(260②)는 피해자의 명시한 의사意思에 반해서 공소를 제기할 수 없는 범죄, 이른바 반의사불벌죄反意思不罰罪에 해당된다(260③)*. 따라서 단순폭행죄(260①) 등에 대해서는 처벌을 희망하는 피해자의 의사표시가 없더라도 소추할 수는 있지만, 피해자가 처벌을 희망하지 않는다는 의사표시를 하거나 처벌을 희망하는 의사표시를 철회한 때에는 공소를 제기할 수 없고, 이미 기소가 행해져 후에 비로소 피해자가 불벌不罰의 의사표시를 하거나 처벌의 의사표시를 철회한 때에는 법원으로서는 공소기각의 판결을 선고해야 한다(형사소송법 327-6)**.

* 2인 이상이 공동으로 폭행하는 경우는 반의사불벌죄反意思不罰罪에 해당되지 않는다(폭력행위등처벌에관한법률2④).

** 처벌을 희망하는 의사표시의 철회는 고소의 취소와 마찬가지로 제1심 판결 선고 전까지 할 수 있다(형사소송법232).

단순폭행죄(260①)의 법정형 등

▷ 단순폭행죄(260①)의 법정형은 '2년 이하의 징역, 500만원 이하의 벌금, 구류 또는 과료'다. 이와 같이 단순폭행죄(260①)에 대한 법정형의 폭이 비교적 넓은 것은 사람의 신체에 대한 폭행의 유형이 실제로 다양하고 그 정도에도 차이가 많기 때문에 사안에 따라 구체적으로 타당한 형벌을 과할 수 있도록 하는 데에 그 취지가 있다고 생각된다. 폭행의 정도가 비교적 경미해서 가령 20만원 이하의 벌금 또는 구류나 과료에 처할 폭행사건에 대해서는 「즉결심판에관한절차법」 제2조 및 「법원조직법」 제34조 제1항 제3호 및 제3항에 따라 즉결심판이 행해질 수도 있다.

특수폭행죄(261·폭력행위등처벌에관한법률3①)

▷ 특수폭행죄(261)는 '단체 또는 다중의 위력을 보이거나 위험한 물건을 휴대하여' 단순폭행 또는 존속폭행을 범하는 것이며, 그 법정형은 '5년 이하의 징역 또는 1천만원 이

하의 벌금'으로서 단순폭행죄(260①) 내지 존속폭행죄(260②)의 그것보다 무겁다. 그런데 특수폭행에 대해서는「형법」에 우선해서「폭력행위등처벌에관한법률」이 적용된다. 집단적 또는 상습적으로 폭력행위 등을 범하거나 흉기 그 밖의 위험한 물건을 휴대해서 폭력행위 등을 범한 자 등을 엄벌하는 것을 목적으로 하는 특별형법으로서의「폭력행위등처벌에관한법률」은 '단체나 다중의 위력으로써 또는 단체나 집단을 가장하여 위력을 보임으로써' 혹은 '흉기 기타 위험한 물건을 휴대하여' 단순폭행죄(260①)를 범한 자에 대해서는 1년 이상의 유기징역을, 마찬가지의 방법으로 존속폭행죄(260②)를 범한 자에 대해서는 2년 이상의 유기징역을 규정하고 있다(폭력행위등처벌에관한법률3①·①).「폭력행위등처벌에관한법률」제3조 제1항이 규정하는 특수폭행에서의 '위험한 물건'도 같은 법률 같은 조항이 규정하는 특수상해에서의 그것과 마찬가지로 흉기가 아니더라도 널리 사람의 생명·신체에 해를 가하는 데에 사용할 수 있는 일체의 물건을 포함하는 것으로 풀이된다. 따라서 원래 살상용 내지 파괴용으로 만들어진 것뿐만 아니라 그 밖의 목적으로 만들어진 것으로서 예컨대 칼, 가위, 유리병 기타 각종 공구나 자동차 등은 물론 화학약품 또는 사주된 동물 등도 그것이 사람의 생명·신체에 해를 가하는 데에 사용되었다면 특수폭행죄(폭력행위등처벌에관한법률3①)에서의 '위험한 물건'에 해당된다-[대법원판결 2002. 9. 6. 2002도2812]. 한편, 특수폭행죄(폭력행위등처벌에관한법률3①)는 위험한 물건을 '휴대하여' 폭행하는 것인데, 여기에서 말하는 '휴대'란 소지뿐만 아니라 이용의 의미를 포함하는 것으로 해석된다-[대법원판결 2002. 9. 6. 2002도2812].

[대법원판결 2002. 9. 6. 2002도2812(폭력행위등처벌에관한법률 제3조 제1항 소정의 '위험한 물건' 및 '휴대'의 의미; 피해자에게 농약을 먹이려 하고 당구큐대로 폭행한 사안에서, 농약과 당구큐대가 폭력행위등처벌에관한법률 제3조 제1항 소정의 위험한 물건에 해당한다고 한 사례)] [1] 폭력행위등처벌에관한법률 제3조 제1항에 있어서 '위험한 물건'이라 함은 흉기는 아니라고 하더라도 널리 사람의 생명, 신체에 해를 가하는 데 사용할 수 있는 일체의 물건을 포함한다고 풀이할 것이므로, 본래 살상용·파괴용으로 만들어진 것뿐만 아니라 다른 목적으로 만들어진 칼, 가위, 유리병, 각종 공구, 자동차 등은 물론 화학약품 또는 사주된 동물 등도 그것이 사람의 생명·신체에 해를 가하는 데 사용되었다면 본조의 '위험한 물건'이라 할 것이며, 한편 이러한 물건을 '휴대하여'라는 말은 소지뿐만 아니라 널리 이용한다는 뜻도 포함하고 있다. [2] 피해자에게 농약을 먹이려 하고 당구큐대로 폭행한 사안에서, 농약과 당구큐대가 폭력행위등처벌에관한법률 제3조 제1항 소정의 위험한 물건에 해당한다고 한 사례.

[제8강] 사기의 죄와 공갈의 죄

1. 권리의 행사와 사기·공갈
2. 사기죄의 구성요건
3. 컴퓨터등사용사기죄 및 편의시설시설부정이용죄 등의 성부成否
4. 공갈의 개념 등

『1997년 싱크대 판매·설치업에 종사했던 김모(50)씨는 지병인 만성간염이 있다는 사실을 숨긴 채 6개의 생명보험에 가입했다. 보험 상품은 "8대 성인병으로 입원할 경우 비용을 지원해 준다"는 내용이었다. 김씨는 보험에 가입한 뒤 영업이 제대로 되지 않아 노는 날이 많았다. 그러던 중 주변 사람에게서 "인근의 B내과병원이 가벼운 질환에 대해 장기간 입원을 허락하고, 외박·외출이 자유롭다"는 말을 듣게 됐다. 곧바로 찾아간 B병원의 원장 조모씨는 "간경화나 간암으로 진행될 수 있으니 빨리 입원하라. 입원 치료를 해야 링거 주사를 맞을 수 있다"며 입원을 권유했다. 이후 김씨는 2002년까지 11차례에 걸쳐 매회 수십 일씩 입원했다. 대개 오전에 병원에 가 주사를 맞고는 집으로 돌아와 휴식을 취했다. 입원 기간 중 점포에 나가 싱크대 배달 일을 했고, 자녀와 야외로 놀러 가기도 했다. 이런 식으로 병원에서 입원 치료를 받은 것처럼 속여 보험사로부터 7000만원의 보험금을 받아냈다. 추모(45·여)씨도 99~2000년 같은 병원에서 십이지장궤양 등의 이유로 70일 가까이 입원해 715만원의 보험금을 타냈다. 추씨는 입원 기간 중 오전에 병원에 갔다가 오후 6시쯤 귀가했다. 대법원 1부는 이처럼 입원 환자 행세를 하며 보험금을 타낸 혐의(사기)로 김씨에게 징역 10월에 집행유예 2년, 추씨에게 벌금 500만원을 선고한 원심을 확정했다고 (…) 밝혔다. 또 병원장 조씨에 대해선 "입원이 필요 없는 환자들에게 입원을 권유하거나 가짜 입원확인서를 발급해 준 사실이 인정된다"며 사기·사기방조 등 혐의로 징역 1년에 집행유예 2년을 확정했다. 이번 판결은 정식으로 입원 수속을 밟은 뒤 고정된 병실을 배정받아 치료를 받았다고 하더라도 병원을 오가는 이른바 '통원 치료'를 해 보험금을 받았다면 사기죄에 해당된다고 본 것이다. 재판부는 판결문에서 "입원이란 질병 저항력이 매우 낮거나, 의료진의 지속적 관찰이 필요한 환자가 통원을 감당할 수 없는 경우 병원에 체류하면서 치료를 받는 것"이라고 밝혔다. "보건복지부 고시(요양 급여의 적용 기준 및 방법에 관한 세부 사항)에 입원이 하루 6시간 이상 병원에 체류하는 것으로 규정돼 있다 하더라도 피고인들이 책임을 면할 수 없다"는 것이 재판부의 판단이다. 재판부는 또 "피고인들이 병원에 체류한 시간이 6시간이 넘었더라도 치료를 받은 시간은 일부분이고, 대부분 시간에 단순히 병원에 머물렀거나, 환자가 받은 치료의 내용이나 목적이 통원 치료로도 충분히 달성될 수 있는 경우에는 입원 치료가 아닌 통원 치료로 봐야 한다"고 덧붙였다. 병원장에 대해서도 "애당초 이들 환자의 외출을 통제하면서 경과를 관찰할 의사가 없었던 것으로 보인다"고 유죄 이유를 설명했다.』(중앙일보 2006년 2월 3일자, 15면).

1. 권리의 행사와 사기·공갈

[사례8-1-1] X는 ○○연합회의 하계수련대회를 진행하던 중에 술에 취한 상태에서 ○○연합회의 다른 임원들과 말다툼을 하다가 홧김에 스스로 화장실 유리문을 발로 차는 바람에 깨진 유리조각에 오른쪽 발을 찔리는 상해를 입었다. 그런데 X는 "회사 하계수련대회 기간에 체력증진을 위한 훈련을 하던 중 모래사장을 맨발로 뛰다가 유리에 발을 찔려 상처를 입었다"는 내용의 산업재해보상보험 요양신청서를 작성한 후에 근로복지공단에 제출해서 산업재해보상 보험급여를 지급받았다. X의 죄책은?

[사례8-1-2] Y는 교통사고로 전치 2주의 상해를 입었는데 그로 이한 손해배상청구의 과정에서 사고차량의 운전사가 바뀐 것을 알고서 그 운전사의 사용자에게 과다한 금원을 요구하면서 그에 응하지 않으면 수사기관에 신고하겠다며 겁을 주어 그 사용자로부터 3,500,000원을 교부받았다. Y의 죄책은?

〈사기와 공갈의 죄〉의 개요

▷ 「형법」 각칙 제39장의 〈사기와 공갈의 죄〉는 기본적으로는 재산에 대한 죄에 속하지만 〈사기의 죄〉는 기망을 수단으로 하는 점에서 그리고 〈공갈의 죄〉는 공갈, 즉 협박 내지 폭행을 수단으로 하는 점에서 부차적으로는 각각 거래상의 성실성 및 개인의 자유 내지 신체에 대한 죄로 볼 수 있을 것이다. 요컨대, 〈사기와 공갈의 죄〉에 관한 규정의 수된 보호법익은 재산이지만 전자의 경우에는 거래상의 성실성이 그리고 후자의 경우에는 의사意思의 자유 내지 신체가 적어도 부차적인 보호법익이 된다고 보아야 할 것이다.

▷ 〈사기와 공갈의 죄〉도 영득죄인 점에서는 〈절도와 강도의 죄〉와 마찬가지이지만, 후자가 상대방의 의사意思의 반해서 행해지는 탈취·강취죄인 반면에, 전자는 비록 하자있는 의사意思일지라도 상대방의 의사意思에 기해서 행해지는 편취·갈취죄다.

▷ 〈사기의 죄〉에는 사기죄(347)와 더불어 컴퓨터등사용사기죄(347의2), 준準사기죄(348), 편의시설부정이용죄(348의2) 및 부당이득죄(349)가 있다. 각 죄의 상습범이 가중처벌되는(351) 한편, 부당이득죄(349)를 제외한 각 죄의 미수

✓ 〈사기와 공갈의 죄〉는 재물죄인 동시에 이득죄인 한편, 영득죄에 속한다. '재산에 대한 죄의 개요 및 체계'(*supra* p.39) 참조.

범도 처벌의 대상이 된다(352). 〈사기의 죄〉에는 자격정지의 병과竝科가 인정되고(353), 친족상도례親族相盜例 및 동력에 관한 규정이 준용된다(354).

〈사기의 죄〉의 개요

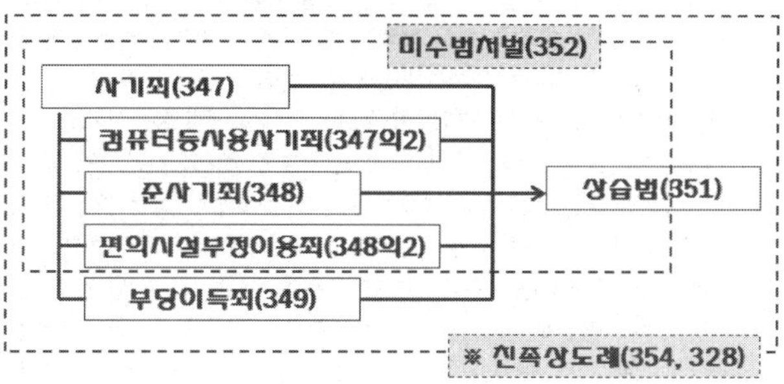

▷ 〈공갈의 죄〉는 공갈죄(350)와 그 미수범(352) 및 상습범(351)으로 구성되어 있다. 〈공갈의 죄〉에도 자격정지의 병과竝科가 인정되고(353), 친족상도례親族相盜例 및 동력에 관한 규정이 준용된다(354).

〈공갈의 죄〉의 개요

권리행사의 수단으로서 행해진 기망행위·공갈행위

▷ 권리의 행사에 기망이 사용된 때에도 그 권리행사에 속하는 행위와 그 수단에 속하는 기망행위를 전체적으로 관찰해서 그와 같은 기망행위가 사회통념상 권리행사의 수단으로서 용인할 수 없는 정도인 경우에는 그 권리행사에 속하는 행위는 사기죄(347)를 구성한다-[대법원판결 2007. 5. 10. 2007도1780]. 마찬가지로, 정당한 권리의 행사를 빙자해서 협박을 수단으로 상대방을 외포케 함으로써 재물의 교부를 받거나 재산상의 이익을 얻는 경우에는 정당한 권리행사가 인정될 수 없고 공갈죄(350)가 성립된다-[대법원판결 1990. 3. 27. 89도2036]. 따라서 〔사례8-1-1〕 및 〔사례8-1-2〕 에서 X와 Y는 각각 사기죄(347)와 공갈죄(350)의 죄책을 진다.

[대법원판결 2007. 5. 10. 2007도1780(기망행위를 수단으로 한 권리행사가 사기죄를 구성하는 경우 등)] (…) 기망행위를 수단으로 한 권리행사의 경우 그 권리행사에 속하는 행위와 그 수단에 속하는 기망행위를 전체적으로 관찰하여 그와 같은 기망행위가 사회통념상 권리행사의 수단으로서 용인할 수 없는 정도라면 그 권리행사에 속하는 행위는 사기죄를 구성한다. 기록에 의하면, 피고인은 (이름 생략)연합회의 하계수련대회를 진행하던 중 술에 취한 상태에서 위 연합회의 다른 임원들과 말다툼을 하다가 홧김에 스스로 화장실 유리문을 발로 차는 바람에 깨진 유리조각에 오른쪽 발을 찔리는 상해를 입은 사실, 그럼에도 피고인은 "회사 하계수련대회 기간에 체력증진을 위한 훈련을 하던 중 모래사장을 맨발로 뛰다가 유리에 발을 찔려 상처를 입었다"라고 허위 내용의 산업재해보상보험 요양신청서를 작성한 후 피해자 근로복지공단에 제출하여 산업재해보상 보험급여를 지급받은 사실을 인정할 수 있는바, 피고인이 위와 같이 산업재해보상보험 요양신청서에 부상 발생 경위를 허위로 기재하는 등의 부정한 방법으로 요양신청을 하여 산업재해보상 보험급여를 지급받았다면, 이는 다른 특별한 사정이 없는 한 그 자체로 이미 사회통념상 권리행사의 수단으로서 용인할 수 있는 범위를 벗어난 것으로서 사기죄에 있어서의 기망행위에 해당한다 할 것이다. 그리고 설령 피고인이 산업재해보상 보험급여를 지급받을 수 있는 지위에 있었다고 하더라도 위와 같은 판단에 영향이 생기는 것은 아니다. (…)

[대법원판결 1990. 3. 27. 89도2036(교통사고의 피해자가 사고차량 운전자의 사용자로부터 사회통념상 허용되는 범위를 넘어 금품을 교부받은 것이어서 공갈죄가 성립한다고 본 사례) 피고인이 교통사고로 2주일간의 치료를 요하는 상해를 당하여 그로 인한 손해배상청구권이 있음을 기화로 사고차량의 운전사가 바뀐 것을 알고서 그 운전사의 사용자에게 과다한 금원을 요구하면서 이에 응하지 않으면 수사기관에 신고할듯한 태도를 보여 이에 겁을 먹은 동인으로부터 금 3,500,000원을 교부받은 것이라면 이는 손해배상을 받기 위한 수단으로서 사회통념상 허용되는 범위를 넘어서 그 권리행사를 빙자하여 상대방을 외포하게 함으로써 재물을 교부받은 경우에 해당하므로 공갈죄가 성립한다고 할 것이다.

2. 사기죄의 구성요건

〔사례8-2-1〕 ○○백화점의 숙녀의류부장 甲은 신상품의 판매를 개시하면서 종전의 가격 및 할인가격을 비교표시해 마치 종전에 팔던 것을 할인판매기간에 한해 특별히 싸게 판매하는 것처럼 변칙세일을 하도록 했고, 이에 많은 소비자들이 제대로 살펴보지도 않고 그 상품을 구매했다. 甲의 죄책은?

〔사례8-2-2〕 乙은 음식점에 들어가서 음식을 주문해서 식사를 마친 후에야 비로소 수중에 돈이 없는 것을 알고서 음식점 직원 A에게 화장실에 다녀오겠다며 밖으로 나와 그대로 도주했다 乙의 죄책은?

▷ 사기죄(347)는 사람을 기망해서 행위자 본인이 재물을 교부받거나 재산상의 이익을 취득하는 경우(347①) 또는 사

[대법원판결 1983. 8. 23. 83도1447(기업체의 매매에 있어서 그 기업의

람을 기망해서 제3자로 하여금 재물을 교부받게 하거나 재산상의 이익을 취득하게 하는 경우(347②)를 말한다. 여기에서 사람을 기망해서 행위자 본인이 재물을 교부받거나 제3자로 하여금 재물을 교부받게 하는 경우를 일컬어 사기취재죄라고 하는 한편, 사람을 기망해서 행위자 본인이 재산상의 이익을 취득하거나 제3자로 하여금 재산상의 이익을 취득하게 하는 경우를 일컬어 사기이득죄라고 한다.

기망행위

▷ 기망이란 사람을 착오에 빠지게 하는 것을 말한다. 여기에서의 착오는 법률행위의 내용을 이루는 중요부분의 착오뿐만 아니라 동기(動機)의 착오도 포함한다. 행위자의 기망이 행해진 이상 착오를 일으킨 데에 상대방의 과실이 있었더라도 기망행위는 여전히 인정될 수 있다. 따라서 가령 상품 등의 과장·과대광고 내지 허위광고로 피해를 입은 소비자에게도 주의가 부족하거나 경솔한 점이 있었다고 하더라도 기망행위는 여전히 인정될 수 있다. 다만, 상품 등의 광고에 다소 과장이 있더라고 그것이 거래상의 신의칙에 반하지 않는 정도에 그치는 경우에는 사회상규에 위배되지 않는 행위(20)로서 위법성이 조각된다고 보거나 혹은 사기죄(347)의 구성요건으로서의 기망에 해당되지 않는 것으로서 애초에 사기죄(347)의 구성요건에 해당되지 않는다고 볼 수 있다-[대법원판결 1983. 8. 23. 83도1447][대법원판결 1997. 9. 9. 97도1561]. 〔사례8-2-1〕에서 甲의 사술(詐術)은 사회적으로 용인될 수 있는 정도의 상술(商術)의 범위를 넘을 것으로서 기망행위에 해당된다-[대법원판결 1992. 9. 14. 91도2994].

▷ 기망의 방법에는 특별한 제한이 없다. 부작위에 의한 기망도 사기죄(347)를 구성할 수 있다. 가령 상대방이 이미 착오에 빠져 있는 상태를 이용해서 행위자가 진실을 고지하지 않은 경우에 부작위에 의한 기망이 생각될 수 있다. 다만, 부작위에 의한 사기죄(347)는 일종의 부진정 부작위범이므로 그것이 성립되기 위해서는 행위자의 일정한 작위의무가 요구되는 것은 물론이므로 부작위에 의한 기망이 사기죄(347)를 구성하기 위해서는 행위자의 법적 고지의무가 필요하다-[대법원판결 1999. 2. 12. 98도3549][대법원판결 2000. 1. 28. 99도2884][대법원판결 2007. 4. 12. 2007도967].

▷ 일상생활에서 종종 발생하는 경우로서 가령 과다한 거스름돈을 수령하는 것이 부작위에 의한 기망에 해당되는지의 여부가 문제된다. 그와 같은 경우에 수령자에게 거스름돈의 과다수령에 관한 법적 고지의무가 있다고 보는 입장에 따르면 사기죄(347)가 문제되지만, 수령자에게 그러한 법적 고지의무가 없다고 보는 입장에 따르면 사기죄(347)가 성립될 여지는 없고 점유이탈물횡령죄(360①)가 문제될 수 있을 뿐이다. 전자의 입장에 따르면, 가령 과다한 거스름돈을 교부받을 당시에 그 사실을 알고서도 그대로 그것을 수령한 경우는 거래상의 신의칙에 기한 법적 고지의무를 다하지 않은 점에서 부작위에 의한 사기죄(347)를 구성한다. 그런데 가령 거스름돈을 수령할 당시에는 그것이 과다하게 교부된 사실을 몰랐다가 차후에 그 사실을 알게 된 경우에는 고지의무의 불이행, 따라서 작위의무의 위반이 편취의

자산가치나 수익성에 대한 매도인의 고지정도와 기망행위의 인정여부 등)] 가. 일반적으로 상거래에 있어서 상품의 품질이나 가치에 관한 광고·선전에는 다소의 과장이 수반되는 것이 보통이며 특히 기업체의 매매에 있어서 매도인이 그 기업의 자산가치나 수익성을 다소 과장하여 매수인에게 고지하는 것은 그 과장이 일반상거래의 관행과 신의칙에 비추어 시인될 수 있는 한 기망성이 결여된다 할 것이나 위와 같은 정도를 넘는 과장행위는 위법한 기망행위가 된다. (…)

[대법원판결 1997. 9. 9. 97도1561(상품의 허위·과장광고가 사기죄의 기망행위에 해당되는 경우 등)] (…) 일반적으로 상품의 선전, 광고에 있어 다소의 과장, 허위가 수반되는 것은 그것이 일반 상거래의 관행과 신의칙에 비추어 시인될 수 있는 한 기망성이 결여된다고 하겠으나 거래에 있어서 중요한 사항에 관하여 구체적 사실을 거래상의 신의성실의 의무에 비추어 비난받을 정도의 방법으로 허위로 고지한 경우에는 과장, 허위광고의 한계를 넘어 사기죄의 기망행위에 해당한다. [2] 식육식당을 경영하는 자가 음식점에서 한우만을 취급한다는 취지의 상호를 사용하면서 광고선전판, 식단표 등에도 한우만을 사용한다고 기재한 경우, '한우만을 판매한다'는 취지의 광고가 식육점 부분에만 한정하는 것이 아니라 음식점에서 조리·판매하는 쇠고기에 대한 광고로서 음식점에서 쇠고기를 먹는 사람들로 하여금 그 곳에서는 한우만을 판매하는 것으로 오인시키기에 충분하므로, 이러한 광고는 진실규명이 가능한 구체적인 사실인 쇠갈비의 품질과 원산지에 관하여 기망이 이루어진 경우로서 그 사술의 정도가 사회적으로 용인될 수 있는 상술의 정도를 넘는 것이고, 따라서 피고인의 기망행위 및 편취의 범의를 인정하기에 넉넉하다고 본 사례. (…)

[대법원판결 1992. 9. 14. 91도2994(상품의 허위, 과장광고가 사기죄의 기망행위에 해당하는 경우; 대형백화점에서의 이른바 변칙세일이 사기죄의 기망행위를 구성한다고 한 사례 등)] 가. 사기죄의 요건으로서의 기망은 널리 재산상의 거래관계에 있어서 서로 지켜야 할 신의와 성실의 의무를 저버리는 모든 적극적 및 소극적 행위로서 사람으로 하여금 착오를 일으키게 하는 것을 말하며 사기죄의 본질은 기망에 의한 재물이나 재산상 이익의 취득에 있고, 상대방에게 현실적으로 재산상 손해가 발생함을 그 요건으로 하지 아니하는바, 일반적으로 상품의 선전, 광고에 있어 다소의 과장, 허위가 수반되는 것은 그것이 일반 상거래의 관행과 신의칙에 비추어 시인될 수 있는 한 기망성이 결여된다고 하겠으나 거래에 있어서 중요한 사항에 관하여 구체적 사실을 거래상의 신의성실의 의무에 비추어 비난받을 정도의 방법으로 허위로 고지한 경우에는 과장, 허위광고의 한계를 넘어 사기죄의 기망행위에 해당한다. 나. 현대산업화 사회에 있어 소비자가 갖는 상품의 품질, 가격에 대한 정보는 대부분 생산자 및 유통업자의 광고에 의존할 수밖에 없고 백화점과 같은 대형유통업체에 대한 소비자들의 신뢰(정당한 품질, 정당한 가격)는 백화점 스스로의 대대적인 광고에 의하여 창출된 것으로서 이에 대한 소비자들의 신뢰와 기대는 보호되어야 한다고 할 것인바, 종전에 출하한 일이 없던 신상품에 대하여 첫 출하시부터 종전가격 및 할인가격을 비교표시하여 막바로 세일에 들어가는 이른바 변칙세일은 진실규명이 가능한 구체적 사실인 가격조건에 관하여 기망이 이루어진 경우로서 그 사술의 정도가 사회적으로 용인될 수 있는 상술의 정도를 넘은 것이어서 사기죄의 기망행위를 구성한다고 한 사례. 다. 피고인이 백화점의 직원으로 통상적인 업무처리과정에서 위 "나"항의 변칙세일에 통상적인 업무처리과정에서 접하게 되었다 할지라도 피고인에게 백화점을 위한 불법영득의 의사가 있었다고 본 사례.

[대법원판결 1999. 2. 12. 98도3549(사기죄의 요건으로서의 기망의 의미 및 법률상 고지의무가 인정되는 경우 등)] [1] 사기죄의 요건으로서의 기망은 널리 재산상의 거래관계에 있어서 서로 지켜야 할 신의와 성실

수단이 된 것은 아니므로 사기죄(347)는 문제되지 않겠지만, 거스름돈이 과다하게 교부된 사실을 알면서도 정당한 수령액을 초과한 금전을 그대로 보유하는 경우는 점유이탈물횡령죄(360①)를 구성하는 것으로 볼 수 있다-[대법원판결 2004. 5. 27. 2003도4531].

✓ 이른바 무전취식 내지 무전숙박 등의 경우에는 애초에 지불의사 없이 음식을 주문하거나 숙박하는 것 자체가 기망행위에 해당된다고 볼 수 있고, 지불의사가 없는 점 또는 차후에 지불할 의사意思가 있는 점 등을 고지하지 않은 것을 부작위에 의한 기망의 문제로 볼 필요는 없다고 생각된다*. 마찬가지의 관점에서, 가령 이미 과다한 부채의 누적 등으로 해서 신용카드의 사용에 따른 대출금채무를 변제할 능력이나 의사가 없는데도 계속해서 신용카드를 사용하는 경우도 그 자체로서 기망행위에 해당된다고 볼 수 있다-[대법원판결 2005. 8. 19. 2004도6859]참조.

* 이른바 '부작위의 보충성'에 관해서는 [대법원판결 2004. 6. 24. 2002도995] 참조.

재물의 교부를 받거나 받게 하는 행위 및 재산상의 이익을 취득하거나 취득하게 하는 행위

▪ 재물의 교부

▷ 기망행위로 인해 착오에 빠진 상대방의 의사意思, 즉 하자 있는 의사에 기해 행위자 본인이 재물을 교부받거나 제3자로 하여금 재물을 교부받게 하는 경우에는 사기취재죄가 문제된다. 재물을 교부는 그 점유를 이전을 말하며, 그 경우에 재물이 장물 또는 불법원인급여물에 해당되더라도 사기죄(347)를 구성하는 데에는 문제가 되지 않는다-[대법원판결 2006. 11. 23. 2006도6795].

▷ 사기죄(347)를 구성하는 재물의 교부는 비록 하자있는 의사意思이기는 하지만 어디까지나 상대방의 의사意思에 기해서 이루어지는 것이므로, 가령 상대방을 기망해서 그의 주의注意를 다른 곳으로 쏠리게 하고서 그 틈을 타서 재물을 취하는 경우에는 재물의 교부가 있었다고 볼 수는 없으므로 사기죄(347)가 문제될 여지는 없고 절도죄(329)가 문제될 따름이다*. 한편, 재물의 교부는 상대방으로부터 행위자 또는 제3자에게 직접 수교되는 방식으로 이루어지는 경우가 흔하겠지만, 예컨대 상대방을 기망해서 그로 하여금 재물을 방기토록 한 후에 그 재물을 습득하는 경우에도 재물이 교부되었다고 볼 수 있을 것이다. 또한, 재물의 교부는 재물이 현실적으로 인도된 경우에만 한정되지는 않는다고 한다-[대법원판결 2003. 5. 16. 2001도1825]참조.

* 그와 같은 경우를 일컬어 책략절도라고 한다.

▷ 기망행위와 재물의 교부 사이에는 인과관계가 인정되어야 한다. 즉, 작위에 의한 기망의 경우에는 그것으로 인해서 상대방이 착오에 빠지고 그 착오로 인해서 재물이 교부된 때에 사기죄(347)의 구성요건을 충족될 수 있다. 따라서 가령 기망행위에 의해 상대방이 착오에 빠지지는 않았지만 단지 연민 등에 기해 재물을 교부했다면 사기미수죄(347·352)가 문제될 뿐이다.

의 의무를 저버리는 모든 적극적 또는 소극적 행위를 말하는 것으로서, 반드시 법률행위의 중요부분에 관한 허위표시임을 요하지 아니하고, 상대방을 착오에 빠지게 하여 행위자가 희망하는 재산적 처분행위를 하도록 하기 위한 판단의 기초가 되는 사실에 관한 것이면 충분하므로, 거래의 상대방이 일정한 사정에 관한 고지를 받았더라면 당해 거래에 임하지 아니하였을 것이라는 관계가 인정되는 경우에는 그 거래로 인하여 재물을 수취하는 자에게는 신의성실의 원칙상 사전에 상대방에게 그와 같은 사정을 고지할 의무가 있다 할 것이고, 그럼에도 불구하고 이를 고지하지 아니한 것은 고지할 사실을 묵비함으로써 상대방을 기망한 것이 되어 사기죄를 구성한다. [2] 신용카드 가맹점주가 신용카드회사로부터 금원을 교부받을 당시 신용카드회사에게 매출전표가 용역의 제공을 가장하여 허위로 작성된 것임을 고지하지 아니한 채 제출하여 대금을 청구하였고, 신용카드회사는 매출전표에 기재된 바와 같은 가맹점의 용역의 제공이 실제로 있은 것으로 오신하여 그에게 그 대금 상당의 금원을 교부한 경우, 신용카드회사가 가맹점의 용역의 제공을 가장한 허위 내용의 매출전표에 의한 대금청구에 대하여는 이를 거절할 수 있는 등 매출전표가 허위임을 알았더라면 가맹점주에게 그 대금의 지급을 하지 아니하였을 관계가 인정된다면, 가맹점주가 용역의 제공을 가장한 허위의 매출전표임을 고지하지 아니한 채 신용카드회사에게 제출하여 대금을 청구한 행위는 사기죄의 실행행위로서의 기망행위에 해당하고, 가맹점주에게 이러한 기망행위에 대한 범의가 있었다면, 비록 당시 그에게 신용카드 이용대금을 변제할 의사와 능력이 있었다고 하더라도 사기죄의 범의가 있었음을 인정할 수 있다.

[대법원판결 2000. 1. 28. 99도2884(사기죄의 요건으로서의 부작위에 의한 기망의 의미 등)] (…) [2] 특정 시술을 받으면 아들을 낳을 수 있을 것이라는 착오에 빠져있는 피해자들에게 그 시술의 효과와 원리에 관하여 사실대로 고지하지 아니한 채 아들을 낳을 수 있는 시술인 것처럼 가장하여 일련의 시술과 처방을 행한 의사에 대하여 사기죄의 성립을 인정한 사례.

[대법원판결 2007. 4. 12. 2007도967(특정 질병을 앓고 있는 사람이 보험회사가 정한 약관에 그 질병에 대한 고지의무를 규정하고 있음을 알면서도 이를 고지하지 아니한 채 그 사실을 모르는 보험회사와 그 질병을 담보하는 보험계약을 체결한 다음 바로 그 질병의 발병을 사유로 하여 보험금을 청구한 경우 사기죄의 성립 여부 등)] (…) 특정 질병을 앓고 있는 사람이 보험회사가 정한 약관에 그 질병에 대한 고지의무를 규정하고 있음을 알면서도 이를 고지하지 아니한 채 그 사실을 모르는 보험회사와 그 질병을 담보하는 보험계약을 체결한 다음 바로 그 질병의 발병을 사유로 하여 보험금을 청구하였다면 특별한 사정이 없는 한 사기죄에 있어서의 기망행위 내지 편취의 범의를 인정할 수 있고, 보험회사가 그 사실을 알지 못한 데에 과실이 있다거나 고지의무위반을 이유로 보험계약을 해제할 수 있다고 하여 사기죄의 성립에 영향이 생기는 것은 아니다. (…)

[대법원판결 2004. 5. 27. 2003도4531(사기죄의 요건으로서의 부작위에 의한 기망의 의미 및 매도인이 매수인으로부터 매매잔금을 지급 받음에 있어 매수인이 착오에 빠져 지급해야 할 금액을 초과하여 교부한 돈을 수령한 행위가 부작위에 의한 사기죄를 구성하는 경우 등)] (…) 부작위에 의한 기망은 법률상 고지의무 있는 자가 일정한 사실에 관하여 상대방이 착오에 빠져 있음을 알면서도 그 사실을 고지하지 아니함을 말하는 것으로서, 일반거래의 경험칙상 상대방이 그 사실을 알았더라면 당해 법률행위를 하지 않았을 것이 명백한 경우에는 신의칙에 비추어 그 사실을 고지할 법률상 의무가 인정된다 할 것인바, 매수인이 매도인에게 매매잔금을 지급함에 있어 착오에 빠져 지급해야 할 금액을 초과하는 돈을 교부하는 경우, 매도인이 사실대로 고지하였다면 매수인이 그와 같이 초과하여 교부하지 아니하였을 것임은 경험칙상 명

▪ 재산상의 이익 취득

▷ 기망행위로 인해 착오에 빠진 상대방의 의사意思, 즉 하자있는 의사意思에 기해 행위자 본인이 재산상의 이익을 취득하거나 제3자로 하여금 재산상의 이익을 취득하게 하는 경우에는 사기이득죄가 문제된다. 재산상의 이익을 취득하는 것에는 채무이행의 연기를 받는 것도 포함된다고 한다-[대법원판결 2005. 9. 15. 2005도5215].

▷ 사기이득죄의 경우에도 기망행위와 재산상의 이익의 취득 사이에 인과관계가 인정되어야 하는 것은 물론이다. 판례에 따르면, 그 경우에 기망행위로 인해 착오에 빠진 상대방의 의사意思, 즉 하자있는 의사意思에 기해 피被기망자의 처분행위 및 처분의사가 요구된다-[대법원판결 1991. 1. 15. 90도2180][대법원판결 1987. 10. 26. 87도1042][대법원판결 2001. 7. 13. 2001도1289]. 그렇게 본다면, 〔사례 8-2-2〕 에서 乙에게는 기껏해야 사기미수죄(347·352)가 인정될 수는 있을지언정 사기죄(347)가 인정될 여지는 없게 된다.

▪ 재산상의 손해 발생 여부

▷ 사기죄(347)를 구성하기 위해서는 상대방에게 재산상의 손해가 발생해야 하는지에 관해서는 견해의 차이가 있다. 판례는 재산상의 손해 발생 여부가 사기죄(347)의 성립에 영향을 미치지 않는 것으로 보고 있다-[대법원판결 1998. 11. 10. 98도2526][대법원판결 1999. 7. 9. 99도1040][대법원판결 2000. 7. 7. 2000도1899].

▷ 피被기망자와 재산상의 피해자가 동일인일 필요는 없다. 이른바 소송사기의 경우가 그 예가 된다-[대법원판결 2007. 9. 6. 2006도3591][대법원판결 2003. 5. 16. 2003도373][대법원판결 2006. 4. 7. 2005도9858].

▲ 고의 및 불법영득의 의사意思

▷ 사기죄의 고의는 편취행위의 인식과 아울러 적어도 그 인용이 있는 때에 인정된다. 따라서 가령 차용금의 편취에 대해 적어도 미필적 고의가 있었다면 사기죄(347)가 문제되지만, 그렇지 않은 경우에는 단순히 채무불이행이 문제될 뿐이다-[대법원판결 1995. 4. 25. 95도424]참조*/**.

* [관련기사] 사기죄로 고소당한 사람들이 법률적인 도움을 구해 오는 경우에 그 내용은, 누군가로부터 돈을 빌린 후 이를 갚지 못하고 있는데, 돈을 빌려준 사람이 느닷없이 자신을 사기죄로 형사고소하였다는 것이다. 당초 약속한 금전지급채무를 이행하지 않는 경우, 이런 문제는 민사적인 방법(민사소송의 제기)으로 처리하는 것이 원칙적으로 타당하다. 그런데 민사적으로 문제를 해결하려면 시간이 많이 걸리고, 소송을 제기하기 위해 변호사를 선임한다면 별도의 비용도 들기 때문에 요즘은 어떻게든 민사적인 문제를 형사적으로 억지로라도 엮은 후 형사 고소를 통해 민사 문제를 해결하려는 시도가 많아지고 있다. 이를 이른바 '민사문제의 형사사건화'라고 하기도 한다. 요즘 이 같은 '돈 받아내 주세요'형 고소가 많아지고 있어 일선 경찰에서는 "경찰이 무슨 돈 받아내 주는 곳이냐"면서 무리한 형사고소에 대해 곱지 않은 시각으로 보는 경우도 많다. 단순히 돈을 빌린 다음에 이를 갚지 않는 행위가 바로 형사상 '사기죄'가 되지는 않는다. 형사상 '사기죄'가 성립하기 위해서는 '처음부터' 돈을 갚을 의사나 능력이 없음에도 불구하고 마치 돈을 빌리면 나중에 갚겠다고 '거짓말해' 이에 속은 상대방으로부터 돈을 받았다는 정황이 입증돼야만 한다. 즉, 행위자가 돈을 빌릴 당시부터 갚을 의사나 능력이 없었다는 점이 객관적으로 입증돼야만 사기죄

백하므로, 매도인이 매매잔금을 교부받기 전 또는 교부받던 중에 그 사실을 알게 되었을 경우에는 특별한 사정이 없는 한 매도인으로서는 매수인에게 사실대로 고지하여 매수인의 그 착오를 제거하여야 할 신의칙상 의무를 지므로 그 의무를 이행하지 아니하고 매수인이 건네주는 돈을 그대로 수령한 경우에는 사기죄에 해당될 것이지만, 그 사실을 미리 알지 못하고 매매잔금을 건네주고 받는 행위를 끝마친 후에야 비로소 알게 되었을 경우에는 주고 받는 행위는 이미 종료되어 버린 후이므로 매수인의 착오 상태를 제거하기 위하여 그 사실을 고지하여야 할 법률상 의무의 불이행은 더 이상 그 초과된 금액 편취의 수단으로서의 의미는 없으므로, 교부하는 돈을 그대로 받은 그 행위는 점유이탈물횡령죄가 될 수 있음은 별론으로 하고 사기죄를 구성할 수는 없다. (…)

[대법원판결 2005. 8. 19. 2004도6859(이미 과다한 부채의 누적 등으로 신용카드 사용으로 인한 대출금채무를 변제할 의사나 능력이 없는 상황에 처하였음에도 불구하고 신용카드를 사용한 경우, 사기죄에 있어서 기망행위 내지 편취의 범의를 인정할 수 있다고 한 사례)] 신용카드의 거래는 신용카드업자로부터 카드를 발급받은 사람(카드회원)이 신용카드를 사용하여 가맹점으로부터 물품을 구입하면 신용카드업자는 그 카드를 소지하여 사용한 사람이 신용카드업자로부터 신용카드를 발급받은 정당한 카드회원인 한 그 물품구입대금을 가맹점에 결제하는 한편, 카드회원에 대하여 물품구입대금을 대출해 준 금전채권을 가지는 것이고, 또 카드회원이 현금자동지급기를 통해서 현금서비스를 받아 가면 현금대출관계가 성립되어 신용카드업자는 카드회원에게 대출금채권을 가지는 것이므로, 궁극적으로는 카드회원이 신용카드업자에게 신용카드 거래에서 발생한 대출금채무를 변제할 의무를 부담하게 되고, 그렇다면 이와 같이 신용카드 사용으로 인한 신용카드업자의 금전채권을 발생케 하는 행위는 카드회원이 신용카드업자에 대하여 대금을 성실히 변제할 것을 전제로 하는 것이므로, 카드회원이 일시적인 자금궁색 등의 이유로 그 채무를 일시적으로 이행하지 못하게 되는 상황이 아니라 이미 과다한 부채의 누적 등으로 신용카드 사용으로 인한 대출금채무를 변제할 의사나 능력이 없는 상황에 처하였음에도 불구하고 신용카드를 사용하였다면 사기죄에 있어서 기망행위 내지 편취의 범의를 인정할 수 있다고 한 사례.

[대법원판결 2006. 11. 23. 2006도6795(불법원인급여에 해당하는 경우에도 사기죄가 성립할 수 있는지 여부 등)] (…) 민법 제746조의 불법원인급여에 해당하여 급여자가 수익자에 대한 반환청구권을 행사할 수 없다고 하더라도, 수익자가 기망을 통하여 급여자로 하여금 불법원인급여에 해당하는 재물을 제공하도록 하였다면 사기죄가 성립한다고 할 것인바, 피고인이 피해자 공소외인으로부터 도박자금으로 사용하기 위하여 금원을 차용하였더라도 사기죄의 성립에는 영향이 없다고 한 원심의 판단은 옳은 것으로 수긍이 가고, (…)

[대법원판결 2003. 5. 16. 2001도1825(사기죄에 있어서 '재물의 교부'가 재물의 현실의 인도만을 의미하는 것인지 여부 등)] (…) 사기죄에 있어서 (…) 재물의 교부가 있었다고 하기 위하여 반드시 재물의 현실의 인도가 필요한 것은 아니고 재물이 범인의 사실상의 지배 아래에 들어가 그의 자유로운 처분이 가능한 상태에 놓인 경우에도 재물의 교부가 있었다고 보아야 할 것인바, 기록에 의하면 피해자는 피고인과 공소외인(아래에서는 '피고인 등'이라고만 한다)의 주문에 따라 도자기 5,000개를 모두 제작하였고, 피고인 등은 보관 및 운송의 편의상 피해자로 하여금 제작된 도자기를 피고인 등이 지정하는 전국의 사찰로 직접 배달하도록 하여 피해자는 제작된 도자기 중 1,600개 정도를 지정된 사찰로 배달하고 나머지 3,400개 정도의 도자기는 피고인 등의 지시에 따라 지정된 사찰로 배달할 수 있는 상태에 놓인 채로 보관중이며, 그

가 성립한다. 그런데 돈을 빌리고 못 갚는 사람이면 거의 다 '난 처음에는 돈을 갚으려고 했어. 하지만 막상 돈을 갚을 시점에 그럴 사정이 못 돼 어쩔 수 없이 못 갚은 것뿐이야'라고 항변할 것인데, 만약 사실이 그렇다면 이는 처음부터 사기의 고의가 있었던 것으로는 볼 수 없으므로 사기죄가 성립되지 않는다. 이런 점을 감안할 때 단순한 민사상의 채무불이행을 사기죄로 연결하는 것은 결코 쉽지 않은 일이다. 그러나 돈을 빌리는 사람이 반드시 '확정적'인 사시의사기 있지 않더라도 사기의 개연성·가능성만 있으면 사지괴가 성립살 수 있다고 보는 것이 실무의 관례이다(이른바 '미필적 고의에 의한 사기'). 처음부터 '확정적'으로 돈을 갚지 못한다는 확신이 업다 하더라도 여러 가지 정황에 비춰 봤을 때 '내가 돈을 갚지 못할 수도 있지 않을까'하는 의심을 가진 상황이라면 사기죄가 성립할 수도 있을 것이다. 따라서 돈을 빌릴 당시 부채·월수입 등을 종합적으로 고려하였을 때 그런 상황에서 다시 추가적으로 돈을 빌릴 경우 약속된 기일까지 돈을 갚지 못할 수도 있다는 가능성을 행위자가 인식할 수 있을 정도라면 사기죄로 인정될 수 있을 것이다. 결국 사기죄로 고소당하게 되면, 돈을 빌릴 당시에는 돈을 갚을 의사와 능력이 분명히 있었다는 점, 돈을 빌릴 당시 이미 부채가 월수입을 능가하는 상황이었지만 다른 곳에서돈이 조달될 가능성이 있었다는 점, 그러나 당초 예상되었던 곳에서 자금이 조달되지 않아 현재 지급하지 못하고 있으나 조만간 사정이 회복되면 약속대로 채무를 변제할 것이라는 점 등을 충분히 주장하여야 한다. 그렇지 않은 경우에는 미필적 고의에 의한 사기죄로 기소될 가능성이 배제될 수 없다(조우성, '빌린 돈 못 갚아도 사기죄!', 이코노미스트 2005년 11월 1일자, 62면). 이와 같이 사기죄의 핵심적인 구성요건이라고 할 수 있는 기망의 내용은 채무불이행과 관련하여서는 실무상, 변제할 의사나 능력이 없음에도 불구하고 마치 변제할 수 있는 것처럼 거짓말하여 상대방을 속이는 것으로 이해된다. 한편 채무불이행과 관련하여 사기죄를 주장하기 위하여 채권자의 입장에서는 대여금이나 물품대금을 받지 못하였다는 사유 이외에 기망의 사실, 즉 사기의 고의성을 입증할 필요가 있다. 이를 위하여 채권자로서는 금전대여나 물품공급 때 상대방의 변제능력을 확인하는 것이 필요하다. 담보나 보증을 제공받을 수 있으면 가장 좋다. 그러나 여의치 않으면 최소한 거래상대방으로부터 변제능력에 관한 구체적인 정보를 얻어내야 한다. 즉 상대방의 자산이나 매출채권의 상태 및 영업이 정상적인지 여부 등을 서면으로 또는 증인이 있는 자리에서 제공받을 필요가 있다. 만약 변제능력과 관련하여 채무자가 거짓말을 한 것이 드러나면 채권자로서는 형사고소 때 사기죄의 입증이 용이할 것이다(채승우, '사지괴는 변제능력여부가 기준', 이코노미스트 2006년 4월 11일자, 66면).

** 카드연체가 사기죄(347)를 구성하는지의 여부에 관해서는 ⓐ 갚을 능력이 없는 상황에서도 계속해서 카드대출을 받거나 결제를 했다면 사기죄(347)에 해당된다고 보는 입장과 ⓑ 장래의 신용을 담보로 카드를 사용할 수 있기 때문에 채무초과 상태에서 카드를 사용했다는 이유만으로는 사기죄(347)가 성립되지 않는다고 보는 입장이 있다. 후자의 입장은 카드회원이 카드를 사용할 때마다 카드회사에 자신의 신용상태를 알려야 할 계약상·법률상의 의무가 없다고 보는 입장과 맞닿아 있다. 카드회사는 회원의 장래의 신용까지도 담보로 해서 신용공여의 한도를 결정하기 때문에 채무가 있는 상태에서 카드를 썼다고 하더라도 곧바로 편취의 고의가 인정되기는 어렵다고 생각된다. 다만, 조직적인 카드깡 사범이나 악의적으로 막대한 금액을 연체한 자의 경우에는 사정이 다를 수 있다고 생각된다.

▷ 사기죄(347)를 구성하기 위해서는 고의 외에도 사기취재죄의 경우에는 불법영득의 의사意思를, 그리고 사기이득죄의 경우에는 불법이득의 의사意思가 필요하다.

■ 실행의 착수시기 및 기수시기

▷ 사기죄(347)의 경우에 실행의 착수시기는 기망행위를 개시한 때다. 따라서 기망의 준비행위만으로써는 사기미수죄(347·352)로서조차 문제될 여지가 없다. 가령 보험금을 편

도자기는 백두산 미륵불상 건립사업을 홍보하기 위하여 피고인이 지은 시(詩)와 그의 낙관 및 백두산을 배경으로 한 미륵불상 사진 등이 새겨져 있어 피고인 등에게만 소용이 있을 뿐 다른 용도로 사용할 수 없음을 알아 볼 수 있으므로 위 보관중인 도자기는 피고인 등의 사실상의 지배 아래에 들어가 피고인 등의 자유로운 처분이 가능한 상태에 놓였다고 할 것이니, 원심이 같은 취지에서 실제로 배달된 것뿐만 아니라 피해자가 보관중인 도자기 모두가 피고인 등에게 교부되었다고 판단한 것은 정당한 것으로 수긍이 가고, (…)

[대법원판결 2005. 9. 15. 2005도5215(채무이행을 연기받을 목적으로 어음을 발행 교부한 경우, 사기죄의 성부 등)] (…) 사기죄는 기망되어 착오에 빠진 피기망자의 재산상 처분행위에 의하여 범인이 재물이나 재산상 이득을 취득하는 경우에 성립되는 것으로서, 그 이득의 취득으로써 상대방의 재산이 침해되는 것이므로 상대방에게 현실적으로 재산상의 손해가 발생하지 않았다고 하더라도 사기죄의 성립에 영향이 없는 것이고, 한편 채무이행을 연기받는 것도 사기죄에 있어서 재산상의 이익이 되므로, 채무자가 채권자에 대하여 소정기일까지 지급할 의사와 능력이 없음에도 종전 채무의 변제기를 늦출 목적에서 어음을 발행 교부한 경우에는 사기죄가 성립한다. 원심이 인정한 사실에 의하더라도, 피고인은 이 사건 어음이 위조되거나 정상적으로 결제되지 아니하는 이른바 딱지어음이라는 사실을 알면서도 이를 피해자 공소외 2에게 교부하여, 이 사건 어음을 정상적인 어음으로 믿은 공소외 2로 하여금 어음상의 지급기일까지 그 채권의 행사를 하지 않고 채무의 변제기를 늦추게 하였고, 피고인은 그 후 계속 위 엘마트를 운영하였다는 것이므로, 피고인이 이와 같이 위조어음 혹은 속칭 딱지어음을 그 정을 속이고 공소외 2에게 교부하여 채무의 이행을 유예받은 것은 그 자체로 재산적 이익을 취득한 것이라 아니할 수 없고, 피고인이 그와 같이 변제기한 유예의 재산적 이익을 취득한 이상 공소외 2가 현실적으로 재산상 손해를 입지 않았다고 하더라도 사기죄의 성립에는 영향이 없다고 할 것이다. (…)

[대법원판결 1991. 1. 15. 90도2180(피기망자와 피해자가 다른 경우의 사기죄의 성립요건)] 사기죄가 성립되려면 피기망자가 착오에 빠져 어떠한 재산상의 처분행위를 하도록 유발하여 재산적 이득을 얻을 것을 요하고 피기망자와 재산상의 피해자가 같은 사람이 아닌 경우에는 피기망자가 피해자를 위하여 그 재산을 처분할 수 있는 권능이나 지위에 놓여져 있어야 하며 기망, 착오, 처분, 이득 사이에 인과관계가 있어야 한다.

[대법원판결 1987. 10. 26. 87도1042(사기죄에 있어서 처분행위의 의미)] 사기죄는 타인을 기망하여 착오에 빠뜨리게 하고 그 처분행위를 유발하여 재물, 재산상의 이득을 얻음으로써 성립하는 것이므로 여기서 처분행위라고 하는 것은 재산적 처분행위를 의미하고 그것은 주관적으로 피기망자가 처분의사 즉 처분결과를 인식하고 객관적으로는 이러한 의사에 지배된 행위가 있을 것을 요한다.

[대법원판결 2001. 7. 13. 2001도1289(피해자를 속여 교부받은 인감증명서 등으로 등기소요서류를 작성하여 피해자 소유의 부동산에 관한 소유권이전등기를 마친 경우, 사기죄의 성립 여부)] 사기죄는 타인을 기망하여 착오에 빠뜨리고 그로 인한 처분행위로 재물의 교부를 받거나 재산상의 이익을 취득한 때에 성립하는 것이므로, 피고인이 피해자에게 부동산매도용인감증명 및 등기의무자본인확인서면의 진실한 용도를 속이고 그 서류들을 교부받아 피고인 등 명의로 위 부동산에 관한 소유권이전등기를 경료하였다 하여도 피해자의 위 부동산에 관한 처분행위가 있었다고 할 수 없을 것이고 따라서 사기죄를 구성하지 않는다.

[대법원판결 1998. 11. 10. 98도2526(피해자의 현실적 손해발생이 사기죄의 구성요건인지 여부 등)] (…) [4] 사기죄는 타인을 기망하여 그로

취할 목적으로 방화한 경우에 보험금 지불의 청구를 하지 않는 동안은 사기죄(347)의 실행에 착수한 것으로 볼 수 없다. 한편, 사기죄(347)의 기수시기는 재물의 교부를 받거나 재산상의 이득을 취득한 때라고 볼 수 있는데, 사기죄(347)를 구성하기 위해서 재산상 손해의 발생을 요하는 것으로 보는 입장에서는 그 기수시기를 재산상의 손해가 발생한 때로 보게 된다.

죄수罪數 및 기타 범죄와의 관계

▷ 피해자가 동일한 경우에는 기망행위가 여러 개이더라도 범의의 단일성과 계속성이 인정되고 범행방법이 동일하다면 그 여러 개의 행위는 포괄해서 일죄가 되지만, 범의의 단일성과 계속성이 인정되지 않거나 범행방법이 동일하지 않다면 그 여러 개의 행위는 수죄數罪로서 실체적 경합관계에 있다. 한편, 피해자가 여러 명인 경우에는 그 여러 명에 대해 범의의 단일성과 계속성 및 범행방법의 동일성이 인정되지 않는 때는 물론이고 단일한 범의 하에 동일한 방법으로 기망행위를 한 때에도 각 피해자에 대한 기망행위는 실체적 경합관계에 있다-[대법원판결 1997. 6. 27. 97도508][대법원판결 2004. 7. 22. 2004도2390][대법원판결 2004. 6. 25. 2004도1751].

▷ 이른바 사기도박은 기망에 의한 도박으로서 사기죄(347)를 구성하는 것으로 이해된다-[대법원판결 1985. 4. 23. 85도583].

인한 하자있는 의사에 기하여 재물의 교부를 받거나 재산상의 이익을 취득함으로써 성립하고 사기죄의 본질은 기망에 의한 재물이나 재산상 이득의 취득에 있고 이로써 상대방의 재산이 침해되는 것이므로, 상대방에게 현실적으로 재산상의 손해가 발생함을 요하지 않는다.

[대법원판결 1999. 7. 9. 99도1040(사기죄가 성립하기 위하여는 피해자의 전체 재산상의 손해 발생을 요하는지 여부 등)] [1] 기망으로 인한 재물의 교부가 있으면, 그 자체로써 곧 사기죄는 성립하고, 상당한 대가가 지급되었다거나 피해자의 전체 재산상에 손해가 없다고 하여도 사기죄의 성립에는 영향이 없다. (…)

[대법원판결 2000. 7. 7. 2000도1899(사기죄에 있어서 그 대가가 일부 지급된 경우의 편취액 등)] (…) [2] 재물편취를 내용으로 하는 사기죄에 있어서는 기망으로 인한 재물교부가 있으면 그 자체로써 피해자의 재산침해가 되어 이로써 곧 사기죄가 성립하는 것이고, 상당한 대가가 지급되었다거나 피해자의 전체 재산상에 손해가 없다 하여도 사기죄의 성립에는 그 영향이 없으므로 사기죄에 있어서 그 대가가 일부 지급된 경우에도 그 편취액은 피해자로부터 교부된 재물의 가치로부터 그 대가를 공제한 차액이 아니라 교부받은 재물 전부라 할 것이다. (…)

[대법원판결 2007. 9. 6. 2006도3591(소송사기죄가 성립하기 위한 요건 등)] [1] 소송사기는 법원을 속여 자기에게 유리한 판결을 얻음으로써 상대방의 재물 또는 재산상 이익을 취득하는 범죄로서, 이를 쉽사리 유죄로 인정하게 되면 누구든지 자기에게 유리한 주장을 하고 소송을 통하여 권리구제를 받을 수 있는 민사재판제도의 위축을 가져올 수밖에 없으므로, 피고인이 그 범행을 인정한 경우 외에는 그 소송상의 주장이 사실과 다름이 객관적으로 명백하고 피고인이 그 주장이 명백히 거짓인 것을 인식하였거나 증거를 조작하려고 하였음이 인정되는 때와 같이 범죄가 성립하는 것이 명백한 경우가 아니면 이를 유죄로 인정하여서는 아니 되고, 단순히 사실을 잘못 인식하였다거나 법률적 평가를 잘못하여 존재하지 않는 권리를 존재한다고 믿고 제소한 행위는 사기죄를 구성하지 아니하며, 소송상 주장이 다소 사실과 다르더라도 존재한다고 믿는 권리를 이유 있게 하기 위한 과장표현에 지나지 아니하는 경우 사기의 범의가 있다고 볼 수 없고, 또한 소송사기에서 말하는 증거의 조작이란 처분문서 등을 거짓으로 만들어내거나 증인의 허위 증언을 유도하는 등으로 객관적·제3자적 증거를 조작하는 행위를 말한다. [2] 자기에게 유리한 판결을 얻기 위하여 소송상의 주장이 사실과 다름이 객관적으로 명백하거나 증거가 조작되어 있다는 정을 인식하지 못하는 제3자를 이용하여 그로 하여금 소송의 당사자가 되게 하고 법원을 기망하여 소송 상대방의 재물 또는 재산상 이익을 취득하려 하였다면 간접정범의 형태에 의한 소송사기죄가 성립하게 된다. [3] 갑이 을 명의 차용증을 가지고 있기는 하나 그 채권의 존재에 관하여 을과 다툼이 있는 상황에서 당초에 없던 월 2푼의 약정이자에 관한 내용 등을 부가한 을 명의 차용증을 새로 위조하여, 이를 바탕으로 자신의 처에 대한 채권자인 병에게 차용원금 및 위조된 차용증에 기한 약정이자 2,500만 원을 양도하고, 이러한 사정을 모르는 병으로 하여금 을을 상대로 양수금 청구소송을 제기하도록 한 사안에서, 적어도 위 약정이자 2,500만 원 중 법정지연손해금 상당의 돈을 제외한 나머지 돈에 관한 갑의 행위는 병을 도구로 이용한 간접정범 형태의 소송사기죄를 구성한다고 한 사례.

[대법원판결 2003. 5. 16. 2003도373(이른바 소송사기를 사기죄로 인정하기 위한 요건 등)] [1] 소송사기는 법원을 기망하여 자기에게 유리한 판결을 얻음으로써 상대방의 재물 또는 재산상 이익을 취득하는 것을 내용으로 하는 범죄로서, 이를 처벌하는 것은 필연적으로 누구든지 자기에게 유리한 주장을 하고 소송을 통하여 권리구제를 받을 수 있다는 민사재판제도의 위축을 가져올 수밖에 없으므로, 피고인이 그 범행을 인정한 경우 외에는 그 소송상의 주장이 사실과 다름이 객관적으로 명

백하거나 피고인이 그 소송상의 주장이 명백히 허위인 것을 인식하였거나 증거를 조작하려고 한 흔적이 있는 등의 경우 외에는 이를 쉽사리 유죄로 인정하여서는 안 된다. [2] 소송사기가 성립하기 위하여는 제소 당시에 그 주장과 같은 채권이 존재하지 아니하다는 것만으로는 부족하고 그 주장의 채권이 존재하지 아니한 사실을 잘 알고 있으면서도 허위의 주장과 입증으로써 법원을 기망한다는 인식을 하고 있어야만 하고, 단순히 사실을 잘못 인식하거나 법률적인 평가를 그르침으로 인하여 존재하지 않는 채권을 존재한다고 믿고 제소하는 행위는 사기죄를 구성하지 않는다.

[대법원판결 2006. 4. 7. 2005도9858(허위의 주장을 하면서 소유권보존등기 명의자를 상대로 보존등기의 말소를 구하는 소송을 제기하여 승소확정판결을 받은 경우, 소송사기의 성립 여부 및 그 기수시기 등)] [1] [다수의견] 피고인 또는 그와 공모한 자가 자신이 토지의 소유자라고 허위의 주장을 하면서 소유권보존등기 명의자를 상대로 보존등기의 말소를 구하는 소송을 제기한 경우 그 소송에서 위 토지가 피고인 또는 그와 공모한 자의 소유임을 인정하여 보존등기 말소를 명하는 내용의 승소확정판결을 받는다면, 이에 터 잡아 언제든지 단독으로 상대방의 소유권보존등기를 말소시킨 후 위 판결을 부동산등기법 제130조 제2호 소정의 소유권을 증명하는 판결로 하여 자기 앞으로의 소유권보존등기를 신청하여 그 등기를 마칠 수 있게 되므로, 이는 법원을 기망하여 유리한 판결을 얻음으로써 '대상 토지의 소유권에 대한 방해를 제거하고 그 소유명의를 얻을 수 있는 지위'라는 재산상 이익을 취득한 것이고, 그 경우 기수시기는 위 판결이 확정된 때이다. (…)

[대법원판결 1995. 4. 25. 95도424(사기죄의 주관적 구성요건인 편취의 범의를 판단하는 기준 등)] 가. 사기죄의 주관적 구성요건인 편취의 범의는 피고인이 자백하지 않는 이상 범행 전후의 피고인의 재력, 환경, 범행의 내용, 거래의 이행과정 등과 같은 객관적인 사정 등을 종합하여 판단할 수밖에 없다. 나. 피고인이 자기 자본 없이 금융기관 대출금과 분양대금만으로 상가 및 오피스텔의 신축 및 분양 사업을 진행하다가 공사를 중단, 방치한 사안에서 분양대금 등의 편취 범의를 인정한 원심판결을 수긍한 사례.

[대법원판결 1997. 6. 27. 97도508(수인의 피해자에 대하여 단일한 범의하에 동일한 방법으로 각 피해자별로 기망행위를 한 경우, 사기죄의 죄수; 동일한 피해자에 대하여 수회에 걸쳐 기망행위를 하였으나 범의의 단일성과 계속성이 인정되지 않거나 범행방법이 동일하지 않은 경우, 사기죄의 죄수 등)] (…) [2] 사기죄에 있어서 수인의 피해자에 대하여 각 피해자별로 기망행위를 하여 각각 재물을 편취한 경우에 그 범의가 단일하고 범행방법이 동일하다고 하더라도 포괄1죄가 성립하는 것이 아니라 피해자별로 1개씩의 죄가 성립하는 것으로 보아야 한다. [3] 사기죄에 있어 동일한 피해자에 대하여 수회에 걸쳐 기망행위를 하여 금원을 편취한 경우 범의가 단일하고 범행방법이 동일하다면 사기죄의 포괄1죄만이 성립한다고 할 것이나, 범의의 단일성과 계속성이 인정되지 아니하거나 범행방법이 동일하지 않은 경우에는 각 범행은 실체적 경합범에 해당한다. (…)

[대법원판결 2004. 7. 22. 2004도2390(수인의 피해자에 대하여 단일한 범의하에 동일한 방법으로 각 피해자별로 기망행위를 하여 재물을 편취한 경우, 사기죄의 죄수 및 공소사실의 기재방법 등)] (…) 단일한 범의를 가지고 상대방을 기망하여 착오에 빠뜨리고 그로부터 동일한 방법에 의하여 여러 차례에 걸쳐 재물을 편취하면 그 전체가 포괄하여 일죄로 되지만, 여러 사람의 피해자에 대하여 따로 기망행위를 하여 각각 재물을 편취한 경우에는 비록 범의가 단일하고 범행방법이 동일하더라도 각 피해자의 피해법익은 독립한 것이므로 그 전체가 포괄일죄로 되지 아니하고 피해자별로 독립한 여러 개의 사기죄가 성립되고,

이러한 경우 그 공소사실은 각 피해자와 피해자별 피해액을 특정할 수 있도록 기재하여야 하는 것이다

[대법원판결 2004. 6. 25. 2004도1751(동일한 피해자에 대하여 수회에 걸쳐 기망행위를 하여 금원을 편취하였으나 범의의 단일성과 계속성이 인정되지 않거나 범행방법이 동일하지 않은 경우, 사기죄의 죄수 등)] [1] 단일한 범의의 발동에 의하여 상대방을 기망하고 그 결과 착오에 빠져 있는 동일인으로부터 일정 기간 동안 동일한 방법에 의하여 금원을 편취한 경우에는 이를 포괄적으로 관찰하여 일죄로 처단하는 것이 가능할 것이나, 범의의 단일성과 계속성이 인정되지 아니하거나 범행방법이 동일하지 않은 경우에는 각 범행은 실체적 경합범에 해당한다. [2] 사기의 수단으로 발행한 수표가 지급거절된 경우 부정수표단속법위반죄와 사기죄는 그 행위의 태양과 보호법익을 달리하므로 실체적 경합범의 관계에 있다.

[대법원판결 1985. 4. 23. 85도583(기망방법에 의한 도박이 사기죄가 되는지 여부)] 화투의 조작에 숙달하여 원하는 대로 끝수를 조작할 수 있어서 우연성이 없음에도 피해자를 우연에 의하여 승부가 결정되는 것처럼 오신시켜 돈을 도하게 하여 이를 편취한 행위는 이른바 기망방법에 의한 도박으로서 사기죄에 해당한다.

3. 컴퓨터등사용사기죄 및 편의시설시설부정이용죄 등의 성부成否

[사례8-3-1] 대학생 J는 2003년 2월 15일 08시경부터 ○○PC방에서 게임을 즐기고 있었다. 그런데 같은 날 14시경 J의 선배 S도 그곳에 게임을 하러 왔고, 얼마 후 S는 J에게 자신의 농협현금카드로 20,000원을 인출해 오라는 부탁과 함께 현금카드를 건네주었다. 이에 J는 PC방에서 100m 가량 떨어져 있는 농업협동조합 △△지점으로 가서 그곳에 설치되어 있는 현금자동인출기에 S의 현금카드를 넣고 인출금액을 50,000원으로 입력해서 그 금액을 인출한 후에 ○○PC방으로 가서 인출금액 가운데 20,000원과 현금카드를 S에게 건네주고 나머지 30,000원은 그대로 가지고서 S에게 먼저 가겠다며 ○○PC방을 나왔다. J의 죄책은?

[사례8-3-2] (1) 甲은 공중전화에 동전 크기의 쇠붙이 여러 개를 투입한 후 친구 A에게 전화를 걸어 통화를 했다. 甲의 죄책은? (2) 乙은 음료수 자동판매기에 500원짜리 동전 크기의 쇠붙이를 투입한 후 버튼을 눌러 캔커피를 받아 마셨다. 乙의 죄책은? (3) 丙은 B의 집에 들러 얘기를 나누다가 B가 잠시 자리를 비운 동안 허락 없이 그 곳에 있는 전화를 이용해서 미국에 있는 친척과 통화를 했다. 丙의 죄책은? (4) 丁은 C의 전화카드를 몰래 가지고 가서 공중전화에 삽입한 다음 친구 D와 장시간 통화를 했다. 丁의 죄책은?

[사례8-3-3] 2002년 9월 서울 동대문에서 쇼핑몰 신축사업을 추진하던 ○○회사의 토지 매입 담당이사 M은 부지 1200평 속에서 금싸라기 같은 0.2평(가로 80cm × 세로 80cm)을 찾아냈다. 그 소유자는 이미 사망했지만 상속문제가 정리되지 않은 곳이었다. M은 수소문 끝에 그 상속인을 찾아내 2300만원에 땅을 매입한 다음 지인 F 앞으로 등기를 옮겼다. 그리고 M은 ○○회사 사장인 E에게 "0.2평 땅 주인이 10억 이하엔 절대 팔지 않겠다고 한다" 고 말했다. 부지 전체를 확보하지 못하면 투자금 300억원을 날리게 될 상황에서 E는 눈물을 머금고 0.2평을 8억 500만원에 매입했다. M의 죄책은?

컴퓨터등사용사기죄(347의2)

▷ 컴퓨터 등과 같은 정보처리장치에 허위의 정보 또는 부정한 명령을 입력하거나 권한 없이 정보를 입력·변경해서 정보처리를 하게 함으로써 재산상의 이익을 취득하거나 제3자로 하여금 그것을 취득하게 하는 경우는 컴퓨터등사용사기죄(347의2)*를 구성한다. 그 예로서는 현금자동지급기를 조작하거나 전산단말기에 허위의 정보를 입력해서 타인의 예금 잔액을 자신의 계좌로 이체시키는 경우 등이 생각될 수 있다.

* 형법 제347조의2는 1995년의 형법 개정을 통해 신설된 것으로서, 당시의 규정은 독일 형법 제263조의a를 모범으로 해서 도입되었지

[대법원판결 2003. 5. 13. 2003도1178(절취한 타인의 신용카드로 현금

만, 그 규정에서 허위의 정보 또는 부정한 명령을 입력하는 행위만을 대상으로 하고 데이터의 권한 없는 사용이나 기타 권한 없는 영향력 행사를 대상으로 하지 않았기 때문에 가령 타인의 신용카드와 비밀번호를 권한 없이 사용해서 현금을 인출하는 행위에 대해서는 그 규정을 적용하기 곤란하다는 점 등이 지적되어 2001년에 현행의 규정으로 개정되었다. 그런데 대법원은 개정 전의 규정에 의하더라도 가령 타인의 인적 사항을 도용해 타인 명의로 발급받은 신용카드의 번호와 그 비밀번호를 인터넷사이트에 입력함으로써 재산상의 이익을 취득한 행위의 처벌이 가능하다고 보았다-[대법원판결 2003. 1. 10. 2002도2363]참조.

▷ 컴퓨터등사용사기죄(347의2)응 그 객체로서 재산상의 이익을 규정하고 있을 뿐이고 재물을 규정하고 있지는 않다. 따라서 판례도, 가령 절취한 타인의 신용카드를 이용해서 현금자동지급기에서 현금을 인출하는 행위나 타인의 명의를 모용해서 발급받은 신용카드를 현금자동지급기에 삽입해서 현금을 인출하는 행위는 어디까지나 재산상의 이익이 아닌 재물에 대한 범죄로서 절도죄(329)를 구성할지언정 컴퓨터등사용사기죄(347의2)의 구성요건에는 해당될 여지가 없다고 하면서도-[대법원판결 2003. 5. 13. 2003도1178][대법원판결 2002. 7. 12. 2002도2134][대법원판결 2006. 7. 27. 2006도3126], 예금주인 현금카드 소유자로부터 일정액의 현금을 인출해 오라는 부탁과 함께 현금카드를 건네받아 그 위임받은 금액을 초과한 현금을 인출한 경우는 컴퓨터등사용사기죄(347의2)를 구성하는 것으로 보고 있다-[대법원판결 2006. 3. 24. 2005도3516]*. 그러한 판례의 태도에 따르면, [사례8-3-1] 에서 丁은 자신이 실제로 인출한 현금 가운데에서 자신에게 인출이 위임된 금액을 초과하는 부분에 상당하는 재산상의 이익을 취득한 것이므로, 丁의 행위는 실제로 인출된 금액과 인출이 위임된 금액의 차액에 상당하는 액수에 관해서 컴퓨터 등과 같은 정보처리장치에 권한 없이 정보를 입력해서 정보처리를 하게 함으로써 재산상의 이익을 취득한 것으로서 컴퓨터등사용사기죄(347의2)를 구성한다-[대법원판결 1996. 2. 9. 95도2753]참조**.

* 이러한 해석은 [대법원판결 2003. 5. 13. 2003도1178] 등의 논리에 배치된다. 그 논리대로라면 그와 같은 행위는 절도죄에 해당된다고 보아야 할 것이다. 그런데 이 사건에 대한 항소심([청주지방법원판결 2005. 5. 18. 2004노1160])에서 법원은 다음과 같은 이유로 절도죄가 성립되지 않는다고 보았다. "절도죄에 있어서 절취란 재물의 점유자의 의사에 반하여 그 점유자의 지배를 배제하고 자신의 지배로 옮겨놓는 행위를 의미한다. 그런데 현금카드를 절취한 때와 같이 현금카드 자체를 사용할 권한이 없는 경우와 달리 피고인이 예금명의인인 공소외인으로부터 그 현금카드를 사용할 권한을 일단 부여받은 이상 이를 기화로 그 위임 범위를 벗어나 추가로 금원을 인출하였다고 하더라도 현금자동지급기 관리자로서는 예금명의인의 계산으로 인출자에게 적법하게 현금을 지급할 수밖에 없다. 따라서 이러한 경우 현금자동지급기 관리자에게 예금명의인과 그로부터 현금 인출을 위임받은 자 사이의 내부적인 위임관계까지 관여하여 그 위임받은 범위를 초과하는 금액에 대하여는 그 인출행위를 승낙하지 않겠다는 의사까지 있다고 보기는 어렵다. 그러므로 위 현금인출 행위가 현금자동지급기 관리자의 의사에 반하여 그가 점유하고 있는 현금을 절취한 경우에 해당한다고 볼 수 없다".

** 김재윤, '컴퓨터등使用詐欺罪, 贓物罪 및 脅迫罪 등', 考試界 2008/8, 63면 이하 참조.

▷ 컴퓨터등사용사기죄(347의2)의 기수시기는 재산상의 이

자동지급기에서 현금을 인출한 행위가 컴퓨터등사용사기죄의 구성요건에 해당하는지 여부)] 우리 형법은 재산범죄의 객체가 재물인지 재산상의 이익인지에 따라 이를 재물죄와 이득죄로 명시하여 규정하고 있는데, 형법 제347조가 일반 사기죄를 재물죄 겸 이득죄로 규정한 것과 달리 형법 제347조의2는 컴퓨터등사용사기죄의 객체를 재물이 아닌 재산상의 이익으로만 한정하여 규정하고 있으므로, 절취한 타인의 신용카드로 현금자동지급기에서 현금을 인출하는 행위가 재물에 관한 범죄임이 분명한 이상 이를 위 컴퓨터등사용사기죄로 처벌할 수는 없다고 할 것이고, 입법자의 의도가 이와 달리 이를 위 죄로 처벌하고자 하는 데 있었다거나 유사한 사례와 비교하여 처벌상의 불균형이 발생할 우려가 있다는 이유만으로 그와 달리 볼 수는 없다.

[대법원판결 2002. 7. 12. 2002도2134(타인의 명의를 모용하여 발급받은 신용카드로 현금자동지급기에서 현금을 인출하는 행위를 형법 제347조의2 소정의 컴퓨터등사용사기죄로 처벌할 수 있는지 여부 등)] (…) [1] 피고인이 타인의 명의를 모용하여 신용카드를 발급받은 경우, 비록 카드회사가 피고인으로부터 기망을 당한 나머지 피고인에게 피모용자 명의로 발급된 신용카드를 교부하고, 사실상 피고인이 지정한 비밀번호를 입력하여 현금자동지급기에 의한 현금대출(현금서비스)을 받을 수 있도록 하였다 할지라도, 카드회사의 내심의 의사는 물론 표시된 의사도 어디까지나 카드명의인인 피모용자에게 이를 허용하는 데 있을 뿐, 피고인에게 이를 허용한 것은 아니라는 점에서 피고인이 타인의 명의를 모용하여 발급받은 신용카드를 사용하여 현금자동지급기에서 현금대출을 받는 행위는 카드회사에 의하여 미리 포괄적으로 허용된 행위가 아니라, 현금자동지급기의 관리자의 의사에 반하여 그의 지배를 배제한 채 그 현금을 자기의 지배하에 옮겨 놓는 행위로서 절도죄에 해당한다고 봄이 상당하다. [2] 형법 제347조의2에서 규정하는 컴퓨터등사용사기죄의 객체는 재물이 아닌 재산상의 이익에 한정되어 있으므로, 타인의 명의를 모용하여 발급받은 신용카드로 현금자동지급기에서 현금을 인출하는 행위를 이 법조항을 적용하여 처벌할 수는 없다. (…)

[대법원판결 2006. 7. 27. 2006도3126(타인의 명의를 모용하여 발급받은 신용카드를 이용하여 현금자동지급기에서 현금대출을 받는 경우의 죄책; 타인의 명의를 모용하여 발급받은 신용카드를 이용하여 ARS 전화서비스나 인터넷 등을 통하여 신용대출을 받는 경우의 죄책 등)] [1] 피고인이 타인의 명의를 모용하여 신용카드를 발급받은 경우, 비록 카드회사가 피고인으로부터 기망을 당한 나머지 피고인에게 피모용자 명의로 발급된 신용카드를 교부하고, 사실상 피고인이 지정한 비밀번호를 입력하여 현금자동지급기에 의한 현금대출(현금서비스)을 받을 수 있도록 하였다 할지라도, 카드회사의 내심의 의사는 물론 표시된 의사도 어디까지나 카드명의인인 피모용자에게 이를 허용하는 데 있을 뿐 피고인에게 이를 허용한 것은 아니라는 점에서, 피고인이 타인의 명의를 모용하여 발급받은 신용카드를 사용하여 현금자동지급기에서 현금대출을 받는 행위는 카드회사에 의하여 미리 포괄적으로 허용된 행위가 아니라, 현금자동지급기의 관리자의 의사에 반하여 그의 지배를 배제한 채 그 현금을 자기의 지배하에 옮겨 놓는 행위로서 절도죄에 해당한다. [2] 타인의 명의를 모용하여 발급받은 신용카드의 번호와 그 비밀번호를 이용하여 ARS 전화서비스나 인터넷 등을 통하여 신용대출을 받는 방법으로 재산상 이익을 취득하는 행위 역시 미리 포괄적으로 허용된 행위가 아닌 이상, 컴퓨터 등 정보처리장치에 권한 없이 정보를 입력하여 정보처리를 하게 함으로써 재산상 이익을 취득하는 행위로서 컴퓨터 등 사용사기죄에 해당한다. [3] 타인의 명의를 모용하여 발급받은 신용카드를 이용하여 현금자동지급기에서 현금을 인출한 행위와 ARS 전화서비스 등으로 신용대출을 받은 행위를 포괄적으로 카드회사에 대한 사기죄가 된다고 판단한 원심판결을 파기한 사례.

익을 취득하거나 제3자로 하여금 그것을 취득하게 한 때가 된다-[대법원판결 2006. 9. 14. 2006도4127][전주지방법원판결 2008. 9. 4. 2008노690].

▲ 준準사기죄(348)

▷ 미성년자의 지려천박知慮淺薄 또는 사람의 심신장애를 이용해서 재물의 교부를 받거나 재산상의 이익을 취득하는 경우, 혹은 마찬가지의 방법으로 제3자로 하여금 재물의 교부를 받게 하거나 재산상의 이익을 취득하게 하는 경우의 법정형도 사기죄(347)의 그것과 같다. 즉, 그와 같은 경우는 비록 기망을 수단으로 삼는 것이 아니라도 기망을 수단으로 삼는 사기죄(347)에 준해서 처벌된다. 그와 같은 경우에 기망의 수단이 사용된 때에는 물론 사기죄(347)가 문제되고, 그 점에서 준準사기죄(349)는 사기죄(347)에 대해서 보충관계에 있는 것으로 이해될 수 있다.

✓ 준準사기죄(348)에서 말하는 심신장애란 재산상의 거래능력에 결함이 있는 경우를 의미하고, 형사책임능력에 관한 사물변별능력 또는 의사결정능력에 결함이 있는 경우(10①②참조)와 반드시 일치하지는 않는다*.

* 사람의 심신상실을 이용해서 재물을 교부받는 경우는 준準사기죄(348)가 아니라 절도죄(329)를 구성하는 것으로 보는 입장이 유력하다.

▲ 편의시설부정이용죄(348의2)

▷ 부정한 방법으로 대가를 지급하지 않고 자동판매기·공중전화 기타 유료자동설비를 이용해서 재물 또는 재산상의 이익을 취득하는 경우는 편의시설부정이용죄(348의2)를 구성한다. [사례8-3-2] 에서 우선 甲의 행위는 말하자면 기계를 기망해서 재산상의 이득을 취한 것인데, 사람에 대한 기망행위가 아니므로 사기죄(347)를 구성하지 않을뿐더러 재물을 취득한 것이 아니므로 절도죄(329)를 구성하지도 않는다. 甲의 행위는 부정한 방법으로 대가를 지급하지 않고 공중전화를 이용해서 재산상의 이득을 취한 것이므로 편의시설부정이용죄(348의2)를 구성한다*. 乙의 행위는 부정한 방법으로 대가를 지급하지 않고 자동판매기를 이용해서 재물을 취득한 것으로서 편의시설부정이용죄(348의2)를 구성한다. 그런데 그 경우에는 타인의 재물을 그 점유자의 의사意思에 반해서 영득한 것으로서 절도죄(329)도 문제된다. 다만, 절도죄(329)의 법정형은 6년 이하의 징역 또는 1천만원 이하의 벌금이므로 사안의 경우처럼 경미한 절도에 대해서는 그보다 낮은 법정형의 처벌규정을 따로 둘 필요가 있는 점도 편의시설부정이용죄(348의2)의 입법취지에 속하는 점에 비추어볼 때에, 편의시설부정이용죄(348의2)는 절도죄(329)에 대해서 특별관계, 따라서 법조경합의 관계에 있다고 볼 수 있다. 그렇게 보면 乙의 행위는 편의시설부정이용죄(348의2)만을 구성한다. 다음으로 丙의 행위는 타인의 일반전화를 무단사용해서 통화한 것인데, 그 경우가 사기죄(347)를 구성하지 않는 것은 물론이지만, 그 객체가 공중전화 기타 유료자동설비에 해당되지 않으므로 편의시설부정이용죄(348의2)를 구성하지도 않는다-[대법원판결 1999. 6. 25. 98도3891]. 마지막으로 丁은 부정한 방법으로 재산상의 이익을 취득한 것은 사실이지만, 丁이 공

[대법원판결 2006. 3. 24. 2005도3516(예금주인 현금카드 소유자로부터 일정액의 현금을 인출해 오라는 부탁과 함께 현금카드를 건네받아 그 위임받은 금액을 초과한 현금을 인출한 행위가 컴퓨터 등 사용사기죄를 구성하는지 여부)] 예금주인 현금카드 소유자로부터 일정한 금액의 현금을 인출해 오라는 부탁을 받으면서 이와 함께 현금카드를 건네받은 것을 기화로 그 위임을 받은 금액을 초과하여 현금을 인출하는 방법으로 그 차액 상당을 위법하게 이득할 의사로 현금자동지급기에 그 초과된 금액이 인출되도록 입력하여 그 초과된 금액의 현금을 인출한 경우에는 그 인출된 현금에 대한 점유를 취득함으로써 이 때에 그 인출한 현금 총액 중 인출을 위임받은 금액을 넘는 부분의 비율에 상당하는 재산상 이익을 취득한 것으로 볼 수 있으므로 이러한 행위는 그 차액 상당액에 관하여 형법 제347조의2(컴퓨터등사용사기)에 규정된 '컴퓨터 등 정보처리장치에 권한 없이 정보를 입력하여 정보처리를 하게 함으로써 재산상의 이익을 취득'하는 행위로서 컴퓨터 등 사용사기죄에 해당된다.

[대법원판결 1996. 2. 9. 95도2753(절도죄에 있어 불법영득의사가 없다는 이유로 무죄를 선고한 원심판결을 파기한 사례)] (…) 원심은, 피고인이 1994. 10. 21. 12:40경 서울 중랑구 면목1동 102의 34에 있는 피해자 안순희의 집 앞에서 그녀로부터 중소기업은행 면목동지점에 예치한 예금 200만 원을 인출하여 올 것을 의뢰받고 예금통장과 인장을 교부받아 위 은행으로 가서 예금액 중 금 700만 원을 인출한 다음 소비함으로써 이를 횡령하고, 그 당시 위 안순희의 집 앞에 세워둔 그녀의 남편인 피해자 권대학 소유의 경기 7그2740호 3인승 밴 차량 1대를 타고 가 이를 절취하였다는 공소사실에 대하여, 위 횡령의 점은 유죄로 인정한 반면 위 절도의 점에 대하여는, (…) 무죄를 선고하였다. (…) 원심판결 중 무죄 부분을 파기하고, 이 부분 사건을 원심법원에 환송하기로 하여 관여 법관의 일치된 의견으로 주문과 같이 판결한다.

[대법원판결 2006. 9. 14. 2006도4127(금융기관 직원이 전산단말기를 이용하여 다른 공범들이 지정한 특정계좌에 돈이 입금된 것처럼 허위의 정보를 입력하는 방법으로 위 계좌로 입금되도록 한 경우, 컴퓨터 등 사용사기죄의 기수시기)] 금융기관 직원이 전산단말기를 이용하여 다른 공범들이 지정한 특정계좌에 돈이 입금된 것처럼 허위의 정보를 입력하는 방법으로 위 계좌로 입금되도록 한 경우, 이러한 입금절차를 완료함으로써 장차 그 계좌에서 이를 인출하여 갈 수 있는 재산상 이익을 취득하였으므로 형법 제347조의2에서 정하는 컴퓨터 등 사용사기죄는 기수에 이르렀고, 그 후 그러한 입금이 취소되어 현실적으로 인출되지 못하였다고 하더라도 이미 성립한 컴퓨터 등 사용사기죄에 어떤 영향이 있다고 할 수는 없다.

[전주지방법원판결 2008. 9. 4. 2008노690(형법 제347조의2에 정한 컴퓨터 등 사용사기죄의 기수시기 등)] (…) [2] 형법 제347조의2에서 정한 컴퓨터 등 사용사기죄는 컴퓨터 등 정보처리장치에 허위의 정보 또는 부정한 명령을 입력하거나 권한 없이 정보를 입력·변경하여 정보처리를 하게 함으로써 재산상의 이익을 취득한 경우에 성립한다. [3] 모바일상품권을 구매하면서 타인의 신용카드 정보를 권한 없이 입력하여 결제하였다가 카드회사에 의해 거래승인이 취소되어 재산상 이익을 취득하지 못하였다면, 형법 제347조의2에 정한 컴퓨터 등 사용사기죄의 미수에 해당한다고 한 사례.

[대법원판결 1999. 6. 25. 98도3891(타인의 일반전화를 무단 이용하여 전화통화를 한 경우, 사기죄의 성립 여부)] 사기죄가 성립하기 위하여는 기망행위와 이에 기한 피해자의 처분행위가 있어야 할 것인바, 타인의 일반전화를 무단으로 이용하여 전화통화를 하는 행위는 전기통신사업자인 한국전기통신공사가 일반전화 가입자인 타인에게 통신을 매개하여 주는 역무를 부당하게 이용하는 것에 불과하여 한국전기통신공

중전화를 이용한 것의 대가는 B가 지급한 것으로 볼 수 있는 점에서 丁이 대가를 지급하지 않고 공중전화를 이용한 것은 아니므로 丁의 행위가 편의시설부정이용죄(348의2)를 구성하지는 않는다-[대법원판결 2001. 9. 25. 2001도3625].

* 그와 같이 편의시설부정이용죄(348의2)는 공중전화 등을 부정사용해서 대가없이 재산상의 이득을 취하는 경우를 처벌할 수 없었던 점을 시정하기 위해서 1995년의 형법개정에 의해 신설되었다.

부당이득죄(349)

▷ 부당이득죄(349)는 사람의 궁박한 상태를 이용해서 현저히 부당한 이익을 취득하거나 마찬가지의 방법으로 현저히 부당한 이익을 제3자로 하여금 취득하게 하는 것이다. 타인의 궁박한 상태, 즉 급박한 곤궁의 상황을 이용하는 폭리행위를 처벌하는 규정이다. [사례8-3-3] 에서 M은 펼친 신문지와 비슷한 크기의 땅을 이른바 알박기을 통해서 7억8200만원의 이익을 남긴 것으로서 부당이득죄(349)에 해당될 여지가 있다*. 그런데 판례는, 부당이득죄(349)가 규정하는 '현저하게 부당한 이익'의 취득 여부는 단순히 시가와 이익의 배율로써만 판단되지 않고 구체적이고 개별적인 사정을 고려해서 일반적 사회통념에 따라 결정된다고 한다-[대법원판결 1972. 10. 31. 72도1803]등참조. 대법원이 부당이득죄(349)를 인정하는 데에 있어서 신중한 태도를 보이는 것은 무엇보다도 자유시장경제질서와 그로부터 파생되는 사적私的 자치의 원리 내지 계약자유의 원칙을 고려하고 있기 때문이다. 그래서 가령 개발사업 등이 추진되기 오래전부터 사업부지 내의 부동산을 소유해온 자가 그 매도의 제안을 거부하다가 수용의 과정에서 큰 이득을 취한 사정 그 자체만으로 부당이득죄(349)가 성립되는 것은 아니라고 한다-[대법원판결 2009. 1. 15. 2008도8577].

*『검찰에 따르면 2002년 9월 서울 을지로 7가에 복합 쇼핑몰을 짓던 B사의 관리운영이사로 일하던 부동산 업자 김모(43)씨는 이 회사의 토지 매입 작업을 돕다가 기막힌 사실을 알게 됐다. 쇼핑몰 부지 한 켠 삼각형 꼴의 0.2평 짜리 자투리땅이 소유자가 불분명하고 관리가 제대로 되지 않고 있다는 점을 확인한 것. 김씨는 곧바로 땅의 소유자를 찾는 '작업'에 들어가 이미 사망한 박모씨가 땅의 주인임을 파악했다. 김씨는 지인을 시켜 박씨의 상속인을 수소문한 끝에 같은 해 10월 박씨의 아들을 찾아냈고 아들에게 2천300만원을 주고 땅을 샀다. 박씨 아들은 예상 외의 목돈에 마냥 기뻐하며 주저하지 않고 계약서에 서명했다. 김씨는 땅이 자신의 명의로 돼있으면 자신을 고용한 쇼핑몰 시행업자에게 의심을 받을 것으로 보고 일단 다른 사람에게 5억원을 받고 땅을 되팔고 명의도 옮겼다. 그리고는 쇼핑몰 시행업자에게 "땅 소유자가 10억원을 주지 않으면 절대 땅을 팔지 않겠다"고 버틴다며 땅을 구입하라고 독촉했다. 전체 1천200평의 부지에 지어질 야심찬 사업이 6천분의 1에 해당하는 0.2평 때문에 물거품이 될 위기에 처한 쇼핑몰 시행업자는 2003년 1월 울며 겨자먹기로 시가보다 턱없이 비싼 8억500만원을 주고 땅을 구입했고 김씨는 그 자리에서 7억8천여만원을 챙겼다. 하지만 일확천금의 기쁨은 오래가지 못했다. 김씨가 부당이득 혐의로 구속 기소돼 1심에서 징역 1년에 집행유예 2년을 선고받고 형이 확정됐기 때문이다. 서울중앙지검 마약조직범죄수사부는 이들 외에 같은 사업 부지에 3~24평의 땅을 17억 9천만원에 매입한 뒤 54억원을 받고 회사에 되판 김모(73)씨 등 2명에게 구속영장을 청구하는 한편 같은 방법으로 17억원을 챙긴 이모씨 등 8명을 3일 불구속 기소했다. 특히 김씨 등은 개발 예정부지 한가운데 위치한 3.2평을

사에 대한 기망행위에 해당한다고 볼 수 없을 뿐만 아니라, 이에 따라 제공되는 역무도 일반전화 가입자와 한국전기통신공사 사이에 체결된 서비스이용계약에 따라 제공되는 것으로서 한국전기통신공사가 착오에 빠져 처분행위를 한 것이라고 볼 수 없으므로, 결국 위와 같은 행위는 형법 제347조의 사기죄를 구성하지 아니한다 할 것이고, 이는 형법이 제348조의2를 신설하여 부정한 방법으로 대가를 지급하지 아니하고 공중전화를 이용하여 재산상 이익을 취득한 자를 처벌하는 규정을 별도로 둔 취지에 비추어 보아도 분명하다.

[대법원판결 2001. 9. 25. 2001도3625(타인의 전화카드(한국통신의 후불식 통신카드)를 절취하여 전화통화에 이용한 행위가 형법 제348조의2 소정의 편의시설부정이용의 죄에 해당하는지 여부)] 형법 제348조의2에서 규정하는 편의시설부정이용의 죄는 부정한 방법으로 대가를 지급하지 아니하고 자동판매기, 공중전화 기타 유료자동설비를 이용하여 재물 또는 재산상의 이익을 취득하는 행위를 범죄구성요건으로 하고 있는데, 타인의 전화카드(한국통신의 후불식 통신카드)를 절취하여 전화통화에 이용한 경우에는 통신카드서비스 이용계약을 한 피해자가 그 통신요금을 납부할 책임을 부담하게 되므로, 이러한 경우에는 피고인이 '대가를 지급하지 아니하고' 공중전화를 이용한 경우에 해당한다고 볼 수 없어 편의시설부정이용의 죄를 구성하지 않는다.

[대법원판결 1972. 10. 31. 72도1803(300만원의 변제에 갈음하여 합금 600여만원의 이득을 취득함으로써 지급받을 300만원을 공제한 300만원의 이득을 취득한 것만으로는 본조의 현저하게 부당한 이득을 취득한 것이라고 보기 어렵다.)]

[대법원판결 2009. 1. 15. 2008도8577(부당이득죄에서 피해자가 궁박한 상태에 있었는지 여부와 현저하게 부당한 이득을 취득하였는지 여부의 판단 기준; 개발사업의 부지 일부의 매매와 관련된 이른바 '알박기' 사건에서 부당이득죄가 성립하기 위한 요건 등)] [1] 형법상 부당이득죄에서 궁박이라 함은 '급박한 곤궁'을 의미하고, '현저하게 부당한 이익의 취득'이라 함은 단순히 시가와 이익과의 배율로만 판단해서는 안 되고 구체적·개별적 사안에 있어서 일반인의 사회통념에 따라 결정하여야 한다. 피해자가 궁박한 상태에 있었는지 여부 및 급부와 반대급부 사이에 현저히 부당한 불균형이 존재하는지 여부는 거래당사자의 신분과 상호 간의 관계, 피해자가 처한 상황의 절박성의 정도, 계약의 체결을 둘러싼 협상과정 및 거래를 통한 피해자의 이익, 피해자가 그 거래를 통해 추구하고자 한 목적을 달성하기 위한 다른 적절한 대안의 존재 여부, 피고인에게 피해자와 거래하여야 할 신의칙상 의무가 있는지 여부 등 여러 상황을 종합하여 구체적으로 판단하여야 한다. 특히, 우리 헌법이 규정하고 있는 자유시장경제질서와 여기에서 파생되는 사적 계약자유의 원칙을 고려하여 그 범죄의 성립을 인정함에 있어서는 신중을 요한다. [2] 개발사업 등이 추진되는 사업부지 중 일부의 매매와 관련된 이른바 '알박기' 사건에서 부당이득죄의 성립 여부가 문제되는 경우, 그 범죄의 성립을 인정하기 위해서는 피고인이 피해자의 개발사업 등이 추진되는 상황을 미리 알고 그 사업부지 내의 부동산을 매수한 경우이거나 피해자에게 협조할 듯한 태도를 보여 사업을 추진하도록 한 후에 협조를 거부하는 경우 등과 같이, 피해자가 궁박한 상태에 빠지게 된 데에 피고인이 적극적으로 원인을 제공하였거나 상당한 책임을 부담하는 정도에 이르러야 한다. 이러한 정도에 이르지 않은 상태에서 단지 개발사업 등이 추진되기 오래 전부터 사업부지 내의 부동산을 소유하여 온 피고인이 이를 매도하라는 피해자의 제안을 거부하다가 수용하는 과정에서 큰 이득을 취하였다는 사정만으로 함부로 부당이득죄의 성립을 인정해서는 안 된다. [3] 아파트 건축사업이 추진되기 수년 전부터 사업부지 내 일부 부동산을 소유하여 온 피고인이 사업자의 매도 제안을 거부하다가 인근 토지 시가의 40배가 넘는 대금을 받

가장 늦게 팔면서 개발 예정 부지에서 제외된 나머지 토지 24평도 비싸게 파는 등 죄질이 불량했다고 검찰은 전했다.』(조선일보 2005년 11월 4일자, A10면).

▷ 판례에 태도에 비추어보면, 이른바 알박기에 대해서 부당이득죄(349)가 인정되기 위해서는 대상 부동산의 정상가격과 실제 매매대금 사이에 현저한 차이가 있는 점 및 피해자가 행위자의 부당한 요구에도 불구하고 그 대상 토지를 비싼 가격에 매수할 수밖에 없는 상황에 처해 있는 점에 더해서, 피해자가 그와 같이 궁박한 상태에 몰리게 된 데에 행위자에게도 상당한 책임이 있는 점이 요구된다고 볼 수 있다*.

* 이른바 알박기에 대해서 부당이득죄(349)를 인정한 경우로서는 [대법원판결 2006. 2. 24. 2005도8386][대법원판결 2006. 9. 22. 2006도5274][대법원판결 2007. 12. 28. 2007도6441]등; 반면에 그것을 부정한 경우로서는 [대법원판결 2005. 2. 17. 2004도7866][대법원판결 2005. 4. 15. 2004도1246][대법원판결 2005. 9. 28. 2005도5644][대법원판결 2005. 9. 29. 2005도4239][대법원판결 2005. 10. 13. 2005도5646][대법원판결 2005. 12. 23. 2005도8021][대법원판결 2006. 7. 7. 2005도9686][대법원판결 2006. 9. 8. 2006도3366][대법원판결 2007. 3. 30. 2006도8917][대법원판결 2007. 12. 27. 2007도3990]등.

고 매도한 사안에서, 부당이득죄의 성립을 부정한 사례.

4. 공갈의 개념 등

▷ 공갈죄(350)는 사람을 공갈해서 행위자 본인이 재물을 교부받거나 재산상의 이익을 취득하는 경우(350①) 또는 사람을 공갈해서 제3자로 하여금 재물을 교부받게 하거나 재산상의 이익을 취득하게 하는 경우(350②)를 말한다. 그 수단이 공갈이라는 점을 제외하면 사기죄(347)와 공통된다.

▷ 공갈이란 재물이나 재산상의 이익을 얻기 위한 수단으로서 행해지는 폭행 또는 협박을 말한다. 폭행·협박은 사회통념상 객관적으로 상대방의 반항을 억압하거나 항거를 불능케 할 정도에는 이르지 않는 것으로서, 그 점에서 공갈죄(350)는 강도죄(333)와 구별된다-[대법원판결 2005. 7. 15. 2004도1565]. 한편, 공갈이 허위의 사실을 내용으로 하는 것이라도 상관없다. 기망행위가 있었던 경우에도 그것이 공포심을 일게 하는 수단으로 사용되는 데에 불과하고 그 공포심으로 인해서 상대방이 재물을 교부하거나 재산상의 이익을 제공했다면 공갈죄(350)에 해당되는 것으로 보아야 할 것이다.

▷ 공갈의 상대방은 반드시 재산상의 피해자일 필요는 없지만 공갈의 목적이 된 재물 또는 재산상의 이익을 처분할 수 있는 사실상 또는 법률상의 권한을 가지거나 그와 같은 지위에 있는 자이어야 한다-[대법원판결 2005. 9. 29. 2005도4738].

▷ 공갈죄(350)의 수단으로서 행해진 협박은 공갈죄(350)에 흡수되고 별도로 협박죄(283)를 구성하지 않는다-[대법원판결 1996. 9. 24. 96도2151]. 한편, 판례에 따르면, 갈취한 현금카드를 이용해서 현금을 인출한 경우에는 공갈죄(350)와는 별도로 절도죄(329)가 문제되지 않는다-[대법원판결 2007. 5. 10. 2007도1375].

[대법원판결 2005. 7. 15. 2004도1565(공갈죄의 수단인 협박의 의미 등)] [1] 공갈죄의 수단으로서 협박은 사람의 의사결정의 자유를 제한하거나 의사실행의 자유를 방해할 정도로 겁을 먹게 할 만한 해악을 고지하는 것을 말하고, 해악의 고지는 반드시 명시의 방법에 의할 것을 요하지 아니하며 언어나 거동 등에 의하여 상대방으로 하여금 어떠한 해악을 입을 수 있을 것이라는 인식을 갖게 하는 것이면 족하고, 또한 직접적이 아니더라도 피공갈자 이외의 제3자를 통해서 간접적으로 할 수도 있으며, 행위자가 그의 직업, 지위, 불량한 성행, 경력 등에 기하여 불법한 위세를 이용하여 재물의 교부나 재산상 이익을 요구하고 상대방으로 하여금 그 요구에 응하지 아니할 때에는 부당한 불이익을 초래할 위험이 있을 수 있다는 위구심을 야기하게 하는 경우에도 해악의 고지가 된다. [2] 피해자들이 제작·투자한 영화의 소재로 삼은 폭력조직의 두목 또는 조직원이 피해자들에게 그 영화의 감독을 통해 조직폭력배의 불량한 성행, 경력 등을 이용하여 재물의 교부를 요구하고 피해자들로 하여금 그 요구에 응하지 아니할 때에는 부당한 불이익을 초래할 위험이 있을 수 있다는 위구심을 야기하게 하였고, 피해자들도 돈을 요구하는 상대방이 자신들이 영화의 소재로 삼았던 폭력조직의 두목 또는 조직원이므로 이에 응하지 않을 경우 자신들이 받을 불이익을 두려워하거나 또는 곤경에 빠진 위 영화감독을 위해서라도 돈을 지급하지 않을 수 없다고 판단하여 마지못해 돈을 준 경우, 공갈죄의 성립을 긍정한 사례.

[대법원판결 2005. 9. 29. 2005도4738(공갈죄에 있어서 공갈의 상대방의 요건 등)] [1] 공갈죄에 있어서 공갈의 상대방은 재산상의 피해자와 동일함을 요하지는 아니하나, 공갈의 목적이 된 재물 기타 재산상의 이익을 처분할 수 있는 사실상 또는 법률상의 권한을 갖거나 그러한 지위에 있음을 요한다. [2] 주점의 종업원에게 신체에 위해를 가할 듯한 태도를 보여 이에 겁을 먹은 위 종업원으로부터 주류를 제공받은 경우에 있어 위 종업원은 주류에 대한 사실상의 처분권자이므로 공갈죄의 피해자에 해당된다고 보아 공갈죄가 성립한다고 한 원심의 판단

을 수긍한 사례. (…)

[대법원판결 1996. 9. 24. 96도2151(검사가 고소 취소된 사건을 협박죄로 기소하였다가 공갈미수로 공소장변경을 신청하여 허가된 경우, 공소제기의 하자가 치유되는지 여부)] [1] 피고인이 피해자와의 동거를 정산하는 과정에서 피해자에 대하여 금전채권이 있다고 하더라도, 그 권리행사를 빙자하여 사회통념상 용인되기 어려운 정도를 넘는 협박을 수단으로 사용하였다면, 공갈죄가 성립한다고 본 사례 [2] 공갈죄의 수단으로서 한 협박은 공갈죄에 흡수될 뿐 별도로 협박죄를 구성하지 않으므로, 그 범죄사실에 대한 피해자의 고소는 결국 공갈죄에 대한 것이라 할 것이어서 그 후 고소가 취소되었다 하여 공갈죄로 처벌하는 데에 아무런 장애가 되지 아니하며, 검사가 공소를 제기할 당시에는 그 범죄사실을 협박죄로 구성하여 기소하였다 하더라도, 그 후 공판중에 기본적 사실관계가 동일하여 공소사실을 공갈미수로 공소장 변경이 허용된 이상 그 공소제기의 하자는 치유된다.

[대법원판결 2007. 5. 10. 2007도1375(갈취한 현금카드를 사용하여 현금자동지급기에서 예금을 인출한 행위가 공갈죄와 별도로 절도죄를 구성하는지 여부 등)] [1] 예금주인 현금카드 소유자를 협박하여 그 카드를 갈취한 다음 피해자의 승낙에 의하여 현금카드를 사용할 권한을 부여받아 이를 이용하여 현금자동지급기에서 현금을 인출한 행위는 모두 피해자의 예금을 갈취하고자 하는 피고인의 단일하고 계속된 범의 아래에서 이루어진 일련의 행위로서 포괄하여 하나의 공갈죄를 구성하므로, 현금자동지급기에서 피해자의 예금을 인출한 행위를 현금카드 갈취행위와 분리하여 따로 절도죄로 처단할 수는 없다. 왜냐하면 위 예금인출 행위는 하자 있는 의사표시이기는 하지만 피해자의 승낙에 기한 것이고, 피해자가 그 승낙의 의사표시를 취소하기까지는 현금카드를 적법, 유효하게 사용할 수 있으므로, 은행으로서도 피해자의 지급정지 신청이 없는 한 그의 의사에 따라 그의 계산으로 적법하게 예금을 지급할 수밖에 없기 때문이다. (…)

[제9강] 횡령죄의 성부成否 및 배임죄와의 관계 등 (1)

1. 횡령죄의 성부成否 등

1. 횡령죄의 성부成否 등

[사례9-1-1] 울산시 남구청의 서기보 A는 구청 사환 甲에게 현금 100만원과 A의 도장이 찍힌 농협예금청구서 및 예금통장을 주면서 50만원을 찾아서 함께 울산시청 금고에 입금하도록 지시했다. 그런데 甲은 현금과 농협에서 찾은 돈을 입금하지 않고 모두 써버렸다. 甲의 죄책은?

[사례9-1-2] 조합장 乙은 조합의 뜻에 따라 구청 도시계획국장에게 뇌물로 공여하기 위해 조합공금에서 인출한 100만원 가운데에서 50만원을 임의로 소비했다. 乙의 죄책은?

〈횡령과 배임의 죄〉의 개요

▷ 「형법」 각칙 제40장의 〈횡령과 배임의 죄〉는 〈횡령의 죄〉와 〈배임의 죄〉로 구분될 수 있다. 〈횡령의 죄〉에는 위탁물의 횡령을 내용으로 하는 단순횡령죄(355①)와 그 신분적 가중유형으로서의 업무상횡령죄(356), 위탁관계를 전제로 하지 않는 점유이탈물횡령죄(360①②)가 있다. 〈횡령의 죄〉에도 친족상도례親族相盜例 및 동력에 관한 규정이 준용되며(361), 단순횡령죄(355①) 및 업무상횡령죄(356)에는 자격정지의 병과竝科가 인정되고(358) 그 미수범도 처벌의 대상이 된다(359). 한편, 〈배임의 죄〉에는 기본유형으로서의 단순배임죄(355②)와 그 신분적 가중유형으로서 업무상배임죄(356), 특수유형으로서의 배임수증재죄背任收贈財罪(357①②)가 있다 〈배임의 죄〉에도 친족상도례親族相盜例 및 동력에 관한 규정이 준용되고(361) 자격정지의 병과竝科가 인정되며(358), 각 죄의 미수범도 처벌의 대상이 된다(359).

✓ 〈횡령의 죄〉는 재물죄 가운데에서도 영득죄에 해당되지만, 재물에 대한 타인의 점유를 침해하지 않고 그 재물을 영득하는 범죄인 점에서 기타의 영득죄, 특히 〈절도의 죄〉와 구별된다.

〈횡령의 죄〉의 개요

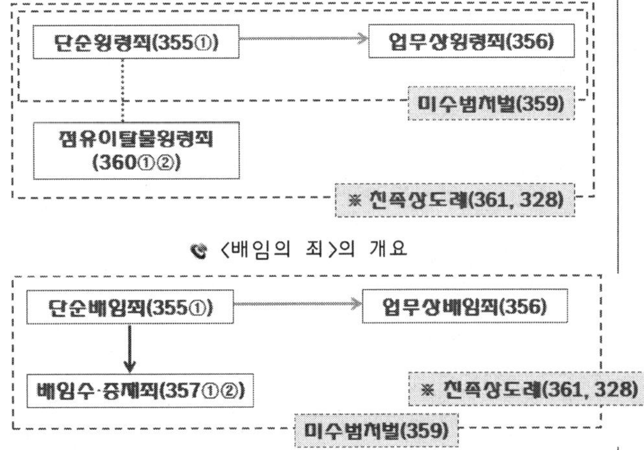

단순횡령죄(355①) 및 업무상횡령죄(356)

▷ 단순횡령죄(355①)는 타인의 재물을 보관하는 자가 그 재

물을 횡령하거나 그 반환을 거부하는 것이다. 타인의 재물을 보관하는 자가 업무상의 임무를 반해서 그 재물을 횡령하거나 그 반환을 거부하는 경우는 업무상횡령죄(356)를 구성한다. 그와 같이 단순횡령죄(355①) 및 업무상횡령죄(356)는 타인의 신뢰를 위배해서 그 타인에게 재산적 손해를 끼치는 것이다*.

* 단순횡령죄(355①)는 행위자 자신이 점유하는 타인의 재물을 영득하는 것이다. 그와 같이 타인의 점유를 침해하지 않는 점에서 그 법정형은 타인의 점유를 침해하는 단순절도죄(329)의 그것보다 가볍다고 볼 수 있다. 또한, 행위자 자신이 점유하는 재물에 대해서는 그렇지 않은 재물에 대해서보다 영득의 유혹에 빠지기 쉬운 점도 단순횡령죄(355①)의 법정형이 단순절도죄(329)의 그것보다 낮은 것에 대한 이유가 될 수 있다(金鍾源, 刑法各論 上卷, 改訂版, 1971, 227면).

▷ 단순횡령죄(355①)의 주체는 타인의 재물을 보관하는 자다. 타인의 재물이란 타인이 소유하는 재물을 말하며, 타인과 공동으로 소유하는 재물도 타인의 재물에 해당된다. 여기에서 보관이란 위탁관계에 의해 재물을 점유하는 것을 말한다. 따라서 단순횡령죄(355①)의 주체로서 타인의 재물을 보관하는 자란 위탁관계에 기해 타인의 재물을 사실상 또는 법률상 지배하는 자를 말한다. 단순횡령죄(355①)를 구성하기 위해서는 그와 같이 재물의 보관자와 재물의 소유자 기타 본권자* 사이에 법률상 또는 사실상의 위탁신임관계가 존재해야 한다**. 그러한 위탁관계는 사용대차·임대차·위임 등의 계약에 의해 설정될 수 있을 뿐만 아니라, 사무관리·관습·조리·신의칙 등에 의해서도 성립될 수 있다–[대법원판결 2004. 3. 12. 2004도134][대법원판결 1970. 5. 12. 70도649]참조. 〔사례9-1-1〕에서 甲은 점유의 보조자로서 재물을 사실상 지배하는 자이므로 단순횡령죄(355①) 등의 주체로서 타인의 재물을 보관하는 자에 해당된다. 한편, 단순횡령죄(355①)의 주체로서 타인의 재물을 보관하는 자에는 그 재물을 사실상 지배하는 자뿐만 아니라 그것을 법률상 지배하는 자도 속하는데, 후자의 예로서는 창고증권의 소지인이 임치물의 보관자가 되는 경우나 등기부상의 소유명의자가 부동산의 보관자가 되는 경우를 들 수 있다. 그와 관련해서 판례는, 부동산의 경우에 보관자의 지위에 있는지의 여부는 점유가 아니라 그 부동산을 제3자에게 유효하게 처분할 수 있는 권능의 유무에 따라 판단되어야 하므로, 가령 원인무효인 소유권이전등기의 명의자는 단순횡령죄(355①)의 주체가 될 수 없다고 한다–[대법원판결 2007. 5. 31. 2007도1082]. 그러한 사고방식에 따르면, . 그밖에, 판례는 이른바 중간생략등기형 명의신탁의 경우에 수탁자가 부동산을 임의로 처분하는 것이 단순횡령죄((355①)에 해당된다고 한다–[대법원판결 2002. 8. 27. 2002도2926].

* 소유권·지상권·임차권·전세권·질권 등과 같이 점유를 법률상 정당하게 해주는 권리를 일컬어 본권이라고 한다.
** 따라서 그러한 위탁관계가 존재하지 않는 경우에는 점유물을 영득하더라도 단순횡령죄(355①)가 문제되지 않고 점유이탈물횡령죄(360)만이 문제될 수 있을 뿐이다.

▷ 단순횡령죄(355①) 등의 객체는 자기가 보관하는 타인의

[대법원판결 2004. 3. 12. 선고 2004도134(금전수수를 수반하는 사무처리를 위임받은 자가 그 행위에 기하여 위임자를 위하여 제3자로부터 수령한 금전의 귀속관계 등)] [1] 금전의 수수를 수반하는 사무처리를 위임받은 자가 그 행위에 기하여 위임자를 위하여 제3자로부터 수령한 금전은 목적이나 용도를 한정하여 위탁된 금전과 마찬가지로 달리 특별한 사정이 없는 한 그 수령과 동시에 위임자의 소유에 속하고, 위임을 받은 자는 이를 위임자를 위하여 보관하는 관계에 있다고 보아야 한다. (…)

[대법원판결 1970. 5. 12. 70도649(점유의 보조자로서 재물을 사실상 지배하는 경우와 횡령죄의 성립)] 점유의 보조자로서 재물을 사실상 지배하는 자도 횡령죄에서 말하는 타인의 재물을 보관하는 자에 해당한다.

[대법원판결 2007. 5. 31. 2007도1082(부동산에 관한 횡령죄에 있어서 보관자의 지위에 대한 판단 기준 및 원인무효인 소유권이전등기의 명의자가 횡령죄의 주체인 타인의 재물을 보관하는 자에 해당하는지 여부 등)] [1] 횡령죄의 주체는 타인의 재물을 보관하는 자이어야 하고, 여기서 보관이라 함은 위탁관계에 의하여 재물을 점유하는 것을 의미하므로, 결국 횡령죄가 성립하기 위하여는 그 재물의 보관자가 재물의 소유자(또는 기타의 본권자)와 사이에 법률상 또는 사실상의 위탁신임관계가 존재하여야 하고, 또한 부동산의 경우 보관자의 지위는 점유를 기준으로 할 것이 아니라 그 부동산을 제3자에게 유효하게 처분할 수 있는 권능의 유무를 기준으로 결정하여야 하므로, 원인무효인 소유권이전등기의 명의자는 횡령죄의 주체인 타인의 재물을 보관하는 자에 해당한다고 할 수 없다. [2] 임야의 진정한 소유자와는 전혀 무관하게 신탁자로부터 임야 지분을 명의신탁받아 지분이전등기를 경료한 수탁자가 신탁받은 지분을 임의로 처분한 사안에서, 소유자와 수탁자 사이에 위 임야 지분에 관한 법률상 또는 사실상의 위탁신임관계가 성립하였다고 할 수 없고, 또한 어차피 원인무효인 소유권이전등기의 명의자에 불과하여 위 임야 지분을 제3자에게 유효하게 처분할 수 있는 권능을 갖지 아니한 수탁자로서는 위 임야 지분을 보관하는 자의 지위에 있다고도 할 수 없으므로, 그 처분행위가 신탁자에 대해서나 또는 소유자에 대하여 위 임야 지분을 횡령한 것으로 된다고 할 수 없다고 한 사례.

[대법원판결 2002. 8. 27. 2002도2926(이른바 중간생략등기형 명의신탁에 있어서 수탁자가 부동산을 임의로 처분한 경우, 횡령죄의 성립 여부)] 부동산에 관하여 신탁자가 수탁자와 명의신탁약정을 맺고 신탁자가 매매계약의 당사자가 되어 매도인과 매매계약을 체결하되 다만 등기를 매도인으로부터 수탁자 앞으로 직접 이전하는 방법으로 명의신탁을 한 경우 명의수탁자가 그 부동산을 임의로 처분하였다면 횡령죄가 성립한다.

[대법원판결 1994. 3. 8. 93도2272(횡령죄의 객체인 재물의 의미 등)] 가. 횡령죄에 있어서의 재물은 동산, 부동산의 유체물에 한정되지 아니하고 관리할 수 있는 동력도 재물로 간주되지만, 여기에서 말하는 관리란 물리적 또는 물질적 관리를 가리킨다고 볼 것이고, 재물과 재산상 이익을 구별하고 횡령과 배임을 별개의 죄로 규정한 현행 형법의 규정에 비추어 볼 때 사무적으로 관리가 가능한 채권이나 그 밖의 권리 등은 재물에 포함된다고 해석할 수 없다. 나. 광업권은 재물인 광물을 취득할 수 있는 권리에 불과하지 재물 그 자체는 아니므로 횡령죄의 객체가 된다고 할 수 없고, 광업법 제12조가 광업권을 물권으로 하고 광업법에서 따로 정한 경우를 제외하고는 부동산에 관한 민법 기타 법령의 규정을 준용하도록 규정하고 있다 하여 광업권이 부동산과 마찬가지로 횡령죄의 객체가 된다고 할 수는 없다.

[대법원판결 2002. 10. 11. 2002도2939(목적, 용도를 정하여 위탁한 금

재물이다. 따라서 재물이 아닌 재산상의 이익은 단순횡령죄(355①) 등의 객체가 될 수 없다-[대법원판결 1994. 3. 8. 93도2272]. 동산·부동산과 같은 유체물이 재물에 해당되는 것은 물론이거니와 관리할 수 있는 동력도 재물로 간주된다(361·346). 그런데 여기에서 말하는 관리란 물리적·물질적 관리를 의미하고, 무엇보다도「형법」이 행위객체로서의 재물과 재산상의 이익을 구별해서 횡령과 배임을 별개의 죄로 규정하고 있는 점에 비추어볼 때에, 물리적·물질적으로는 관리될 수 없고 사무적으로 관리될 수 있는 채권 기타의 권리 등은 단순횡령죄(355①) 등에서 말하는 재물에 포함되지 않는다-[대법원판결 1994. 3. 8. 93도2272]. 한편, 동산 가운데에서도 금전과 같이 대체성이 인정되는 재물도 단순횡령죄(355①) 등의 객체가 되는지에 관해서는 구체적인 사정이 고려될 필요가 있다. 즉, 금전의 특정성이 요구되지 않는 한에서는 수탁자가 위탁된 금전을 일시 사용하더라도 그것이 위탁의 취지에 반하지 않고 또한 수탁자로서는 필요한 시기에 다른 금전으로 대체시킬 수 있는 상태에 있다면 단순횡령죄(355①) 등을 구성하지 않는다고 보아야 할 것이다-[대법원판결 2002. 10. 11. 2002도2939]참조. 그와는 달리, 목적과 용도를 정해서 위탁된 금전은 정해진 목적과 용도로 사용될 때까지는 그 소유권이 위탁자에게 유보되어 있는 것이므로 수탁자가 위탁의 취지에 반해서 그 금전을 임의로 소비하는 경우는 단순횡령죄(355①) 등을 구성한다고 보는 것이 판례의 입장이다-[대법원판결 2006. 3. 9. 2003도6733]. [사례9-1-1]에서 甲이 임의로 소비한 금전이 목적과 용도를 정해서 위탁된 것이라고 볼 수 있는 한에서 甲의 행위는 단순횡령죄(355①)를 구성하는 것으로 보아야 할 것이다-[대법원판결 1968. 10. 29. 68도1222]참조. 그밖에, 단순횡령죄(355①) 등의 객체인 타인의 재물에는 유가증권도 포함된다-[대법원판결 2006. 8. 25. 2006도3631].

✓ 불법원인급여물에 대해서는 단순횡령죄(355①) 등의 성립을 긍정하는 입장과 부정하는 입장이 있다. 불법원인급여물의 경우에는 수탁자가 보관물을 반환할 법률상의 의무가 없으므로 그것을 임의로 처분할 수 있는 점 등에 근거해서 불법원인급여물에 대한 단순횡령죄(355①) 등의 성립을 부정하는 입장에 따르면 [사례9-1-2]에서 乙의 행위는 단순횡령죄(355①)에 해당되지 않는다. 반면에, 불법원인급여물의 경우라도 급여자가 그 소유권을 상실하는 것이 아니라 단지 그 반환을 청구할 수 없을 뿐이므로 수탁자가 보관물을 임의로 처분하는 것은 여전히 타인 소유의 재물을 횡령하는 것이 되는 점 등에 근거해서 불법원인급여물에 대한 단순횡령죄(355①) 등의 성립을 긍정하는 입장에 따르면 乙의 행위는 단순횡령죄(355①)를 구성한다. 판례는 기본적으로는 불법원인급여물에 대한 단순횡령죄(355①) 등의 성립을 부정하면서도 수탁자의 불법성이 급여자의 그것보다 현저히 큰 때에 한해서는 그것을 긍정하고 있다-[대법원판결1988. 9. 20. 86도628][대법원판결 1999. 9. 17. 98도2036].

▷ 단순횡령죄(355①) 등의 실행행위는 횡령 또는 반환거부다. 횡령의 의미에 관해서 '월권행위설'은 재물에 대한 영

전에 관한 횡령죄의 구성 등)] [1] 목적, 용도를 정하여 위탁한 금전은 정해진 목적, 용도에 사용할 때까지는 이에 대한 소유권이 위탁자에게 유보되어 있는 것으로서, 특히 그 금전의 특정성이 요구되지 않는 경우 수탁자가 위탁의 취지에 반하지 않고 필요한 시기에 다른 금전으로 대체시킬 수 있는 상태에 있는 한 이를 일시 사용하더라도 횡령죄를 구성한다고 할 수 없고, 수탁자가 그 위탁의 취지에 반하여 다른 용도에 소비할 때 비로소 횡령죄를 구성한다. (…)

[대법원판결 2006. 3. 9. 2003도6733(목적과 용도를 정하여 위탁받은 금원을 임의로 소비한 경우 횡령죄의 성부 등)] [1] 목적과 용도를 정하여 위탁한 금전은 정해진 목적, 용도에 사용할 때까지는 이에 대한 소유권이 위탁자에게 유보되어 있는 것으로서, 수탁자가 임의로 소비하면 횡령죄를 구성한다. (…)

[대법원판결 1968. 10. 29. 68도1222(횡령죄에 있어서의 보관의 법리를 오해한 위법이 있는 실례)] 동회의 사환이 동직원으로부터 시청금고에 입금하도록 교부 받은 현금과 예금에서 찾은 돈을 사생활비에 소비한 경우에는 절도죄가 아니라 횡령죄가 성립된다. (…) 원판결 이유에 의하면, 검사의 공소사실은 피고인은 대전시 대흥2동 사무소 사환으로 있는 자로서, 1967. 10. 2 09:00경 위 동사무소에서 행정서기보 이종형이가 대전시청금고에 입금하라고 지시보관 의뢰한 현금 144,345원 및 대덕군 농협에서 인출한 현금 27,900원, 도합 금 172,245원을 일시 보관함을 기화로 피고인의 사생활비등에 소비하여 이를 횡령한 것이라는데 있는 바, 피고인은 대전시 대흥2동 사무소의 사환으로 근무하였던 사실, 1967. 10. 2위 동회의 세무담당서기인 이종형으로부터 대전시청금고에 입금하도록 세금으로 징수한 현금 144,345원과 대덕농협에 예치되어있는 금액중 27,900원에 위 서기의 도장이 날인된 예금청구서와 예금통장을 교부받은 사실, 피고인이 교부받은 위 현금과 그날 예금중 27,900원을 찾아서 대전시청금고에 입금치 않고 소지한 채 그날로 도망가서 모두 소비한 사실을 각각 인정할 수 있으나, (1) 피고인은 동 회의 의사결정에 직접 또는 간접으로나마 관여할 수 없는 단순한 육체노동에 종사하는 사환으로서 동회라는 기관의 기계적인 보조자에 불과하고 (2) 동회직원으로부터 대전시금고에 입금하라는 지시를 받고 현금을 교부 받아도 피고인은 이를 악지하는데 그치고 그 돈의 점유는 여전히 동장이나 담당직원에게 있는 것이고, 피고인의 점유하에 있다고는 볼 수 없고, (3) 가사 피고인에게 점유가 있다하더라도 동장이나 담당직원의 주된 점유와 양립될 수 있는 종된 점유에 불과하므로, 피고인의 소위는 절도죄에 해당할지언정 횡령죄는 구성할 수 없다고 하여 피고인에게 무죄를 선고하였다. 그러나 횡령죄는 타인의 재물을 보관하는 자가 그 재물을 횡령하거나, 그 반환을 거부함으로서 성립하는 범죄로서, 횡령죄에서 말하는 보관이라함은 민법상의 점유의 개념과는 달라 재물의 현실적인 보관 즉 사실상의 지배를 가지고 있으면 족한 것으로서 점유보조자도 재물에 대한 사실상의 지배를 가지고 있는 이상 보관자라고 할 것인 바, 이 사건에 있어서 피고인이 비록 동회의 사환에 불과하다 하더라도 동 직원으로부터 교부 받은 현금과 예금에서 찾은 돈은 피고인의 사실상 지배하에 있었던 것으로서 피고인은 타인의 재물을 보관하는 자에 해당한다고 할 것이다. (…)

[대법원판결 2006. 8. 25. 2006도3631(약속어음이 횡령죄 및 업무상횡령죄의 객체가 되는 경우; 회사의 대표이사가 회사의 약속어음을 보관하던 중 자신과 사적으로 주식 및 경영권 양도계약을 체결한 지위에 있을 뿐인 사람에게 교부한 행위가 업무상횡령에 해당한다고 한 사례 등)] (…) 횡령죄 및 업무상횡령죄의 객체인 타인의 재물이라 함은 부동산, 동산은 물론 유가증권 등을 포함하는 개념인바, 약속어음의 발행인이 유통시킬 의사로 어음상에 발행인의 기명·날인까지 마쳐 어음으로서의 외관을 갖춘 경우 위와 같은 약속어음은 횡령죄 및 업무상횡령죄

득의사와는 상관없이 보관물에 대한 권한을 넘는 일체의 행위가 횡령행위에 해당된다고 보지만, '영득행위설'은 횡령을 불법영득의사를 실현하는 행위로 본다-[대법원판결 2004. 12. 9. 2004도5904]. 가령 보관물을 일시 사용할 목적으로 소비한 경우에, '월권행위설'에 따르면 그것이 횡령행위에 해당되지만, '영득행위설'에 의하면 그것만으로는 횡령행위에 해당되지 않는다. 불법영득의사를 실현하는 행위의 예로서는 보관물을 사실상 또는 법률상 처분하는 경우, 보관물에 대한 자신의 소유권을 주장해서 민사소송을 제기하는 경우 또는 공범자에게 보관물을 교부하는 경우 등을 들 수 있다. '영득행위설'와 관점에서는 그와 같이 불법영득의사가 실현된 때에 단순횡령죄(355①) 등은 기수에 이른다. 따라서 보관물을 불법영득의사로써 매도하기 위해 그 신청을 하는 데에 그쳤다면 아직 영득의사가 실현되었다고 볼 수 없으므로 단순횡령죄(355①) 등의 미수에 해당된다*. 한편, 단순횡령죄(355①) 등의 행위로서의 반환거부도 '영득행위설'의 관점에서는 불법영득의사를 실현하는 행위의 일종으로 이해될 수 있다. 따라서 영득의사 없이 가령 보관물을 찾지 못해서 반환하지 않은 경우 등은 횡령죄를 구성하지 않는다-[대법원판결 2002. 9. 4. 2000도637] 참조.

* 김성돈, 형법각론, 제2판, 2009, 329면 이하 참조.

▷ 단순횡령죄(355①) 등을 구성하기 위해서는 행위자에게 횡령의 고의 및 불법영득의사가 있어야 하는데, 여기에서의 불법영득의사란 자기 또는 제3자의 이익을 꾀할 목적으로 자신이 보관하는 타인의 재물을 위탁의 취지에 반해서 권한 없이 자기의 소유인 것처럼 처분할 의사를 말한다. 보관자가 위탁물의 반환을 거부한 데에 정당한 사유가 있는 경우에는 불법영득의사가 인정되지 않는다-[대법원판결 2004. 3. 12. 2004도134][대법원판결 2005. 8. 19. 2005도3045][대법원판결 1983. 9. 13. 82도75]등참조.

▷ 단순횡령죄(355①) 등이 종료된 후에 횡령물을 처분하는 경우에는 불가벌적 사후행위가 문제된다-[대법원판결 1978. 11. 28. 78도2175][대법원판결 2006. 10. 13. 2006도4034]등참조.

▷ 업무상횡령죄(356)는 그 주체가 업무상 타인의 재물을 보관하는 자인 점에서 단순횡령죄(355①)의 신분적 가중유형이 된다-[대법원판결 1999. 7. 9. 99도1040]참조. 업무란 타인의 재물을 보관하는 업무를 말하며, 그것이 주된 업무이든 부수적 업무이든 상관없다. 그런데 업무상횡령죄(356)는 그 주체가 보관자라는 측면에서는 진정 신분범의 성질을 가지지만, 그 주체가 업무자라는 점에서는 부진정 신분범의 성질도 가지고 있다. 그러한 관점에서, 업무상횡령죄(356)에 보관자·업무자로서의 신분이 없는 자가 공동정범 또는 교사범·종범으로서 가담한 경우에는,「형법」제33조의 해석에 관한 다수설에 입장에 따르면, 진정 신분범의 측면에서는「형법」제33조 본문의 적용을 받아 단순횡령죄(355①)의 공범의 성립되고, 부진정 신분범의 측면에서는「형법」제33조 단서의 적용을 받아 단순횡령죄(355①)의 형이 과해지는 것으로 이해될 수 있다.

의 객체인 재물에 해당한다고 할 것이고, 한편 위와 같은 약속어음을 업무상 등의 이유로 보관하던 중 그 임무에 위배하여 제3자에게 대여하거나 할인 목적으로 사용하도록 교부하는 행위 또는 제3자가 금전을 차용하는 데 대한 담보로 제공하는 행위 등은 약속어음을 객체로 한 횡령행위에 해당될 수 있다. (…)

[대법원판결 1988. 9. 20. 86도628(불법원인급여와 횡령죄의 성부)] 민법 제746조에 불법의 원인으로 인하여 재산을 급여하거나 노무를 제공한 때에는 그 이익의 반환을 청구하지 못한다고 규정한 뜻은 급여를 한 사람은 그 원인행위가 법률상 무효임을 내세워 상대방에게 부당이득반환청구를 할 수 없고, 또 급여한 물건의 소유권이 자기에게 있다고 하여 소유권에 기한 반환청구도 할 수 없어서 결국 급여한 물건의 소유권은 급여를 받은 상대방에게 귀속된다는 것이므로 조합장이 조합으로부터 공무원에게 뇌물로 전달하여 달라고 금원을 교부받은 것은 불법원인으로 인하여 지급 받은 것으로서 이를 뇌물로 전달하지 않고 타에 소비하였다고 해서 타인의 물을 보관중 횡령하였다고 볼 수는 없다.

[대법원판결 1999. 9. 17. 98도2036(불법원인급여에서 수익자의 불법성이 급여자의 불법성보다 현저히 큰 데 반하여 급여자의 불법성은 미약한 경우, 급여자의 부당이득반환청구의 허용 여부 등)] (…) 민법 제746조에 의하면, 불법의 원인으로 인한 급여가 있고, 그 불법원인이 급여자에게 있는 경우에는 수익자에게 불법원인이 있는지 여부, 수익자의 불법원인의 정도, 그 불법성이 급여자의 그것보다 큰지 여부를 막론하고 급여자는 불법원인급여의 반환을 구할 수 없는 것이 원칙이나, 수익자의 불법성이 급여자의 그것보다 현저히 큰 데 반하여 급여자의 불법성은 미약한 경우에도 급여자의 반환청구가 허용되지 않는다면 공평에 반하고 신의성실의 원칙에도 어긋나므로, 이러한 경우에는 민법 제746조 본문의 적용이 배제되어 급여자의 반환청구는 허용된다고 해석함이 상당하다. 이 사건에서와 같이 포주인 피고인이 피해자가 손님을 상대로 윤락행위를 할 수 있도록 업소를 제공하고, 윤락녀인 피해자가 윤락행위의 상대방으로부터 받은 화대를 피고인에게 보관하도록 하였다가 이를 분배하기로 한 약정은 선량한 풍속 기타 사회질서에 위반되는 것이고, 따라서 피해자가 그 약정에 기하여 피고인에게 화대를 교부한 것은 불법의 원인으로 인하여 급여를 한 경우로 보아야 하겠지만, 한편 기록에 의하면, 피고인은 다방 종업원으로 근무하고 있던 피해자를 수차 찾아가 자신의 업소에서 윤락행위를 해 줄 것을 적극적으로 권유함으로써 피해자가 피고인과 사이에 위와 같은 약정을 맺고서 윤락행위를 하게 되었고, 피고인은 전직 경찰관으로서 행정사 업무에 종사하면서도 자신의 업소에 피해자 등 5명의 윤락녀를 두고 그들이 받은 화대에서 상당한 이득을 취하는 것을 영업으로 해 왔음에 반하여, 피해자는 혼인하여 남편과 두 아들이 있음에도 남편이 알코올중독으로 생활능력이 없어 가족의 생계를 위하여 피고인의 권유에 따라 윤락행위에 이르게 되었음을 알 수 있는바, 위와 같은 피고인과 피해자의 사회적 지위, 그 약정에 이르게 된 경위에다가 앞에서 본 약정의 구체적 내용, 급여의 성격 등을 종합해 볼 때, 피고인측의 불법성이 피해자측의 그것보다 현저하게 크다고 봄이 상당하므로, 민법 제746조 본문의 적용은 배제되어 피해자가 피고인에게 보관한 화대의 소유권은 여전히 피해자에게 속하는 것이어서, 피해자는 그 전부의 반환을 청구할 수 있고, 피고인이 이를 임의로 소비한 행위는 횡령죄를 구성한다고 보지 않을 수 없다. 그럼에도 불구하고, 원심은 위에서 본 바와 같은 이유로 피해자가 피고인에게 보관한 화대의 절반에 대한 이 사건 횡령의 공소사실을 무죄를 판단하였으니, 원심판결에는 횡령죄와 불법원인급여에 관한 법리를 오해함으로써 판결에 영향을 미친 위법이 있고, 이 점을 지적하는 상고이유의 주장은 이유 있다. (…)

점유이탈물횡령죄(360)

▷ 점유이탈물횡령죄(360)의 객체는 유실물·표류물 또는 타인의 점유를 이탈한 재물이며, 전자는 후자에 예시로 볼 수 있다. 타인의 점유를 이탈한 재물이란 점유자의 의사意思에 기하지 않고 그 점유를 이탈한 재물을 말한다-[대법원판결 1999. 11. 26. 99도3963]참조. 가령 타인이 놓고 간 물건이나 일실逸失한 가축 또는 착오로 인해 점유한 물건 등이 점유이탈물에 속한다(유실물법12참조). 또한, 우연히 자신의 지배 내에 들어온 타인의 재물이나 점유자의 착오로 인해 교부된 물건 등도 점유이탈물에 해당된다.

✓ 점유이탈물횡령죄(360)는 타인의 점유에 속하지 않는 타인의 재물을 영득하는 것인 점에서는 단순횡령죄(355①) 및 업무상횡령죄(356)와 공통되지만, 타인과의 위탁관계를 전제로 하지 않는 점에서는 단순횡령죄(355①) 및 업무상횡령죄(356)와 성질을 달리한다. 이와 같이 점유이탈물횡령죄(360)는 타인의 점유를 침해하지도 않고 타인의 신뢰를 침해하지도 않을뿐더러 〈공갈의 죄〉나 〈강도의 죄〉에서와 같은 인격적 법익에 대한 침해도 없는 점에서 가장 단순한 형태의 영득죄라고 할 수 있다.

[대법원판결 2004. 12. 9. 2004도5904(횡령죄에 있어서 횡령행위의 의미 등)] [1] 횡령죄는 타인의 재물을 보관하는 자가 그 재물을 횡령하는 경우에 성립하는 범죄이고, 횡령죄의 구성요건으로서의 횡령행위란 불법영득의사를 실현하는 일체의 행위를 말하는 것으로서 불법영득의사가 외부에 인식될 수 있는 객관적 행위가 있을 때 횡령죄가 성립한다. (…)

[대법원판결 2002. 9. 4. 2000도637(형법 제355조 제1항 소정의 '반환의 거부'의 의미 및 그 판단 기준 등)] [1] 횡령죄에 있어 불법영득의사를 실현하는 행위로서의 횡령행위가 있다는 점은 검사가 입증하여야 하는 것으로서 그 입증은 법관으로 하여금 합리적인 의심을 할 여지가 없을 정도의 확신을 생기게 하는 증명력을 가진 엄격한 증거에 의하여야 하고, 이와 같은 증거가 없다면 설령 피고인에게 유죄의 의심이 간다 하더라도 피고인의 이익으로 판단할 수밖에 없다고 할 것이나, 피고인이 자신이 위탁받아 보관중이던 돈이 모두 없어졌는데도 그 행방이나 사용처를 설명하지 못하거나 또는 피고인이 주장하는 사용처에 사용된 자금이 다른 자금으로 충당된 것으로 드러나는 등 피고인이 주장하는 사용처에 사용되었다는 점을 인정할 수 있는 자료가 부족하고 오히려 개인적인 용도에 사용하였다는 점에 대한 신빙성 있는 자료가 많은 경우에는 일응 피고인이 위 돈을 불법영득의 의사로서 횡령한 것으로 추단할 수 있다. [2] 형법 제355조 제1항에서 정하는 '반환의 거부'라고 함은 보관물에 대하여 소유자의 권리를 배제하는 의사표시를 하는 행위를 뜻하므로, 타인의 재물을 보관하는 자가 단순히 반환을 거부한 사실만으로는 횡령죄를 구성하는 것은 아니며, 반환거부의 이유 및 주관적인 의사 등을 종합하여 반환거부행위가 횡령행위와 같다고 볼 수 있을 정도이어야만 횡령죄가 성립한다. [3] 보관자의 지위에 있는 등기명의자가 명의이전을 거부하면서 부동산의 진정한 소유자가 밝혀진 후에 명의이전을 하겠다는 의사를 표시하였다면 불법영득의 의사를 가지고 그 반환을 거부한 것이라고 단정할 수 없다고 한 사례.

[대법원판결 2004. 3. 12. 2004도134(횡령죄에 있어서 불법영득의사의 의미 등)] (…) [2] 횡령죄에 있어서의 불법영득의 의사는 타인의 재물을 보관하는 자가 자기 또는 제3자의 이익을 위하여 위탁의 취지에 반하여 권한 없이 그 재물을 자기의 소유인 것 같이 처분하는 의사를 말하는 것이므로, 비록 그 반환을 거부하였다고 하더라도 그 반환거부에 정당한 사유가 있을 때에는 불법영득의 의사가 있다고 할 수 없다. [3] 피고인이 금전의 수수를 수반하는 부동산의 매도에 관한 사무의 위탁의 취지에 반하여 부동산의 매매계약금으로 수령한 돈을 자신의 피해자에 대한 채권의 변제에 충당한다는 명목으로 그 반환을 거부하면서 자기의 소유인 것 같이 이를 처분하였다면 피고인이 위 매매계약금의 반환을 거부한 데에는 정당한 사유가 있다고 할 수 없어 불법영득의 의사가 인정된다고 한 사례.

[대법원판결 2005. 8. 19. 2005도3045(주식회사 소유 재산을 주주나 대표이사가 사적인 용도로 임의 처분한 경우, 횡령죄의 성립 여부 및 횡령죄에 있어서 불법영득의사의 의미 등)] (…) [2] 주식회사는 주주와 독립된 별개의 권리주체로서 그 이해가 반드시 일치하는 것은 아니므로, 회사 소유 재산을 주주나 대표이사가 제3자의 자금 조달을 위하여 담보로 제공하는 등 사적인 용도로 임의 처분하였다면 그 처분에 관하여 주주총회나 이사회의 결의가 있었는지 여부와는 관계없이 횡령죄의 죄책을 면할 수는 없는 것이고, 횡령죄에 있어서 불법영득의 의사라 함은 자기 또는 제3자의 이익을 꾀할 목적으로 업무상의 임무에 위배하여 보관하는 타인의 재물을 자기의 소유인 경우와 같은 처분을 하는 의사를 말하고 사후에 이를 반환하거나 변상, 보전하는 의사가 있다 하더라도 불법영득의 의사를 인정함에 지장이 없다.

[대법원판결 1983. 9. 13. 82도75(업무상 횡령죄에 있어서의 불법영득의

사의 의미 등)] 가. 형법 제356조, 제355조에 있어서의 보관이라 함은 재물이 사실상의 지배아래 있는 경우 뿐만 아니라 법률상의 지배, 처분이 가능한 상태를 모두 가리킨다고 할 것이므로, 타인의 금전을 위탁받아 보관하는 자는 보관방법으로서 이를 은행 등의 금융기관에 예치한 경우에도 보관자의 지위에 영향이 없고, 수표발행 권한을 위임받은 자는 그 수표자금으로서 예치된 금원에 대하여 이를 보관하는 지위에 있다 할 것이다. 나. 회사로부터 수표발행 권한을 위임받은 자가 업무상의 임무에 위배하여 자기 또는 제 3 자의 용도에 충당하기 위하여 수표를 발행하고 그 수표를 이용하여 거래은행으로부터 회사의 예금을 인출하는 행위는 불법영득의 의사를 실현하는 행위로서 업무상횡령죄가 성립한다. 다. 업무상횡령죄에 있어서 불법영득의 의사라 함은 자기 또는 제 3 자의 이익을 꾀할 목적으로 업무상의 임무에 위배하여 보관하는 타인의 재물을 자기의 소유인 경우와 같은 처분을 하는 의사를 말하고 사후에 이를 반환하거나 변상, 보전하는 의사가 있다 하더라도 불법영득의 의사를 인정함에 지장이 없다.

[대법원판결 1978. 11. 28. 78도2175(횡령행위의 기수시기와 경합범의 성립; 횡령죄의 불가벌적 사후행위)] 가. 타인의 재물을 공유하는 자가 공유자의 승낙을 받지 않고 공유대지를 담보에 제공하고 가등기를 경료한 경우 횡령행위는 기수에 이르고 그후 가등기를 말소했다고 하여 중지미수에 해당하는 것이 아니며 가등기말소 후에 다시 새로운 영득의사의 실현행위가 있을 때에는 그 두개의 횡령행위는 경합범 관계에 있다. 나. 횡령죄는 상태범이므로 횡령행위의 완료후에 행하여진 횡령물의 처분행위는 그것이 그 횡령행위에 의하여 평가되어 버린 것으로 볼 수 있는 범위 내의 것이라면 새로운 법익의 침해를 수반하지 않은 이른바 불가벌적사후행위로서 별개의 범죄를 구성하지 않는다. (…) 원심은 피고인이 공소외 한일규 소유의 부산 부산진구 부전동 287의 90 대지 62평에 관하여 피해자인 김치만의 대여금 550만원과 피고인의 대여금 150만원의 담보로 김치만과 피고인 양인명의로 등기할 것을 피고인 단독명의로 소유권이전등기하여 보관함을 기화로 동 대지에 관하여 (1) 1973. 11. 10 공소외 김상택으로부터 금 50만원을 차용하면서 동 일자로 김상택앞으로 가등기를 경료해주고, (2) 1974. 2. 15 공소외 이봉옥으로부터 금 200만원을 차용하고 동일자로, 동인 앞으로 근저당권설정등기를 경료하여 주고, (3) 1974. 4. 1 공소외 강광세로부터 금 120만원을 차용하면서 동일자로 동인 앞으로 근저당권설정등기를 경료하여 주고, (4) 1974. 7. 12 공소외 허진으로부터 금 200만원을 차용하면서 동일자로 동인앞으로 근저당권설정등기를 경료하여 주어서 각 횡령한 것이라는 공소사실에 대하여, 이 사건의 경우와 같이 타인의 재물을 보관하는 자 또는 타인과 재물을 공유하는 자가 소유자 또는 타 공유자의 승락을 받지 아니하고 일시적으로 또 상대방을 달리하면서 보관받은 또는 공유하는 재물을 여러차례 담보물로 제공하는 영득의사의 실현행위가 있을 때에는 그 수개의 행위는 경합범관계에게 있는 것이라고 할 것이고 본건의 경우에 본건 공소사실과는 별도의 사실인 피고인이 1974. 2. 8 공소외 임옥상으로부터 금 300만원을 차용하고 그 담보로서 본건 대지에 관하여 동인명의로 가등기를 경료하여 준 소위에 대하여 피고인이 1975. 2. 27 횡령죄로 유죄 판결을 선고받아 그 무렵 동 판결이 확정된 사실이 있다고 하더라도 동 확정 판결이 있은 사실과 본건 범죄사실과는 모두 경합범관계에 있는 것이므로 기판력은 본건 범죄사실에 미치지 아니하고 수개의 행위중 일부가 불가벌적사후행위가 되는 것도 아니라고 하여 모두 유죄로 인정하였다. (…) 위 (2), (3), (4)의 각 사실에 관하여 보건대, 횡령죄는 상태범이므로 횡령행위의 완료후에 행하여진 횡령물의 처분행위는 그것이 그 횡령행위에 의하여 평가되어 버린 것으로 볼 수 있는 범위내의 것이라면 소위 불가벌적사후행위로서 별개의 별죄를 구성하지 않는 것이라고 할 것인바, 본건의 경우 피고인이 공유자(김치만)의 승락을

받지 아니하고 1974. 2. 8 공소외 임옥상으로부터 금 300만원을 차용하고 그 담보로 본건 대지에 관하여 동인 명의로 가등기를 경료하여 줌으로써(확정 판결이 있은 범죄사실로서) 그때에 이미 본건대지에 관하여 횡령죄가 완성되었다고 할 것이고 그 횡령행위 완성후인 1974. 2. 15, 1974. 4. 1과 1974. 7. 12에 각하여진 피고인의 위 (2), (3), (4)의 각 소위는 새로운 법익의 침해를 수반하지 않는 이른바 불가벌적사후행위로서 별도로 횡령죄를 구성한다고 볼 수 없을 것이다. (…)

[대법원판결 2006. 10. 13. 2006도4034(횡령행위의 완료 후에 행하여진 횡령물의 처분행위가 불가벌적 사후행위에 해당하는 경우 등)] (…) 횡령죄는 상태범이므로 횡령행위의 완료 후에 행하여진 횡령물의 처분행위는 그것이 그 횡령행위에 의하여 평가되어 버린 것으로 볼 수 있는 범위 내의 것이라면 새로운 법익의 침해를 수반하지 않은 이른바 불가벌적 사후행위로서 별개의 범죄를 구성하지 않는다. (…) 피고인이 피해자 종중으로부터 명의신탁받아 보관 중이던 판시 초곡리 토지를 임의로 매각하여 이를 횡령한 이상, 초곡리 토지의 매각대금을 이용하여 판시 용전리 토지를 취득하였다가 이를 제3자에게 담보로 제공하였다고 하더라도 이는 횡령한 물건을 처분한 대가로 취득한 물건을 이용한 것에 불과할 뿐이어서 초곡리 토지에 대한 횡령죄와 별개의 횡령죄를 구성하지 않는다는 이유로, 위 담보제공행위에 관한 판시 횡령의 공소사실에 대하여 무죄를 선고하였다. 앞서 본 법리와 기록에 비추어 살펴보면, 원심의 이러한 판단은 정당하고, 거기에 상고이유에서 주장하는 바와 같은 불가벌적 사후행위에 관한 법리오해, 심리미진 등의 위법이 있다고 할 수 없다. 또한 기록에 의하면, 피해자 종중은 사전에 그 총회의 적법한 결의를 통하여 피고인의 용전리 토지 취득에 동의한 바 없고, 사후에도 이를 승인할 수 없다며 피고인으로부터 용전리 토지를 이전받는 대신 초곡리 토지의 취득자를 상대로 소유권이전등기의 말소소송을 제기하여 그 원상회복을 도모한 사실을 알 수 있어, 피해자 종중과 피고인 사이에 새로이 용전리 토지에 관한 명의신탁 관계가 성립되었다고 볼 수 없고, 따라서 피고인이 용전리 토지를 담보로 제공한 행위가 초곡리 토지의 횡령행위로 침해된 법익을 넘어서는 새로운 법익의 침해로 된다고 볼 수도 없다. 이 부분에 관한 상고논지는 이유 없다. (…)

[대법원판결 1999. 7. 9. 99도1040(1인회사의 주주가 회사의 금원을 업무상 보관 중 임의로 소비한 경우, 업무상횡령죄의 성립 여부 등)] (…) [2] 주식회사의 주식이 사실상 1인의 주주에 귀속하는 1인회사의 경우에도 회사와 주주는 별개의 인격체로서 1인회사의 재산이 곧바로 그 1인 주주의 소유라고 볼 수 없으므로, 그 회사 소유의 금원을 업무상 보관 중 임의로 소비하면 횡령죄를 구성하는 것이다.

[대법원판결 1999. 11. 26. 99도3963(승객이 놓고 내린 지하철의 전동차 바닥이나 선반 위에 있던 물건을 가지고 감으로써 성립하는 범죄)] 승객이 놓고 내린 지하철의 전동차 바닥이나 선반 위에 있던 물건을 가지고 간 경우, 지하철의 승무원은 유실물법상 전동차의 관수자로서 승객이 잊고 내린 유실물을 교부받을 권능을 가질 뿐 전동차 안에 있는 승객의 물건을 점유한다고 할 수 없고, 그 유실물을 현실적으로 발견하지 않는 한 이에 대한 점유를 개시하였다고 할 수도 없으므로, 그 사이에 위와 같은 유실물을 발견하고 가져간 행위는 점유이탈물횡령죄에 해당함은 별론으로 하고 절도죄에 해당하지는 않는다.

[제10강] 횡령죄의 성부成否 및 배임죄와의 관계 등 (2)

2. 배임죄의 성부成否
3. 이중매매와 형사책임
4. 배임수재죄背任收財罪 등

2. 배임죄의 성부成否

[사례10-2-1] ○○대학교 교수 X는 학생처장의 보직을 맡으면서 학교법인으로부터 판공비 지출용 법인신용카드를 교부받은 후에 그 법인신용카드를 보직업무와는 무관하게 지인들과의 식사 및 음주 대금을 결제하는 데에 사용했다. X의 죄책은?

[사례10-2-2] Y는 A·B·C·D·E·F·G·H주식회사 등을 포함하는 13개의 계열사로 구성된 ○○그룹의 대주주이자 회장으로서, 각 계열사를 실질적으로 지배·운영하는 자다. 모기업母企業에 해당되는 A주식회사는 1991년까지는 부채비율이 200%에 불과할 정도로 비교적 견실한 회사였는데, Y는 일부 임원들의 반대에도 불구하고 1991년 10월에 자본잠식 상태의 △△회사를 인수해서 현재의 B주식회사로 상호를 변경해 운영했지만, 예상과는 달리 공사현장에 미지급금이 많아 인수 직후부터 1994년 12월말까지의 사이에 사채와 당좌차월에 대한 지급보증 형식으로 총 734억 원의 자금을 지원받았고, 1994년 12월말에는 총 부채규모가 1,828억 원에 이르렀다. Y는 또한 1993년 4월에 □□백화점을 인수해서 현재의 C주식회사로 상호를 변경해 운영했는데, 외부차입금에 의존해서 무리하게 사업을 확장함으로써 부채와 금융비용이 급증하기 시작했고, 그 후에 C주식회사 및 E주식회사는 매년 영업손실이 누적되어 자본이 잠식되었으며, F·G·H주식회사 역시 영업수익이 전혀 없거나 당기순손실 상태여서 독자적인 영업활동으로는 B주식회사로부터 자금을 지원받더라도 그것을 변제할 능력이 거의 없었다. Y는 계열사들의 재무구조가 그와 같이 취약한 상태에 있는 것을 잘 알고 있으면서도, 그 계열사들이 자체적으로는 자금을 조달할 수 없게 되자 B주식회사로 하여금 이사회의 결의도 거치지 아니한 채 별다른 채권보전조치도 없이 각 계열사에게 공사미수금 및 대여금 등의 형식으로 자금을 지원하게 했다. 당시에 Y는 공사대금의 회수를 위한 상당한 조치를 강구하지는 않았지만 B주식회사를 위해 자신의 재산을 담보로 제공했으며, 그 후에 공사대금에 관한 정산이 이루어졌다. Y의 죄책은?

단순배임죄(355②) 및 업무상배임죄(356)

▷ 단순배임죄(355②)는 타인의 사무를 처리하는 자가 그 임무에 위배되는 행위를 통해서 재산상의 이익을 취득하거나 제3자로 하여금 취득하게 함으로써 그 타인에게 손해를 가하는 것이다. 타인의 사무를 처리하는 자가 업무상의 임무에 반해서 재산상의 이익을 취득하거나 제3자로 하여금 취득하게 함으로써 그 타인에게 손해를 가하는 경우는 업무상배임죄(356)를 구성한다. 그런데 배임의 의미 내지 배임죄(355②·356)의 본질에 관해서는 '권한남용설'과 '배신설'이 상호 입장을 달리한다. '권한남용설'은 배임을 대리권, 특히 법적 대리권을 남용해서 타인의 재산권을 침해하는 것으로 파악하는 반면에, '배신설'은 그것을 성실의무를 위반해서 타인의 재산권을 침해하는 것으로 파악한다. 후자가 학설로서도 지배적일 뿐만 아니라 판례의 입장이기도 하다-[대법원판결 2002. 6. 14. 2001도3534]. 그 입장에 따르면, 단순배임죄(355②) 및 업무상배임죄(356)도 타인의 신뢰를 위배해서 그 타인에게 재산적 손해를 끼치는 것인 점에서 단순횡령죄(355①) 및 업무상횡령죄(356)와 마찬가지이지만, 전자는 이득죄인 점에서 재물죄인 후자와 구별된다. [사례10-2-1] 에서 X가 학교업무에 관해서 위탁받은 것은 대체물로서의 금전이 아니라 일정한 금액이며, 그것은 물건이 아니라 가치로서 취급된다. 따라서 X에 대해서는 횡령이 아니라 배임이 문제된다-[대법원판결 2006. 5. 26. 2003도8095]. 즉, X에게는 재물이 아니라 사무가 위탁된 것으로 파악될 수 있다.

▷ 단순배임죄(355②)의 주체는 타인의 사무를 처리하는 자다-[대법원판결 1984. 10. 10. 82도2595][대법원판결

[대법원판결 2002. 6. 14. 2001도3534(배임죄의 주체로서 '타인의 사무를 처리하는 자'의 의미 및 업무상 배임죄에 있어서 '업무'의 근거; 미성년자와 친생자관계가 없으나 호적상 친모로 등재되어 있는 자가 미성년자의 상속재산 처분에 관여한 경우, 배임죄에 있어서 타인의 사무를 처리하는 자의 지위에 있다고 한 사례)] (…) 배임죄의 주체로서 '타인의 사무를 처리하는 자'란 타인과의 대내관계에서 신의성실의 원칙에 비추어 그 사무를 처리할 신임관계가 존재한다고 인정되는 자를 의미하고, 반드시 제3자에 대한 대외관계에서 그 사무에 관한 대리권이 존재할 것을 요하지 않으며, 나아가 업무상 배임죄에서 업무의 근거는 법령, 계약, 관습의 어느 것에 의하건 묻지 않고, 사실상의 것도 포함한다. (…)

[대법원판결 2006. 5. 26. 2003도8095(대학교수가 판공비 지출용 법인신용카드를 업무와 무관하게 개인적 용도에 사용한 행위는 업무상횡령죄가 아닌 업무상배임죄를 구성한다고 한 사례 등)] (…) 피고인이 피해자 법인으로부터 교부받아 소지하고 있던 판공비 지출용 법인신용카드를 업무와 무관하게 개인적 용도에 사용한 행위는 업무상배임죄를 구성한다고 봄이 상당하다. 원심이 피고인의 위 행위를 업무상배임죄가 아닌 업무상횡령죄로 의율하여 처단한 것은 잘못이라고 할 것이나, 업무상배임죄와 업무상횡령죄는 다 같이 신임관계를 기본으로 하고 있는 재산범죄로서 죄질이 동일하고, 그 형벌에 있어서도 같은 조문에 규정되어 있어 경중의 차이가 없으므로, 원심의 위와 같은 잘못은 판결 결과에 영향이 없는 것이다. (…)

[대법원판결 1984. 10. 10. 82도2595(타인의 사무를 처리할 의무의 주체가 법인인 경우 그 법인의 대표기관이 배임죄의 주체가 될 수 있는지 여부)] 다수의견 : 형법 제355조 제2항의 배임죄에 있어서 타인의 사무를 처리할 의무의 주체가 법인이 되는 경우라도 법인은 다만 사법상의 의무주체가 될 뿐 범죄능력이 없는 것이며 그 타인의 사무는 법

2007. 1. 11. 2006도4215]참조. 배임죄(355②·356)의 본질에 관한 '배신설'의 관점에서는, 타인의 사무를 처리하는 자란 타인과의 대내적 관계에서 신의성실에 따라 그 사무를 처리하는 것에 관한 신임관계에 있는 자를 말하며, 반드시 대외적 관계, 즉 제3자에 대한 관계에서 그 사무의 처리에 관한 대리권을 가지는 자일 필요는 없다. 한편, 업무상배임죄(356)의 주체는 업무상 타인의 사무를 처리하는 자다. [사례10-2-1] 에서 X는 업무상 타인의 사무를 처리하는 자에 해당되므로, X가 판공비 지출용 법인신용카드를 업무와 무관하게 개인적 용도로 사용한 경우는 업무상배임죄(356)를 구성한다-[대법원판결 2006. 5. 26. 2003도8095]. 업무상배임죄(356)가 문제되는 업무에는 법령·계약·관습에 근거를 두는 것은 물론이고 사실상의 업무도 포함된다-[대법원판결 2002. 6. 14. 2001도3534][대법원판결 2000. 3. 14. 99도457].

▷ 단순배임죄(355②) 등의 실행행위로서의 배임행위, 즉 임무를 위배하는 행위란 타인의 사무의 내용·성질 등 구체적 상황에 비추어 법률의 규정, 계약의 내용 또는 신의칙에 따라 당연히 할 것으로 기대되는 행위를 하지 않거나 당연히 하지 말아야 할 것으로 기대되는 행위를 함으로써 그 타인과의 신임관계를 저버리는 행위를 말한다-[대법원판결 1994. 9. 9. 94도902][대법원판결 2001. 9. 28. 99도2639].

▷ 단순배임죄(355②) 등은 배임행위자가 그와 신임관계에 있는 타인에게 재산상의 손해를 가한 때에 완성되는데, 판례는 재산상의 현실적인 손해가 발생한 경우뿐만 아니라 재산상의 실해가 발생될 위험을 초래한 경우도 재산상의 손해를 가한 때에 포함되는 것으로 해석함으로써 단순배임죄(355②) 등을 위험범으로 본다-[대법원판결 2006. 11. 10. 2004도5167][대법원판결 2008. 6. 19. 2006도4876]. 그렇게 보면, [사례10-2-2] 에서 Y가 F주식회사 등의 계열사에게 공사대금을 지원하면서 그 회수를 위한 상당하고도 합리적인 조치를 강구하지 않은 것은, 객관적·합리적 근거와 적법한 절차에 따라 행해진 경영판단에 해당되지 않는 한에서, B주식회사에 대한 배임행위에 해당되고, 사후적으로 공사대금에 관한 정산이 이루어졌다고 하더라도 이미 B주식회사에게 재산상의 실해가 발생될 위험이 초래된 이상 업무상배임죄(356)는 기수에 이른 것이 된다*. 그와는 달리 단순배임죄(355②) 등을 침해범으로 보는 경우에는**, B주식회사에게 실제로 재산상의 손해가 발생하지 않고 그 위험만이 초래된 한에서는 Y의 죄책은 업무상배임죄(356)의 미수범에 해당된다.

* 단순배임죄(355②) 등을 위험범으로 보는 입장으로서는 朴相基, 刑法各論, 第6版, 2005, 397면: 李在祥, 刑法各論, 第6版, 2009, 414면 등.

** 任雄, 刑法各論, 改訂版補訂, 2006, 439면 등.

▷ 단순배임죄(355②) 등을 구성하기 위해서는 주관적 요건으로서 고의, 즉, 타인의 사무에 관한 임무를 위배하는 것과 그로 인해 자기 또는 제3자가 이익을 취득하고 그 타인에게 손해를 가하는 것에 대한 인식 및 최소한의 인용이 요구되는 것은 물론이다-[대법원판결 2004. 7. 9. 2004도810][대법원판결 2004. 6. 24. 2004도520][대법원판결

인을 대표하는 자연인인 대표기관의 의사결정에 따른 대표행위에 의하여 실현될 수 밖에 없어 그 대표기관은 마땅히 법인이 타인에 대하여 부담하고 있는 의무내용 대로 사무를 처리할 임무가 있다 할 것이므로 법인이 처리할 의무를 지는 타인의 사무에 관하여는 법인이 배임죄의 주체가 될 수 없고 그 법인을 대표하여 사무를 처리하는 자연인인 대표기관이 바로 타인의 사무를 처리하는 자 즉 배임죄의 주체가 된다. 소수의견 : 법인은 사법상의 의무주체가 될 뿐 범죄능력이 없다고 하나 바로 이 사법상의 의무주체가 배임죄의 주체가 되는 것이므로 이것을 떠나서 배임죄는 성립할 수 없다할 것이고 법인의 대표기관은 법인이 타인에 대하여 부담하고 있는 의무내용대로 사무를 처리할 임무가 있다는 그 임무는 법인에 대하여 부담하는 임무이지 법인의 대표기관이 직접 타인에 대하여 지고 있는 임무는 아니므로 그 임무에 위배하였다 하여 이를 타인에 대한 배임죄가 성립한다고 할 수 없다.

[대법원판결 2007. 1. 11. 2006도4215(근저당권설정자가 그 근저당권의 목적이 되는 토지에 식재된 수목을 처분하는 등으로 부당히 그 담보가치를 감소시키는 행위를 한 경우 배임죄의 성립 여부 등)] (…) 근저당권설정자는 채권자가 담보의 목적을 달성할 수 있도록 그 담보물을 보관할 의무를 지게 되어 채권자에 대하여 그의 사무를 처리하는 자의 지위에 있고, 한편 토지에 식재된 수목은 특별한 사정이 없는 한 그 토지의 부합물에 해당하여 그 토지에 설정된 근저당권의 효력이 미치므로, 근저당권설정자가 그 근저당권의 목적이 되는 토지에 식재된 수목을 처분하는 등으로 부당히 그 담보가치를 감소시키는 행위를 한 경우에는 배임죄가 성립하게 된다. 기록에 의하면 피고인은 피해자에 대한 차용금의 담보로 이 사건 과수원에 관하여 피해자 앞으로 근저당권설정등기를 경료하여 준 사실, 피고인은 피해자의 경매신청에 의하여 이 사건 과수원에 대한 경매절차가 개시된 후인 2004. 6. 28.경 이 사건 과수원에 대한 폐원신청을 하고, 그 무렵부터 2004. 8. 31.경까지 그 지상에 식재된 감귤나무들을 모두 굴취한 후 2004. 9. 3.경 북제주군으로부터 폐원보상비로 19,176,000원을 지급받은 사실을 인정할 수 있다. 위 인정사실에 의하면 피고인은 이 사건 과수원에 대한 근저당권설정자로서 근저당권자인 피해자가 담보목적을 달성할 수 있도록 담보물인 감귤나무를 보관할 의무가 있다 할 것임에도 위와 같이 폐원신청을 하고 감귤나무를 굴취함으로써 폐원보상비 상당의 재산상의 이득을 취득하고 피해자로 하여금 이 사건 근저당권의 담보가치가 감소되는 손해를 입도록 하였으므로, 배임죄의 죄책을 면할 수 없다 할 것이다 (…)

[대법원판결 2000. 3. 14. 99도457(배임죄의 주체로서 '타인의 사무를 처리하는 자'의 의미 및 업무상 배임죄에 있어서 '업무'의 근거 등)] (…) 기록에 의하면, 피고인은 위 학교법인의 이사 겸 위 학교법인이 설립 경영하는 위 고등학교의 교장으로서 그의 처인 공소외인이 위 학교법인의 이사장으로 선임되어 있으나, 사실상 피고인이 위 학교법인의 경영을 주도하며 재산관리 및 수익사업을 비롯한 법인업무 전반을 총괄하는 한편 위 고등학교의 교무를 총괄하면서 교비회계에 속하는 자금을 비롯하여 위 고등학교의 운영을 위하여 위 고등학교에 귀속된 모든 자금을 보관·관리하는 업무를 취급하고 있는 자이므로, 학교재산에 관한 임대차계약을 체결하는 경우 업무상 배임죄의 주체가 될 수 있다. (…)

[대법원판결 1994. 9. 9. 94도902(배임죄의 구성요건으로서 "타인의 사무를 처리하는 자"와 "임무에 위배하는 행위"의 의의)] (…) 피고인이 시온그룹측으로부터 그들 공유토지의 처분을 위하여 원매자의 물색 내지 매도가격의 합의절충을 위임받은 것인 이상, 피고인은 위탁자인 시온그룹의 공유지분의 처분에 따른 사무의 일부를 그를 위하여 대행하는 자로서 타인의 사무를 처리하는 자라고 볼 수 있을 것이고, 이러한

2006. 12. 21. 2006도2684].

▷ 1개의 행위가 사기죄(347)의 구성요건을 충족하면서 단순배임죄(355②) 등의 구성요건도 충족하는 때에 양 죄는 상상적 경합의 관계에 있는 것으로 해석된다-[대법원판결 2002. 7. 18. 2002도669].

위탁관계의 본래 취지에 비추어 볼 때 피고인으로서는 특별한 사정이 없는 한 시온그룹의 공유지분에 관한 매매가격을 적정하게 함은 물론 피고인 및 시온그룹 각자의 공유지분 비율에 따라 그 매매가격이 서로 균등하게 성립되도록 합의절충하여야 할 신의칙상의 임무가 있다고 할 것이다. 그럼에도 불구하고 피고인은 실제로 원매자인 위 주택조합측과의 사이에 시온그룹의 소유지분에 관한 매도가격을 피고인의 것보다 훨씬 싼 값으로 하기로 합의절충하여 시온그룹이 위 주택조합과의 사이에 그 소유지분을 피고인에 비하여 상대적으로 현저하게 불리한 가격조건으로 매도하게 함으로써 그 임무에 위배한 행위를 하였다고 할 것이니 이러한 피고인의 행위는 배임죄를 구성하기에 충분하다 할 것이다. (…)

[대법원판결 2001. 9. 28. 99도2639(배임죄에서 '임무에 위배하는 행위'의 의미 등)] [1] 배임죄는 타인의 사무를 처리하는 자가 그 임무에 위배하는 행위로써 재산상의 이익을 취득하거나 제3자로 하여금 이를 취득하게 하여 본인에게 손해를 가함으로써 성립하는바, 이 경우 그 임무에 위배하는 행위라 함은 처리하는 사무의 내용, 성질 등 구체적 상황에 비추어 법률의 규정, 계약의 내용 혹은 신의칙상 당연히 할 것으로 기대되는 행위를 하지 않거나 당연히 하지 않아야 할 것으로 기대하는 행위를 함으로써 본인과 사이의 신임관계를 저버리는 일체의 행위를 포함하고 그러한 행위가 법률상 유효한가 여부는 따져볼 필요가 없다. [2] 비영리 재단법인의 이사장이 설립목적과는 다른 목적으로 기본재산을 매수하여 사용할 의도를 가진 공소외인과 사이에 기본재산의 직접적인 매도는 주무관청의 허가문제 등으로 불가능하자 이사진 등을 교체하는 방법으로 재단법인의 운영을 공소외인에게 넘긴 후 공소외인이 의도하는 사업을 할 수 있게 재단법인의 명칭과 목적을 변경함으로써 사실상 기본재산을 매각하는 효과를 얻되 그 대가로 금원을 받기로 하는 약정을 체결하고 그 일부를 수령한 경우, 주무관청의 허가의 문제로 법률상 유효한 약정인가 여부와 관계없이 재단법인과 사이의 신임관계를 저버린 배임행위에 해당한다고 한 사례.

[대법원판결 2006. 11. 10. 2004도5167(배임죄에 있어서 '임무에 위배하는 행위'와 '재산상의 손해를 가한 때'의 의미 및 회사의 이사 등이 계열회사에 회사자금을 대여함에 있어 상당하고도 합리적인 채권회수조치를 취하지 아니한 경우, 업무상배임죄의 성립 여부 등)] (…) 배임죄는 (…) '재산상의 손해를 가한 때'라 함은 현실적인 손해를 가한 경우뿐만 아니라 재산상 실해 발생의 위험을 초래한 경우도 포함되므로, 회사의 이사 등이 타인에게 회사자금을 대여함에 있어 그 타인이 이미 채무변제능력을 상실하여 그에게 자금을 대여할 경우 회사에 손해가 발생하리라는 정을 충분히 알면서 이에 나아갔거나, 충분한 담보를 제공받는 등 상당하고도 합리적인 채권회수조치를 취하지 아니한 채 만연히 대여해 주었다면, 그와 같은 자금대여는 타인에게 이익을 얻게 하고 회사에 손해를 가하는 행위로서 회사에 대하여 배임행위가 되고, 회사의 이사는 단순히 그것이 경영상의 판단이라는 이유만으로 배임죄의 죄책을 면할 수는 없으며, 이러한 이치는 그 타인이 자금지원 회사의 계열회사라 하여 달라지지 않는다. (…)

[대법원판결 2008. 6. 19. 2006도4876(새마을금고 임·직원이 동일인 대출한도 제한규정을 위반하여 초과대출행위를 한 사실만으로 새마을금고에 업무상배임죄를 구성하는 재산상 손해가 발생하였다고 볼 수 있는지 여부 등)] [1] [다수의견] 새마을금고의 동일인 대출한도 제한규정은 새마을금고 자체의 적정한 운영을 위하여 마련된 것이지 대출채무자의 신용도를 평가해서 대출채권의 회수가능성을 직접적으로 고려하여 만들어진 것은 아니므로 동일인 대출한도를 초과하였다는 사실만으로 곧바로 대출채권을 회수하지 못하게 될 위험이 생겼다고 볼 수 없고, 구 새마을금고법(2007. 5. 25. 법률 제8485호로 개정되기 전의 것) 제26조의2, 제27조에 비추어 보면 동일인 대출한도를 초과하였다

는 사정만으로는 다른 회원들에 대한 대출을 곤란하게 하여 새마을금고의 적정한 자산운용에 장애를 초래한다는 등 어떠한 위험이 발생하였다고 단정할 수도 없다. 따라서 동일인 대출한도를 초과하여 대출함으로써 구 새마을금고법을 위반하였다고 하더라도, 대출한도 제한규정 위반으로 처벌함은 별론으로 하고, 그 사실만으로 특별한 사정이 없는 한 업무상배임죄가 성립한다고 할 수 없고, 일반적으로 이러한 동일인 대출한도 초과대출이라는 임무위배의 점에 더하여 대출 당시의 대출채무자의 재무상태, 다른 금융기관으로부터의 차입금, 기타 채무를 포함한 전반적인 금융거래상황, 사업현황 및 전망과 대출금의 용도, 소요기간 등에 비추어 볼 때 채무상환능력이 부족하거나 제공된 담보의 경제적 가치가 부실해서 대출채권의 회수에 문제가 있는 것으로 판단되는 경우에 재산상 손해가 발생하였다고 보아 업무상배임죄가 성립한다고 해야 한다. (…)

[대법원판결 2004. 7. 9. 2004도810(배임죄의 주관적 요건과 그 입증방법 등)] (…) [3] 배임죄에 있어서 배임의 범의는 배임행위의 결과 본인에게 재산상의 손해가 발생하거나 발생할 염려가 있다는 인식과 자기 또는 제3자가 재산상의 이득을 얻는다는 인식이 있으면 족하고 본인에게 재산상의 손해를 가한다는 의사나 자기 또는 제3자에게 재산상의 이득을 얻게 하려는 목적은 요하지 아니하며, 이러한 인식은 미필적 인식으로도 족한 것인바, 피고인이 본인의 이익을 위하여 문제가 된 행위를 하였다고 주장하면서 범의를 부인하는 경우에는, 사물의 성질상 고의와 상당한 관련성이 있는 간접사실을 증명하는 방법에 의하여 입증할 수밖에 없고, 무엇이 상당한 관련성이 있는 간접사실에 해당할 것인가는 정상적인 경험칙에 바탕을 두고 치밀한 관찰력이나 분석력에 의하여 사실의 연결상태를 합리적으로 판단하는 방법에 의하여야 한다. (…)

[대법원판결 2004. 6. 24. 2004도520(업무상배임죄의 주관적 요건 및 부수적으로 본인의 이익을 위한다는 의사로써 행위한 경우, 배임죄의 고의 성립 여부 등)] (…) 업무상배임죄가 성립하려면 주관적 요건으로서 임무위배의 인식과 그로 인하여 자기 또는 제3자가 이익을 취득하고 본인에게 손해를 가한다는 인식, 즉 배임의 고의가 있어야 하고, 이러한 인식은 미필적 인식으로도 족한바, 이익을 취득하는 제3자가 같은 계열회사이고, 계열그룹 전체의 회생을 위한다는 목적에서 이루어진 행위로서 그 행위의 결과가 일부 본인을 위한 측면이 있다 하더라도 본인의 이익을 위한다는 의사는 부수적일 뿐이고 이득 또는 가해의 의사가 주된 것임이 판명되면 배임죄의 고의를 부정할 수 없다고 할 것이다. 이러한 법리와 원심이 인용한 제1심판결의 채택 증거들을 기록에 비추어 살펴보면, 피고인 1은 공소외 2 주식회사의 대표이사 회장이자 공소외 2 주식회사 및 공소외 3 주식회사, 공소외 1 주식회사 등이 속해 있는 (상호생략)그룹의 회장이고, 피고인 3은 공소외 2 주식회사의 이사 겸 부회장으로 (상호생략)그룹의 기획조정실장이며, 피고인 2는 공소외 2 주식회사의 대표이사 사장인바, 피고인들이 이미 자본금 300억 원이 모두 잠식됨으로써 그 발행주식의 실질가치가 영(영)원으로 평가되고 있고 보험금 지급여력이 없는 등 그 재무구조가 상당히 불량한 상태에 있는 회사인 공소외 1 주식회사의 재정상태를 잘 알고 있으면서도 공소외 1 주식회사에 대한 재정경제원 장관의 자본금 증액명령을 이행하여야 한다는 점을 구실로 삼아 공소외 1 주식회사의 신주를 인수할 의무가 있지도 않은 공소외 2 주식회사의 자금으로 공소외 1 주식회사가 발행하는 신주를 액면가격으로 인수한 것은 그 자체로 공소외 1 주식회사에게 이익을 얻게 하고 공소외 2 주식회사에게 손해를 가하는 배임행위임이 분명하고, 비록 공소외 1 주식회사가 재정경제원 장관의 증자명령을 이행하지 아니한다면 공소외 1 주식회사가 속해 있는 (상호생략)그룹 전체의 명예가 손상되어 그 결과 (상호생략)그룹의 계열사인 공소외 2 주식회사의 영업에도 지장이 있게 될 가

능성이 있으므로 공소외 2 주식회사도 위한다는 의사가 일부 있었다 할지라도 이는 부수적인 의사에 불과할 뿐이고, 오히려 피고인들은 공소외 2 주식회사의 자금으로 공소외 1 주식회사의 증자를 위하여 주주에게 배정된 주식 또는 실권된 주식을 액면가격으로 인수하는 경우 그 피해는 결국 공소외 2 주식회사에 돌아갈 것임을 잘 알고 있었으므로 배임에 대한 고의도 충분히 인정되며, 피고인들로서는 단순히 그것이 경영상의 판단이라는 이유를 내세워 그에 대한 죄책을 면할 수 없다고 할 것이다.

[대법원판결 2006. 12. 21. 2006도2684(지상건물을 철거해 주기로 약정한 대지매도인이 잔금 수령 후 철거약정기한 전에 그 건물에 관하여 타인 앞으로 가등기를 마쳐준 경우 배임죄의 성립 여부 등)] (…) 대지 및 지상건물의 소유자가 대지를 매도하면서 잔대금 수령 후 일정 기간 내에 매수인을 위하여 그 지상건물을 스스로 철거하고 멸실등기절차를 해주기로 약정하였음에도 매수인으로부터 잔대금을 모두 수령한 뒤에 그 지상건물에 대하여 제3자 앞으로 소유권이전청구권 보전을 위한 가등기를 마쳐주었다면, 그와 같은 매도인의 행위는 대지에 대한 매수인의 소유권행사에 지장을 초래케 하였다는 점에서 매수인 앞으로의 소유권이전등기임무에 위반되는 배임행위라고 할 것이지만, 매도인이 지상건물을 철거하기로 약속한 기한까지 위 가등기를 말소하고 건물철거의무를 이행할 수 있을 것으로 믿었고 객관적으로도 그 이행이 가능하였다는 등의 특별한 사정이 있는 경우에는 배임죄의 고의가 인정되지 않는다고 봄이 상당하다. (…)

[대법원판결 2002. 7. 18. 2002도669((상상적 경합과 법조경합의 구별 기준; 1개의 행위에 관하여 사기죄와 업무상배임죄 또는 단순배임죄의 각 구성요건이 모두 구비된 경우의 죄수 관계)] [1] 상상적 경합은 1개의 행위가 실질적으로 수개의 구성요건을 충족하는 경우를 말하고 법조경합은 1개의 행위가 외관상 수개의 죄의 구성요건에 해당하는 것처럼 보이나 실질적으로 1죄만을 구성하는 경우를 말하며, 실질적으로 1죄인가 또는 수죄인가는 구성요건적 평가와 보호법익의 측면에서 고찰하여 판단하여야 한다. [2] 업무상배임행위에 사기행위가 수반된 때의 죄수 관계에 관하여 보면, 사기죄는 사람을 기망하여 재물의 교부를 받거나 재산상의 이익을 취득하는 것을 구성요건으로 하는 범죄로서 임무위배를 그 구성요소로 하지 아니하고 사기죄의 관념에 임무위배 행위가 당연히 포함된다고 할 수도 없으며, 업무상배임죄는 업무상 타인의 사무를 처리하는 자가 그 업무상의 임무에 위배하는 행위로써 재산상의 이익을 취득하거나 제3자로 하여금 이를 취득하게 하여 본인에게 손해를 가하는 것을 구성요건으로 하는 범죄로서 기망적 요소를 구성요건의 일부로 하는 것이 아니어서 양 죄는 그 구성요건을 달리하는 별개의 범죄이고 형법상으로도 각각 별개의 장(장)에 규정되어 있어, 1개의 행위에 관하여 사기죄와 업무상배임죄의 각 구성요건이 모두 구비된 때에는 양 죄를 법조경합 관계로 볼 것이 아니라 상상적 경합관계로 봄이 상당하다 할 것이고, 나아가 업무상배임죄가 아닌 단순배임죄라고 하여 양 죄의 관계를 달리 보아야 할 이유도 없다.

3. 이중매매와 형사책임

[사례10-3-1] X는 1996년 7월 1일에 자신의 부동산을 O에게 6억 5,000만 원에 매도하기로 하면서 계약금과 중도금은 O가 장차 그 부동산을 담보로 대출받는 돈으로 지급받고 잔금은 소유권이전등기 서류와 상환으로 지급받기로 약정했다. 한 달 뒤인 8월 1일에 X는 O가 그 부동산을 담보로 대출받은 5억 7,000만 원을 계약금 및 중도금 명목으로 교부받았는데, X는 10월 21일에 A에게 그 부동산을 7억 원에 매도하면서 즉석에서 계약금 명목으로 2,000만 원을 수령하고 추후 중도금과 잔금을 수령한 뒤에 소유권이전등기를 해주기로 했지만 그 후 A와의 계약은 해제되었다. X의 죄책은?

[사례10-3-2] Y에게서 점포를 세내어 건어물장사를 하던 B는 Y가 O에게 그 점포를 1억 원에 매도하기로 하고 이미 O로부터 계약금과 중도금을 수령한 사실을 알면서도 Y를 찾아가 그 점포를 1억 2,000만 원에 매수하겠으니 자신에게 매도할 것을 적

극적으로 권유하자 Y는 그 점포를 B에게 매도하고 대금을 교부받으면서 B 앞으로 소유권이전등기를 해주었다. Y와 B의 죄책은?

[사례10-3-3] Z는 O에게 자신의 부동산을 매도하는 계약을 하고 O에게 소유권이전등기를 해주었는데, 그 후에 Z는 C에게 그 부동산을 매도하는 계약을 하고 C로부터 계약금을 받았다. Z의 죄책은?

[사례10-3-4] 甲은 사업자금으로 D로부터 1억 원을 차용하면서 채권의 담보로서 D에게 자신의 부동산에 대한 1번 저당권을 설정해주기로 했는데, 사업자금이 더 필요했던 甲은 E에게도 1억 원을 차용했고, D 앞으로 저당권설정등기를 해주지 않은 상태에서 E에게 먼저 저당권설정등기를 해주었다. 甲의 죄책은?

▷ [사례10-3-1] 및 [사례10-3-2] 에서와 같이, 부동산의 매도인이 제1매수인과 부동산에 관한 매매계약을 체결하고 제1매수인 앞으로 소유권이전등기를 해주지 않은 상태에서 제2매수인과 그 부동산에 관해서 매매계약을 체결하는 것을 일컬어 부동산의 이중매매라고 한다.

▷ 부동산의 매매에 관해서 등기이전이 완료되기까지는 그 소유권이 여전히 매도인에게 있는 점에 비추어보면*, [사례10-3-1] 에서 X는 자신의 소유에 속하는 부동산을 매도한 것이므로 X가 A에게 그 부동산을 매매한 것이 O에 대한 횡령죄(355①)를 구성할 여지는 없다. 또한, X가 O에게 부동산을 매도할 당시에 이중매매의 의사意思를 가지고 있지 않았던 한에서는 O에 대한 사기죄(347)는 문제되지 않는 한편, A에게 소유권이전등기를 해줄 의사意思가 있었던 한에서는 A에게 O와의 계약에 관한 사실을 고지할 의무가 없는 점에서 A에 대한 사기죄(347)도 문제되지 않는다. 그런데 판례는, 부동산의 매매에 관해서 매도인이 매수인으로부터 계약금 외에 중도금까지 수령한 경우에는 설사 그 소유권은 아직 매도인에게 있다고 하더라도 그것에 관한 재산상의 사무, 따라서 소유권이전등기는 매도인과 매수인의 공동사무가 되므로 매도인의 입장에서 보면 그것은 타인의 사무에 해당된다고 본다**. 그렇게 보면, [사례10-3-1] 에서 X는 부동산의 소유권이전등기에 관해서 타인의 사무를 처리하는 자로서 배임죄(355②)의 주체가 된다-[대법원판결 1986. 10. 28. 86도936][대법원판결 1986. 7. 8. 85도1873]. 다만, 부동산의 이중매매에 있어서 매도인이 제2매수인으로부터 계약금 외에 중도금을 수령한 때에 배임죄(355②)의 실행에 착수한 것으로 보는 판례의 입장에 따르면***, [사례10-3-1] 에서 X가 A로부터 계약금만을 지급받고 더 이상의 계약을 이행하지 않은 점에서 배임죄(355②)는 성립되지 않는다-[대법원판결 2003. 3. 25. 2002도7134].

* 물권변동의 효력이 당사자의 의사표시만으로써는 발생하지 않고 등기나 인도引渡와 같은 공시방법을 갖추어야 발생하는 것으로 규정하는 입법방식을 일컬어 형식주의 또는 성립요건주의라고 한다. 「민법」도 형식주의를 취하고 있으므로, 부동산의 경우에는 등기가 있어야 법률행위로 인한 물권변동이 효력이 발생하고(민법186), 동산의 경우에는 인도引渡가 있어야 그 효력이 발생한다(민법188①).

** 그러한 사고방식이 학설로서도 지배적이지만, 매도인이 매수인으로부터 중도금을 받은 것만으로는 부족하고 매도인과 매수인 사이에 물권적 합의가 행해진 때, 즉 잔금이 지급되고 등기서류가 매수인에게 교부되어 사회통념상 소유권을 매수인에게 이전할 의사意思가 표명된 것으로 인정되는 때, 바꾸어 말하면 매수인이 물권적 기

[대법원판결 1986. 10. 28. 86도936(부동산양도인이 계약금 및 중도금에 갈음하여 양수인 소유부동산에 관한 소유권이전등기 소요서류를 교부받았다가 그 양도부동산을 제3자에게 이 중양도한 경우의 죄책 등)] 가. 부동산을 대금 213,000,000원에 양도하면서 양수인으로부터 계약금 및 중도금에 갈음하여 양수인 소유의 부동산을 120,000,000원으로 평가하여 이 전받기로 하고 그 소유이전등기소요서류를 모두 교부받았다면 양도인이 비록 그 부동산에 관하여 자기앞으로 소유권이전등기를 마치지 않은 상태였다 하더라도 그 이전등기에 필요한 서류를 모두 교부받은 이상 양도인 앞으로의 소유권이전등기는 그 실행여부만이 남아있는 것이고 이는 오로지 양도인의 의사와 행위에 의하여 좌우될 사항이어서 그 상태는 사회통념 내지 신의칙에 비추어 계약금 및 중도금을 이행받은 경우와 마찬가지라고 봄이 상당하여 이경우 양도인이 양도부동산을 제3자에게 이중양도하고 소유권이전등기를 마쳤다면 이는 양수인에 대한 배임행위가 된다. (…)

[대법원판결 1986. 7. 8. 85도1873(이중매매가 배임행위이기 위한 요건)] (…) 이른바 2중매매에 있어서 매도인이 매수인의 사무를 처리하는 자로서 배임죄의 주체가 되기 위하여는 매도인이 계약금을 받은 것만으로는 부족하고 적어도 중도금을 받는 등 매도인이 더이상 임의로 계약을 해제할 수 없는 상태에 이르렀다 할 것인바, 이 사건에 있어서 원심이 적법하게 확정한 바와 같이 피고인들이 1984. 6. 22. 16:00경 피고인 2 소유의 연립주택을 피해자 김창영에게 대금 25,500,000원에 매도하기로 하면서 그날 계약금 1,000,000원만을 받았고 중도금에 관하여는 약정함이 없이 위 매매대금에서 위 피해자가 피고인 2의 위 연립주택 지하실 임차인에 대한 보증금 5,000,000원의 반환채무를 인수하기로 하면서 그 5,000,000원과 위 주택을 매도한 뒤 다시 피고인들이 위 피해자로부터 이를 임차하기로 하여 그 보증금으로 지급할 금 6,000,000원 및 피고인 2가 공소외 조미순으로부터 위 연립주택을 매수하면서 인수한 위 조미순의 위 피해자에 대한 채무금 8,000,000원을 합한 금 19,000,000원을 공제한 나머지 대금 5,500,000원을 그달 안으로 수령함과 동시에 피해자에게 위 연립주택에 관한 소유권이전등기를 경료해 주기로 약정하였는데 위 피해자는 같은해 7. 15경에야 같은해 6월말까지 지급하기로 약정한 잔대금 5,500,000원중 금 2,000,000원만을 제공한 관계로 피고인들이 이를 받지 아니하였던 사정이었다면 위 채권 금 8,000,000원 등을 매매대금에서 공제하기로 하였다고 하여 그것만으로 중도금에 갈음한 것이라거나 피고인들이 더 이상 임의로 위 매매계약을 해제할 수 없는 상태에 이르렀다고 볼 수 없고, 따라서 피고인들이 배임죄에서 말하는 타인의 사무를 처리하는 자였다고 인정할 수 없으므로 이와 같은 취지에서 피고인들에 대하여 무죄를 선고한 원심판단은 정당하고 거기에 소론 배임죄에 관한 법리오해의 위법이 있다고 할 수 없다. (…)

[대법원판결 2003. 3. 25. 2002도7134(부동산의 이중양도와 배임죄 실행의 착수 시기 등)] (…) 원심은 그 채용증거를 종합하여, 피고인이 1996. 7. 1.경 이 사건 부동산을 피해자에게 금 6억 5,000만 원에 매

대권을 취득한 때에 배임죄(355②)의 주체가 된다고 보는 입장도 있다.
*** 학설 가운데에는 매도인이 제2매수인을 위한 등기이전에 착수한 때에 배임죄(355①)의 실행에 착수한 것으로 보는 입장도 있다.

▷ 한편, 부동산의 이중매매에 있어서 매도인이 제2매수인 앞으로 소유권이전등기를 완료해준 때에는 배임죄(355②)가 완성된 것으로 해석되므로－[대법원판결 1984. 11. 27. 83도1946], 〔사례10-3-2〕에서 Y의 배임죄(355②)는 기수에 이른 것으로 볼 수 있다. 그런데 판례에 따르면, 부동산의 이중매매에 적극적으로 가담한 제2매수인에게도 공범으로서의 죄책이 인정되다. 따라서 〔사례10-3-2〕에서 B가 단지 악의에 그치지 않고, 즉 Y가 점포를 이미 O에게 매도하고 계약금 및 중도금을 수령한 사실을 알고 있는 데에 그치지 않고, Y의 이중매매에 적극적으로 가담해서 공모한 사실이 인정되는 한에서는, B는 배임죄(355②)의 공동정범이 된다－[대법원판결 1983. 7. 12. 82도180].

▷ 〔사례10-3-3〕의 사안은 매도인인 Z가 제1매수인인 O에게 이미 소유권이전등기를 해준 경우로서, 애초에 제2매수인인 C에 대한 배임 또는 O에 대한 횡령이 문제될 여지는 없으며－[대법원판결 1986. 12. 9. 86도1112]참조, 부동산의 소유권이 O에게 이전된 사실에 관해서 C를 기망한 사실이 인정되는 한에서 사기죄(347)이 문제될 수 있을 뿐이다*.

* 任雄, 刑法各論, 改訂版·補訂, 2006, 452면.

▷ 〔사례10-3-4〕에서는 동일한 부동산에 대해 이중으로 저당권을 설정하는 경우로서의 이중저당이 문제된다. 그 경우에도 甲이 애초에 D에게 1번 저당권을 설정해줄 의사意思가 없으면서도 그러한 약정을 한 경우라면 D에 대한 사기죄(347)가 문제되겠지만, 애초에는 D에게 1번 저당권을 설정해줄 의사意思가 있었지만 약정을 어기고 E에게 먼저 저당권을 설정해 준 경우에는, 적어도 甲이 D로부터 차용금의 일부를 교부받은 후에는 甲은 저당권설정등기에 관해서 타인의 사무를 처리하는 자로서 배임죄(355②)의 주체가 된다고 보아야 할 것이다*.

* 任雄, 刑法各論, 改訂版·補訂, 2006, 456면 이하.

▷ 동산의 이중매매에 있어서도 매도인이 제1매수인에게 매도하기로 하면서 그로부터 중도금을 수령한 단계에서는 동산의 인도引渡에 관해서 타인의 사무를 처리하는 자가 되고, 그러한 지위에서 그 동산을 제2매수인에게 인도하는 것은 배임죄(355②)를 구성하는 것으로 이해된다*. 한편, 동산의 매도인이 점유개정(민법189)에 의해 그 동산을 계속 점유하면서 제3자에게 매도·인도하는 것은 횡령죄(355①)를 구성한다**.

* 任雄, 刑法各論, 改訂版·補訂, 2006, 457면 이하.
** 그 외에도 任雄, 刑法各論, 改訂版·補訂, 2006, 458면 참조.

도하기로 하면서 계약금과 중도금은 피해자가 위 부동산을 담보로 대출받는 돈으로 지급받고 잔금은 소유권이전등기 서류와 상환으로 지급받기로 약정한 뒤, 같은 해 8. 1.경 피해자가 위 부동산을 담보로 대출받은 5억 7,000만 원을 계약금 및 중도금 명목으로 교부받았으므로 피해자에게 잔금 수령과 동시에 위 부동산에 관한 소유권이전등기절차를 이행하여 주어야 할 임무가 있음에도 불구하고 그 임무에 위배하여 같은 해 10. 21.경 공소외 심오목에게 위 부동산을 7억 원에 매도하면서 즉석에서 계약금 명목으로 2,000만 원을 수령하고 추후 중도금과 잔금을 수령한 뒤 소유권이전등기를 경료하여 주기로 하여 위 부동산 시가 7억 원 상당의 재산상 이득을 취득하고 피해자에게 동액 상당의 재산상 손해를 가하려고 하였으나 심오목과의 계약이 해제되는 바람에 그 뜻을 이루지 못하고 미수에 그친 것이라는 배임미수죄의 범죄사실을 유죄로 인정하였다. 그런데 기록에 의하면, 피고인은 제1차 매수인인 피해자로부터 계약금 및 중도금 명목의 금원을 교부받고 나서 제2차 매수인인 심오목에게 위 부동산을 매도하기로 하고 심오목으로부터 계약금을 지급받은 뒤 더 이상의 계약 이행이 이루어지지 않은 것으로 보이는바, 부동산 이중양도에 있어서 매도인이 제2차 매수인으로부터 계약금만을 지급받고 중도금을 수령한 바 없다면 배임죄의 실행의 착수가 있었다고 볼 수 없다 할 것이므로, 원심으로서는 과연 피고인이 피해자에 대한 배임죄 실행의 착수가 있었다고 볼 수 있는지 여부에 관하여 심리·판단하였어야 함에도, 원심은 피고인이 제2차 매수인인 심오목으로부터 계약금을 지급받음으로써 배임죄의 실행착수에 이르렀음을 전제로 하여 피고인에 대하여 배임미수죄의 성립을 인정하고 말았으니 이러한 원심판결에는 배임죄의 실행착수에 관한 법리를 오해하여 판결에 영향을 미친 위법이 있다 할 것이다. 따라서 이 점을 지적하는 취지가 포함된 상고이유의 주장은 이유 있다. (…)

[대법원판결 1984. 11. 27. 83도1946(부동산 2중매매에 있어서의 배임죄의 기수시기) 부동산의 매도인이 매수인 앞으로의 소유권이전등기에 협력할 의무가 있음에도 불구하고 같은 부동산을 위 매수인 이외의 자에게 2중으로 매도하여 그 소유권이전등기를 마친 경우에는 1차 매수인에 대한 소유권이전등기의무는 이행불능이 되고 이로써 1차 매수인에게 그 부동산의 소유권을 취득할 수 없는 손해가 발생하는 것이므로 부동산의 2중매매에 있어서 배임죄의 기수시기는 2차 매수인 앞으로 소유권이전등기를 마친 때라고 할 것이다.

[대법원판결 1983. 7. 12. 82도180(부동산을 2중양도케 한 제2의 양수인이 배임죄의 공동정범에 해당하는 여부)] 피고인은 원심 공동피고인이 1978. 3경. 공소외 홍순원에게 이건 점포를 매도하였고 위 홍순원이 다시 1978. 11. 하순경 이를 공소외 이문규에게 매도하였음을 잘 알고 있으면서 위 이문규, 홍순원을 여러차례 만나 이건 점포를 매수하려 하였으나 대금문제로 뜻을 이루지 못하자 이건 점포의 임대차계약 당시 이건 점포를 팔때에는 임차인에게 팔기로 하였다는 특약을 구실로 대금을 일방적으로 결정하고 임차보증금 및 속초시에 납부한 불입금을 공제한 나머지 금액을 공탁한 후 원심공동피고인과 공모하여 이건 점포에 관하여 피고인 명의의 소유권 이전등기를 경료함으로써 원심공동피고인의 배임행위에 적극 가담하였다고 판시하고 있는바, 원심판결 및 원심이 유지한 제1심판결의 거시증거를 기록과 대조하여 살펴보면 피고인에 대한 판시 범죄사실을 능히 수긍할 수 있으며, 거기에 소론과 같은 배임죄의 공범에 관한 법리오해가 있거나 채증법칙 위배로 인한 사실오인의 위법이 있다 할 수 없으므로 논지는 이유없다. (…)

[대법원판결 1986. 12. 9. 86도1112(부동산 2중 양도에 있어 매도인이 선매수인에게 소유권이전등기의무를 이행한 경우, 동인의 후매수인에 대한 배임죄의 성부)] 부동산을 이중으로 매도한 경우에 매도인이 선매

수인에게 소유권이전의무를 이행하였다고 해서 그를 후매수인에 대하여 그 임무를 위법하게 위배하였다고는 할 수 없다.

4. 배임수재죄背任收財罪 등

▷ 타인의 사무를 처리하는 자가 그 임무에 관해서 부정한 청탁을 받고 재물이나 재산상의 이익을 취득하는 경우는 배임수재죄背任收財罪(357①)를 구성하는 한편, 타인의 사무를 처리하는 자에게 그 임무에 관해서 부정한 청탁을 하고 재물이나 재산상의 이익을 공여한 자는 배임증재죄背任贈財罪(357②)로 처벌된다*. 배임수재죄背任收財罪(357①) 및 배임증재죄背任贈財罪(357②)는 무엇보다도 배임행위를 요건으로 하지 않는 점에서 단순배임죄(355②) 및 업무상배임죄(356)와는 별개의 범죄로 파악되고, 타인에게 손해를 가할 것이 요구되지 않고 부정한 청탁을 받을 것이 요구되는 점에서도 단순배임죄(355②) 및 업무상배임죄(356)와 구별된다-[대법원판결 1984. 11. 27. 84도1906].

✓ 배임수재죄背任收財罪(357①) 및 배임증재죄背任贈財罪(357②)의 규정은 타인의 사무를 처리하는 데에 있어서의 공정公正과 성실의무를 보호법익으로 하는 점에서도-[대법원판결 1984. 11. 27. 84도1906]** 단순배임죄(355②) 및 업무상배임죄(356)의 규정과는 성격을 달리하고, 또한 그 점에서 배임수증재죄背任收贈財罪(357①②)는 임무에 관한 일종의 뇌물죄로 이해된다. 다만, 단순수뢰죄(129①) 등은 공무원 또는 중재인이 그 주체가 되는 점, 부정한 청탁을 요건으로 하지 않는 점, 재물 또는 재산상의 이익의 요구·약속만으로써도 기수에 이르는 점 등에서 배임수재죄背任收財罪(357①) 등과 구별된다.

* 배임수재죄背任收財罪(357①)와 배임증재죄背任贈財罪(357②)는 그와 같이 필요적 공범, 특히 대향범의 관계에 있다. 그리고 전자의 법정형이 후자의 그것보다는 무겁다.

** 타인의 재산도 그 보호법익이 되는 것으로 보는 입장도 있다.

[대법원판결 1984. 11. 27. 84도1906(배임수재죄의 성립요건; 배임수재죄와 업무상 배임죄 및 배임죄의 관계 등)] (…) 다. 배임수재죄는 타인의 사무를 처리하는 자의 청렴성을 그 보호법익으로 하는 형사범으로서 그 임무에 관하여 부정한 청탁을 받고 재물 등을 수수함으로써 성립되고 반드시 수재 당시에도 수재와 관련된 임무를 현실적으로 담당하고 있음을 그 요건으로 하는 것은 아니라고 풀이되므로 타인의 사무를 처리하는 자가 그 임무에 관하여 부정한 청탁을 받은 이상 그 후 사무분담의 변경으로 동 직무를 담당하지 아니하게 된 상태에서 재물 등을 수수하게 되었다 하더라도 여전히 같은 타인의 사무를 처리하는 지위에 있고 그 재물 등의 수수가 그 부정한 청탁과 관련하여 이루어진 것이라면 배임수재죄는 성립한다고 보아야 할 것이다. 라. 형법 제357조 제1항의 배임수재죄는 타인의 사무를 처리하는 자가 그 임무에 관하여 부정한 청탁을 받고 재물 등을 취득함으로써 성립하는 것이고 어떠한 임무 위배행위나 본인에게 손해를 가한 것을 요건으로 하는 것이 아닌데 대하여 동법 제256조, 제355조 제2항의 배임죄는 타인의 사무를 처리하는 자가 그 임무에 위배하는 행위가 있어야 하고 그 행위로서 본인에게 손해를 가함으로써 성립하는 것이나 부정한 청탁을 받거나 금품을 수수한 것을 그 요건으로 하지 않고 있으므로 이들 양죄는 행위의 태양을 전연 달리하고 있어 일반법과 특별법관계가 아닌 별개의 독립된 범죄라고 보아야 하고 또 업무상 배임죄의 법정형은 10년 이하의 징역(단순배임죄의 법정형도 5년 이하의 징역)인데 비하여 배임수재죄의 그것은 업무상 배임죄의 법정형 보다 경한 5년 이하의 징역이므로 업무상 배임죄가 배임수재죄에 흡수되는 관계에 있다거나 결과적 가중범의 관계에 있다고는 할 수 없으므로 위 양죄를 형법 제37조 전단의 경합범으로 의율처단하였음은 정당하다. (…)

▷ 배임수재죄背任收財罪(357①)의 주체도 배임죄(355②)의 경우와 마찬가지로 타인의 사무를 처리하는 자다. 따라서 타인과의 대내적 관계에서 신의성실에 따라 그 사무를 처리하는 것에 관한 신임관계에 있는 자가 배임수재죄背任收財罪(357①)의 주체가 되고, 사무를 처리하는 것에 관한 신임관계는 법령의 규정, 법률행위, 관습 또는 사무관리에 의해 인정될 수 있다-[대법원판결 2003. 2. 26. 2002도6834][대법원판결 1991. 6. 11. 91도688].

✓ 공무원 또는 중재인이 그 직무에 관해서 부정한 청탁을 받고 재물 등을 취득한 경우에는 배임수재죄背任收財罪(357①)가 아니라 수뢰죄(129①)가 문제된다. 이른바 정부관리기업체의 일정한 간부직원은 「특정범죄가중처벌등에관한법률」 제4조 제1항에 따라 「형법」 제129조 내지 제132조에 관해서는 공무원으로 간주되므로, 가령 정부관리기업체에 해당되는 금융기관의 간부직원이 부정한 청탁을 받고 재물 등을 취득한 경우도 배임수재죄背任收財罪(357①)가 아니라 수뢰죄(129①)를 구성하게 된다.

▷ 배임수재죄背任收財罪(357①) 등에서의 부정한 청탁이란

[대법원판결 2003. 2. 26. 2002도6834(배임수재죄의 주체로서 '타인의 사무를 처리하는 자'의 의미 및 신임관계의 발생근거 등)] (…) [2] 배임수재죄의 주체로서 타인의 사무를 처리하는 자라 함은 타인과의 대내관계에 있어서 신의성실의 원칙에 비추어 그 사무를 처리할 신임관계가 존재한다고 인정되는 자를 의미하고, 반드시 제3자에 대한 대외관계에서 그 사무에 관한 권한이 존재할 것을 요하지 않으며, 또 그 사무가 포괄적 위탁사무일 것을 요하는 것도 아니고, 사무처리의 근거, 즉 신임관계의 발생근거는 법령의 규정, 법률행위, 관습 또는 사무관리에 의하여도 발생할 수 있다. (…)

[대법원판결 1991. 6. 11. 91도688(방송국 소속 가요담당 프로듀서가 배임수재죄의 주체가 될 수 있는지 여부 등)] 가. 방송국에 소속되어 가요 프로그램의 제작연출 등의 사무를 처리하는 가요담당 프로듀서는, 방송법이 규정하고 있는 방송의 공적책임수행과 그 내용의 공정성 및 공공성의 요청에 따라 방송국의 내규가 정하는 제한 범위 내에서, 방송될 가요를 선곡하는 임무를 방송국으로부터 부여받은 자로서 "타인의 사무를 처리하는 자"이므로 배임수재죄의 주체가 될 수 있다. 나. 가요담당 방송프로듀서가 직무상 알고 지내던 가수매니저들로부터 많게는 100만원 적게는 20만원 정도의 금품을 28회에 걸쳐 받은 것을 가리켜 의례적이라거나 사회상규에 위반되지 아니한다고 할 수 없다.

사회상규 또는 신의칙에 반하는 내용의 청탁을 의미한다-[대법원판결 1980. 10. 14. 79도190]. 배임수재죄背任收財罪(357①)는 타인의 사무를 처리하는 자가 그 임무에 관해서 그러한 의미에서의 부정한 청탁을 받고 그것에 응해서 재물 등을 취득함으로써 성립되는 것이므로, 재물 등의 공여자가 부정한 청탁을 했더라도 사무의 처리자가 그 청탁을 받아들이지 않고 그 청탁과는 관계없이 금품을 받은 경우는 배임수재죄背任收財罪(357①)를 구성하지 않는다-[대법원판결 1982. 7. 13. 82도874]. 한편, 배임수재죄背任收財罪(357①)의 재물 또는 재산상의 이익을 취득하는 것인데, 후자는 재산상의 이익을 현실적으로 취득한 경우를 가리키므로 그것에 관해 단지 요구하거나 약속한 데에 그친 때에는 기껏해야 배임수재죄背任收財罪(357①)의 미수범이 문제될 뿐이다-[대법원판결 1999. 1. 29. 98도4182] 참조.

✓ 배임수재죄背任收財罪(357①)를 구성하기 위해서 손해의 발생이 반드시 요구되는 것은 아니다-[대법원판결 1980. 10. 14. 79도190]. 즉, 타인의 사무를 처리하는 자가 그 임무에 관해서 부정한 청탁을 받고 재물 또는 재산상의 이익을 취득하면 그것이 현실적으로 부당이득이 되고, 그로써 구성요건적 결과가 발생한 것으로 이해되어야 할 것이다.

▷ 배임수재죄背任收財罪(357①)의 경우 범인이 취득한 재물은 필요적 몰수의 대상이 되며, 그 재물을 몰수할 수 없는 경우 또는 범인이 재산상의 이익을 취득한 경우에는 그 가액이 추징된다(357③).

✓ 배임수재죄背任收財罪(357①)의 법정형은 5년 이하의 징역 또는 1천만원 이하의 벌금이다. 그런데「특정경제범죄가중처벌등에관한법률」금융기관의 임직원이 그 직무에 관해서 금품 기타 이익을 수수 요구 또는 약속한 경우를 5년 이하의 징역 또는 10년 이하의 자격정지에 처하도록 하는 한편(특정경제범죄가중처벌등에관한법률5①), 그 금품 기타 이익의 가액이 3천만 원 이상 5천만 원 미만인 때에는 5년 이상의 유기징역, 5천만 원 이상 1억 원 미만인 때에는 7년 이상의 유기징역에, 1억 원 이상인 때에는 무기 또는 10년 이상의 징역에 처하도록 하고 있다(특정경제범죄가중처벌등에관한법률5④). 아울러 그 금품 기타 이익의 가액의 2배 이상 5배 이하의 벌금이 병과竝科된다(특정경제범죄가중처벌등에관한법률5⑤).

[대법원판결 1980. 10. 14. 79도190(배임수재죄에 있어서 '부정한 청탁'의 의미; 본인에 대한 손해의 발생이 배임수재죄의 성립요건인지의 여부)] (…) 피고인 들이 본건 세우회관의 매수에 있어 매매대금의 결정 및 그 대금지급기일 전의 지급에 관하여 제1심 판결적시의 같은 부정한 청탁을 받고 그 사례조로 액면 합계 금 1,000,000원의 은행수표를 받은 동 판시사실을 수긍할 수 있고 그 사실인정 과정에 거친 증거취사에 소론과 같은 채증상의 위법이 있다고 할 수 없다. 형법 제357조에 규정된 배임수재에 있어 부정한 청탁이라 함은 사회상규 또는 신의성실의 원칙에 반하는 것을 내용으로 하는 청탁을 말하는 것인 바 피고인들은 그들이 속하고 있는 종중으로부터 위 세우회관을 매수하는 사무를 수탁처리함에 있어 매도인으로부터 그 매수대금을 증액결가함과 또 약정의 대금지급기일 이전에 대금을 지급(소유권이전도 받기 전에)의 요청을 받아 이에 응하고 그 사례로 금원을 수수한 행위는 부정한 청탁을 받고 재물을 취득하였다 할 것이므로 이런 취지에서 제1심의 유죄판결을 지지한 원심판결의 판단은 정당하다 할 것이며 배임수재죄에 있어서 본인에게 손해발생여부는 동죄의 성립에 아무런 소장이 없다 할 것이니 견해를 달리하여 채증법칙 위배, 법리오해 내지는 심리미진이 있다는 소론은 채택할 수 없다. (…)

[대법원판결 1982. 7. 13. 82도874(부정한 청탁과 관계없이 금품을 받은 경우에 배임수재죄의 성부)] (…) 형법 제357조의 배임수재죄는 타인의 사무를 처리하는 자가 그 임무에 관하여 부정한 청탁을 받고 이에 응하여 재물을 취득함으로써 성립되는 것이며, 여기서 부정한 청탁이라 함은 업무상 배임이 되는 내용의 부정한 청탁을 의미하는 것이 아니고 사회상규나 신의칙에 반하는 것을 내용으로 하는 청탁이라 함이 당원의 판례임은 소론과 같으나 재물을 공여하는 사람이 부정한 청탁을 하였다 하더라도 그 청탁을 받아들임이 없이 그 청탁과는 관계없이 금품을 받은 경우에는 배임수재죄는 성립하지 아니한다고 봄이 상당하고 뇌물을 주고받는 사람이 서로 필요적 공범관계에 있다하여, 예외없이 공범자 모두가 처벌되어야 하는 것은 아니라 할 것인바 , 원심판결 이유에 의하면 거시증거를 종합하여 판시와 같이 판시보험회사로부터 사고선체의 검정의뢰를 받은 피고인에게 원심 공동 피고인 1, 2는 수시 선체수색의 애로점을 말하고 검정보고서를 빨리 작성하여 보험금을 타게 해 달라고 요구하면서 금품 제의를 시사하였으나 피고인은 단호히 거절하고 객관적인 자료의 제출을 요구한 사실, 그 후 약1개월이 지난 9. 중순경 보험회사로부터 피고인에게 판시와 같은 이유로 선체수색을 중단하니 현재의 상황으로 보고서를 제출해 달라는 통고를 받고 그 요청에 따라 보험회사에 제출된 판시와 같은 이건 선박침몰에 관한 관계서류를 토대로 검정보고서를 작성하여 9.18 위 보험회사에 제출한 사실, 한편 선박침몰 후 원심공동피고인 1은 원심공동피고인 2와 선체가 발견되기 전에 피고인에게 2,000만원을 주고 빨리 조사를 마치자고 의논이 되어 동년 8.16 원심공동피고인 2 발행액면 금 2,000만원의 약속어음을 피고인에게 교부하려 하였으나 피고인의 완강한 태도로 보아 불가능할 것으로 판단되어 보험금을 수령할 때까지 원심공동피고인 1이 보관하고 있다가 원심공동피고인 2에게 되돌려 준 사실, 위와 같이 검정보고서를 제출하고 보험금을 수령한 후 원심공동피고인 1 등은 때마침 피고인의 처가 점포 경영관계로 급전이 필요한 것을 알고 당초부터 금품을 제공할 의도가 있었고 또 어떤 형태든 피고인을 도와 주어야겠다는 생각에서 판시와 같이 대여금 명목으로 피고인에게 교부한 사실을 인정하고, 이에 저촉되는 증거를 배척한 후 위 인정사실에 의하면 피고인에게 이 사건 범행의 범의를 인정할 수 없다하여 무죄를 선고하고 있는 바, 기록에 의하여 설시 증거를 검토하여 보면 원심의 위와 같은 사실인정은 수긍이 가고 이에 원심증인 김준철, 동 정 경섭의 증언을 보태어 보면 침몰된 선박의 탐색작업을 진행하거나, 중지하는 것은 선주와 보험회사측에서 결정해야 할 사항이고, 피고인의 임무

는 침몰된 선박의 구조가능 여부, 선체가 발견된 경우 선체의 속상상황, 선체수리비 등에 관한 감정으로서, 선체의 인양이 불가능한 때에는 검정보고 없이도 침몰 사실만으로 보험금의 지급이 가능한 것이어서 피고인의 직무와 보험금의 지급이 반드시 연관된다고 보여지지 아니하고, 피고인도 위와 같이 선체인양의 가부가 결정되지 않는 한 자기 스스로 검정보고서를 낼 수는 없고 선체인양은 피고인의 직무가 아니어서 위와 같은 청탁에 응할 수가 없었다는 것이며 사고 후 3개월이 경과하도록 보고서의 작성이 늦어져 원심공동피고인 2로부터 계엄사령부에 진정까지 당하였던 사실을 인정할 수 있는바, 이와 같은 사실을 아울러 보태어 보면 원심공동피고인 1, 2가 선체수색을 하지 말고 현시점에서 조사를 끝내 검정보고서를 작성하여 보험금을 타도록 '청탁'한 것은 피고인의 위 검정업무에 관한 부정한 청탁에 해당한다 할 것이나, 피고인은 보험회사로부터의 판시와 같은 지시를 받고 검정보고서를 내기까지 3개여월 동안 위와 같은 청탁을 완강히 거절하여 그 청탁에 응하지 아니한 사실을 엿볼 수 있으니, 설사 피고인이 자기의임무를 마친 후 보험금이 지급되어 판시와 같은 경위로 금품을 취득하였다 하더라도 이는 그 임무에 관하여 부정한 청탁을 받고 취득한 것이라고 볼 수는 없는 것이므로 같은 취지에서 피고인에게 원심공동피고인 1 등의 청탁에 응할 범의를 인정할 수 없다는 이유로 무죄를 선고한 원심의 조처는 정당하다고 시인되고(소론이 지적하는 경찰작성의 피고인에 대한 피의자신문조서는 피고인이 그 성립과 내용을 부인하고 있어 증거로 할 수 없고, 박 두리에 대한 진술조서는이 사건의 증거로 제시된 흔적이 없고, 1심 증인 김 준호의 증언은 공소사실을 인정할 자료가 못된다) 거기에 소론 배임수재죄의 법리를 위배하였거나 채증법칙 위배의 위법이 있다 할 수 없으며, 보통의 경우 뇌물을 준 사람과 받은 사람은 상호 필요적 공범관계에 있기는 하나, 그것을 준 사람에게는 뇌물로서 제공할 의사가 있다고 하더라도 받는 사람에게 부정한 청탁을 받아들이지 아니한 경우에는 배임수재로 처벌할 수 없고 제공자만이 처벌받는다 하여 이유모순이라 할 수도 없다. (…)

[대법원판결 1999. 1. 29. 98도4182(단순한 재산상 이익의 요구 또는 약속만을 한 경우, 배임수재죄의 성립 여부 등)] (…) 배임수재죄에서 말하는 '재산상의 이익의 취득'이라 함은 현실적인 취득만을 의미하므로 단순한 요구 또는 약속만을 한 경우에는 이에 포함되지 아니한다고 할 것인바, 기록에 비추어 살펴보면, 원심이 ① 피고인이 공소외 1로부터 금 30,000,000원을 취득하였다는 점에 대하여는, 위 공소외 1의 검찰 진술만으로는 피고인이 부정한 청탁을 받아들이고 이에 대한 대가로서 재물 또는 재산상의 이익을 받은 데에 대한 범의가 있었다고 단정할 수 없고 달리 이를 인정할 증거가 없고, ② 피고인이 공소외 2에게 오크밸리골프장 회원권의 입회신청서를 제출하여 이를 취득하였다는 점에 대하여는, 위 공소외 2가 피고인에게 위와 같은 골프장 회원권의 공여의 의사표시를 하고 피고인이 이를 승낙하였더라도 그 골프장 회원권에 관하여 피고인 명의로 명의변경이 이루어지지 아니한 이상 피고인이 현실적으로 재산상의 이득을 '취득'하였다고 할 수 없다는 이유로, 무죄를 선고한 조처도 수긍이 가고, 거기에 상고이유로 지적하는 바와 같은 채증법칙 위배의 위법이 없다. (…)

[제11강] 장물죄의 성부成否 / 친족상도례親族相盜例

1. 장물죄의 성부成否
2. 친족상도례親族相盜例

1. 장물죄의 성부成否

[사례11-1-1] A는 권한 없이 ○○주식회사의 아이디와 패스워드를 입력해서 인터넷뱅킹에 접속한 다음 ○○주식회사의 예금계좌로부터 자신의 예금계좌로 합계 180,500,000원을 이체하는 내용의 정보를 입력해서 자신의 예금액을 증액시킨 다음 자신의 현금카드를 사용해 현금자동지급기에서 현금을 인출했다. 그 후 A는 그러한 사실을 알고 있는 甲에게 그 현금 가운데에서 60,000,000원을 교부했다. A와 甲의 죄책은?

[사례11-1-2] B는 금품을 강취할 생각으로 심야에 행인 O에게 그 반항을 억압할 정도의 협박을 가했는데, 해병대 출신으로서 특공무술유단자인 O는 그로 인해 전혀 공포심이 일지는 않았지만 과거의 자신을 닮은 B에게 연민을 느낀 나머지 차고 있던 손목시계를 건네주었다. 그 후 乙은 B가 가지고온 그 손목시계가 장물임에 틀림없다고 생각하면서도 싼값에 매수했다. B와 乙의 죄책은?

[사례11-1-3] C는 사채업자에게 갚을 돈을 마련하기 위해 이리저리 금전대여를 부탁해보았지만 모두 거절당하고 있던 차에 자신이 보관하고 있는 O의 다이아몬드 반지를 팔아서 자금을 융통할 생각으로 丙에게 그와 같은 사정을 말하자 丙은 자신이 그 반지를 사겠다고 약속했다. C와 丙의 죄책은?

[사례11-1-4] D는 O의 예금통장과 인감을 몰래 들고 나와 은행으로 가서 O 명의의 예금지급청구서를 작성하고 그것을 창구에 제출해서 현금 5,000,000원을 지급받은 후에 그러한 사실을 알고 있는 丁에게 그 현금 가운데에서 3,000,000원을 교부했다. D와 丁의 죄책은?

[사례11-1-5] E는 2002년 9월 7일 23시경 A박물관에 보관·전시되어 있는 고려청자 원안형 향로 1점을 훔쳤다. 그 다음날 13시경 E는 그러한 사정을 모르는 골동품상 戊에게 그것을 2억 5,000만 원에 매각해 줄 것을 의뢰했다. E는 그 향로를 보관하고 있다가 2002년 11월 29일에 X로부터 2억 원을 차용하면서 그 향로를 담보로 제공했다. 戊의 죄책은?

〈장물에 관한 죄〉의 개요

▷ 「형법」 각칙 제41장의 〈장물에 관한 죄〉에는 기본유형으로서 장물취득·양도·운반·보관죄(362①) 및 장물취득·양도·운반·보관알선죄(362②)가 있으며, 그 모두를 포괄해서 보통 장물죄(362)라고 한다. 그 상습범은 가중처벌되고(363①), 그것에 대해서는 자격정지 또는 벌금의 병과竝科가 인정된다(363②). 그밖에 업무상과실 또는 중과실에 의한 장물취득·양도·운반·보관 또는 그 알선도 처벌의 대상이 된다(364). 〈장물에 관한 죄〉죄에도 친족상도례親族相盜例에 관한 규정이 있다(365).

〈장물에 관한 죄〉의 개요

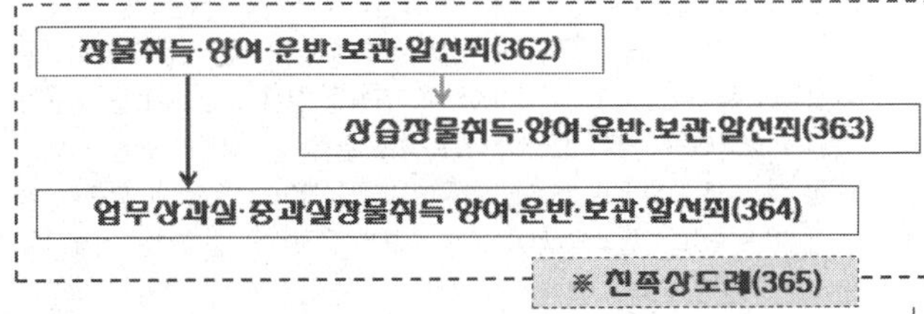

장물죄(362) 객체

▷ 장물죄(362)는 장물을 취득-[대법원판결 2003. 5. 13. 2003도1366]·양여·운반·보관하거나 그것을 알선하는 것이다. 장물이란 재산범죄에 의해 영득된 물건, 즉 절도·강도·

[대법원판결 2003. 5. 13. 2003도1366(장물취득죄에 있어서 '취득'의 의미 등)] [1] 장물취득죄에서 '취득'이라고 함은 점유를 이전받음으로써 그 장물에 대하여 사실상의 처분권을 획득하는 것을 의미하는 것이므로, 단순히 보수를 받고 본범을 위하여 장물을 일시 사용하거나 그와 같이 사용할 목적으로 장물을 건네받은 것만으로는 장물을 취득한 것으로 볼 수 없다. [2] 법원은 공소사실의 동일성이 인정되는 범위 내에서 심리의 경과에 비추어 피고인의 방어권 행사에 실질적인 불이익을 초래할 염려가 없다고 인정되는 때에는, 공소장이 변경되지 않았더라도 직권으로 공소장에 기재된 공소사실과 다른 범죄사실을 인정할 수 있고, 이와 같은 경우 공소가 제기된 범죄사실과 대비하여 볼 때 실제로 인정되는 범죄사실의 사안이 가볍지 아니하여 공소장이 변경되지 않았다는 이유로 이를 처벌하지 않는다면 적정절차에 의한 신속한 실체적 진실의 발견이라는 형사소송의 목적에 비추어 현저히 정의와 형평에 반하는 것으로 인정되는 경우라면 법원으로서는 직권으로 그 범죄사실을 인정하여야 한다. [3] 공소제기된 장물취득의 점과 실제로 인정되는 장물보관의 범죄사실 사이에는 법적 평가에 차이가 있을 뿐 공소사실의 동일성이 인정되는 범위 내에 있으므로 따로 공소사실의 변경이 없더라도 법원이 직권으로 장물보관의 범죄사실을 유죄로 인정하여야 한다고 한 사례.

사기·공갈·횡령 등의 영득죄에 의해서 취득된 물건을 말한다-[대법원판결 1975. 9. 23. 74도1804][대법원판결 1998. 11. 24. 98도2967][대법원판결 1971. 2. 23. 70도2589].

▷ 〔사례11-1-1〕에서 A는 컴퓨터등사용사기죄(347의2)를 범한 후에 자신의 현금카드를 사용해서 현금자동지급기에서 현금을 인출했는데, A가 컴퓨터등사용사기죄(347의2)로 취득한 예금채권은 재물이 아니라 재산상의 이익이므로 장물죄(362)의 객체가 될 수 없을 뿐만 아니라, A가 자신의 현금카드를 사용해서 현금자동지급기에서 현금을 인출한 것이 컴퓨터등사용사기죄(347의2)로 취득한 예금채권을 인출한 것이라고 하더라도 현금카드의 사용권한이 있는 자의 정당한 사용에 의한 것으로서 현금자동지급기 관리자의 의사意思에 반한 것도 아니고 기망행위 내지 그에 따른 처분행위도 없었던 점에서 절도죄(329)나 사기죄(347) 등과 같은 재산범죄를 구성하지 않는다. 따라서 A가 인출한 현금을 교부받은 甲에게 장물취득죄(362)가 인정될 여지는 없다-[대법원판결 2004. 4. 16. 2004도353].

▷ 재물의 장물성은 일정한 재산범죄에 의해 부여되고*, 그 재산범죄 내지 그것을 행한 자를 일컬어 본범本犯이라고 한다. 본범本犯은 구성요건에 해당되고 위법한 것으로써 족하고 반드시 유책한 것일 필요는 없다고 한다**. 그런데 재물에 장물성이 인정되기 위해서는 본범本犯이 기수에 이를 것이 요구된다고 하는 것이 학설로서는 유력한데, 그와는 달리 본범本犯의 기수·미수 여부와는 상관없이 본범本犯에 의한 재물의 영득이 종료되었을 때에 그 재물에 장물성이 부여된다고 보는 입장도 있다. 〔사례11-1-2〕에서 B의 강도범행은 미수에 그쳤는데, 본범本犯으로서의 B가 재물을 영득한 이상 그 재물은 장물이 된다고 보는 입장에서는 乙에게 장물취득죄(362)를 인정할 수 있지만, 본범本犯의 범행이 기수에 이른 경우에 재물의 장물성이 인정된다고 보는 입장에서는 X에게 장물취득죄(362)를 인정할 수 없다***.

* 따라서 재산범죄가 아닌 죄에 의해서 취득된 물건, 예컨대 수뢰(129등참조)나 도박(246참조) 등에 의해서 얻어진 재물은 장물이 아니다.

** 「형법」이 적용되지 않는 외국인의 국외범에 관해서도 장물성이 인정된다고 한다.

*** 본범本犯의 범행이 기수에 이른 경우에 재물의 장물성이 인정된다고 보는 입장 가운데에는, 강도살인죄(301의2)와 같은 결합범에서는 재산범죄의 부분이 완성되면 본범本犯의 범행이 기수에 이른 것으로 보는 경우도 있는데(金鍾源, 刑法各論 上卷, 改訂版, 1971, 250면), 그렇게 보더라도 〔사례11-1-1〕에서야 재물의 장물성이 인정되기는 어려울 것이다. 다만, 원칙적으로는 본범本犯의 범행이 기수에 이른 경우에 재물의 장물성이 인정되지만, 기수에 이르기 전이라도 재물의 영득이 있는 경우에는 예외적으로 재물의 장물성이 인정된다고 보는 입장에서는 X에게 장물취득죄(362)의 죄책을 인정할 수 있을 것이다(김성돈, 형법각론, 제2판, 2009, 442면).

▷ 〔사례11-1-3〕에서 C에게는 횡령죄(355①)가 문제되는데, 우선 ⓐ 횡령죄(355①)는 불법영득의사가 표현된 때에 이미 기수에 이르는 것으로 보는 입장에서는 C의 매도신청만으로도 이미 횡령죄(355①)는 기수에 이르렀으므로 丙에게는 장물취득죄(362)의 죄책이 인정된다고 한다. 그와는

[대법원판결 1975. 9. 23. 74도1804(임산물단속에관한법률 위반죄에 의하여 생긴 임산물이 장물이 될 수 있는지 여부 등)] 가. 장물이라함은 절도, 강도, 사기, 공갈, 횡령등 재산죄인 범죄행위에 의하여 영득된 물건을 말하는 것이므로 산림법 93조 소정의 절취한 임산물이 아니고 임산물단속에 관한 법률위반죄에 의하여 생긴 임산물은 재산 범죄적 행위에 의한 것이 아니기 때문에 장물이 될수 없다. (…)

[대법원판결 1998. 11. 24. 98도2967(리프트탑승권 발매기를 전산조작하여 위조한 탑승권을 발매기에서 뜯어 간 행위는 탑승권 위조행위와 위조탑승권 절취행위가 결합된 것이라는 이유로, 위조탑승권의 장물성을 인정한 사례 등)]

[대법원판결 1971. 2. 23. 70도2589(장물이라 함은 물리적 관리가능성이 있는 물건 즉 "재물"을 말하는 것이고 재산상의 이익은 장물죄의 객체가 될 수 없다.)] (…) 형법 제41장의 장물에 관한 죄에 있어서의 "장물"은 이른바 "재물"을 말하는 것이고 그 "재물"은 원심이 판시한 바와 같이 물리적 관리 가능성이 있는 물건을 말하는 것이고, 설령 재산죄에 의하여 취득된 것이라 하더라도 재산상의 이익은 장물죄의 객체가 될 수 없다고 보아야 할 것이다. 원심이 같은 견해로서 전화가입권의 실체는 가입권자가 전화관서로 부터 전화역무를 제공받을 하나의 채권적 권리이며, 이는 하나의 재산상의 이익은 될지언정 위에 말한 "장물"의 범주에 속하지 아니한다고 단정하여 피고인의 전화가입권매수행위를 업무상 과실 장물 취득죄로 처단할 수 없다고 판단하였음은 정당하다.

[대법원판결 2004. 4. 16. 2004도353(컴퓨터등사용사기죄의 범행으로 예금채권을 취득한 다음 자기의 현금카드를 사용하여 현금자동지급기에서 현금을 인출한 경우, 그 인출된 현금은 장물이 될 수 없다고 한 사례 등)] (…) 형법 제41장의 장물에 관한 죄에 있어서의 '장물'이라 함은 재산범죄로 인하여 취득한 물건 그 자체를 말하므로, 재산범죄를 저지른 이후에 별도의 재산범죄의 구성요건에 해당하는 사후행위가 있었다면 비록 그 행위가 불가벌적 사후행위로서 처벌의 대상이 되지 않는다 할지라도 그 사후행위로 인하여 취득한 물건은 재산범죄로 인하여 취득한 물건으로서 장물이 될 수 있다. 그러나 기록에 의하면, 공소외인은 권한 없이 주식회사 신진기획의 아이디와 패스워드를 입력하여 인터넷뱅킹에 접속한 다음 위 회사의 예금계좌로부터 자신의 예금계좌로 합계 180,500,000원을 이체하는 내용의 정보를 입력하여 자신의 예금액을 증액시킴으로서 컴퓨터등사용사기죄의 범행을 저지른 다음 자신의 현금카드를 사용하여 현금자동지급기에서 현금을 인출한 사실을 인정할 수 있는바, 이와 같이 자기의 현금카드를 사용하여 현금자동지급기에서 현금을 인출한 경우에는 그것이 비록 컴퓨터등사용사기죄의 범행으로 취득한 예금채권을 인출한 것이라 할지라도 현금카드 사용권한 있는 자의 정당한 사용에 의한 것으로서 현금자동지급기 관리자의 의사에 반하거나 기망행위 및 그에 따른 처분행위도 없었으므로, 별도로 절도죄나 사기죄의 구성요건에 해당하지 않는다 할 것이고, 그 결과 그 인출된 현금은 재산범죄에 의하여 취득한 재물이 아니므로 장물이 될 수 없다고 할 것이다. 또 장물인 현금 또는 수표를 금융기관에 예금의 형태로 보관하였다가 이를 반환받기 위하여 동일한 액수의 현금 또는 수표를 인출한 경우에 예금계약의 성질상 그 인출된 현금 또는 수표는 당초의 현금 또는 수표와 물리적인 동일성은 상실되었지만 액수에 의하여 표시되는 금전적 가치에는 아무런 변동이 없으므로, 장물로서의 성질은 그대로 유지되지만, 공소외인이 컴퓨터등사용사기죄에 의하여 취득한 예금채권은 재물이 아니라 재산상 이익이므로, 그가 자신의 예금구좌에서 6,000만 원을 인출하였더라도 장물을 금융기관에 예치하였다가 인출한 것으로 볼 수 없다. 같은 취지에서 원심이 피고인이 공소외인으로부터 교부받은 6,000만 원은 장물이 아니라는 이유로 피고인에 대하여 무죄를 선고한 제1심판결을 그대로 유지한

달리, ⓑ 횡령죄(355①)는 불법영득의사가 실현된 때에 비로소 기수에 이르는 것으로 보는 입장에서는 C의 매도신청만으로는 아직 횡령죄(355①)는 기수에 이르지 않았으므로 丙에 의한 매수의 의사표시가 횡령의 방조로 인정되는 한에서 丙은 횡령죄(355①)의 종범(32)이 될 뿐이라고 한다*. 그밖에, ⓒ 본범本犯으로서의 C가 행한 횡령죄(355①)의 기수·미수 여부와는 상관없이 C에 의한 재물의 영득이 종료되었을 때에 그 재물의 장물성이 인정된다고 보는 입장에서, C의 영득행위가 종료되지 않은 이상 丙은 횡령죄(355①)의 종범(32)이 된다는 견해**도 있다.

* 다만, [사례11-1-2] 에서 본범本犯인 B의 불법영득의사가 실현된 때, 즉 B가 O의 다이아몬드 반지를 실제로 Y에게 인도한 때에는 횡령죄(355①)의 종범(32)과 아울러 장물취득죄(362)가 Y의 죄책으로서 인정되고(金鍾源, 刑法各論 上卷, 改訂版, 1971, 250면), 양자는 실체적 경합관계에 있다고 본다-[대법원판결 1969. 6. 24. 69도692(횡령 교사를 한 후 그 횡령한 물건을 취득한 때에는 횡령교사죄와 장물취득죄의 경합범이 성립된다.)]참조.

** 任雄, 刑法各論, 改訂版·補訂, 2006, 477면. 그와 같은 견해는, ⓐ의 입장에 따라 Y에게 장물취득죄(362)가 인정됨으로써 그 법정형이 7년 이하의 징역 등이 되는 것은 B에게 횡령죄(355①)가 인정됨으로써 그 법정형이 5년 이하의 징역 등이 되는 것과 비교해서 지나치다고 하는데, 만일 재물이 실제로 매도된 때에는 ⓐ의 입장에서는 여전히 장물취득죄(362)만이 Y의 죄책으로서 문제되지만 ⓒ의 입장에서는 Y에게 횡령죄(355①)의 종범(32)과 아울러 장물취득죄(362)의 죄책을 인정해야 할 것이므로 ⓐ의 입장을 지나친 것으로 보는 데에는 다소 의문이 있다.

✓ 판례 가운데에는 횡령죄(355①)를 위험범으로 보면서 그 기수시기에 관해서 이른바 '표현설'의 입장을 취한 것이 있지만-[대법원판결 2002. 11. 13. 2002도2219][대법원판결 2004. 12. 9. 2004도5904], 부동산에 관해서는 이른바 '실현설'에 가까운 입장을 취한 것도 있는데-[대법원판결 1985. 9. 10. 85도86][대법원판결 1993. 3. 9. 92도2999], 횡령행위에 의해서 제공된 물건은 횡령행위에 의해서 영득된 재물로서의 장물에 해당되고 횡령죄(355①)가 기수에 달함으로써 그 취득행위가 장물취득죄(362)를 구성하는 점을 인정하는 판례의 태도-[대법원판결 2004. 12. 9. 2004도5904]는 대체로는 ⓐ의 입장과 가깝지만, 그렇다고 해서 ⓑ의 입장과 배치되는 것도 아니라고 생각된다.

▷ 장물의 범위는 무엇보다도 장물죄(362)의 본질을 어떻게 볼 것인지에 따라서 달라진다. 우선, ⓐ 장물죄(362)란 장물을 취득·양여·운반·보관하거나 그것을 알선함으로써 본범本犯의 피해자인 소유자의 재물에 대한 추구회복을 곤란하게 하는 것이라고 하는 이른바 '추구권설'에 의하면, 피해자가 법률상 추구할 수 있는 것, 즉 반환을 청구할 수 있는 것이 장물이 된다-[대법원판결 1975. 12. 9. 74도2804]. 따라서 '추구권설'의 입장에서는 선의취득에 의해서 제3자가 소유권을 취득한 물건(민법249참조), 가공자加工者에게 소유권이 귀속된 물건(민법259참조), 불법원인급여로서 피해자에게 반환청구권이 인정되지 않는 물건(민법746참조) 등은 장물이 아니고, 장물을 매각해서 얻은 금전이나 장물로서의 금전으로 구입한 물건 등(: 이른바 대체장물)이나 장물죄(362) 등에 의해서 얻어진 재물(: 이른바 연쇄장물)

원심의 판단은 정당하고, 거기에 주장과 같은 장물에 관한 법리를 오해한 위법이 없다. (…)

[대법원판결 2002. 11. 13. 2002도2219(횡령죄가 위태범인지 여부 및 보관중인 타인의 재물을 담보로 제공하는 행위가 사법상 무효인 경우 횡령죄가 성립하는지 여부)] 횡령죄는 다른 사람의 재물에 관한 소유권 등 본권을 그 보호법익으로 하고 본권이 침해될 위험성이 있으면 그 침해의 결과가 발생되지 아니하더라도 성립하는 이른바 위태범이므로, 다른 사람의 재물을 보관하는 사람이 그 사람의 동의 없이 함부로 이를 담보로 제공하는 행위는 불법영득의 의사를 표현하는 횡령행위로서 사법(私法)상 그 담보제공행위가 무효이거나 그 재물에 대한 소유권이 침해되는 결과가 발생하는지 여부에 관계없이 횡령죄를 구성한다.

[대법원판결 2004. 12. 9. 2004도5904(장물의 의미; 장물취득죄에 있어서 장물의 인식정도와 그 인정기준 등)] [1] 횡령죄는 타인의 재물을 보관하는 자가 그 재물을 횡령하는 경우에 성립하는 범죄이고, 횡령죄의 구성요건으로서의 횡령행위란 불법영득의사를 실현하는 일체의 행위를 말하는 것으로서 불법영득의사가 외부에 인식될 수 있는 객관적 행위가 있을 때 횡령죄가 성립한다. [2] 장물이라 함은 재산죄인 범죄행위에 의하여 영득된 물건을 말하는 것으로서 절도, 강도, 사기, 공갈, 횡령 등 영득죄에 의하여 취득된 물건이어야 한다. [3] 장물취득죄에 있어서 장물의 인식은 확정적 인식임을 요하지 않으며 장물일지도 모른다는 의심을 가지는 정도의 미필적 인식으로서도 충분하고, 또한 장물인 정을 알고 있었느냐의 여부는 장물 소지자의 신분, 재물의 성질, 거래의 대가 기타 상황을 참작하여 이를 인정할 수밖에 없다. [4] 갑이 회사 자금으로 을에게 주식매각 대금조로 금원을 지급한 경우, 그 금원은 단순히 횡령행위에 제공된 물건이 아니라 횡령행위에 의하여 영득된 장물에 해당한다고 할 것이고, 나아가 설령 갑이 을에게 금원을 교부한 행위 자체가 횡령행위라고 하더라도 이러한 경우 갑의 업무상 횡령죄가 기수에 달하는 것과 동시에 그 금원은 장물이 된다고 한 사례.

[대법원판결 1985. 9. 10. 85도86(부동산의 명의수탁자가 그 부동산에 임의로 담보권을 설정한 경우의 죄책)] 타인소유의 부동산을 보관중인 명의수탁자가 위 신탁관계에 위반하여 이를 담보로 제공하고 근저당권을 설정하는 경우에는 후에 이를 반환하였는지 여부에 관계없이 위 부동산에 관한 근저당권설정등기를 마치는 때에 위 부동산에 관한 횡령죄의 기수가 된다.

[대법원판결 1993. 3. 9. 92도2999(횡령죄에 있어서 횡령행위의 의미 등)] 가. 횡령죄는 타인의 재물을 보관하는 자가 재물을 횡령하는 경우에 성립하는 범죄로서, 일단 횡령한 이후 재물을 처분하는 것은 불가벌적 사후행위에 해당하여 처벌할 수 없다. 나. 부동산의 보관은 원칙으로 등기부상의 소유명의인에 대하여 인정되지만 등기부상의 명의인이 아니라도 소유자의 위임에 의거해서 실제로 타인의 부동산을 관리, 지배하면 부동산의 보관자라 할 수 있고, 미등기건물에 대하여는 위탁관계에 의하여 현실로 부동산을 관리, 지배하는 자가 보관자라고 할 수 있다. 다. 횡령죄의 구성요건으로서의 횡령행위란 불법영득의사를 실현하는 일체의 행위를 말하고, 횡령죄에 있어서의 행위자는 이미 타인의 재물을 점유하고 있으므로 점유를 자기를 위한 점유로 변개하는 의사를 일으키면 곧 영득의 의사가 있었다고 할 수 있지만, 단순한 내심의 의사만으로는 횡령행위가 있었다고 할 수 없고 영득의 의사가 외부에 인식될 수 있는 객관적 행위가 있을 때 횡령죄가 성립한다. 라. 미등기건물의 관리를 위임받아 보관하고 있는 자가 임의로 건물에 대하여 자신의 명의로 보존등기를 하거나 동시에 근저당권설정등기를 마치는 것은 객관적으로 불법영득의 의사를 외부에 발현시키는 행위로서 횡령죄에 해당하고, 피해자의 승낙 없이 건물을 자신의 명의로 보존등

은 장물이 될 수 없다고 한다. 그와는 달리, ⓑ 장물죄(362)란 범죄로 인해서 위법하게 성립된 재산상태를 유지·존속하게 하는 것이라고 하는 이른바 '위법재산상태유지설'에 의하면, 불법원인급여로서 피해자에게 반환청구권이 인정되지 않는 물건(민법746참조)도 장물이 될 수 있고, 대체장물이나 연쇄장물에 대해서도 장물성이 인정될 여지가 있다. 게다가 '위법재산상태유지설'은 본범本犯을 재산범죄에 한정하지 않는 까닭에 가령 수뢰(129등참조)나 도박(246참조) 등에 의해서 얻어진 재물도 장물로 본다. 한편, ⓒ 장물죄(362)란 본범에 의해서 조성된 범죄적 이익에 관여하는 것이라고 하는 이른바 '이익설'*에 의하면, 행위자에게 그러한 의미에서의 이득의 의사意思가 존재하는 한에서 불법원인급여물(민법746참조), 대체장물 및 연쇄장물뿐만 아니라 본범 本犯이 가공 加工(민법259참조)에 의해서 소유권을 취득한 물건도 장물죄(362)의 객체가 된다. 그밖에도, ⓓ 장물죄(362)를 피해자의 정당한 반환청구권의 행사를 어렵게 하고 위법한 재산상태를 유지하게 하는 것으로 보는 '결합설'-[대법원판결 1987. 10. 13. 87도1633] 및 ⓔ 장물죄(362)를 재산범죄에 의해서 성립된 위법한 재산상태를 유지·존속하게 하는 것으로 보는 일종의 '수정된 위법재산상태유지설' 등이 있다

* '추구권설'도 장물죄(362)가 본범조장적本犯助長的 성격을 지니고 있는 점을 인정하지만, '이익설'에 따르면 본범本犯에 대한 장물범의 사후공범적 성격이 전면에 부각되는 점에서 '이익설'은 '공범설'로도 일컬어진다.

기를 한 때 이미 횡령죄는 완성되었다 할 것이므로, 횡령행위의 완성 후 근저당권설정등기를 한 행위는 피해자에 대한 새로운 법익의 침해를 수반하지 않는 불가벌적 사후행위로서 별도의 횡령죄를 구성하지 않는다.

「민법」제249조(선의취득) 평온, 공연하게 동산을 양수한 자가 선의이며 과실없이 그 동산을 점유한 경우에는 양도인이 정당한 소유자가 아닌 때에도 즉시 그 동산의 소유권을 취득한다.「민법」제250조(도품, 유실물에 대한 특례) 전조의 경우에 그 동산이 도품이나 유실물인 때에는 피해자 또는 유실자는 도난 또는 유실한 날로부터 2년내에 그 물건의 반환을 청구할 수 있다. 그러나 도품이나 유실물이 금전인 때에는 그러하지 아니하다.

「민법」제259조(가공) ① 타인의 동산에 가공한 때에는 그 물건의 소유권은 원재료의 소유자에게 속한다. 그러나 가공으로 인한 가액의 증가가 원재료의 가액보다 현저히 다액인 때에는 가공자의 소유로 한다. ② 가공자가 재료의일부를 제공하였을 때에는 그 가액은 전항의 증가액에 가산한다.

「민법」제746조(불법원인급여) 불법의 원인으로 인하여 재산을 급여하거나 노무를 제공한 때에는 그 이익의 반환을 청구하지 못한다. 그러나 그 불법원인이 수익자에게만 있는 때에는 그러하지 아니하다.

장물의 범위 및 장물죄의 성립에 관한 사고방식

학설 / 본범 / 재물의 태양 · 주관적 요소		추구권설	위법재산상태유지설	이익설	결합설 (추구권설 + 이익설)	수정된 위법재산상태유지설
재산범죄	선의취득물(민법249참조)	×	×	(○)	×	×
	가공물加工物(민법259참조)	×	×	○	×	×
	불법원인급여물(민법746참조)	×	○	○	×/○	○
	대체장물	×	○	○	×/○	×
	연쇄장물	×	○	○	○	○
비非재산범죄		×	○	○	×	×
장물범의 주관적 요소	본범本犯 등과의 합의	不要	<u>必要</u>	不要	不要	<u>必要</u>
	이득의 의사意思	不要	不要	<u>必要</u>	不要	不要

✓ 판례는 대체장물의 장물성을 부정하면서도-[대법원판결 1972. 2. 22. 71도2296], 장물로서의 현금 또는 자기앞수표를 금융기관에 예치한 후에 동일한 액수의 현금을 인출한 경우에는 여전히 장물성이 인정된다고 한다-[대법원판결 2000. 3. 10. 98도2579]. 즉, 절취한 자기앞수표를 은행에서 현금으로 환금한 경우에 그 환금행위가 기망행위로서 사기죄(347)를 구성하더라도 그것은 불가벌적 사후행위로서-[대법원판결 1982. 7. 27. 82도822] 처벌의 대상이 되지는 않지만 그것에 의해 취득된 재물의 장물성은 배제되지 않으므로-[대법원판결 2004. 4. 16. 2004도353] 그 현금은 여전히 장물에 해당된다. 장물성의 여부

[대법원판결 1975. 12. 9. 74도2804(이중매도로 인한 배임범죄에 제공된 부동산을 취득한 경우에 장물취득죄의 성부)] (…) 무릇 형법상 장물죄 객체인 장물이라함은 재산권상의 침해를 가져올 위법행위로 인하여 영득한 물건으로서 피해자가 반환청구권을 가지는 것을 말한다고 할 것인바 본건에 있어 원판결이 적법하게 확정한 사실에 의하면 원심공동피고인이 본건 대지에 관하여 그 매수인인 조칠용에게 소유권이전등기를 하여줄 임무가 있음에도 불구하고 그 임무에 위반하여 이를 대금 120,000원에 피고인 1에게 매도하고 소유권이전등기를 경유하여서 위 대금상당의 재산상의 이익을 얻고 위 조칠용에게 위 대지 싯가 상당의 손해를 입혔으며 피고인 2는 위 대지를 피고인 1로부터 매수취득하였다는 것으로서 위 원심공동피고인이 배임행위로 인하여 영득한 것은 재산상의 이익이고 위 배임범죄에 제공된 본건 대지는 위 범죄로 인하여 영득한 것 자체는 아니며 그 취득자 또는 전득자에게 대하여 위 배

에 관해서 재물의 동일성을 비교적 엄격하게 요구하는 입장에서는 그와 같이 자기앞수표를 현금으로 환금한 경우에는 더 이상 장물성이 유지되지 않는다고 보지만, 가령 환금의 과정에서 기망이 행해진 경우에는 그로 인해 교부된 현금은 사기죄(347)에 의해서 얻어진 재물로서 장물에 해당된다고 본다. [사례11-1-4] 에서 D가 지급받은 현금을 절도죄(329)에 의해서 얻어진 재물로서의 장물로 보기는 힘들겠지만, 사기죄(347)에 의해서 얻어진 재물로서의 장물로 보는 데에는 무리가 없으므로, 결국 丁에게는 장물취득죄(362)의 죄책이 인정될 수 있다.

- 장물죄(362)의 주체 및 고의 등

▷ 장물죄(362)의 주체에 특별한 제한은 없지만, 범죄의 성질상 본범本犯 및 그 공동정범은 그 주체가 될 수 없다-[대법원판결 1986. 9. 9. 86도1273]. 본범本犯에 대한 협의의 공범은 장물죄(362)의 주체가 될 수 있다-[대법원판결 1969. 6. 24. 69도692].

▷ 고의범으로서의 장물죄(362)를 구성하기 위해서 행위의 대상이 되는 물건이 장물, 즉 재산범죄에 의해서 영득된 것이라는 점에 대한 행위자의 인식이 요구되는 것은 물론이다-[대법원판결 2004. 12. 9. 2004도5904]. 다만, 본범本犯의 구체적인 내용까지 행위자가 알고 있어야 할 필요는 없다-[대법원판결 2000. 3. 24. 99도5275].

▷ 판례에 따르면, 장물의 보관자가 그 장물을 횡령한 경우에는 그 횡령행위는 불가벌적 사후행위에 해당된다-[대법원판결 1976. 11. 23. 76도3067]. 한편, 장물인 사실을 알면서도 가령 그것을 절취하거나 갈취한 경우에는 절도죄(329) 또는 공갈죄(350)가 문제되는 것과 별도로 장물죄(362)가 문제되지는 않는 것으로 보는 입장이 유력하다. 그 밖에, 가령 타인이 절취한 차량인 것을 알면서 그 타인의 강도행위를 위해 그 차량을 운전해준 경우에는 강도예비죄(333·343)와 아울러 장물운반죄(362)도 성립된다-[대법원판결 1999. 3. 26. 98도3030].

- 업무상과실·중과실장물죄(364)

▷ 업무상과실·중과실장물죄(364)는 재산범죄 가운데에서 업무상과실 또는 중과실이 처벌되는 유일한 경우다. 업무상과실 또는 중과실에 의한 장물의 취득 등을 처벌하는 취지는 주로 정책적인 측면, 즉 장물의 취득 등에 관한 고의의 입증이 곤란한 경우도 처벌을 가능하게 하는 데에 있다고 한다*. [사례11-1-5] 에서 戊에게는 업무상과실장물보관죄(364)의 죄책이 인정될 수 있고-[대법원판결 2003. 4. 25. 2003도348]참조, 판례에 따르면 戊의 횡령행위는 불가벌적 사후행위에 해당된다-[대법원판결 2004. 4. 9. 2003도8219].

* 金鍾源, 刑法各論 上卷, 改訂版, 1971, 256면 이하.

임죄의 가공여부를 논함은 별문제로 하고 장물취득죄로 처단할 수 없는 법리라 할 것이므로 피고인 2에게 대하여도 무죄를 선고한 원판결은 정당하며 논지는 채택될 수 없다. (…)

[대법원판결 1987. 10. 13. 87도1633(장물보관죄의 성립요건)] 장물인 정을 모르고 보관하던 중 장물인 정을 알게 되었고, 위 장물을 반환하는 것이 불가능하지 않음에도 불구하고 계속 보관함으로써 피해자의 정당한 반환청구권 행사를 어렵게하여 위법한 재산상태를 유지시킨 경우에는 장물보관죄에 해당한다.

[대법원판결 1972. 2. 22. 71도2296(장물이라함은 영득죄에 의하여 취득한 물건 그 자체를 말한다.)] 장물이라함은 영득죄에 의하여 취득한 물건 그 자체를 말하는 것으로서 피해자에게 그 회복추구권이 없어진 경우에는 장물성을 잃게된다고 할 것이므로 피고인이 원심공동 피고인 1이 절취한 옥사를 처분하여 얻어진 돈을 받았다고 하드라도 장물취득죄가 성립되지 않는다고 할 것이니 이와같은 취지의 원심판결 이유는 정당하고 장물죄의 피해법익은 피해자의 목적물에 대한 추급권외에 형사소추에 있어서의 증거물의 확보도 포함되는 것이라 할 것이므로 장물이 현금화되어 피해자의 추급권이 제한되어도 형사소추 및 증거를 확보하는 사회적 법익이 존속하여 장물죄를 구성한다는 논지는 이유없다.

[대법원판결 2000. 3. 10. 98도2579(장물인 현금과 자기앞수표를 금융기관에 예치하였다가 현금으로 인출한 경우, 인출한 현금의 장물성 상실 여부)] 장물이라 함은 재산범죄로 인하여 취득한 물건 그 자체를 말하고, 그 장물의 처분대가는 장물성을 상실하는 것이지만, 금전은 고도의 대체성을 가지고 있어 다른 종류의 통화와 쉽게 교환할 수 있고, 그 금전 자체는 별다른 의미가 없고 금액에 의하여 표시되는 금전적 가치가 거래상 의미를 가지고 유통되고 있는 점에 비추어 볼 때, 장물인 현금을 금융기관에 예금의 형태로 보관하였다가 이를 반환받기 위하여 동일한 액수의 현금을 인출한 경우에 예금계약의 성질상 인출된 현금은 당초의 현금과 물리적인 동일성은 상실되었지만 액수에 의하여 표시되는 금전적 가치에는 아무런 변동이 없으므로 장물로서의 성질은 그대로 유지된다고 봄이 상당하고, 자기앞수표도 그 액면금을 즉시 지급받을 수 있는 등 현금에 대신하는 기능을 가지고 거래상 현금과 동일하게 취급되고 있는 점에서 금전의 경우와 동일하게 보아야 한다.

[대법원판결 1982. 7. 27. 82도822(절취한 자기앞 수표를 추심의뢰하여 환금한 경우 사기죄 불성립)] (…) 금융기관 발행의 자기앞수표는 즉시 지급받을 수 있어 현금에 대신하는 기능을 하고 있는 점에서 현금적인 성격이 강하므로 절취한 자기앞수표의 환금행위는 절취행위에 수반한 당연의 경과라 하여 절도행위에 대한 가벌적 평가에 당연히 포함되는 것으로 보는 것이 상당하다 할 것이므로 절취한 자기앞수표를 추심의뢰에 의하여 환금한 피고인의 소위를 불가벌적 사후행위로서 사기죄가 되지 아니한다고 판단한 원심의 조치는 정당하고 거기에 소론과 같은 사기죄의 법리를 오해한 위법이 있다고 할 수 없으니 이와 반대의 논지는 채용할 수 없다.

[대법원판결 1986. 9. 9. 86도1273(범죄집단의 일원으로부터 장물을 취득한 경우, 장물취득죄의 성부 등)] 가. 장물죄는 타인(본범)이 불법하게 영득한 재물의 처분에 관여하는 범죄이므로 자기의 범죄에 의하여 영득한 물건에 대하여는 성립하지 아니하고 이는 불가벌적 사후행위에 해당하나 여기에서 자기의 범죄라 함은 정범자(공동정범과 합동범을 포함한다)에 한정되는 것이므로 평소 본범과 공동하여 수차 상습으로 절도등 범행을 자행함으로써 실질적인 범죄집단을 이루고 있었다 하더라도, 당해 범죄행위의 정범자(공동정범이나 합동범)로 되지 아니한 이

상 이를 자기의 범죄라고 할 수 없고 따라서 그 장물의 취득을 불가벌적 사후행위라고 할 수 없다. (…)

[대법원판결 1969. 6. 24. 69도692(횡령 교사를 한 후 그 횡령한 물건을 취득한 때에는 횡령교사죄와 장물취득죄의 경합범이 성립된다.)]

[대법원판결 2000. 3. 24. 99도5275(장물죄에 있어서 장물의 의미 및 장물죄를 인정하기 위하여는 본범의 범죄행위를 구체적으로 명시하여야 하는지 여부 등)] (…) 장물죄에 있어서의 장물이 되기 위하여는 본범이 절도, 강도, 사기, 공갈, 횡령 등 재산죄에 의하여 영득한 물건이면 족하고 그 중 어느 범죄에 의하여 영득한 것인지를 구체적으로 명시할 것을 요하지 않는다 할 것인바, 기록에 의하면 이 사건 선박과 알루미늄은 본범이 횡령죄(선장 등이 소유자의 의사에 반하여 횡령) 또는 강도죄(제3자가 강취)에 의하여 취득한 장물이라는 사실을 배제하고 다른 방법으로 취득했을 것이라는 가능성은 전혀 상정(상정)이 되지 않고 있는 이 사건에서 본범이 횡령죄를 범한 것인지 강도죄를 범한 것인지까지는 특정이 되지 않더라도 적어도 피고인이 위 범죄 중 어느 하나인 범죄로 인하여 생긴 물건 즉 영득죄로 인한 장물인 사실을 알고 있다고 보이는 이상 장물취득죄의 성립을 인정할 수 있다 할 것이고, 기록상 나타난 여러 사정에 의하면 피고인이 이 사건 선박 등의 장물성에 대한 인식이 있었음도 인정할 수 있다. 원심이 단순히 '범죄행위'로 인하여 위법하게 영득한 물건이면 장물에 해당한다고 판시한 것은 심히 적절하지 아니하나, 장물취득죄의 성립을 인정한 결과에 있어서는 옳고, 따라서 영득죄로 취득한 장물이 아닌 점을 전제로 한 상고이유는 받아들일 수 없다. (…)

[대법원판결 1976. 11. 23. 76도3067(장물보관의뢰를 받은 자가 그 정을 알면서 이를 보관하고 있다가 임의처분한 경우에 장물보관죄 이외에 횡령죄가 성립하는지 여부)] (…) 원심은 절도범인으로부터 장물보관을 의뢰받고 그 정을 알면서 이를 인도받아 보관하고 있다가 자기 마음대로 이를 처분하였다 하여도 장물보관죄가 성립되는 때에는 이미 그 소유자의 소유물추구권을 침해하였으므로 그 후의 횡령행위는 불가벌적 사후행위에 불과하여 별도로 횡령죄가 성립하지 않는 다는 판단 아래 피고인이 공소외인의 부탁을 받고 그가 절취하여 온 이건 금반지 2개를 보관하고 있다가 이를 자기 마음대로 처분하여 횡령하였다고 하여도 피고인에게는 장물보관죄 이외에 다시 횡령죄는 성립하지 않는다고 판시하였는 바 원판결의 위와같은 판단은 정당하고 거기에 논지 적시와 같은 법리오해의 위법사유 없다. (…)

[대법원판결 1999. 3. 26. 98도3030(본범 이외의 자가 본범이 절취한 차량이라는 정을 알면서 본범의 강도행위를 위해 그 차량을 운전해 준 경우, 강도예비죄와 아울러 장물운반죄가 성립하는지 여부)] (…) 본범자와 공동하여 장물을 운반한 경우에 본범자는 장물죄에 해당하지 않으나 그 외의 자의 행위는 장물운반죄를 구성한다 할 것이므로, 원심 판시와 같이 피고인이 위 승용차가 위 공소외 1이 절취한 차량이라는 정을 알면서도 위 공소외 1, 2로부터 동인들이 위 승용차를 이용하여 강도를 하려 함에 있어 피고인이 위 승용차를 운전해 달라는 부탁을 받고 위 승용차를 안산시 와동 722의 1 앞길에서 같은 시 사동 1318의 2 앞길까지 운전하여 간 사실이 인정된다면, 피고인은 강도예비와 아울러 장물운반의 고의를 가지고 위와 같은 행위를 하였다고 봄이 상당하다 할 것이다.

[대법원판결 2003. 4. 25. 2003도348(금은방 운영자가 귀금속류를 매수함에 있어 장물인지 여부의 확인에 관하여 업무상 요구되는 주의의무의 정도 등)] [1] 금은방을 운영하는 자가 귀금속류를 매수함에 있어 매도자의 신원확인절차를 거쳤다고 하여도 장물인지의 여부를 의심할

만한 특별한 사정이 있거나, 매수물품의 성질과 종류 및 매도자의 신원 등에 좀 더 세심한 주의를 기울였다면 그 물건이 장물임을 알 수 있었음에도 불구하고 이를 게을리하여 장물인 정을 모르고 매수하여 취득한 경우에는 업무상과실장물취득죄가 성립한다고 할 것이고, 물건이 장물인지의 여부를 의심할 만한 특별한 사정이 있는지 여부나 그 물건이 장물임을 알 수 있었는지 여부는 매도자의 인적사항과 신분, 물건의 성질과 종류 및 가격, 매도자와 그 물건의 객관적 관련성, 매도자의 언동 등 일체의 사정을 참작하여 판단하여야 한다. [2] 금은방 운영자가 반지를 매수함에 있어 장물인 정을 알 수 있었거나 장물인지의 여부를 의심할 만한 특별한 사정이 있었다면 매도인의 신원확인 외에 반지의 출처 및 소지경위 등에 대하여도 확인할 업무상 주의의무가 있다고 할 것임에도 그러한 업무상 주의의무가 없다고 보아 무죄를 선고한 원심판결을 파기한 사례.

[대법원판결 2004. 4. 9. 2003도8219(장물보관 의뢰를 받은 자가 그 정을 알면서 이를 보관하고 있다가 임의 처분한 경우, 장물보관죄 이외에 횡령죄가 성립하는지 여부 등)] (…) 1. 절도 범인으로부터 장물보관 의뢰를 받은 자가 그 정을 알면서 이를 인도받아 보관하고 있다가 임의 처분하였다 하여도 장물보관죄가 성립하는 때에는 이미 그 소유자의 소유물 추구권을 침해하였으므로 그 후의 횡령행위는 불가벌적 사후행위에 불과하여 별도로 횡령죄가 성립하지 않는다. 2. 원심은 그 채택 증거에 의하여, 피고인이 2002. 9. 초순경 공소외인으로부터 장물인 고려청자 원앙형 향로 1점을 2억 5,000만 원에 매각하여 달라는 의뢰를 받음에 있어 위 향로가 장물인지 여부를 확인하여야 할 업무상 주의의무가 있음에도 이를 게을리한 과실로 위 향로를 넘겨받아 장물을 보관하던 중, 2002. 11. 29. 진정우로부터 금원을 차용하면서 위와 같이 보관중이던 위 향로를 담보로 제공한 사실을 인정한 후, 피고인이 업무상 과실로 장물인 위 향로를 보관하고 있다가 처분한 이 사건 행위는 업무상과실장물보관죄의 가벌적 평가에 포함되고 별도로 횡령죄를 구성하지 않는다고 판단하였는바, 위와 같은 원심의 판단은 정당하고, 거기에 장물죄의 불가벌적 사후행위에 관한 법리오해 등의 위법이 있다고 할 수 없다.

2. 친족상도례親族相盜例

[사례11-2-1] 甲은 그의 조부 O의 예금통장을 몰래 가지고 나가서 현금자동지급기에 넣고 기계를 조작해 O의 예금 잔액을 자신의 거래은행 계좌로 이체한 다음 그 예금통장을 다시 원래 있던 자리에 갖다 놓았다. 甲의 죄책은?

[사례11-2-2] 돈이 필요한 乙(女)은 애인인 丙과 짜고 자신이 납치된 것처럼 속여 그 몸값으로 乙의 부친 O로부터 2억 원을 받아내려고 했지만 들통이 나는 바람에 뜻을 이루지 못했다. 乙과 丙의 죄책은?

▷ 「형법」은 일정한 재산범죄에 대해서 행위자와 피해자 등이 친족관계에 있는 때에는 형刑을 면제토록 하거나 고소를 공소제기의 요건으로 하고 있다. 재산범죄에 관한 그러한 특칙을 일컬어 친족상도례親族相盜例라고 한다. 즉, 「형법」 제328조는 권리행사방해죄(323)에 관해서 직계혈족, 배우자, 동거친족, 동거가족 또는 그 배우자 간의 범행에 대해서는 형刑을 면제토록 하고(328①), 그 외의 친족 간의 범행에 대해서는 고소가 있어야 공소를 제기할 수 있도록 하는(328②) 한편, 그러한 신분관계가 없는 공범에게는 그 점이 적용되지 않도록 하고 있다(328③).

▷ 「형법」 제328조의 규정은 〈절도의 죄〉, 〈사기와 공갈의 죄〉, 〈횡령과 배임의 죄〉 및 〈장물에 관한 죄〉에도 준용된다. 따라서 예컨대 〈절도의 죄〉가 직계혈족, 배우자, 동거

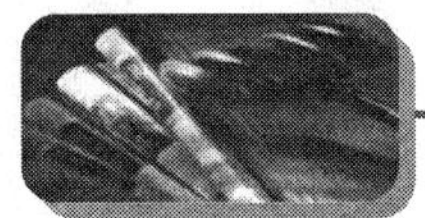

친족, 호주, 가족 또는 그 배우자 간에 행해진 때에는 그 형刑이 면제되는 한편(344·328①), 그 외의 친족관계가 있는 때에는 그 죄는 친고죄가 된다(344·328②). 그러한 신분관계는 범죄행위시에 객관적으로 존재하면 족하다. 따라서 그러한 신분관계*에 대한 행위자의 인식 여부 및 착오는 고의의 존부存否에 영향을 미치지 않는다.

* 형刑의 면제에 관한 규정은 일종의 인적人的 처벌조각사유로 이해된다.

✓ 판례는, 절도죄(329) 등에 대해서 친족상도례親族相盜例가 적용되기 위해서는 「형법」 제328조 소정의 신분관계가 행위자와 재물소유자뿐만 아니라 행위자와 재물점유자 사이에도 존재해야 하는 것으로 보며-[대법원판결 1980. 11. 11. 80도131], 그와 같은 사고방식이 학설로서도 유력하지만, 그 신분관계가 행위자와 재물소유자 사이에 존재하면 족한 것으로 보는 입장도 있다.

✓ 판례에 따르면, 횡령죄(355①) 등에 대해서 친족상도례親族相盜例가 적용되기 위해서도 「형법」 제328조 소정의 신분관계는 재물보관자와 재물소유자뿐만 아니라 재물보관자와 재물위탁자 사이에도 존재해야 한다-[대법원판결 2008. 7. 24. 2008도3438].

▷ 〈사기와 공갈의 죄〉에 대해서도 친족상도례親族相盜例가 적용된다(354). 따라서 행위자와 피해자가 「형법」 제328조 소정의 신분관계에 있는 때에는 형刑이 면제되거나 고소가 소송요건이 된다. 그런데 〈사기의 죄〉는 기본적으로 재산범죄에 속하지만 거래상의 성실성도 부차적으로는 그 규정의 보호법익이 되는 점에 비추어볼 때에, 가령 사기죄(347)의 경우에는 재산상의 피해자뿐만 아니라 피被기망자도 피해자로 생각될 여지가 있다. 그래서 가령 사기취재죄(347)의 경우에 재물의 소유자와 피기망자가 동일인이 아닌 때에는 양자 모두와 행위자 사이에 「형법」 제328조 소정의 신분관계가 인정되어야만 친족상도례親族相盜例가 적용되는 것으로 본다면 소송사기의 경우에는 친족상도례親族相盜例가 적용될 여지는 없게 된다. 그와 같은 관점에서, 사기죄(347) 등에 관해서는 「형법」 제328조 소정의 신분관계가 행위자와 재산상의 피해자 사이에 인정되면 족한 것으로 보는 입장이 학설로서는 우세하다. 컴퓨터등사용사기죄(347의2)에 대해서도 친족상도례親族相盜例가 적용되는데(354), 판례에 따르면, 친족 소유의 예금통장을 절취한 자가 그 친족의 거래은행에 설치된 현금자동지급기에 그 예금통장을 넣고 기계를 조작해서 그 친족 명의의 계좌에 들어있는 예금 잔액을 자신의 거래은행에 개설된 자기 명의의 계좌로 이체한 경우에 그 피해자는 자금이체 거래의 직접적인 당사자이자 이중지급의 위험을 원칙적으로 부담하는 은행, 즉 그 친족의 거래은행이다-[대법원판결 2007. 3. 15. 2006도2704]. 그러한 사고방식에 따르면 〔사례11-2-1〕에서 甲에게는 친족상도례親族相盜例가 적용되지 않는다. 한편, 〔사례11-2-2〕에서 피해자인 O와 친족관계에 있는 乙에게는 친족상도례親族相盜例가 적용되지만, O와 친족관계에 있지 않는 丙에게는 친족상도례親族相盜例가 적용되지 않는다. 따라서 丙은 공갈미수죄(350·

[대법원판결 1980. 11. 11. 80도131(절도범인이 피해물건의 소유자나 점유자의 어느 일방과의 사이에서만 친족관계가 있는 경우에 친족상도례에 관한 규정의 적용이 있는지 여부)] 친족상도례에 관한 규정은 범인과 피해물건의 소유자 및 점유자 모두 사이에 친족관계가 있는 경우에만 적용되는 것이고 절도범인이 피해물건의 소유자나 점유자의 어느 일방과 사이에서만 친족관계가 있는 경우에는 그 적용이 없다.

[대법원판결 2008. 7. 24. 2008도3438(횡령범인이 피해물건의 소유자와 위탁자 중 한쪽과 친족관계가 있는 경우, 친족상도례의 적용 여부)] 횡령범인이 위탁자가 소유자를 위해 보관하고 있는 물건을 위탁자로부터 보관받아 이를 횡령한 경우에 형법 제361조에 의하여 준용되는 제328조 제2항의 친족간의 범행에 관한 조문은 범인과 피해물건의 소유자 및 위탁자 쌍방 사이에 같은 조문에 정한 친족관계가 있는 경우에만 적용되고, 단지 횡령범인과 피해물건의 소유자간에만 친족관계가 있거나 횡령범인과 피해물건의 위탁자간에만 친족관계가 있는 경우에는 적용되지 않는다.

[대법원판결 2007. 3. 15. 2006도2704(절취한 친족 소유의 예금통장을 현금자동지급기에 넣고 조작하여 예금 잔고를 다른 금융기관의 자기 계좌로 이체하는 방법으로 저지른 컴퓨터등사용사기죄에 있어서의 피해자 등)] [1] 컴퓨터 등 정보처리장치를 통하여 이루어지는 금융기관 사이의 전자식 자금이체거래는 금융기관 사이의 환거래관계를 매개로 하여 금융기관 사이나 금융기관을 이용하는 고객 사이에서 현실적인 자금의 수수 없이 지급·수령을 실현하는 거래방식인바, 권한 없이 컴퓨터 등 정보처리장치를 이용하여 예금계좌 명의인이 거래하는 금융기관의 계좌 예금 잔고 중 일부를 자신이 거래하는 다른 금융기관에 개설된 그 명의 계좌로 이체한 경우, 예금계좌 명의인의 거래 금융기관에 대한 예금반환 채권은 이러한 행위로 인하여 영향을 받을 이유가 없는 것이므로, 거래 금융기관으로서는 예금계좌 명의인에 대한 예금반환 채무를 여전히 부담하면서도 환거래관계상 다른 금융기관에 대하여 자금이체로 인한 이체자금 상당액 결제채무를 추가 부담하게 됨으로써 이체된 예금 상당액의 채무를 이중으로 지급해야 할 위험에 처하게 된다. 따라서 친척 소유 예금통장을 절취한 자가 그 친척 거래 금융기관에 설치된 현금자동지급기에 예금통장을 넣고 조작하는 방법으로 친척 명의 계좌의 예금 잔고를 자신이 거래하는 다른 금융기관에 개설된 자기 계좌로 이체한 경우, 그 범행으로 인한 피해자는 이체된 예금 상당액의 채무를 이중으로 지급해야 할 위험에 처하게 되는 그 친척 거래 금융기관이라 할 것이고, 거래 약관의 면책 조항이나 채권의 준점유자에 대한 법리 적용 등에 의하여 위와 같은 범행으로 인한 피해가 최종적으로는 예금 명의인인 친척에게 전가될 수 있다고 하여, 자금이체 거래의 직접적인 당사자이자 이중지급 위험의 원칙적인 부담자인 거래 금융기관을 위와 같은 컴퓨터 등 사용사기 범행의 피해자에 해당하지 않는다고 볼 수는 없으므로, 위와 같은 경우에는 친족 사이의 범행을 전제로 하는 친족상도례를 적용할 수 없다. [2] 손자가 할아버지 소유 농업협동조합 예금통장을 절취하여 이를 현금자동지급기에 넣고 조작하는 방법으로 예금 잔고를 자신의 거래 은행 계좌로 이체한 사안에서, 위 농업협동조합이 컴퓨터 등 사용사기 범행 부분의 피해자라는 이유로 친족상도례를 적용할 수 없다고 한 사례.

352)로 처벌된다.

▷ 〈장물에 관한 죄〉에 대해서는 친족상도례親族相盜例가 한편으로는 행위자와 피해자 사이에서, 다른 한편으로는 행위자와 본범 사이에서 문제된다. 우선, 행위자와 피해자 사이에는 「형법」 제328조의 규정이 준용된다(365①). 다음으로, 행위자와 본범本犯 사이에서는 「형법」 제328조 제1항이 규정하는 신분관계가 있는 경우에만 형刑을 감경 또는 면제가 인정될 뿐이고(365②본), 그러한 신분관계가 없는 공범에 대해서 친족상도례親族相盜例가 적용되지 않는 점은 행위자와 피해자 사이에서의 경우와 마찬가지다.

[제12강] 문서의 개념 및 허위공문서작성죄의 성부成否 등 / 사인私印위조죄 등

1. 문서의 개념 및 허위공문서작성죄의 성부成否 등
2. 사인私印위조죄 등

1. 문서의 개념 및 허위공문서작성죄의 성부成否 등

[사례12-1-1] 甲은 1992년 12월 2일에 A에 집에서 돈 문제로 A와 심하게 다투다가 화를 참지 못하고 A를 살해했는데, 마침 A의 예금통장과 인감이 보이기에 그것을 들고 나와 곧바로 은행으로 가서 당일자로 A 명의의 예금지급청구서를 작성해서 창구에 제출했지만, 평소 A를 잘 알고 지내던 은행직원이 甲을 의심해서 신고함으로써 출동한 경찰에 의해 甲은 검거되었다. 甲의 죄책은?

[사례12-1-2] 변호사 乙은 2002년 12월 투자증서를 인증하는 과정에서 촉탁대리인 법무사 B가 사무실에 오지 않았는데도 "B는 본직의 면전에서 사서증서私書證書의 기명날인이 본인의 것임을 확인했다"는 문구가 있는 인증서에 자필서명한 후 직인을 날인해서 인증서를 작성해 주었다. 乙은 사서증서 인증방법에 관한 「공증인법」 제57조 제1항에 따라, 사서증서私書證書 인증을 촉탁받은 공증인은 사서증서私書證書 인증서를 작성할 때 당사자가 면전에서 사서증서私書證書에 서명 또는 날인을 하게 하거나, 당사자 본인이나 대리인에게 서명 또는 날인이 본인의 것임을 확인하도록 해야 한다는 점을 알고 있었지만, 인증촉탁 대리인이 법무사일 경우 그 직원이 공증사무실에 촉탁서류를 제출할 뿐 법무사 본인이 사서증서私書證書의 날인 또는 서명이 당사자 본인의 것임을 확인하지 않는 것이 업계의 관행이었기 때문에 상관없다고 생각했다. 乙의 죄책은?

[사례12-1-3] X는 예비군훈련을 받은 사실이 없는데도 소속 예비군 동대 방위병인 Y에게 예비군훈련을 받았다는 확인서를 발급해달라고 부탁했다. 이에 Y는 예비군훈련사실 확인서 작성권자인 예비군 동대장 Z에게 X의 훈련사실을 허위로 보고해 Z 명의의 확인서를 발급해 X에게 주었다. X·Y·Z의 죄책은?

[사례12-1-4] 아산시에 소재하는 A산업주식회사를 공동으로 운영하는 X와 Y는 B산업주식회사 명의로 한국농촌공사 ○○지사로부터 '○○호 준설사업'을 낙찰 받아 골재채취사업을 하다가 하도급업자인 Z로부터 금전을 차용하게 되었다. 당시 B산업주식회사 ○○지사의 지배인으로 등기되어 있던 X는 2008년 1월경에 A산업주식회사의 사무실에서, Z가 작성해온 "2006. 11. 20. 주식회사 ○○준설이 B산업주식회사와 Y의 연대보증 하에 Z로부터 100,000,000원을 차용한다"는 취지의 '차용증'이라는 문서 기재 중 '연대보증인: B산업주식회사 대표이사 X' 부분 옆에 B산업주식회사의 법인 사용인감도장을 찍고, Y는 자신의 이름 옆에 서명해서 B산업주식회사 명의의 차용증을 작성했다. X와 Y는 그 차용증을 Z에게 2006년 11월 20일에 Z가 송금한 1억 원에 대한 보장책으로 교부했다. X와 Y의 죄책은?

[사례12-1-5] 丙은 2006년 11월 25일에 인터넷 쇼핑사이트에 들어가 휴대전화기 구입신청을 하면서, 인터넷상에 게시된 신규 가입신청서양식에 컴퓨터를 이용해 무단으로 C의 인적사항 및 그 계좌번호와 함께 그 주소를 청구지로 입력해서 그것을 출력한 다음, 그 신청서 용지 하단 고객명란欄과 서명란欄에 각각 C의 성명을 기재해서 C 명의의 휴대전화기 신규 가입신청서 1장을 작성했다. 같은 날 丙은 그 가입신청서를 스캔장치를 통해 이미지 파일로 만들어 그것을 휴대전화기 판매업자 D에게 전자메일로 발송했다. 丙의 죄책은?

〈문서에 관한 죄〉의 개요

▷ 사회적 법익에 대한 죄로서의 공공의 신용에 대한 죄에는 〈통화에 관한 죄〉, 〈유가증권·우표·인지에 관한 죄〉, 〈문서에 관한 죄〉 및 〈인장에 관한 죄〉가 있다. 그 가운데에서 「형법」 각칙 제20장 〈문서에 관한 죄〉는 행사할 목적으로 문서를 위조·변조·허위작성하거가, 위조·변조·허위작성된 문서를 행사하거나, 진정한 문서를 부정사용하거나 혹은 사무처리를 그르치게 할 목적으로 전자기록을 위작 또는 변작하는 것을 내용으로 하고 있다*.

* 문서는 기망의 수단으로서 사용되거나 재물 또는 재산상의 이익을 얻기 위해서 사용되는 경우가 적지 않고, 증거인멸이나 공무원자격사칭 등과 관련이 있는 경우도 종종 있다. 그래서 〈문서에 관한 죄〉는 사기죄(347) 등과 같은 재산범죄 또는 증거인멸죄((155)나 공무원자격사칭죄(118) 등과 함께 문제되는 경우가 적지 않다.

▷ 〈문서에 관한 죄〉의 규정은 문서의 진정성에 대한 공공의

✓ 사회적 법익에 대한 죄는 공공의 안전·평온에 대한 죄, 공중의 건강에 대한 죄, 공공의 신용에 대한 죄 및 공서양속에 대한 죄로 구분될 수 있다(*supra* p.4 참조).

신용을 보호법익으로 하는 것으로 이해된다. 그런데 문서의 진정성이 그 성립의 진정성을 의미하는지 혹은 그 내용의 진정성을 가리키는지에 따라 문서범죄의 입법형식은 형식주의와 실질주의로 구별된다.

◉ 문서범죄의 입법형식

작성명의 / 내용의 진정성 / 입법형식		형식주의	실질주의
작성명의자=실제작성자	내용이 진실인 경우	위조×	위조×
	내용이 진실이 아닌 경우	위조×	위조○
작성명의자≠실제작성자	내용이 진실인 경우	위조○	위조×
	내용이 진실이 아닌 경우	위조○	위조○

✓ ⓐ 문서의 성립, 즉 작성권자의 진정성을 문서범죄에 관한 규정의 보호법익으로 삼는 입법형식을 형식주의라고 한다. 형식주의에서 보면, 위조란 문서의 명의자를 위조하는 것, 즉 타인의 작성명의를 도용하는 것이다. 그와 같은 의미에서의 위조를 일컬어 유형위조 또는 형식위조라고 한다. 따라서 형식주의에 의하면, 문서의 내용이 진실에 합치되더라도 그 문서의 작성권자가 아닌 자가 그것을 작성한 경우에는 위조가 되는 반면에, 자기명의의 문서에 진실과 부합되지 않는 허위의 사실을 기재하는 것은 위조에 해당되지 않는다. 「형법」은 〈문서에 관한 죄〉에서 원칙적으로 유형위조를 처벌의 대상으로 삼고 있다-[대법원판결 1985. 1. 22. 84도2422]참조. ⓑ 문서의 성립이 아니라 그 내용의 진정성을 문서범죄에 관한 규정의 보호법으로 삼는 입법형식을 실질주의라고 한다. 실질주의에서 보면, 위조란 문서의 내용을 위조하는 것, 즉 문서의 내용을 진실과 부합되지 않게 작성하는 것이다. 그와 같은 의미에서의 위조를 일컬어 무형위조 또는 내용위조라고 한다. 따라서 실질주의에 의하면, 작성명의의 도용이 없더라도 작성된 문서의 내용이 진실에 반하는 경우는 위조에 해당되는 반면에, 문서의 내용이 진실에 합치되는 한에서는 문서의 작성권자가 아닌 자가 그것을 작성한 경우는 위조에 해당되지 않는다. 「형법」은 〈문서에 관한 죄〉에서, 공문서에 관해서는 허위공문서작성죄(227)를 규정함으로써 무형위조도 처벌의 대상으로 삼는 한편, 사문서에 관해서는 예외적으로 허위진단서작성에 무형위조를 처벌의 대상으로 삼고 있다(233)-[대법원판결 1985. 10. 22. 85도1732].

[대법원판결 1985. 1. 22. 84도2422(변조된 문서의 내용이 명의인의 의사와 합치하는 경우 문서변조죄의 성부)] 사문서변조에 있어서 그 변조 당시 명의인의 명시적, 묵시적 승낙없이 한 것이면 변조된 문서가 명의인에게 유리하여 결과적으로 그 의사에 합치한다 하더라도 사문서변조죄의 구성요건을 충족한다.

[대법원판결 1985. 10. 22. 85도1732(이사회의 출석 및 의결에 관한 권한을 위임하고 불참한 이사들이 이사회에 참석하여 의결권을 행사한 것처럼 이사회회의록을 작성한 경우, 사문서위조죄의 성부)] 이사회를 개최함에 있어 공소외 이사들이 그 참석 및 의결권의 행사에 관한 권한을 피고인에게 위임하였다면 그 이사들이 실제로 이사회에 참석하지도 않았는데 마치 참석하여 의결권을 행사한 것처럼 피고인이 이사회회의록에 기재하였다 하더라도 이는 이른바 사문서의 무형위조에 해당할 따름이어서 처벌대상이 되지 아니한다.

▷ 〈문서의 관한 죄〉는 공문서에 관한 죄와 사문서에 관한 죄로 대별될 수 있다.

◉ 문서에 관한 죄의 체계

행위의 태양 / 문서의 종류	공문서에 관한 죄 (225~230)	사문서에 관한 죄 (231~236)
문서의 위조 및 변조	• 공문서위조변조죄(225) • 자격모용공문서작성죄(226) • 공公전자기록위작변작죄(227의2)	• 사문서위조변조죄(231) • 자격모용사문서작성죄(232) • 사私전자기록위작변작죄(232의2)
허위문서의 작성	• 허위공문서작성죄(227) • 공정증서원본등부실기재죄(228)	• 허위진단서작성죄(233)
위조·변조·허위작성된 문서의 행사	• 위조등공문서행사죄(229)	• 위조등사문서행사죄(234)
진정한 문서의 부정사용	• 공문서부정행사죄(230)	• 사문서부정행사죄(236)

▲ 〈문서에 관한 죄〉의 객체로서의 문서

▷ 〈문서에 관한 죄〉에서 위조 또는 변조 등의 대상이 되는 것은 문서 또는 도화圖畵 등이다. 문서란 문자 또는 그것을 대신할 수 있는 부호에 의해 사람의 의사意思나 관념이 표시된 물체를 말하며-[대법원판결 1995. 9. 5. 95도1269], 도화圖畵란 문자와 같은 발음부호가 아닌 일정한 형상에 의해 사람의 의사 意思나 관념이 표시된 물체를 말한다*. 〈문서에 관한 죄〉의 객체는 문서 또는 도화圖畵의 원본에 한정되지 않고 그 사본도 포함한다(237의2)-[대법원판결 1993. 7. 27. 93도1435]**.

* 문서를 넓은 의미로 이해할 때에는 도화圖畵도 그것에 포함된다.
** 任雄, 刑法各論, 改訂版·補訂, 2006, 625면 이하 참조.

▷ 문서란 사람의 의사意思나 관념을 표시하는 것이고 「형법」은 그 진정성에 대한 공공의 신용을 보호하는 것이니 만큼, 〈문서에 관한 죄〉의 객체로서의 문서는 그것에 의해 표시되는 의사意思나 관념의 주체가 특정될 수 있는 것이어야 한다-[대법원판결 1989. 8. 8. 88도2209][대법원판결 1973. 9. 29. 73도1765]. 그 한에서는 문서의 명의자가 설사 실재하지 않거나 이미 사망한 자라도 범죄의 성립을 방해하지 않고, 그 점은 공문서에 관해서나 사문서에 관해서도 마찬가지다-[대법원판결 2005. 2. 24. 2002도18]. [사례12-1-1] 에서의 예금지급청구서는 그 명의자인 A가 이미 사망한 자라도 사문서위조죄(231) 및 위조사문서행사죄(234)의 객체가 된다.

✓ 과거에 판례는, 허무인 명의의 문서는 공문서에 관해서는 그에 관한 범죄의 객체가 되지만-[대법원판결 1969. 1. 21. 68도1570], 사문서에 관해서는 그에 관한 범죄의 객체가 되지 않는다고 본 한편-[대법원판결 1991. 1. 29. 90도2542], 사자死者 명의의 사문서는 작성일자가 그 생존 중의 일자가 아닌 경우에는 그에 관한 범죄의 객체가 되지 않는다고 보았지만-[대법원판결 1970. 11. 30. 70도2231], 그 후 [대법원판결 2005. 2. 24. 2002도18]에 의해, 문서의 명의자가 실재하지 않거나 그 작성일자 전에 이미 사망한 경우에도 사문서위조죄(231) 등의 객체가 되는 것으로 변경되었다. 다만, [사례12-1-1] 에서는 작성자의 명의가 도용된 예금지급청구서의 작성일자가 그 명의자인 A의 사망일자이기도 하지만 동시에 그의 생존일자이기도 하므로, 과거의 판례에 따르더라도 사문서위조죄(231) 및 위조사문서행사죄(234)의 객체가 된다-[대법원판결 1993. 9. 28. 93도2143].

▲ 허위공문서작성죄(227)의 주체와 간접정범(34①)

▷ "공무원이 행사할 목적으로 그 직무에 관하여 문서 또는 도화를 허위로 작성하거나 변개한" 경우는 허위공문서작성죄(227)를 구성한다. 그것이 문제되는 예로서, 예비군 중대장이 그 소속예비군의 예비군훈련 참석 여부에 관해서 허위내용의 중대학급편성명부를 작성한 경우-[대법원판결 1983. 7. 26. 83도1378], 공무원이 부탁을 받고 세대별주민등록표를 허위로 작성한 경우-[대법원판결 1990. 10. 16. 90도1199] 혹은 공증담당 변호사가 허위의 사서증서私

[대법원판결 1995. 9. 5. 95도1269(형법상 문서에 관한 죄에 있어서 문서의 개념 등)] (…) 다. 형법상 문서에 관한 죄에 있어서 문서라 함은 문자 또는 이에 대신할 수 있는 가독적 부호로 계속적으로 물체 상에 기재된 의사 또는 관념의 표시인 원본 또는 이와 사회적 기능, 신용성 등을 동시할 수 있는 기계적 방법에 의한 복사본으로서 그 내용이 법률상, 사회 생활상 주요 사항에 관한 증거로 될 수 있는 것을 말하는 것으로, 사람의 동일성을 표시하기 위하여 사용되는 일정한 상형인 인장이나, 사람의 인격상의 동일성 이외의 사항에 대해서 그 동일성을 증명하기 위한 부호인 기호와는 구분되며, 이른바 생략문서도 그것이 사람 등의 동일성을 나타내는 데에 그치지 않고 그 이외의 사항도 증명, 표시하는 한 인장이나 기호가 아니라 문서로서 취급하여야 한다. 라. 구청 세무계장 명의의 소인을 세금 영수필 통지서에 날인하는 의미는 은행 등 수납기관으로부터 그 수납기관에 세금이 정상적으로 입금되었다는 취지의 영수필 통지서가 송부되어 와서 이에 기하여 수납부 정리까지 마쳤으므로 이제 그 영수필 통지서는 보관하면 된다는 점을 확인함에 있는데, 소인이 가지는 의미가 위와 같은 것이라면 이는 하나의 문서로 보아야 한다고 한 사례. (…)

[대법원판결 1993. 7. 27. 93도1435(자격모용에 의한 문서작성죄의 성립요건; 도화사본이 도화변조의 객체가 되는지 여부 등)] (…) 다. 정당한 대표권이나 대리권이 없는 자가 마치 대표권이나 대리권이 있는 것처럼 가장하여 타인의 자격을 모용하여 문서를 작성하는 경우 자격모용에 의한 문서작성죄가 성립한다. 라. 문서위조 또는 변조 및 동행사죄의 보호법익은 문서 자체의 가치가 아니고 문서에 대한 공공의 신용이므로 문서위조 또는 변조의 객체가 되는 문서는 반드시 원본에 한한다고 보아야 할 근거는 없고 문서의 사본이라도 원본과 동일한 의식내용을 보유하고 증명수단으로서 원본과 같은 사회적 기능과 신용을 가지는 것으로 인정된다면 이를 위 문서의 개념에 포함시키는 것이 상당하다 할 것이고, 나아가 광의의 문서의 개념에 포함되는 도화의 경우에 있어서도 마찬가지로 해석하여야 한다.

[대법원판결 1989. 8. 8. 88도2209(작성명의자의 인영이나 주민등록번호의 등재가 누락된 문서가 사문서위조죄의 객체인 사문서에 해당하는지 여부 등)] 가. 사문서의 작성명의자의 인장이 압날되지 아니하고 주민등록번호가 기재되지 않았더라도, 일반인으로 하여금 그 작성명의자가 진정하게 작성한 사문서로 믿기에 충분할 정도의 형식과 외관을 갖추었으면 사문서위조죄 및 동행사죄의 객체가 되는 사문서라고 보아야 한다. (…)

[대법원판결 1973. 9. 29. 73도1765(허위공문서 작성죄의 객체가 되는 문서는 문서상 작성 명의인이 명시된 경우뿐 아니라 작성인이 명시되어 있지 아니하더라도 문서의 형식, 내용 등 그 문서 자체에 징하여 누구가 작성하였는가를 추지할 수 있을 정도의 것이라야만 된다.)] (…) 허위공문서 작성죄에 있어서의 객체가 되는 문서는 문서상 작성 명의인이 명시된 경우뿐 아니라 작성 명의인이 명시되어 있지 아니하더라도 문서의 형식 내용등 그 문서자체에 징하여 누구가 작성하였는가를 추지할 수 있을 정도의 것이라야만 위 죄의 객체가 될 수 있는 문서라고 할 수 있는 것인바, 본건에 있어서 기록에 의하여 보아도 "69재건종자 출자자 명단"은 작성명의자도 없거니와 확인자란의 확인자명의 또는 날인도 없고 그 문서자체만을 본다면은 누구가 작성하였는지의 그 작성자를 추지할 수 없는 것임이 분명하여 원심이 같은 취지에서 본건문서는 허위공문서 작성죄의 객체가 되는 문서라고 볼 수 없다고 한 조처는 정당하고 거기에는 채증법칙을 위배하여 사실을 오인하였다거나 법리해석의 잘못이 있다할 수 없으므로 논지는 이유없다. (…)

[대법원판결 2005. 2. 24. 2002도18(허무인·사망자 명의의 사문서를 위조한 경우, 사문서위조죄의 성립 여부)] (…) 2. 문서위조죄는 문서의

署證書 인증서를 작성한 경우-[대법원판결 2007. 1. 25. 2006도3844] 등을 들 수 있다. 〔사례12-1-2〕에서 乙이 사서증서私署證書의 인증방법에 관한 「공증인법」 제57조 제1항에 의해 요구되는 사실이 없는데도 그 사실이 있는 것처럼 허위의 인증서를 작성한 경우는 허위공문서작성죄(227)를 구성한다. 인증촉탁 대리인이 법무사일 경우에는 그 직원이 공증사무실에 촉탁서류를 제출할 뿐이고 법무사 본인이 사서증서私署證書의 날인 또는 서명에 관해 확인하지 않는 것이 업계의 관행이므로 그러한 관행에 따른 자신의 행위가 죄가 되지 않는 것으로 오인한 乙로서는 법률의 착오(16)를 주장할 수 있겠지만, 그 오인에 정당한 이유가 있는 것으로 볼 수 없는 한에서는 허위공문서작성죄(227)가 성립된다-[대법원판결 2007. 1. 25. 2006도3844].

▷ 허위공문서작성죄(227)의 주체는 행위객체에 해당되는 공문서의 작성권한을 가지는 공무원에 한정된다-[대법원판결 1974. 1. 29. 73도1854]참조. 그 점에 비추어볼 때에 우선, ⓐ 공문서의 작성권한을 가지는 공무원은 사정을 모르는 비非공무원을 도구로 이용해서 허위공문서작성죄(227)의 간접정범(34①)이 될 수 있지만, 비非공무원은 공정증서원본등부실기재죄(228)에 해당되는 경우를 제외하면 허위공문서작성죄(227)의 간접정범(34①)이 될 수 없다-[대법원판결 1971. 1. 26. 70도2598]*. 다음으로, ⓑ 공문서의 작성권한을 가지는 공무원은 그 작성권한을 가지지 않는 공무원을 도구로 이용해서 허위공문서작성죄(227)의 간접정범(34①)이 될 수 있는데, 공문서의 작성권한을 가지지 않는 공무원이 그 작성권한을 가지는 공무원을 도구로 이용하는 경우에 관해서는 견해의 차이가 있다. 가령 공문서의 작성권한을 가지는 공무원의 문서작성을 보조하는 직무를 수행하는 공무원은 허위공문서작성죄(227)의 주체가 될 수 없는 것으로 보는 입장도 있지만**, 허위공문서작성죄(227)의 간접정범(34①)은 될 수 있는 것으로 보는 입장도 있다. 판례 가운데에는, 공문서의 작성권한을 가지지 않는 공무원이 그 작성권한을 가지는 공무원을 일종의 도구로 이용한 경우를 허위공문서작성죄(227)의 간접정범(34①)으로 본 것이 있고-[대법원판결 1996. 10. 11. 95도1706], 무엇보다도 공문서의 작성권한을 가지는 공무원을 보좌하는 자가 허위의 공문서를 기안해서 그 사실을 모르는 작성권자로 하여금 결제케 한 경우에 허위공문서작성죄(227)의 간접정범(34①)이 문제되는 것으로 본 것이 적지 않지만-[대법원판결 1992. 1. 17. 91도2837]등, 유사한 경우에 관해서 위계에 의한 공무집행방해죄(137)의 성립을 인정한 것도 있다-[대법원판결 1997. 2. 28. 96도2825]. 판례에 따르면, 〔사례12-1-3〕에서 Y는 허위공문서작성죄(227)의 간접정범(34①)에 해당되고 X는 그 공동정범(30)이 된다.

* 판례 가운데에는, 공무원이 아닌 자가 관공서에 허위의 내용이 기재된 증명원을 제출해서 그 사실을 모르는 담당공무원으로부터 그 증명원의 내용과 같은 증명서를 발급받은 경우에 공문서위조죄(225)의 간접정범이 문제되지 않는 것으로 본 것도 있다-[대법원판결 2001. 3. 9. 2000도938].

** 그 입장에서는, 그와 같은 경우에 공문서의 작성권한을 가지지 않는 공무원을 위계에 의한 공무집행방해죄(137) 또는 직무유기죄

진정에 대한 공공의 신용을 그 보호법익으로 하는 것이므로 행사할 목적으로 작성된 문서가 일반인으로 하여금 당해 명의인의 권한 내에서 작성된 문서라고 믿게 할 수 있는 정도의 형식과 외관을 갖추고 있으면 문서위조죄가 성립하는 것이고, 위와 같은 요건을 구비한 이상 그 명의인이 실재하지 않는 허무인이거나 또는 문서의 작성일자 전에 이미 사망하였다고 하더라도 그러한 문서 역시 공공의 신용을 해할 위험성이 있으므로 문서위조죄가 성립한다고 봄이 상당하며, 이는 공문서뿐만 아니라 사문서의 경우에도 마찬가지라고 보아야 할 것이다. (…) 기록에 의하여 살펴보면, 피고인이 중국 현지에서 교부받은 임상경력증명서의 양식에 응시생의 이름과 생년월일 및 학습기간 등을 기재한 다음 의원 상급자(원장) 및 한의원 이름을 생각나는 대로 임의로 기재하고 당해 한의원 명의의 직인을 임의로 새겨 날인함으로써 원심 판시 각 임상경력증명서를 위조하여 행사한 이 사건에 있어서, 위 각 임상경력증명서의 명의인인 한의원이 실재하지 않는다고 하더라도, 위 각 임상경력증명서들은 일반인으로 하여금 당해 명의인의 권한 내에서 작성된 문서라고 믿게 할 수 있는 정도의 형식과 외관을 갖추고 있다고 보기에 충분하므로, 원심이 피고인에 대한 이 사건 각 사문서위조 및 동행사의 범죄사실을 모두 유죄로 인정한 조치는 옳고, 거기에 사문서위조죄 및 동행사죄의 성립에 관한 법리를 오해한 위법이 없다.(…)

[대법원판결 1969. 1. 21. 68도1570(일반인으로 하여금 공무원 또는 공무소의 권한 내에서 작성된 문서라고 믿을 수 있는 형식과 외관을 구비한 문서를 작성하면 공문서 위조죄는 성립되는 것이다)] (…) 「형법 제225조의 공문서 위조죄는 그 작성된 문서가 일반인으로 하여금 공무원 또는 공무소의 권한 내에서 작성된 것이라고 믿을 수 있는 정도의 형식과 외관을 구비하면 성립되는 것이라고 할 것인 바, 이러한 요건이 구비된 이상, 소론과 같이 당해 공무소에서 사용발부 할 수 없다거나 그 공무소의 관인이나 발부인이 찍혀 있지 않고 또 당해 공무소가 실질적으로 그 문서를 사용 발부할 권한이 없으며, 그 작성 명의인이 실존하지 않는 허무인이라고 하더라도 공문서 위조죄는 되는 것이며」, 원심이 유지한 제1심 판결에서 인정한 본건 제2군 사령부 군수참모부 부장 육군대령 박인규 명의의 출고증 2매, 매도증서 2매는 그것이 외관상 공무원인 제2군 사령부 군수참모부 부장이 작성한 것으로 일반인이 믿을 수 있는 것인 이상, 육군대령 박인규가 허무인이고, 또 제2군 사령부 군수참모부가 실질적으로 그러한 문서를 작성 행사 할 권한이 없으며, 그 관인이나 발부인이 찍혀져 있지 않다 할지라도 위와 같은 문서를 작성한 것은 공문서 위조죄가 된다고 하여야 할 것이다.

[대법원판결 1993. 9. 28. 93도2143(생존중의 날짜를 작성일자로 하여 사망자 명의의 문서를 작성한 경우 사문서위조죄의 성부 등)] (…) 사문서위조죄와 동행사죄에 있어서, 사망자명의로 된 문서라고 할지라도 그 문서의 작성일자가 명의자의 생존중의 날짜로 된 경우에는, 일반인으로 하여금 사망자가 생존중에 작성한 것으로 오신케 할 우려가 있으므로, 비록 시간적으로 피해자의 사망 이후에 피해자 명의의 문서를 위조하고 이를 행사한 것이라 하더라도, 사문서위조죄와 동행사죄가 성립한다고 할 것인바, 원심이 시간적으로는 피해자의 사망 이후이지만 피해자의 사망일자인 동시에 또한 그의 생존일자이기도 한 1992. 12. 2.에 작성일자를 같은 날로 하는 피해자 명의의 예금청구서 1통을 위조하고, 이를 행사한 피고인의 행위를 사문서위조죄와 동행사죄로 의율, 처단한 것은 정당하고, 거기에 소론과 같은 법리오해의 위법이 없으므로 이 점에 관한 논지도 이유 없다. (…)

[대법원판결 1983. 7. 26. 83도1378(예비군 중대장이 훈련불참자로부터 금원을 교부받고 참석한 내용의 허위공문서를 작성, 비치한 경우 수뢰후 부정처사죄외에 허위공문서작성, 동행사죄의 성립여부 등)] 가. 예

(122)로 처벌할 수 있다고 한다.

✓ 공문서의 작성권한을 가지는 공무원을 보좌하는 자가 그 직위를 이용해서 행사할 목적으로 공문서의 작성권자인 공무원의 결재를 거치지 않고 임의로 허위의 내용을 기재해서 공문서를 완성한 경우에는 단순히 공문서위조죄(225)가 문제된다-[대법원판결 1981. 7. 28. 81도898].

공문서부정행사죄(230)

▷ "공무원 또는 공무소의 문서 또는 도화를 부정행사한" 경우는 공문서부정행사죄(230)를 구성한다. 판례에 따르면, 제3자로부터 신분확인을 위해 신분증명서의 제시를 요구받고 타인의 운전면허증을 제시한 경우도 공문서부정행사죄(20)를 구성한다-[대법원판결 2001. 4. 19. 2000도1985].

사문서위조변조죄(231) 및 위조등사문서행사죄(234)

▷ "행사할 목적으로 권리·의무 또는 사실증명에 관한 타인의 문서 또는 도화를 위조 또는 변조한" 경우는 사문서위조변조죄(231)를 구성하는 한편, 그와 같이 위조·변조된 문서 등을 행사한" 경우는 위조등사문서행사죄(234)를 구성한다. 사문서위조변조죄(231)는 유형위조, 즉 문서의 작성권한을 가지지 않는 자가 문서를 작성하는 것이므로, 문서의 작성권한을 가지는 자의 작성행위는 설사 그 문서에 허위의 사실을 기재하더라도 사문서위조변조죄(231) 또는 자격모용사문서작성죄(232)를 구성하지는 않는다. 판례에 따르면, 주식회사의 지배인은 회사의 영업에 관해 재판상의 행위와 아울러 재판 외의 행위를 할 권한이 있으므로 지배인이 직접 주식회사 명의 문서를 작성하는 행위는 원칙적으로 위조나 자격모용에 의한 사문서작성에 해당되지 않으며, 그 점은 문서의 내용이 진실에 반하는 것이거나 문서가 권한을 남용해서 자기 또는 제3자의 이익을 도모할 목적으로 작성된 경우에도 마찬가지다-[대법원판결 1983. 4. 12. 83도332][대법원판결 2007. 10. 11. 2007도5838]참조. 그렇게 보면, [사례12-1-4] 에서 X의 연대보증행위를 B산업주식회사 OO지점의 영업 범위에 포함되지 않는 것으로 볼 수 없는 한에서 X가 B산업주식회사의 적법한 지배인으로서 B산업주식회사 명의의 문서를 작성한 것이 사문서위조에 해당되지는 않으며, 그 점은 그 문서의 내용이 진실에 반하는 것이거나 그 문서가 대표권을 남용해서 자기 또는 제3자의 이익을 도모할 목적으로 작성된 것이더라도 달라지지 않으므로 설사 X가 자신을 B산업주식회사의 대표이사로 표시하는 것과 같이 일부 허위의 내용이 포함되었거나 그 연대보증행위가 B산업주식회사의 이익에 반하는 것이더라도 사문서위죄죄(231)를 구성하지는 않는다-[대법원판결 2010. 5. 13. 2010도1040]. 반면에, [사례12-1-5] 에서 丙이 C 명의의 휴대전화기 신규 가입신청서를 작성한 사실이 사문서위조죄(231)를 구성하는 것은 물론이다. 그런데 丙이 그와 같이 위조된 가입신청서를 이미지화해서 전송한 것이 위조사문서행사죄(234)를 구성하는지의 여부는 丙이 전송한 사본이미지가 위조사문서행사죄(234) 등에서의 문서에 해당되는지의 여부에 달려 있다. 판례 가운데에는, "형법상 문서에 관한 죄에 있어서 문서라 함은, 문자 또는 이에 대신할 수 있는 가독적 부호로 계속적으로

비군 중대장이 그 소속예비군으로부터 금원을 교부받고 그 예비군이 예비군훈련에 불참하였음에도 불구하고 참석한 것처럼 허위내용의 중대학급편성명부를 작성, 행사한 경우라면 수뢰후 부정처사죄 외에 별도로 허위공문서작성 및 동행사죄가 성립하고 이들 죄와 수뢰후 부정처사죄는 각각 상상적 경합관계에 있다고 할 것이다. 나. 허위공문서작성죄와 동행사죄가 수뢰후 부정처사죄와 각각 상상적 경합관계에 있을 때에는 허위공문서작성죄와 동행사죄 상호간은 실체적 경합범관계에 있다고 할지라도 상상적 경합범관계에 있는 수뢰후 부정처사죄와 대비하여 가장 중한 죄에 정한 형으로 처단하면 족한 것이고 따로이 경합가중을 할 필요가 없다.

[대법원판결 1990. 10. 16. 90도1199(공무원이 부탁을 받고 처가 세대주인 것처럼 된 세대별주민등록표를 작성하여 동사무소의 주민등록표 보관함에 비치한 경우 허위공문서작성 및 동행사죄의 성립 여부 등)] 가. 지방공무원인 피고인이 갑으로부터 부탁을 받고 1989. 4. 15.까지는 갑이 세대주이고 처인 을은 동거가족에 불과하였음에도 불구하고 마치 1988. 3. 26.부터 을이 세대주인 것처럼 된 세대별 주민등록표 1장을 작성하여 동사무소의 주민등록표 보관함에 비치한 행위는 허위공문서 작성 및 동행사죄에 해당한다. 나. 허위로 작성한 주민등록표가 그 작성 명의인이 명시되어 있지는 않으나 법령에서 정한 서식에 따른 세대주 등과 재작성일의 기재 및 확인자의 날인이 있고 본적확인란에 동사무소 사무장의 도장이 찍혀져 있어 위 문서의 형식, 내용 등 그 문서자체만을 보아도 세대주의 변경으로 주민등록표를 다시 작성한 것임을 알 수 있는 경우에는 위 공문서는 허위공문서작성죄의 객체가 되는 문서에 해당한다.

[대법원판결 2007. 1. 25. 2006도3844(공증인이 사서증서 인증서를 작성함에 있어, 당사자가 공증인의 면전에서 사서증서에 서명 또는 날인을 하거나 당사자 본인이나 그 대리인으로 하여금 사서증서의 서명 또는 날인이 본인의 것임을 확인하게 한 바가 없음에도 불구하고 마치 그렇게 한 것처럼 인증서에 기재한 경우, 허위공문서작성죄의 성립 여부 등)] [1] 사서증서 인증을 촉탁받은 공증인이 사서증서 인증서를 작성함에 있어, 당사자가 공증인의 면전에서 사서증서에 서명 또는 날인을 하거나 당사자 본인이나 그 대리인으로 하여금 사서증서의 서명 또는 날인이 본인의 것임을 확인하게 한 바가 없음에도 불구하고, 당사자가 공증인의 면전에서 사서증서에 서명 또는 날인을 하거나 본인이나 그 대리인이 사서증서의 서명 또는 날인이 본인의 것임을 확인한 것처럼 인증서에 기재하였다면, 허위공문서작성죄의 죄책을 면할 수 없다. [2] 공증담당 변호사가 법무사의 직원으로부터 인증촉탁서류를 제출받았을 뿐 법무사가 공증사무실에 출석하여 사서증서의 날인이 당사자 본인의 것임을 확인한 바 없음에도 마치 그러한 확인을 한 것처럼 인증서에 기재한 경우, 인증촉탁 대리인이 법무사일 경우 그 직원이 공증사무실에 촉탁서류를 제출할 뿐 법무사 본인이 사서증서의 날인 또는 서명이 당사자 본인의 것임을 확인하지 아니하는 것이 업계의 관행이라고 할지라도 그와 같은 업계의 관행이 정당하다고 볼 수 없어 허위공문서작성죄가 성립한다고 한 사례.

[대법원판결 1974. 1. 29. 73도1854(허위공문서 작성죄의 주체)] (…) 원판결은 그 이유 명시에서 피고인은 관세청 인천지방심리분실 수사과 행정서기보로서 1972. 2. 초순경 인천세관 출입 기자이던 공동피고인으로부터 경기 자 1-379호 윌리스 찝차에 대한 통관필증을 발급해 달라는 부탁을 받고 위 차량의 매수자인 공소외인이 위 차량을 매입한 경위를 밝히기 위하여 그를 관세법위반 피의자로 입건하여 피의자신문조서를 받음에 있어 위 공동피고인이 위 공소외인의 주민등록표와 인감을 지참하여 공소외인이 불출석인 채로 조서를 작성해 달라는 부탁을 받고 피고인은 이를 응낙한 후 행사할 목적으로 1972. 2. 21.

물체상에 기재된 의사 또는 관념의 표시인 원본 또는 이와 사회적 기능, 신용성 등을 같게 볼 수 있는 기계적 방법에 의한 복사본으로서 그 내용이 법률상, 사회생활상 주요 사항에 관한 증거로 될 수 있는 것을 말한다"고 하면서, "컴퓨터 모니터 화면에 나타나는 이미지는 이미지 파일을 보기 위한 프로그램을 실행할 경우에 그때마다 전자적 반응을 일으켜 화면에 나타나는 것에 지나지 않아서 계속적으로 화면에 고정된 것으로는 볼 수 없으므로, 형법상 문서에 관한 죄에 있어서의 '문서'에는 해당되지 않는다"고 본 것이 있는데-[대법원판결 2007. 11. 29. 2007도7480][대법원판결 2008. 4. 10. 2008도1013], 그러한 사고방식에 따르면 丙에게는 위조사문서행사죄(234)의 죄책이 인정되지 않는다. 그와는 달리, 이미지 파일 자체는 〈문서에 관한 죄〉에서의 문서에 해당되지 않지만 그것을 전송하여 컴퓨터 화면상으로 보이게 한 경우는 문서의 행사에 해당되는 것으로 본 판례도 있다-[대법원판결 2008. 10. 23. 2008도5200]. 그와 같은 사고방식에 따르면 丙이 위조된 가입신청서를 이미지화해서 전송한 것이 위조사문서행사죄(234)를 구성한다.

▲ 문서위죄와 위조문서행사의 관계 등

▷ 행사할 목적으로 문서를 위조·변조한 자가 그와 같이 위조·변조된 문서를 행사한 경우에 문서위조죄(225·231등)와 위조문서행사죄(229·234)가 상상적 경합의 관계에 있는 것으로 보는 입장도 있지만, 실체적 경합의 관계에 있는 것으로 보는 입장이 우세하다. 판례도 후자의 입장을 취하고 있다-[대법원판결 1991. 9. 10. 91도1722][대법원판결 1983. 7. 26. 83도1378].

▷ 허위내용의 사문서 행사가 무형위조로서 처벌의 대상이 되지 않더라도 그것이 가령 위계에 의한 공무집행 방해죄(137)의 성립을 방해하지는 않는다-[대법원판결 1982. 7. 27. 82도1301].

▲ 사私전자기록위작변작죄(232의2)의 객체

▷ "사무처리를 그르치게 할 목적으로 권리·의무 또는 사실증명에 관한 타인의 전자기록등 특수매체기록을 위작 또는 변작한" 경우는 사私전자기록위작변작죄(232의2)를 구성한다. 권리·의무에 관한 전자기록이란 권리·의무의 발생·변경·소멸에 관한 사항을 내용으로 하는 전자기록을 말하고, 사실증명에 관한 전자기록이란 권리·의무에 관한 전자기록 이외의 것으로서 거래상 중요한 사실을 증명하는 내용의 전자기록을 말한다-[대법원판결 2002. 12. 10. 2002도5533][대법원판결 2006. 12. 21. 2006도6535][대법원판결 2003. 10. 9. 2000도4993]참조.

14:00경 피고인이 근무하는 위 심리분실 수사과 사무실에서 위 공소외인이 실제로는 출석하지 않았음에도 불구하고 출석하여 신문에 따라 답하는 것처럼 피의자신문조서 1통을 임의로 기재한 후 위 공동피고인은 황지윤인 것처럼 진술인란에 서명날인하고 피고인은 작성자란에 서명날인 함으로써 피고인의 직무에 관한 공문서인 피의자신문조서 1통을 허위로 작성하고 위 허위로 작성된 피의자신문조서를 위 찝차의 관세과세조치 서류에 첨부하여 사무실에 비치함으로써 이를 행사하였다는 사실을 인정하였다. 그러나 허위공문서작성죄의 주체는 그 문서를 작성할 직무권한이 있는 명의인인 공무원이라 할 것이며 그 작성권한있는 자가 진실에 부합되지 않는 것을 알면서 진실에 반하는 기재를 하는 때에 허위공문서 작성죄가 성립된다 할 것인 바, 원판결이 인정한 사실에 의하면 피고인은 행정서기보에 불과하여 사법경찰관 직무취급을 하는 권한이 있다 할 수 없고 사법경찰리의 직무를 취급하는 자에 불과하며 간접정범이 인정될 수 있는 것과 같은 특별한 사정이 있으면 몰라도 그렇지 않고서는 허위공문서 작성의 주체가 될 수 없음에도 불구하고 위 특별사정에 관한 심리판단도 없이 피고인이 허위공문서를 작성한 것 같이 판단한 원판결에는 이유명시가 구비되지 않았거나 허위공문서 작성의 법리를 오해한 위법이 있다할 것으로서 이점에 관한 상고논지는 이유있고 다른 논점에 대한 판단을 기다릴 것 없이 원판결은 파기를 면치못할 것이다. (…)

[대법원판결 1971. 1. 26. 70도2598(공무원 아닌 자의 허위공문서 작성의 간접정범인 때에는 형법 제228조의 경우 이외에는 이를 처단하지 않는다.)] 공무원 아닌 자가 허위공문서작성의 간접정범일 때에는 본법 제228조의 경우를 제외하고는 이를 처단하지 못하므로 면장의 거주확인증 발급을 위한 허위사실의 신고는 죄가 되지 않는다.

[대법원판결 1996. 10. 11. 95도1706(단속 경찰관이 고유번호가 가짜인 음주운전자 적발보고서를 작성하여 담당 경찰관으로 하여금 음주측정처리부에 기재토록 한 경우, 허위공문서작성 및 동 행사죄로 처단한 사례)] 경찰서 보안과장인 피고인이 갑의 음주운전을 눈감아주기 위하여 그에 대한 음주운전자 적발보고서를 찢어버리고, 부하로 하여금 일련번호가 동일한 가짜 음주운전 적발보고서에 을에 대한 음주운전 사실을 기재케 하여 그 정을 모르는 담당 경찰관으로 하여금 주취운전자 음주측정처리부에 을에 대한 음주운전 사실을 기재하도록 한 이상, 을이 음주운전으로 인하여 처벌을 받았는지 여부와는 관계없이 허위공문서작성 및 동 행사죄의 간접정범으로서의 죄책을 면할 수 없다고 본 원심판결을 수긍한 사례.

[대법원판결 1992. 1. 17. 91도2837(공무원 아닌 자가 공문서작성을 보좌하는 공무원과 공모하여 허위의 문서초안을 상사에게 제출하여 결재케 함으로써 허위 공문서를 작성케 한 경우, 간접정범의 공범으로서의 죄책을 지는지 여부)] (…) 원심은 피고인이 1990. 4. 7.자 향토예비군 훈련을 받은 사실이 없음에도 불구하고 소속 예비군동대 방위병인 공소외 이찬웅에게 위 날짜에 예비군훈련을 받았다는 내용의 확인서를 발급하여 달라고 부탁하자, 동인은 작성권자인 예비군 동대장 전유득에게 그 사실을 보고하여 그로부터 피고인이 예비군훈련에 참가한 여부를 확인한 후 확인서를 발급하도록 지시를 받고서는 미리 예비군 동대장의 직인을 찍어 보관하고 있던 예비군훈련확인서용지에 피고인의 성명등 인적사항과 위 부탁받은 훈련일자 등을 기재하여 피고인에게 교부한 사실을 인정하면서도, 허위 공문서작성죄의 주체는 그 문서작성권한이 있는 공무원이나 그 문서의 전결권을 위임받은 자로 제한되는 것이고 예외적으로 그 문서작성권한이 있는 공무원을 보조하는 지위에 있는 공무원이 허위의 신고나 보고를 하여 작성권한이 있는 공무원으로 하여금 허위의 문서를 작성하게 한 경우에는 허위공문서작성죄의 간접정범이 성립될 수 있으나 공무원이 아니면서 이와 공모한 자에 대

하여는 허위공문서작성죄의 본질 및 그 구성요건의 정형성에 비추어 그에 대한 공범은 성립되지 아니한다하여 위 이찬웅의 행위가 허위공문서작성죄의 간접정범에 해당하는지 여부에 관계없이 공무원이 아닌 피고인에 대하여는 위 죄의 공범으로서의 죄책을 물을 수 없다고 판시함으로써, 피고인에 대한 공소사실 중 허위공문서작성 및 동행사 부분에 대하여 무죄를 선고한 제1심 판결을 그대로 유지하였다. 그러나 공문서의 작성권한이 있는 공무원의 직무를 보좌하는 자가 그 직위를 이용하여 행사할 목적으로 허위의 내용이 기재된 문서초안을 그 정을 모르는 상사에게 제출하여 결재하도록 하는 등의 방법으로 작성권한이 있는 공무원으로 하여금 허위의 공문서를 작성하게 한 경우에는 간접정범이 성립되고 이와 공모한 자 역시 그 간접정범의 공범으로서의 죄책을 면할 수 없는 것이고, 여기서 말하는 공범은 반드시 공무원의 신분이 있는 자로 한정되는 것은 아니라고 할 것이다. 원심이 인정한 바에 의하면 방위병인 이찬웅은 공문서작성권한이 있는 공무원을 보좌하는 자신의 직위를 이용하여 정을 모르는 그 작성권자로 하여금 허위의 공문서를 작성하게 함으로써 허위공문서작성죄의 간접정범인 죄책을 지게 되었다 할 것이니 그와 공모한 피고인으로서도 신분이 공무원인지 여부에 관계없이 그 공범으로서의 죄책을 면할 수 없는 것이다. (…)

[대법원판결 1997. 2. 28. 96도2825(심사담당 공무원이 출원사유가 허위임을 알면서도 위계에 의한 방법으로 결재권자의 결재를 받아낸 경우, 위계공무집행방해죄의 성부; 위계공무집행방해죄와 직무유기죄의 관계 등)] [1] 위계에 의한 공무집행방해죄에 있어서 위계라 함은 행위자의 행위목적을 이루기 위하여 상대방에게 오인, 착각, 부지를 일으키게 하여 그 오인, 착각, 부지를 이용하는 것을 말하는 것으로 상대방이 이에 따라 그릇된 행위나 처분을 하였다면 이 죄가 성립된다. [2] 행정관청이 출원에 의한 인·허가처분을 함에 있어서는 그 출원사유가 사실과 부합하지 아니하는 경우가 있음을 전제로 하여 인·허가할 것인지 여부를 심사결정하는 것이므로, 행정관청이 사실을 충분히 확인하지 아니한 채 출원자가 제출한 허위의 출원사유나 허위의 소명자료를 가볍게 믿고 인가 또는 허가를 하였다면, 이는 행정관청의 불충분한 심사에 기인한 것으로서 출원자의 위계에 의한 것이었다고 할 수 없어 위계에 의한 공무집행방해죄를 구성하지 않는다. [3] 출원에 대한 심사업무를 담당하는 공무원이 출원인의 출원사유가 허위라는 사실을 알면서도 결재권자로 하여금 오인, 착각, 부지를 일으키게 하고 그 오인, 착각, 부지를 이용하여 인·허가처분에 대한 결재를 받아낸 경우에는 출원자가 허위의 출원사유나 허위의 소명자료를 제출한 경우와는 달리 더 이상 출원에 대한 적정한 심사업무를 기대할 수 없게 되었다고 할 것이어서 그와 같은 행위는 위계로써 결재권자의 직무집행을 방해한 것에 해당하므로 위계에 의한 공무집행방해죄가 성립한다. [4] 피고인이, 출원인이 어업허가를 받을 수 없는 자라는 사실을 알면서도 그 직무상의 의무에 따른 적절한 조치를 취하지 않고 오히려 부하직원으로 하여금 어업허가 처리기안문을 작성하게 한 다음 피고인 스스로 중간결재를 하는 등 위계로써 농수산국장의 최종결재를 받았다면, 직무위배의 위법상태가 위계에 의한 공무집행방해행위 속에 포함되어 있는 것이라고 보아야 할 것이므로, 이와 같은 경우에는 작위범인 위계에 의한 공무집행방해죄만이 성립하고 부작위범인 직무유기죄는 따로 성립하지 아니한다. (…) 원심은, 전라북도청 수산과 계장으로서 어업허가 신청업무를 담당하고 있던 피고인이 공소외 1의 어업허가처리를 부탁받은 전라북도청 수산과 직원인 공소외 2로부터 어선이 없고 선박증서만 있는 공소외 1의 석박에 대한 어업허가장이 발부되도록 처리하여 달라는 청탁을 받고 이를 승낙한 다음 어업허가담당자인 공소외 3에게 어업허가시 필요한 선박실체확인 등 어업허가 실태조사를 하지 말고 어업허가 처리기안문을 작성하도록 지시하여 동인으로 하여금 어업허가 처리

기안문을 작성하게 한 다음 피고인 스스로 중간결재를 하고 그 정을 모르는 농수산국장으로부터 최종결재를 받아 전라북도지사 명의의 허가장을 발급하게 한 사실을 인정하고, 피고인을 위계에 의한 공무집행방해죄로 처단하고 있다. 기록에 비추어 살펴보면, 원심의 이와 같은 사실인정은 정당하고, 거기에 채증법칙을 위배한 잘못이나 심리를 다하지 아니한 잘못은 없다. 이 점을 지적하는 상고이유는 받아들일 수 없다. (…)

[대법원판결 1981. 7. 28. 81도898(공문서 작성을 보조하는 공무원이 임의로 허위내용의 공문서를 작성한 경우의 죄책)] 허위공문서작성죄의 주체는 그 문서를 작성할 권한이 있는 명의인인 공무원에 한하고, 그 공무원의 문서작성을 보조하는 직무에 종사하는 공무원은 위 죄의 주체가 되지 못하므로 보조 공무원이 허위공문서를 기안하여 그 정을 모르는 작성권자의 결제를 받아 공문서를 완성한 때에는 허위공문서작성죄의 간접정범이 되고, 이러한 결제를 거치지 않고 임의로 허위내용의 공문서를 완성한 때에는 공문서위조죄가 성립한다.

[대법원 2001. 4. 19. 2000도1985(제3자로부터 신분확인을 위하여 신분증명서의 제시를 요구받고 다른 사람의 운전면허증을 제시한 경우, 공문서부정행사죄에 해당하는지 여부)] [다수의견] 운전면허증은 운전면허를 받은 사람이 운전면허시험에 합격하여 자동차의 운전이 허락된 사람임을 증명하는 공문서로서, 운전면허증에 표시된 사람이 운전면허시험에 합격한 사람이라는 '자격증명'과 이를 지니고 있으면서 내보이는 사람이 바로 그 사람이라는 '동일인증명'의 기능을 동시에 가지고 있다. 운전면허증의 앞면에는 운전면허를 받은 사람의 성명·주민등록번호·주소가 기재되고 사진이 첨부되며 뒷면에는 기재사항의 변경내용이 기재될 뿐만 아니라, 정기적으로 반드시 갱신교부되도록 하고 있어, 운전면허증은 운전면허를 받은 사람의 동일성 및 신분을 증명하기에 충분하고 그 기재 내용의 진실성도 담보되어 있다. 그럼에도 불구하고 운전면허증을 제시한 행위에 있어 동일인증명의 측면은 도외시하고, 그 사용목적이 자격증명으로만 한정되어 있다고 해석하는 것은 합리성이 없다. 인감증명법상 인감신고인 본인 확인, 공직선거및선거부정방지법상 선거인 본인 확인, 부동산등기법상 등기의무자 본인 확인 등 여러 법령에 의한 신분 확인절차에서도 운전면허증은 신분증명서의 하나로 인정되고 있다. 또한 주민등록법 자체도 주민등록증이 원칙적인 신분증명서이지만, 주민등록증을 제시하지 아니한 사람에 대하여 신원을 증명하는 증표나 기타 방법에 의하여 신분을 확인하도록 규정하는 등으로 다른 문서의 신분증명서로서의 기능을 예상하고 있다. 한편 우리 사회에서 운전면허증을 발급받을 수 있는 연령의 사람들 중 절반 이상이 운전면허증을 가지고 있고, 특히 경제활동에 종사하는 사람들의 경우에는 그 비율이 훨씬 더 이를 앞지르고 있으며, 금융기관과의 거래에 있어서도 운전면허증에 의한 실명확인이 인정되고 있는 등 현실적으로 운전면허증은 주민등록증과 대등한 신분증명서로 널리 사용되고 있다. 따라서, 제3자로부터 신분확인을 위하여 신분증명서의 제시를 요구받고 다른 사람의 운전면허증을 제시한 행위는 그 사용목적에 따른 행사로서 공문서부정행사죄에 해당한다고 보는 것이 옳다. [반대의견] 공문서부정행사죄는 사용목적이 특정된 공문서의 경우에 그 사용명의자 아닌 자가 사용명의자인 것으로 가장하여 그 사용목적에 따른 행사를 하여야 성립하는 것인바, 운전면허증의 본래의 사용목적은 자동차를 운전할 때에 이를 지니고 있어야 하고 운전 중에 경찰공무원으로부터 제시를 요구받은 때에 이를 제시하는 데 있는 것일 뿐, 그 소지자의 신분의 동일성을 증명하는 데 있는 것은 아니므로, 제3자로부터 신분확인을 위하여 신분증명서의 제시를 요구받고 다른 사람의 운전면허증을 제시한 행위는 운전면허증의 사용목적에 따른 행사라고 할 수는 없고, 따라서 공문서부정사용죄가 성립하지 아니한다. 형법 제230조는 공문

서부정행사죄의 구성요건으로 '공무원 또는 공무소의 문서 또는 도화를 부정행사한 자'라고만 규정하여, 문언상으로는 모든 공문서가 행위의 객체에 포함되고 그 사용권한자와 용도가 특정되었는지 여부는 묻지 않는 것으로 되어 있으나, 그 사용권한자와 용도를 특정할 수 없는 공문서의 경우에는 그 부정행사의 개념조차 특정하기 어려워 과연 그러한 경우에도 부정행사죄가 성립될 수 있는지조차 의문시되고, 만일 이를 긍정할 경우 처벌범위가 지나치게 확대될 위험이 있다. 범죄의 구성요건이 추상적이거나, 모호한 개념으로 이루어지거나 또는 그 적용범위가 너무 광범위하고 포괄적이어서 불명확하게 되어 통상의 판단능력을 가진 국민이 그에 의하여 금지된 행위가 무엇인가를 알 수 없는 경우에는 죄형법정주의의 원칙에 위배된다. 무릇 어떠한 공문서가 일정한 자격을 받은 사람임을 증명하려면 그 사람이 자격을 취득하였다는 사실과 더불어 그 동일성을 확인하는 데 필요한 인적사항이 기재되고 사진도 첨부되어야 할 것이므로, 자격증명에는 언제나 동일인증명이 내재되기 마련이다. 이와 같이 자격증명을 위한 공문서에 동일인증명의 기능이 내재되어 있다고 하여 그 본래의 사용목적이 소지자 신분의 동일성을 증명하는 데 있다고 볼 수는 없는 것이다. 주민등록법 제17조의9의 규정 등에 의하면, 주민등록증을 17세 이상의 자에 대한 일반적인 신분증명서로서 규정하고 있음에 비하여, 도로교통법 제68조 등의 규정에 의하면, 운전면허증은 운전면허시험에 합격하여 자동차의 운전이 허락된 자임을 증명하는 공문서로서 그 본래의 사용용도가 운전 중에 경찰공무원으로부터 그 제시를 요구받으면 이를 제시하여 자동차의 운전이 허가된 자임을 증명하도록 그 사용목적이 특정되어 있다. 그 소지자의 인적사항 확인은 자격증명에 따르는 부수적인 기능에 지나지 아니하는 것이다. 현실 거래와 일부 법령이 정한 분야에서 운전면허증이 그 소지자의 인적사항을 확인하는 데 사용되고는 있지만, 이는 어디까지나 운전면허증의 사실적 내지 부수적 용도에 불과하고 본래의 용도라고 할 수 없으며, 그러한 용도로서 널리 사용된다는 사정만으로 사실적 용도 내지 부수적 용도가 본래의 용도로 승화된다고 할 수는 없다. 이러한 사정은 운전면허증 외에도 일정한 자격의 증명에 관한 공문서들로서 여권, 공무원증, 사원증, 학생증 등의 경우에도 마찬가지이다. 그럼에도 불구하고 어떠한 공문서가 그 본래의 사용목적 이외의 용도로 널리 사용된다는 등의 이유를 들어 그러한 사실상 내지 부수적 용도도 본래의 사용목적에 포함된다고 본다면 그 부정행사로 인한 처벌범위가 크게 확대될 것이고, 이는 죄형법정주의의 원칙에 따라 공문서부정행사죄의 행위 객체와 태양을 제한적으로 해석함으로써 그 처벌범위를 합리적인 범위 내로 제한하여 온 종전 판례들과 실질적으로 저촉된다. 문서에 관한 죄는 본래 그 내용이든 형식이든 문서의 진정성립에 대한 사회 일반의 신용을 보호하려는 것인데, 일단 진정하게 성립된 문서의 행사는 그 자체만으로 이와 같은 법익을 침해한다고 보기 어려울 뿐만 아니라, 그 행사로 인하여 다른 법익이 침해되었다면 그 법익 침해에 관한 죄로 처벌할 수 있으므로, 진정한 문서의 행사를 제한 없이 처벌할 필요성이 크다고 하기도 어렵다.

[대법원판결 1983. 4. 12. 83도332(대리인의 권한유월의 문서작성과 문서위조죄의 성부)] 문서위조죄를 구성하는지의 여부는 그 문서의 작성명의로 타인의 명의를 모용하였느냐 아니하였느냐라는 형식에 의하여 결정할 것으로서 그 문서의 내용의 진실여부는 특별한 처벌규정이 있는 경우 이외에는 동 죄의 성립여부에 아무런 소장이 없다고 할 것이므로, 타인의 대표자 또는 대리자가 그 대표명의 또는 대리명의를 써서 또는 직접 본인의 명의를 사용하여 문서를 작성할 권한을 가지는 경우에 그 지위를 남용하여 단순히 자기 또는 제3자의 이익을 도모할 목적으로 마음대로 문서를 작성한 때라고 할지라도 문서위조죄는 성립하지 아니한다.

[대법원판결 2007. 10. 11. 2007도5838(대표 또는 대리명의로 문서를

작성할 권한을 가진 자가 이를 남용하여 문서를 작성한 경우, 자격모용 사문서작성죄의 성립 여부 등)] [1] 자격모용 사문서작성죄를 구성하는지 여부는 그 문서를 작성함에 있어 타인의 자격을 모용하였는지 아닌지의 형식에 의하여 결정하여야 하고, 그 문서의 내용이 진실한지 아닌지는 이에 아무런 영향을 미칠 수 없으므로, 타인의 대표자 또는 대리자가 그 대표 또는 대리명의로 문서를 작성할 권한을 가지는 경우에 그 지위를 남용하여 단순히 자기 또는 제3자의 이익을 도모할 목적으로 문서를 작성하였다 하더라도 자격모용 사문서작성죄는 성립하지 아니한다. [2] 토지매수권한을 위임받은 대리인이 매도인측 대표자와 공모하여 매매대금 일부를 착복하기로 하고 위임받은 특정 매매금액보다 낮은 금액을 허위로 기재한 매매계약서를 작성한 경우, 자격모용 사문서작성죄를 구성하지 않는다고 한 사례.

[대법원판결 2010. 5. 13. 2010도1040(주식회사의 지배인이 권한을 남용하여 허위로 회사 명의의 문서를 작성한 경우, 사문서위조 또는 자격모용사문서작성죄에 해당하는지 여부 등)] [1] 원래 주식회사의 지배인은 회사의 영업에 관하여 재판상 또는 재판 외의 모든 행위를 할 권한이 있으므로, 지배인이 직접 주식회사 명의 문서를 작성하는 행위는 위조나 자격모용사문서작성에 해당하지 않는 것이 원칙이고, 이는 그 문서의 내용이 진실에 반하는 허위이거나 권한을 남용하여 자기 또는 제3자의 이익을 도모할 목적으로 작성된 경우에도 마찬가지이다. [2] 주식회사의 지배인이 자신을 그 회사의 대표이사로 표시하여 연대보증채무를 부담하는 취지의 회사 명의의 차용증을 작성·교부한 경우, 그 문서에 일부 허위 내용이 포함되거나 위 연대보증행위가 회사의 이익에 반하는 것이더라도 사문서위조 및 위조사문서행사에 해당하지 않는다고 한 사례.

[대법원판결 2007. 11. 29. 2007도7480(형법상 문서에 관한 죄에서 문서의 의미 등)] 형법상 문서에 관한 죄에 있어서 문서라 함은, 문자 또는 이에 대신할 수 있는 가독적 부호로 계속적으로 물체상에 기재된 의사 또는 관념의 표시인 원본 또는 이와 사회적 기능, 신용성 등을 같게 볼 수 있는 기계적 방법에 의한 복사본으로서 그 내용이 법률상, 사회생활상 주요 사항에 관한 증거로 될 수 있는 것을 말한다. 이 사건 공소사실의 요지는, "피고인은, ① 2005. 10. 20.경 자신의 집에서, 사귀고 있던 공소외인에게 피고인의 나이와 성명을 속이는 용도로 행사할 목적으로 권한 없이, 컴퓨터로 '미애', '701226'을 작성하여 출력한 다음, 피고인의 주민등록증 성명란 '길자'라는 글자 위에 위와 같이 출력한 '미애'라는 글자를, 주민등록번호란 '640209'라는 글자 위에 위와 같이 출력한 '701226'이라는 글자를 각 오려붙인 다음, 이를 컴퓨터 스캔 장치를 이용하여 스캔함으로써 이미지 파일을 생성하는 방법으로 복사하여 컴퓨터 모니터로 출력함으로써 화면에 이미지가 나타나도록 하는 방법으로 공문서인 강남구청장 발행의 주민등록증 1장을 위조하고, ② 같은 일시, 장소에서, 위와 같이 위조한 주민등록증 이미지가 저장되어 있는 파일을 공소외인에게 보내는 이메일에 마치 진정하게 성립한 것처럼 첨부, 전송하여 그 무렵 그 정을 모르는 공소외인으로 하여금 첨부파일을 열람하도록 함으로써 공소외인이 사용하는 컴퓨터 모니터에 위와 같이 위조한 주민등록증의 이미지가 나타나도록 함으로써 이를 행사하였다"는 것이다. 그러나 앞서 본 법리에 비추어 볼 때, 컴퓨터 모니터 화면에 나타나는 이미지는 이미지 파일을 보기 위한 프로그램을 실행할 경우에 그때마다 전자적 반응을 일으켜 화면에 나타나는 것에 지나지 않아서 계속적으로 화면에 고정된 것으로는 볼 수 없으므로, 형법상 문서에 관한 죄에 있어서의 '문서'에는 해당되지 않는다고 할 것이다. 원심이 같은 취지에서 컴퓨터 모니터 화면에 나타나는 이미지가 형법상 문서에 관한 죄에 있어서의 문서에 해당되지 않는다고 하여 이 사건 공소사실에 대해 무죄를 선고한 것은 정당하고,

거기에 상고이유에서 주장하는 것과 같은 법리오해의 위법이 없다. (…)

[대법원판결 2008. 4. 10. 2008도1013(형법상 문서에 관한 죄에서 '문서'의 의미 등)] (…) 형법상 문서에 관한 죄에 있어서 문서라 함은, 문자 또는 이에 대신할 수 있는 가독적 부호로 계속적으로 물체상에 기재된 의사 또는 관념의 표시인 원본 또는 이와 사회적 기능, 신용성 등을 동일시할 수 있는 기계적 방법에 의한 복사본으로서 그 내용이 법률상, 사회생활상 주요 사항에 관한 증거로 될 수 있는 것을 말하고, 컴퓨터 모니터 화면에 나타나는 이미지는 이미지 파일을 보기 위한 프로그램을 실행할 경우에 그때마다 전자적 반응을 일으켜 화면에 나타나는 것에 지나지 않아서 계속적으로 화면에 고정된 것으로는 볼 수 없으므로, 형법상 문서에 관한 죄에 있어서의 '문서'에는 해당되지 않는다고 할 것이다. 원심판결 이유에 의하면, 원심은, 이 사건에서 피고인이 컴퓨터 스캔 작업을 통하여 만들어낸 공인중개사 자격증의 이미지 파일은 전자기록으로서 전자기록 장치에 전자적 형태로서 고정되어 계속성이 있다고 볼 수는 있으나, 그러한 형태는 그 자체로서 시각적 방법에 의해 이해할 수 있는 것이 아니어서 이를 형법상 문서에 관한 죄에 있어서의 '문서'로 보기 어렵다고 판단하였는바, 원심이 인정한 사실관계를 앞서 본 법리에 비추어 살펴보면, 원심의 위와 같은 판단은 정당하고, 거기에 상고이유에서 주장하는 바와 같은 형법상 문서에 관한 법리오해 등의 위법이 없다. (…)

[대법원판결 2008. 10. 23. 2008도5200(위조문서행사죄에서 말하는 '행사'의 방법 등)] (…) 이 사건 사문서위조 및 위조사문서행사의 점에 관한 공소사실의 요지는 "① 피고인은 2006. 11. 25.경 진주시에 있는 '차 없는 거리' 피씨방에서 인터넷 쇼핑사이트인 'G-마켓'에 들어가 휴대전화기 구입신청을 하면서, 인터넷상에 게시된 케이. 티. 에프.(KTF) 신규 가입신청서 양식에 컴퓨터를 이용하여 공소외 1의 인적사항 및 그 계좌번호, 청구지 주소 등을 각 입력하고 이를 출력한 다음, 그 신청서 용지 하단 고객명란과 서명란에 ' 공소외 1'이라고 각 기재함으로써, 행사할 목적으로 권한 없이 권리의무에 관한 사문서인 공소외 1 명의로 된 휴대전화 신규 가입신청서 1장을 위조하고, ② 위와 같은 일시, 장소에서 위와 같이 위조한 휴대전화 가입신청서를 사본, 이미지화한 다음, 이메일로 그 위조사실을 모르는 공소외 2에게 마치 진정하게 성립된 것처럼 그 신청서를 전송하여 위조한 사문서를 행사하였다."는 것인바, 제1심은 위 사문서위조의 점에 대하여는 유죄를, 위 위조사문서행사의 점에 대하여는 무죄를 선고하였으며, 제1심판결에 대하여 피고인은 항소를 제기하지 아니하였고, 검사만이 무죄 부분인 위조사문서 행사의 점에 대하여 항소를 제기하였다(따라서 위 사문서위조의 범죄사실은 이미 유죄로 확정되었다). 이에 대하여 원심은, 위조한 휴대전화 가입신청서를 스캔하여 만든 이미지는 전자기록인 이미지 파일을 보기 위한 프로그램을 실행할 경우에 그때마다 순간적으로 화면이 전자적 반응을 일으켜 영상을 만들어 내는 것에 지나지 않아 이를 문자 등이 계속적으로 화면에 고정된 것이라고 할 수 없으므로 위 화면상의 이미지를 문서라고 할 수 없고, 그와 같은 이미지를 전송하여 타인으로 하여금 컴퓨터 모니터로 보게 하였다 하여 이를 위조된 문서의 행사라고 할 수도 없으며, 또한 행사는 위조된 문서 자체 내지는 기계적 방법에 의하여 복사된 사본에 대한 것임을 요하는바, 이 사건의 경우 공소외 2에게 전송되어 제시된 것은 위 이미지일 뿐 위조된 휴대전화 가입신청서 자체는 아니므로 이 부분 공소사실을 두고 이미 존재하고 있는 위조사문서를 행사하는 하나의 방법이라고 볼 수 없다는 이유로, 위 위조사문서행사의 점에 대하여 무죄를 선고한 제1심판결을 그대로 유지하였다. (…) 그러나 원심의 위와 같은 판단은 수긍하기 어렵다. 위조문서행사죄에 있어서 행사라 함은 위조된 문서를 진정한 문서인 것처럼 그 문서의 효용방법에 따라 이를 사용하는 것을 말하고, 위조

된 문서를 제시 또는 교부하거나 비치하여 열람할 수 있게 두거나 우편물로 발송하여 도달하게 하는 등 위조된 문서를 진정한 문서인 것처럼 사용하는 한 그 행사의 방법에 제한이 없으며, 또 위조된 문서 그 자체를 직접 상대방에게 제시하거나 이를 기계적인 방법으로 복사하여 그 복사본을 제시하는 경우는 물론, 이를 모사전송의 방법으로 제시하거나 컴퓨터에 연결된 스캐너(scanner)로 읽어 들여 이미지화한 다음 이를 전송하여 컴퓨터 화면상에서 보게 하는 경우도 행사에 해당하여 위조문서행사죄가 성립한다고 할 것이다. 그런데 원심이 인정한 사실관계 및 기록에 의하면, 피고인은 인터넷 쇼핑사이트인 'G-마켓'에 들어가 휴대전화기 구입신청을 하면서 인터넷상에 게시된 케이. 티. 에프.(KTF) 신규 가입신청서 양식에 컴퓨터를 이용하여 공소외 1의 인적사항 및 그 계좌번호, 청구지 주소 등을 각 입력하고 이를 출력한 다음, 그 신청서 용지 하단 고객명란과 서명란에 ' 공소외 1'이라고 각 기재함으로써 행사할 목적으로 권한 없이 권리의무에 관한 사문서인 공소외 1 명의로 된 휴대전화 신규 가입신청서 1장을 위조한 후, 이와 같이 위조한 휴대전화 신규 가입신청서를 컴퓨터에 연결된 스캐너로 읽어 들여 이미지화한 다음, 그 이미지 파일을 이메일로 그 위조사실을 모르는 공소외 2에게 마치 진정하게 성립된 것처럼 전송하여 컴퓨터 화면상에서 보게 한 사실을 알 수 있는바, 그렇다면 피고인은 이미 자신이 위조한 휴대전화 신규 가입신청서를 스캐너로 읽어 들여 이미지화한 다음 그 이미지 파일을 그대로 공소외 2에게 이메일로 전송하여 컴퓨터 화면상에서 보게 한 것이므로, 위와 같이 스캐너로 읽어 들여 이미지화한 것이 문서에 관한 죄에 있어서의 '문서'에 해당하지 않는다고 하더라도, 자신이 이미 위조한 휴대전화 신규 가입신청서를 행사한 것에 해당하여 위조문서행사죄가 성립한다고 할 것이다. (…)

[대법원판결 1991. 9. 10. 91도1722(예금통장을 강취하고 예금자 명의의 예금청구서를 위조한 다음 이를 은행원에게 제출행사하여 예금인출금 명목의 금원을 교부받은 경우의 죄책 및 그 죄수관계)] 피고인이 예금통장을 강취하고 예금자 명의의 예금청구서를 위조한 다음 이를 은행원에게 제출행사하여 예금인출금 명목의 금원을 교부받았다면 강도, 사문서위조, 동행사, 사기의 각 범죄가 성립하고 이들은 실체적 경합관계에 있다 할 것이다.

[대법원판결 1982. 7. 27. 82도1301(허위내용의 사문서의 행사에 의한 위계에 의한 공무집행 방해죄의 성부)] 간호보조원 교육과정이수에 관한 사문서인 수료증명서의 허위작성은 무형위조로서 처벌대상이 되지 아니하고 피고인들의 행위가 허위작성 및 교부로 끝났다고 하더라도 간호보조원자격시험 응시자격을 증명하는 위 문서의 용도와 그 사용의 결과를 인식하고 공소외인 들로 하여금 사용케 할 의도로 작성교부한 것이고 그들이 위 문서를 진정한 문서인 것처럼 시험관리당국에 제출하여 응시자격을 인정받아 응시함으로써 그 시험관리에 관한 공무집행을 방해하는 상태를 초래하였다면 피고인들은 위 공소외인들과 공무집행방해죄의 공동정범의 죄책을 면할 수 없고, 무형위조의 사후행위로써 처벌의 대상이 되지 않는다고 볼 수 없다. (…) 1. 피고인들에 대한 이 사건 공소사실의 요지는 피고인 1은 대구 동산간호보조원양성소의 경영주이고 피고인 2는 동 양성소의 교무과장으로 근무하던 자인데 공모하여 공소외 1 외 4명의 부탁을 받고 동인들이 위 양성소에서 간호보조원 자격시험 응시에 필요한 소정의 간호보조원교육과정을 수료한 것처럼 피고인 1 명의의 허위내용의 수료증명서를발급하여 그 시경 동 증명서와 함께 간호보조원 자격시험 응시구비서류를 경상북도 보건과에 제출하여 주고 동인들로 하여금 6회에 걸쳐 마치 응시자격이있는 것처럼 간호보조원 자격시험에 응시케 하여 위 시험관리업무 및 간호보조원 자격인정업무를 집행중인 경상북도 보건과 공무원들의 직무집행을 위계로서 방해한 것이라고 함에 있는바, 원심은 이에 대하여 의

료법 및 보건사회부령의 관계규정에 의하면 간호보조원 교육과정이수에 관한 수료증명서는 간호보조원 자격시험의 응시구비서류로 첨부됨이 유일한 용도라 할 것인즉 이 사건에서 피고인들이 행한 구체적인 실행행위라는 것은 바로 그 수료증명서를 허위로 작성교부한 행위만이고 그 이후 간호보조원 자격시험 응시자들이 그 허위증명서를 구비서류의 하나로 제출, 응시하는 일련의 행위는 수료증명서발급에 따르는 통상적인 사실적 경과에 불과한바, 그렇다면 피고인들이 한 위와 같은 수료증명서 발급행위는 이른바 사문서의 무형위조의 한경우로서 이를 벌하는 규정도 없고 그러한 문서의 행사도 그 자체만으로는 벌할 수 없는 것이니 설사 그로 인하여 해당 공무원 등의 시험관리업무 또는 그 자격인정업무가 부당하게 집행된 결과로 되었다고 하여도 이는 앞서 본 바와 같이 그 수료증명서의 통상적인 용도에 따른 결과일 뿐이어서 법률상 처벌되지 아니하는 사문서 무형위조행위의 반사적 효과에 불과하다고 할 것이며 이러한 경우 피고인들에게 위조증명서 발급과는 별개로 위와 같은 공무집행방해의 범의를 인정할 여지가 없다고 판시하여, 위 공소사실은 죄가 되지 않는다는 이유로 피고인들에게 무죄를 선고하였다. 2. 그러나 사문서인 이 사건 수료증명서의 허위작성이 이른바 무형위조로서처벌대상이 되지 않는다고 하여도 허위작성한 사문서를 진정한 문서처럼 행사함으로써 공무의 적정집행이라는 법익을 침해하는 상태를 초래하여 위계에 의한 공무집행방해의 범죄구성요건을 충족한다면 이러한 경우에까지 무형위조의 사후행위라 하여 처벌의 대상이 되지 않는다고 볼 수는 없다. 또 피고인들 자신의 실행행위는 이 사건 수료증명서의 허위작성 및 교부로끝났다고 하더라도 간호보조원 자격시험 응시자격을 증명하는 위 문서의 용도와 그 사용의 결과를 인식하고 공소외 1 등으로 하여금 사용케 할 의도로 작성교부하였고 공소외 1 등이 위 문서를 시험관리당국에 제출하여 응시자격을 인정받아 응시함으로써 그 시험관리에 관한 공무집행을 방해하는 상태를 초래하였다면, 이와 같은 공무집행방해의 범행에 관하여 피고인들과 위 공소외인들 사이에는 상호의사의 연락이 있었다고 볼 수 있으니 피고인들은 그 공동정범의 죄책을 면할 수 없다고 보아야 할 것이다. 결국 원심이 피고인들이 이 사건 수료증명서를 작성교부한 것만으로는 무형위조에 해당하여 처벌할 수 없고 또 피고인들에게 공무집행방해의 범의를 인정할 여지가 없다는 이유로 죄가 되지 않는다고 판단한 것은 허위사문서의 행사와 위계에 의한 공무집행방해죄의 성립에 관한 법리를 오해하고 공동정범의해석을 그릇친 위법을 저지른 것이라고 아니할 수 없다. (…)

[대법원판결 2003. 10. 9. 2000도4993(컴퓨터의 기억장치 중 하나인 램(RAM, Random Access Memory)에 올려진 전자기록이 형법 제232조의2의 사전자기록위작·변작죄에서 말하는 권리의무 또는 사실증명에 관한 타인의 전자기록 등 특수매체기록에 해당하는지 여부 등)] (…) [3] 형법 제232조의2의 사전자기록위작·변작죄에서 말하는 권리의무 또는 사실증명에 관한 타인의 전자기록 등 특수매체기록이라 함은 일정한 저장매체에 전자방식이나 자기방식에 의하여 저장된 기록을 의미한다고 할 것인데, 비록 컴퓨터의 기억장치 중 하나인 램(RAM, Random Access Memory)이 임시기억장치 또는 임시저장매체이기는 하지만, 형법이 전자기록위·변작죄를 문서위·변조죄와 따로 처벌하고자 한 입법취지, 저장매체에 따라 생기는 그 매체와 저장된 전자기록 사이의 결합강도와 각 매체별 전자기록의 지속성의 상대적 차이, 전자기록의 계속성과 증명적 기능과의 관계, 본죄의 보호법익과 그 침해행위의 태양 및 가벌성 등에 비추어 볼 때, 위 램에 올려진 전자기록 역시 사전자기록위작·변작죄에서 말하는 전자기록 등 특수매체기록에 해당한다. [4] 램에 올려진 전자기록은 원본파일과 불가분적인 것으로 원본파일의 개념적 연장선상에 있는 것이므로, 비록 원본파일의 변경까지 초래하지는 아니하였더라도 이러한 전자기록에 허구의 내용을 권한 없이

수정입력한 것은 그 자체로 그러한 사전자기록을 변작한 행위의 구성요건에 해당된다고 보아야 할 것이며 그러한 수정입력의 시점에서 사전자기록변작죄의 기수에 이르렀다고 한 사례.

2. 사인私印위조죄 등

[사례12-2-1] 서울시 등촌동 ○○아파트의 주민대표 X는, 평소 ○○아파트 운영문제로 자신과 마찰을 빚어온 B동 대표 Y가 과거 △△대학교 가정학과를 졸업했다는 점이 유리하게 작용해 B동 대표가 된 점을 노리고 △△대학교에 학력조회를 해서 Y가 △△대학교 출신이 아니라는 회보서를 받았다. 그 후 X는 "△△대학교 측으로부터 Y가 그 대학교 출신이 아니라는 확인을 받았다"는 내용의 공고문을 작성하면서 그 회보서에 찍힌 △△대학교 교무처장의 직인을 오려 공고문에 붙여서 그것을 각 동 게시판에 게시했다. X의 죄책은?

▷ 공공의 신용에 대한 죄 가운데에서 「형법」 각칙 제21장 〈인장에 관한 죄〉는 행사할 목적으로 인장印章·서명·기명記名·기호를 위조·부정사용하거나 그와 같이 위조·부정사용된 인장印章·서명·기명記名·기호를 행사하는 것이다. 그 보호법익은 인장印章 등의 진정성에 대한 공공의 신용, 즉 거래상의 신용과 안정이다-[대법원판결 1997. 6. 27. 97도1085].

✓ 가령 절취한 자동차번호판을 부착한 차량을 운행하는 것은 부정사용공公기호행사죄(238②)를 구성하고-[대법원판결 1997. 7. 8. 96도3319], 예컨대 경찰서에서 조사를 받는 과정에서 제3자로 행세해서 피의자신문조서의 진술자란에 제3자의 서명을 기재하는 것은 사私서명위조죄(239①) 및 위조사私서명행사죄(239②)를 구성한다-[대법원판결 2005. 12. 23. 2005도4478]. 판례에 따르면, [사례12-2-1] 에서 X의 행위는 사인私印위조죄(239①)를 구성한다-[대법원판결 2010. 1. 14. 2009도5929].

[대법원판결 1997. 6. 27. 97도1085(자동차관리법 제71조, 제78조가 형법 제238조 제1항 소정의 공기호부정사용죄의 특별법 관계인지 여부 등)] [1] 법조경합의 한 형태인 특별관계란 어느 구성요건이 다른 구성요건의 모든 요소를 포함하는 이외에 다른 요소를 구비하여야 성립하는 경우로서 특별관계에 있어서는 특별법의 구성요건을 충족하는 행위는 일반법의 구성요건을 충족하지만 반대로 일반법의 구성요건을 충족하는 행위는 특별법의 구성요건을 충족하지 못한다. [2] 형법 제238조 제1항은 인장에 관한 죄의 한 태양으로서 인장·서명·기명·기호 등의 진정에 대한 공공의 신용, 즉 거래상의 신용과 안정을 그 보호법익으로 하고 있는 반면, 자동차관리법의 입법취지는 자동차를 효율적으로 관리하고 자동차의 성능과 안정을 확보함으로써 공공의 복리를 증진함을 그 목적으로 하고 있어(특히 같은 법 제78조, 제71조는 이러한 자동차의 효율적인 관리를 저해하는 행위를 규제하기 위한 것으로 보인다) 그 보호법익을 달리 하고 있을 뿐 아니라 그 주관적 구성요건으로서 형법상의 위 공기호부정사용죄는 고의와 더불어 '행사할 목적'이 있음을 요하는 반면 위 자동차관리법은 '행사할 목적'을 그 주관적 구성요건으로 하지 아니하고 있는 점에 비추어 보면, 자동차관리법 제78조, 제71조가 형법 제238조 제1항 소정의 공기호부정사용죄의 특별법 관계에 있다고는 보여지지 아니한다.

[대법원판결 1997. 7. 8. 96도3319(공기호부정사용과 부정사용공기호행사의 의미 등)] (…) 피고인은 1996. 1. 30. 09:00경 서울 종로구 종로3가에 있는 종묘주차장에서, 피고인이 소외 삼성렌트카 북창영업소로부터 빌린 대전 1허6450호 뉴그랜져 승용차의 앞·뒤 번호판을 떼어낸 다음 이미 절취하여 가지고 있던 서울 1누9342호 스텔라 승용차의 앞·뒤 번호판을 위 뉴그랜져 승용차에 부착하고 그 날 02:00경 서울 강남구 신사동 587에 있는 션사이호텔 주차장에 이르기까지 위 뉴그랜져 승용차를 운전하여 운행함으로써 부정사용한 공기호를 행사하였다. 2. 원심판결의 요지: 공기호부정사용죄는 권한이 없는 자가 진정한 공기호를 그 용법에 따라 타인이 열람할 수 있는 상태로 사용하는 것을 말하고 부정사용된 공기호의 행사죄는 그와 같이 부정사용된 공기호를 진정한 것으로서 임의로 공범자 이외의 자에게 보이는 등으로 사용하는 행위를 말하는 것이며 이는 타인에 대한 외부적 행위를 말하는 것이라고 봄이 상당하므로, 공기호를 권한 없이 타인이 열람할 수 있는 상태로 사용하였을 뿐 다시 부정사용된 공기호 그 자체를 타인에게 제시하는 행위 등을 한 사실이 없다면 공기호부정사용죄만 구성할 뿐 더 나아가 부정사용된 공기호행사죄를 구성하지는 아니한다고 할 것이므로, 이 사건 공소사실 중 절취한 자동차번호판을 승용차에 부착하여 운전하였다고 하여 공기호부정사용죄 외에 다시 부정사용공기호행사죄에 해당한다고 볼 수 없다고 판단하였다. 3. 당원의 판단: 형법 제238조 제1항에서 규정하고 있는 공기호인 자동차등록번호판의 부정사용이라 함은 진정하게 만들어진 자동차등록번호판을 권한 없는 자가 사용

하든가, 권한 있는 자라도 권한을 남용하여 부당하게 사용하는 행위를 말하는 것이고, 같은 조 제2항에서 규정하고 있는 그 행사죄는 부정사용한 공기호인 자동차등록번호판을 마치 진정한 것처럼 그 용법에 따라 사용하는 행위를 말하는 것으로 그 행위개념을 달리하고 있다. 자동차등록번호판의 용법에 따른 사용행위인 행사라 함은 이를 자동차에 부착하여 운행함으로써 일반인으로 하여금 자동차의 동일성에 관한 오인을 불러일으킬 수 있는 상태 즉 그것이 부착된 자동차를 운행함을 의미한다고 할 것이고 그 운행과는 별도로 부정사용한 자동차등록번호판을 타인에게 제시하는 등 행위가 있어야 그 행사죄가 성립한다고 볼 수 없다. 따라서 피고인이 절취한 자동차등록번호판을 부착한 위 뉴그랜져 승용차를 운행하였다면 이는 부정사용된 공기호행사죄에 해당한다할 것임에도 불구하고 원심은 이와 달리 판시와 같은 이유로 피고인의 위 행위가 부정사용된 공기호행사죄에 해당하지 아니한다고 판단한 것은 부정사용공기호행사죄에 관한 법리를 오해하여 판결에 영향을 미친 잘못이 있다고 할 것이고 이 점을 지적하는 논지는 이유 있다. (…)

[대법원판결 2005. 12. 23. 2005도4478(사서명위조죄의 성립요건 및 수사서류에 대한 사서명위조·행사죄의 성립시기 등)] (…) 이 사건 공소사실의 요지는, 피고인이 음주 및 무면허운전으로 경찰서에서 조사 받음에 있어 조카인 갑으로 행세하며 조사를 받은 다음, 행사할 목적으로 권한 없이 피의자신문조서에 위 갑의 이름을 기재하여 사서명을 위조하고, 그 정을 모르는 경찰관에게 위와 같이 사서명이 위조된 피의자신문조서를 마치 진정하게 성립한 것처럼 교부하여 이를 행사하였는 것인데, 이에 대하여 원심은, 피고인이 경찰공무원으로부터 피의자신문조서에 간인 및 서명무인할 것을 요구받고 그 피의자신문조서의 '진술자'란에 ' 갑'라고 기재를 하였으나, 무인 및 간인을 하기 전에 그 경찰공무원이 십지지문 조회를 통하여 피고인이 갑이 아니라는 사실을 알아내어 이를 추궁하였고, 이에 피고인은 자신이 갑이 아님을 자백한 사실을 인정한 다음, 피고인이 위 피의자신문조서의 '진술자'란에 '갑'이라고 기재한 상태에서 갑이 아님이 발각되어 무인 및 간인을 하지 못한 경위와 피의자신문조서에는 형사소송법 제244조에 의하여 피의자가 그 조서를 열람하거나 읽어 주는 것을 들은 후 간인을 하고 서명 또는 기명날인(피의자로 하여금 서명무인을 하게 하는 것이 일반적이다) 하여야 하는 점, 위 피의자신문조서에는 작성자인 사법경찰리의 서명날인도 없는 점 등에 비추어 보면, 피고인이 위 피의자신문조서의 '진술자'란에 '갑'이라고 기재한 것만으로는 일반인이 갑의 진정한 서명으로 오신하기에 부족하고, 따라서 이 사건 공소사실 중 사서명위조의 점은 범죄의 증명이 없으며, 위조사서명행사의 점은 사서명위조를 전제로 하는 것인데 위와 같이 사서명위조죄가 성립하지 아니할 뿐만 아니라, 피고인이 피의자신문조서를 그 진술자의 서명이 위조된 정을 모르는 경찰관이 열람할 수 있는 상태에 두었다고 볼 수도 없으므로 위조사서명행사죄 역시 그 범죄의 증명이 없다고 판단하여, 위 공소사실에 대하여 무죄를 선고하였다. 2. 상고이유에 대한 판단: 사서명위조죄가 성립하기 위해서는 그 서명이 일반인으로 하여금 특정인의 진정한 서명으로 오신하게 할 정도에 이르러야 할 것이고, 일반인이 특정인의 진정한 서명으로 오신하기에 충분한 정도인지 여부는 그 서명의 형식과 외관, 작성경위 등을 고려하여야 할 뿐만 아니라 그 서명이 기재된 문서에 있어서의 서명 기재의 필요성, 그 문서의 작성경위, 종류, 내용 및 일반거래에 있어서 그 문서가 가지는 기능 등도 함께 고려하여 판단하여야 할 것이지만, 한편 어떤 문서에 권한 없는 자가 타인의 서명을 기재하는 경우에는 그 문서가 완성되기 전이라도 일반인으로서는 그 문서에 기재된 타인의 서명을 그 명의인의 진정한 서명으로 오신할 수도 있으므로, 일단 서명이 완성된 이상 문서가 완성되지 아니한 경우에도 서명의 위조죄는 성립할 수 있는 것이다. 그리고 수사기관이 수사대상자의 진술을 기재한 후 진술자로 하여금 그의 면전에서 조서

의 말미에 서명 등을 하도록 한 후 그 자리에서 바로 회수하는 수사서류의 경우에는, 그 진술자가 그 문서에 서명을 하는 순간 바로 수사기관이 열람할 수 있는 상태에 놓이게 되는 것이므로, 그 진술자가 마치 타인인 양 행세하며 타인의 서명을 기재한 경우 그 서명을 수사기관이 열람하기 전에 즉시 파기하였다는 등의 특별한 사정이 없는 이상 그 서명 기재와 동시에 위조사서명행사죄가 성립하는 것이며, 그와 같이 위조사서명행사죄가 성립된 직후에 수사기관이 위 서명이 위조된 것임을 알게 되었다고 하더라도 이미 성립한 위조사서명행사죄를 부정할 수 없다 할 것이다. 원심이 인정한 사실에 의하더라도, 피고인은 갑으로 행세하면서 피의자로서 조사를 받은 다음 신분이 탄로 나기 이전에 이미 경찰관에 의해 작성된 피의자신문조서의 말미에 갑의 서명을 기재하였다는 것인바, 비록 피고인의 간인이나 무인이 끝나지 않았고 조사한 경찰관의 서명날인이 완료되지 않아 그 피의자신문조서가 완성되지 않았다고 하더라도, 일반인이 보기에 위 서명이 갑에 의하여 현출된 것이라고 오신하기에 충분하므로 사서명위조죄는 성립하였다고 할 것이고, 또 피의자신문조서가 경찰관에 의해 작성되고 경찰관의 면전에서 경찰관의 요구에 의해 서명하게 되는 경위 등에 비추어 보면, 피고인이 갑의 서명을 기재함과 동시에 그 서명은 경찰관 등이 열람할 수 있는 상태에 놓이게 되어 그 즉시 위조사서명행사죄도 성립하였다고 할 것이며, 그 이후 피고인의 간인이나 조사 경찰관의 서명날인 등이 완료되기 전에 조사 경찰관이 그 서명이 위조된 사실을 알았다고 하더라도 이와 같은 사정은 사서명위조죄나 그 행사죄의 성립과는 무관하다고 할 것이다. 그럼에도 원심이, 갑인 것처럼 행세하면서 피의자로서 조사받은 피고인이 그 피의자신문조서의 말미에 갑의 서명을 한 행위가 사서명위조죄나 그 행사죄에 해당하지 않는다고 판단한 것은 사서명위조죄 및 그 행사죄에 관한 법리를 오해하여 판결 결과에 영향을 미친 것이라 할 것이므로, 이 점을 지적하는 상고 주장은 그 이유 있다. (…)

[대법원판결 2010. 1. 14. 2009도5929(사인(사인)위조죄의 성립 요건 등)] (…) 사인위조죄가 성립하기 위해서는 그 인장이 일반인으로 하여금 특정인의 진정한 인장으로 오신하게 할 정도에 이르러야 할 것이고, 일반인이 특정인의 진정한 인장으로 오신하기에 충분한 정도인지 여부는 그 인장의 형식과 외관, 작성경위 등을 고려하여야 할 뿐만 아니라 그 인장이 현출된 문서 등에 있어서의 인장 현출의 필요성, 그 문서 등의 작성경위, 종류, 내용 및 일반거래에 있어서 그 문서 등이 가지는 기능 등도 함께 고려하여 판단하여야 할 것이다. 이 사건 예비적 공소사실의 요지는, '피고인들은 서울 강서구 (이하 생략) 주공아파트 1단지 주민대표회 간부들인바, 피고인들은 공소외인이 사실은 고려대학교를 졸업하지 않았음이 고려대학교 교무처장 명의로 된 학력조회 회보서를 통해 확인되자, 2008. 1. 14. 공소외인의 허위학력 사실을 아파트 주민들에게 공고문 형식으로 알리되 그 공고문의 신뢰성 제고를 위해 공고문 안에 고려대학교 교무처장 명의의 직인을 나타내어 사인장인 위 고려대학교 교무처장의 직인을 위조하기로 공모하였다. 피고인 9는 A4 용지에 "공고, 상기인(공소외인)은 고려대학교 가정과를 졸업하였다고 하며 지난번 동대표 선거에서 103동 대표로 당선되었고…확인 결과 상기 사실이 허위였음이 확인되었습니다. 고려대학교 확인증명 학적팀 1767호(2007. 9. 6.자) 교무처장 회신으로 확인되었습니다. 이로 인하여 공소외인은 103동 동대표로서 자격 상실되었음을 주민께 알려 드리오며 공고하는 바입니다. 2008. 1. 15. 주공1단지 주민대표회 회장 피고인 9, 부회장 피고인 2, 부장 피고인 3, 총무 피고인 4, 고문 피고인 5, 자문위원 피고인 6, 7, 1, 8"이라고 각 기재한 후 그 용지에 고려대학교 교무처장 명의의 학력조회 회보에 날인된 교무처장 명의의 직인을 복사한 후 이를 그 공고문에 오려붙인 후 이를 다시 복사하였고, 피고인들은 각자 자신의 이름 옆에 각자의 도장을 날인함으

로써 사인장인 고려대학교 교무처장의 직인을 위조하였다. 피고인 3, 4는 2008. 1. 15.경 피고인들과의 위 공모에 따라 위 아파트 101동부터 110동까지의 각 동 게시판에 위 공고문을 게시함으로써 위조한 사인장인 고려대학교 교무처장의 직인을 행사하였다'라는 것이다. 원심판결 이유와 원심이 적법하게 조사한 증거 등에 의하면, 이 사건 공고문에 현출된 고려대학교 교무처장의 직인은 그 형식과 외관에서 진정한 직인의 그것과 일치하는 점, 그러나 일반인이 일견 보아서는 위 직인의 인영이 "고려대학교 교무처장"의 인영이라는 것을 쉽게 알기 어려운 점, 이 사건 공고문 하단에 "주공1단지 주민대표회"라고 기재된 옆에 "△△주공아파트1단지동대표회의" 직인이 찍혀 있고, 위 주민대표회 회장, 부회장 등 직책 옆에 피고인들의 기명 및 날인이 되어 있으며 피고인들의 기명 및 날인이 되어 있는 우측 상단에 "교무처장"이라는 기재 위에 겹쳐 "고려대학교 교무처장" 직인이 현출되어 있어, 일반인으로서는 일응 보기에 위 아파트 동대표회의 직인이나 주민대표회 임원들의 날인과 같은 경위로 교무처장의 직인이 현출된 것으로 오신할 수 있을 것으로 보이는 점, 피고인들은 고려대학교 교무처장으로부터 받은 회신을 첨부하거나 게시하지 않고 그 회신의 직인 부분만을 이 사건 공고문에 현출함으로써 이 사건 공고문 자체의 신뢰도를 높이기 위한 의도에서 위 교무처장 직인을 현출한 것이고 달리 이 사건 공고문 자체에 위 교무처장의 직인을 현출할 필요성이 있었다고 보이지 않는 점 등을 알 수 있는바, 사정이 이러하다면 이 사건 공고문에 현출된 "고려대학교 교무처장" 직인은 일반인으로 하여금 진정한 직인으로 오신하게 할 정도에 이르렀다고 할 것임에도, 원심은 판시와 같은 이유로 피고인들이 위 직인을 고려대학교 교무처장의 정당한 인장인 것처럼 가장하기 위해서 이를 현출하였다거나 위 직인을 위조하여 행사할 의사가 있었다고 볼 수는 없다고 판단하고 말았으니, 원심판결에는 사인위조죄의 성립요건에 관한 법리를 오해함으로써 판결 결과에 영향을 미친 위법이 있다고 할 것이다. (…)

[제13강] 범인은닉도피죄 등

[사례13-1-1] X는 2007년 2월 4일 06시 10분경 서울 서초구 잠원동 소재 ○○식당에서 O가 자신을 보고 웃는다는 이유로 O와 시비하다가 O를 ○○식당 밖으로 끌고나가 폭행해서 O에게 약 8주간의 치료를 요하는 상해를 입혔다. X와 친분이 있는 Y는 범행 현장에 출동한 경찰관에게 X의 이름을 일부러 다르게 알려줌으로써 X에 대한 수사를 곤란하게 했다. X와 Y의 죄책은?

[사례13-1-2] 단란주점을 경영하는 甲(여·38)은 음주운전으로 인해 면허가 취소된 상태에서 2010년 5월 12일 16시경에 乙(남·43세)을 자신의 승용차에 태우고 운전을 하다가 교통신호를 제대로 보지 못하는 바람에 O가 운전하는 승용차와 충돌해서 O가 부상을 입었다. 사고 직후 乙이 차량에서 내려 O의 상태를 살핀 후에 경찰에 사고신고를 했는데, 甲은 乙에게 "내가 지금 무면허여서 이 일 때문에 구속될지도 모르니 경찰에게는 네가 운전했다고 말해 달라"고 부탁하자 乙은 그러겠다고 했다. 사고신고를 접한 경찰관 P가 현장에 출동해서 사고운전자를 찾자 乙은 P에게 자신이 운전했다고 말했고, 이에 P가 乙의 동의하에 乙을 경찰서로 데리고 가서 사고에 관해서 조사하는 과정에서 乙은 자신이 운전자라고 순순히 밝히면서 자신이 교통신호를 어겨 사로고 냈다고 자백했다. 그런데 나중에 경찰서에 도착한 O가 조사과정에서 사고 당시의 운전자가 乙이 아니라 甲인 것 같다고 진술하는 바람에 실제의 사고운전자가 甲인 사실이 밝혀졌다. 甲과 乙의 죄책은?

〈도주와 범인은닉의 죄〉의 개요

▷ 국가적 법익에 대한 죄*로서의 국가의 기능·작용에 대한 죄에는 〈공무원의 직무에 관한 죄〉, 〈공무방해에 관한 죄〉, 〈도주와 범인은닉의 죄〉, 〈위증과 증거인멸의 죄〉 및 〈무고의 죄〉가 있다. 그 가운데에서 「형법」 각칙 제9장 〈도주와 범인은닉의 죄〉에 관한 규정은 국가의 형사사법기능을 보호법익으로 하는 것으로 이해된다.

▷ 〈도주와 범인은닉의 죄〉는 〈도주의 죄〉와 〈범인은닉의 죄〉로 구분될 수 있다. 〈도주의 죄〉에는 단순도주죄(145①) 및 집합명령위반죄(145②)가 있고, 전자의 방법적 가중유형으로서 특수도주죄(146)가 있으며, 도주를 방조·교사하는 행위로서의 도주원조죄(147) 및 간수자에 의한 도주원조죄(148)가 있다. 이상 각 범죄의 미수범은 처벌되고(149), 도주원조죄(147) 및 간수자에 의한 도주원조죄(148)의 경우에는 그 예비·음모도 처벌된다(150). 한편, 〈범인은닉의 죄〉에 해당되는 범인은닉도피죄(151①)에 대해서는 친족 등의 범행에 관한 특칙이 인정된다(151②).

범인은닉도피죄(151)

▷ "벌금 이상의 형刑에 해당하는 죄를 범한 자를 은닉 또는 도피하게 한" 경우는 범인은닉도피죄(151①)를 구성한다. 그 경우에 '벌금 이상의 형에 해당하는 죄를 범한 자'를 일컬어 본범本犯이라고 하며, 그 이외의 자가 범인은닉도피죄(151①)의 주체가 될 수 있다. 따라서 본범本犯의 교사범(31①)·종범(32) 및 공동정범(30)도 그 주체가 될 수 있다-[대법원판결 1958. 1. 14. 4290형상393].

▷ 범인은닉도피죄(151①)의 실행행위는 본범本犯을 은닉하거나 도피하게 하는 것인데, 도피하게 하는 행위란 은닉 이외의 방법으로 본범本犯에 대한 수사, 재판 및 형刑의 집행 등과 같은 형사사법작용을 곤란하게 하거나 불가능하게 하는 일체의 행위를 말하며, 그 수단과 방법에 제한은 없다. 다만, 그것은 은닉행위에 비견할 만하게 수사기관의 발견·체포를 곤란하게 하는 행위 즉, 범인을 직접적으로 도피시키거나 범인의 도피를 직접적으로 용이하게 하는 행위에 한정되는 것으로 해석된다-[대법원판결 2008. 12. 24.

✓ 국가적 법익에 대한 죄는 국가의 존립에 대한 죄, 국가의 권위에 대한 죄, 국제관계에 대한 죄 및 국가의 기능·작용에 대한 죄로 구분될 수 있다(*supra* p.4 참조).

[대법원판결 1958. 1. 14. 4290형상393(공범자간의 범인 은닉죄)] (…) 형법 제151조 제1항 소정의 범인 도피죄에 있어서 공동정범중의 1인이 타 공동정범인을 도피시킴에 대하여 동조 제2항과 같은 불처벌의 특례를 규정한바 없으므로 공동정범중의 1인인 소외 1이 타 공동정범인인 소외 2외1인을 도피시킴은 범인도피죄의 죄책을 면치 못하고 따라서 피고인이 우 소외 1의 도피행위를 용이케 함은 동방조죄를 구성한다고 해석함이 타당하다.

[대법원판결 2008. 12. 24. 2007도11137(범인도피죄에서 '도피하게 하는 행위'의 의미 등)] (…) 형법 제151조 소정의 범인도피죄에서 '도피하게 하는 행위'는 은닉 이외의 방법으로 범인에 대한 수사, 재판 및 형의 집행 등 형사사법의 작용을 곤란 또는 불가능하게 하는 일체의 행위를 말하는 것으로서 그 수단과 방법에는 어떠한 제한이 없고, 또한 위 죄는 위험범으로서 현실적으로 형사사법의 작용을 방해하는 결과가 초래될 것이 요구되지 아니하지만, 같은 조에 함께 규정되어 있는 은닉행위에 비견될 정도로 수사기관의 발견·체포를 곤란하게 하는 행위 즉, 직접 범인을 도피시키는 행위 또는 도피를 직접적으로 용이하게 하는 행위에 한정된다고 해석함이 상당하고, 그 자체로는 도피시키는 것을 직접적인 목적으로 하였다고 보기 어려운 어떤 행위의 결과 간접적으로 범인이 안심하고 도피할 수 있게 한 경우까지 포함되는 것은 아니다. 그리고 원래 수사기관은 범죄사건을 수사함에 있어서 피의자나 참고인의 진술 여하에 불구하고, 피의자를 확정하고 그 피의사실을 인정할 만한 객관적인 제반 증거를 수집·조사하여야 할 권리와 의무가 있으므로, 참고인이 수사기관에서 범인에 관하여 조사를 받으면서 그가 알고 있는 사실을 묵비하거나 허위로 진술하였다고 하더라도, 그것이 적극적으로 수사기관을 기만하여 착오에 빠지게 함으로써 범인의 발견 또는 체포를 곤란 내지 불가능하게 할 정도가 아닌 한 범인도피죄를 구성하지 않는다. 이러한 법리는 피의자가 수사기관에서 공범에 관하여 묵비하거나 허위로 진술한 경우에도 그대로 적용된다. 원심판결 이유에

2007도11137]. [사례13-1-1] 에서도 Y의 행위가 수사기관을 적극적으로 기만해서 착오에 빠지게 함으로써 본범本犯인 X의 발견 및 체포를 곤란하게 하거나 불가능하게 할 정도에 이르는 것이 아닌 한에서는 범인도피행위에 해당되지 않는다-[대법원판결 2008. 6. 26. 2008도1059].

▷ 판례에 따르면, 가령 참고인이 범인 아닌 다른 자를 진범이라고 내세우는 경우뿐만 아니라 허위의 사실을 진술하는 등 적극적으로 수사관을 기만하거나 착오에 빠지게 함으로써 범인의 발견 및 체포에 지장을 주는 경우가 범인도피행위에 해당된다. 요컨대, 범인의 발견 및 체포를 방해하는 행위로서의 적극성과 그것에 상응하는 적극적 의사意思가 범인도피죄(151①)의 구성 여부를 좌우한다고 볼 수 있다. 그와 같은 관점에서 판례가 인정하는 범인도피행위의 유형은 다음과 같이 분류될 수 있다. ⓐ 범인에게 도피를 권고해서 결행케 하는 경우로서, 예컨대 변장용 의류나 가발, 도피자금이나 은신처를 제공하는 경우, 도피 중인 범인에게 가족의 안부나 수사의 진전 상황을 알려주는 경우, 피의자들을 서로 만나게 해줌으로써 도피를 용이하게 하는 경우 등-[대법원판결 1990. 12. 26. 90도2439]. ⓑ 범인 대신 다른 사람을 진범으로 가장시켜 수사받도록 하는 경우-[대법원판결 1967. 5. 23. 67도366], 진범에 대신해서 자기가 범인이라고 허위의 신고 내지 진술을 하는 경우-[대법원판결 1996. 6. 14. 96도1016][대법원판결 1977. 2. 8. 76도3685][대법원판결 2003. 7. 25. 2003도1609], 범인을 추적하는 관헌에게 범인이 도망친 방향과 반대방향을 가르쳐 주는 경우, 범인의 소재를 확인하기 위해 방문한 경찰관에게 범인이 자택 안에 있는데도 이미 다른 장소로 가버렸다고 허위의 진술을 하는 경우, 범인의 발견·체포를 방해하기 위해 수사관에게 적극적으로 허위의 진술을 하는 경우-[대법원판결 2010. 1. 28. 2009도10709], 범인을 추격하는 경찰차량의 진행이 불가능하도록 진입로를 막는 경우, 진범에 대신해서 재판을 받는 피고인의 변호인이 진범의 자수를 저지시키는 동시에 피고인 자신이 범인이라고 진술하는 것을 묵인하고 결행시키는 경우 등. ⓒ 범인을 체포해야 할 경찰관이 범인을 체포할 수 있었는데도 체포하지 않고 방임하는 경우, 체포한 현행범인을 경찰관이 임의로 방면하는 경우 등-[대법원판결 1984. 2. 14. 83도2209]참조.

▷ 본범本犯이 타인을 교사해서 자신을 은닉 또는 도피하게 한 경우에 그 타인이 범인은닉도피죄(151①)의 정범이 되는 것은 물론인데, 그 본범本犯을 교사범으로 볼 수 있는지에 관해서는 견해의 차이가 있다. 학설로서는 그 교사범의 성립을 부정하는 것이 입장이 우세하다. 그 근거로서는 무엇보다도, 본범本犯이 타인을 교사해서 자신을 은닉·도피하게 하는 것은 자기방어 내지 자기비호의 연장에 해당되는 점이 제시된다. 그와는 달리, 판례는 본범本犯이 타인을 교사해서 자신을 은닉·도피하게 하는 것은 방어권의 남용으로서 그 경우에는 범인은닉도피교사죄(151①·31①)가 성립되는 것으로 보고 있다-[대법원판결 2000. 3. 24. 2000도20]. 판례의 입장에 따르면, [사례13-1-2] 에서 乙의 행위는 범인인 甲에 대한 수사를 적극적으로 곤란하게 한 것으로서 범인도피죄(151①)를 구성하는 한편, 甲은 도주차

의하면, 원심은 그 채용 증거들을 종합하여 판시 사실들을 인정한 다음, 이 사건 오락실은 피고인 1이 주로 운영하였으나 피고인 2도 등록명의만을 빌려준 것이 아니라 피고인 1과 공동으로 이를 운영하였다고 봄이 상당한 점 등에 비추어 볼 때, 피고인 2가 수사기관에서 '이 사건 오락실의 실제 업주로서 이를 단독으로 운영하였다'는 취지로 허위진술하여 공범인 피고인 1의 존재를 숨겼다 하더라도, 그러한 허위진술이 적극적으로 수사기관을 기만하여 착오에 빠지게 함으로써 범인의 발견 또는 체포를 곤란 내지 불가능하게 한 경우에 해당한다고 볼 수 없다는 취지의 이유로, 피고인 2에 대한 범인도피 및 피고인 1에 대한 범인도피교사의 각 공소사실을 모두 무죄로 인정하였는바, 위 법리 및 기록에 의하여 살펴보면, 원심의 위 인정 및 판단은 정당하고, 상고이유의 주장과 같은 심리미진, 채증법칙 위반, 범인도피죄에 관한 법리오해 등의 위법이 없다. (…)

[대법원판결 2008. 6. 26. 2008도1059(참고인이 수사기관에서 한 허위 진술과 범인도피죄의 성립 여부 등)] (…) 원래 수사기관은 범죄사건을 수사함에 있어서 피의자나 참고인의 진술 여하에 불구하고, 피의자를 확정하고 그 피의사실을 인정할 만한 객관적인 제반 증거를 수집·조사하여야 할 권리와 의무가 있는 것이므로, 참고인이 수사기관에서 범인에 관하여 조사를 받으면서 그가 알고 있는 사실을 묵비하거나 허위로 진술하였다고 하더라도, 그것이 적극적으로 수사기관을 기만하여 착오에 빠지게 함으로써 범인의 발견 또는 체포를 곤란 내지 불가능하게 할 정도의 것이 아니라면 범인도피죄를 구성하지 않는다. 원심은 그 채용 증거들을 종합하여 판시와 같은 사실을 인정한 다음, 피고인이 피해자 공소외 1을 폭행한 공소외 2의 인적사항을 묻는 경찰관의 질문에 답하면서, 단순히 '이언중'이라고 허무인의 이름을 진술하고 구체적인 인적사항에 대하여는 모른다고 진술하는데 그쳤을 뿐이라면 이를 가리켜 적극적으로 수사기관을 기만하여 착오에 빠지게 함으로써 범인의 발견 또는 체포를 곤란 내지 불가능하게 할 정도의 것이라고 할 수 없어 범인도피죄를 구성하지 않는다고 판단하였는바, 앞서 본 법리 및 기록에 비추어 살펴보면 원심의 위와 같은 인정과 판단은 옳고, 거기에 범인도피죄에 관한 법리오해나 채증법칙 위반 등의 위법이 없다. (…)

[대법원판결 1990. 12. 26. 90도2439(피의자 간에 연락하여 만나게 해주고 도피를 용이하게 한 행위가 범인도피죄에 해당하는지 여부)] 형법 제151조에서 규정하는 범인을 도피하게 한 경우란 은닉 이외의 방법으로 관헌의 체포, 발견을 곤란 또는 불가능하게 하는 일체의 행위를 의미하는 것이므로 피고인이 살인미수의 피의자를 상피고인에게 연락하여 만나게 해주고 동인으로 하여금 도피를 용이하게 한 경우 범인도피죄에 해당한다.

[대법원판결 1967. 5. 23. 67도366(범인 조작행위와 범인은익 죄)] (…) 범인은익죄에 있어서의 고의는 "벌금이상의 에 해당하는 죄를 범한 자"라는 것을 인식하면서 그를 은익 또는 도피케 한 때에는 그 고의가 있다 할 것이고 피은익자의 처벌을 면하게 할 목적의 유무는 범인은익죄의 성립에 아무영향이 없다 할 것이며 그 범인이 누구이냐 함도 범인은익죄의 성립에는 아무 지장이 없을 뿐 아니라 범인이 아닌 자로 하여금 범인으로 가장케 하여 수사기관으로 하여금 조사를 하도록 하는 행위는 역시 범인은익죄의 법조에 해당된다고 할 것이며 범인은익죄는 벌금이상의 죄에 해당하는 죄를 범한 자에게 대한 수사, 재판 등에 관한 국가권력 작용을 방해하는데 그 법익침해가 있는 것이므로 혐의를 받아 수사기관으로 부터 수사중인 경우에 범인 아닌 다른 사람으로 하여금 범인으로 가장케 하여 수사를 받도록 함으로써 범인의 발견, 체포에 지장을 초래케 하는 행위는 "범인은익 또는 도피"에 해당된다 할 것인즉 위와 견해를 달리한 논지는 독자적 견해로서 채용할 수 없다.

량운전죄(특정범죄가중처벌등에관한법률5의3①-2) 및 무면허운전죄(도로교통법43·152-1) 등과 더불어 범인도피교사죄(151①·31①)의 죄책을 지게 된다.

▷ 범인의 친족 또는 동거가족이 그 범인을 은닉하거나 도피하게 하는 경우는 처벌의 대상이 되지 않는다(151②)*. 범인이 그 친족 또는 동거가족을 교사 또는 방조해서 자신을 은닉·도피하게 한 때에도 그 친족 또는 동거가족은 처벌받지 않지만, 판례는 그것이 범인은닉도피교사죄(151①·31①) 또는 범인은닉도피방조죄(151①·32)의 성립을 방해하지는 않는다고 한다-[대법원판결 2008. 11. 13. 2008도7647].

* 범인은닉도피죄(151①)의 경우에 인정되는 친족 등의 범행에 관한 특칙(151②)을 일종의 책임조각사유로 보는 입장이 학설로서는 우세하지만 일종의 인적 처벌조각사유로 보는 입장도 있다(신동운, 형법총론, 제2판, 2006, 443면). 다만, 후자의 입장에서도 친족 등의 범행(151②))에 대해 법원은 무죄의 판결을 선고해야 하는 것으로 본다(신동운, 형법총론, 제2판, 2006, 444면).

▷ 판례에 따르면, 가령 성직자의 그 직무상의 행위로서 범인을 고발하지 않는 데에 그치지 않고, 은신처를 마련해주거나 도피자금을 제공하는 것과 같이 적극적으로 범인을 은닉하거나 도피하게 하는 것은 사회상규의 범위를 벗어난 것으로서 위법하다-[대법원판결 1983. 3. 8. 82도3248].

(…)

[대법원판결 1996. 6. 14. 96도1016(범인이 아닌 자가 수사기관에서 범인임을 자처한 경우 범인은닉죄의 성부)] 범인 아닌 자가 수사기관에서 범인임을 자처하고 허위사실을 진술하여 진범의 체포와 발견에 지장을 초래하게 한 행위는 범인은닉죄에 해당한다.

[대법원판결 1977. 2. 8. 76도3685(피의자나 참고인이 아닌 자가 자발적이고 계획적으로 피의자를 가장하여 수사기관에서 허위진술을 한 경우 위계에 의한 공무집행방해죄를 구성하는지 여부)] (…) 원래 수사기관이 범죄사건을 수사함에 있어서는 피의자나 피의자로 자처하는 자 또는 참고인의 진술여하에 불구하고 피의자를 확정하고 그 피의사실을 인정할만한 객관적인 제반증거를 수집조사하여야 할 권리와 의무가 있는 것이라고 할 것이므로 이러한 자들이 수사기관에 대하여 허위사실을 진술하였다 하여 바로 이를 위계에 의한 공무집행방해죄가 성립된다고 할 수는 없다고 봄이 상당할 것이다. 위와같이 보지 않는다면 형사피의자나 그밖의 모든 사람은 항상 수사기관에 대하여 진실만을 진술하여야 할 법률상의 의무가 있는 결과가 되어 이는 형사피의자와 수사기관에 대립적 위치에서 서로 공격방어를 할 수 있는 취지의 형사소송법의 규정과 법률에 의한 선서를 한 증인이 허위로 진술을 한 경우에 한하여 위증죄가 성립된다는 형법의 규정취지에 어긋나기 때문이다. 이 사건에서 피고인이 공동피고인과 공모하고 피고인이 당시의 청구권자금의 운용 및 관리에 관한 법률위반사건의 형사 피의자인 공동피고인을 가장하여 검사앞에 출석한 다음 공소적시와 같은 허위진술을 하였다는 사실에 관하여 원심의 위와같은 취지에서 피고인에 대하여 위 형사피의자인 공동피고인에 대한 범인은익죄만을 적용하여 처벌을 하고 위계에 의한 공무집행죄에 관하여 무죄를 선고한 제1심판결을 유지하였음은 정당하다 할것이며 피고인이 위와같은 허위진술을 하게 된 경위가 소론과 같이 자발적이고 계획적이었다고 하여 위 결론을 달리 할 바는 되지 못한다 할 것이므로 원심판결에 위계에 의한 공무집행방해죄의 법리오해가 있다고 할 수 없다. (…)

[대법원판결 2003. 7. 25. 2003도1609(피의자나 참고인이 수사기관에 대하여 조작된 증거를 제출함으로써 수사기관의 수사활동을 방해한 경우, 위계에 의한 공무집행방해죄의 성립 여부 등)] (…) 수사기관이 범죄사건을 수사함에 있어서는 피의자나 참고인의 진술 여하에 불구하고 피의자를 확정하고 그 피의사실을 인정할 만한 객관적인 제반 증거를 수집·조사하여야 할 권리와 의무가 있는 것이고, 한편, 피의자는 진술거부권과 자기에게 유리한 진술을 할 권리와 유리한 증거를 제출할 권리가 있지만 수사기관에 대하여 진실만을 진술하여야 할 의무가 있는 것은 아니며, 또한 수사기관에서의 참고인은 형사소송절차에서 선서를 한 증인이 허위로 공술을 한 경우에 위증죄가 성립하는 것과 달리 반드시 진실만을 말하도록 법률상의 의무가 부과되어 있는 것은 아니므로, 피의자나 참고인이 피의자의 무고함을 입증하는 등의 목적으로 수사기관에 대하여 허위사실을 진술하거나 허위의 증거를 제출하였다 하더라도, 수사기관이 충분한 수사를 하지 아니한 채 이와 같은 허위의 진술과 증거만으로 잘못된 결론을 내렸다면, 이는 수사기관의 불충분한 수사에 의한 것으로서 피의자 등의 위계에 의하여 수사가 방해되었다고 볼 수 없어 위계에 의한 공무집행방해죄가 성립된다고 할 수 없을 것이나, 피의자나 참고인이 피의자의 무고함을 입증하는 등의 목적으로 적극적으로 허위의 증거를 조작하여 제출하였고 그 증거 조작의 결과 수사기관이 그 진위에 관하여 나름대로 충실한 수사를 하더라도 제출된 증거가 허위임을 발견하지 못하여 잘못된 결론을 내리게 될 정도에 이르렀다면, 이는 위계에 의하여 수사기관의 수사행위를 적극적으로 방해한 것으로서 위계에 의한 공무집행방해죄가 성립된다 할 것이다. 그리고 헌법에 의하여 누구든지 형사상 자기에게 불리한 진술을 강요당하지 아니할 특권이 부여되어 있으나, 그렇다고 하여 자기의 형사처벌

을 면하기 위하여 위법한 방법으로 허위의 증거를 조작하는 것까지 허용되는 것은 아니다. 원심은, 피고인이 위와 같이 교통사고 조사를 담당하는 경찰관에게 타인의 혈액을 마치 자신의 혈액인 것처럼 건네주어 위 경찰관으로 하여금 그것으로 국립과학수사연구소에 의뢰하여 혈중알콜농도를 감정하게 하고 그 결과에 따라 피고인의 음주운전 혐의에 대하여 공소권 없음의 의견으로 송치하게 한 행위는, 단순히 피의자가 수사기관에 대하여 허위사실을 진술하거나 자신에게 불리한 증거를 은닉하는 데 그친 것이 아니라 수사기관의 착오를 이용하여 적극적으로 피의사실에 관한 증거를 조작한 것이라고 판단한 다음, 이에 대하여 위계에 의한 공무집행방해죄로 의율하여 처단한 제1심판결을 유지하였던바, 위 법리를 전제로 기록을 검토하여 보면, 위와 같은 원심의 인정 및 판단은 수긍되고, 거기에 위계에 의한 공무집행방해죄에 관한 법리오해의 위법이 없다. (…)

[대법원판결 2010. 1. 28. 2009도10709(수사기관에서 조사받는 피의자가 사실은 게임장·오락실·피씨방의 실제 업주가 아니라 종업원임에도 불구하고 자신이 실제 업주라고 허위로 진술하는 행위가 범인도피죄를 구성하는지 여부)] (…) 게임산업진흥에 관한 법률 위반, 도박개장 등의 혐의로 수사기관에서 조사받는 피의자가 사실은 게임장·오락실·피씨방 등의 실제 업주가 아니라 그 종업원임에도 불구하고 자신이 실제 업주라고 허위로 진술하였다고 하더라도 그 자체만으로 범인도피죄를 구성하는 것은 아니다. 다만, 그 피의자가 실제 업주로부터 금전적 이익 등을 제공받기로 하고 단속이 되면 실제 업주를 숨기고 자신이 대신하여 처벌받기로 하는 역할(이른바 바지사장)을 맡기로 하는 등 수사기관을 착오에 빠뜨리기로 하고, 단순히 실제 업주라고 진술하는 것에서 나아가 게임장 등의 운영 경위, 자금 출처, 게임기 등의 구입 경위, 점포의 임대차계약 체결 경위 등에 관해서까지 적극적으로 허위로 진술하거나 허위 자료를 제시하여 그 결과 수사기관이 실제 업주를 발견 또는 체포하는 것이 곤란 내지 불가능하게 될 정도에까지 이른 것으로 평가되는 경우 등에는 범인도피죄를 구성할 수 있다. 원심판결 이유에 의하면, 원심은, 그 채용 증거에 의하여 판시와 같은 사실을 인정한 다음, 피고인은 공소외 1, 공소외 2와 동업으로 이 사건 게임장을 운영하기로 하면서 공소외 2를 통하여 공소외 3을 이른바 바지사장으로 고용하기로 하고, 공소외 3 명의로 게임장의 사업자등록을 마치고 그에게 월급 250만 원씩을 지급하기로 한 점, 공소외 3은 검찰에 조사받으러 가기 전에 피고인과 공소외 2에게 자신이 벌금형을 받게 되면 벌금을 대신 내달라고 요구하여 응낙의 답변을 듣고 검찰 수사에 임하여 자신이 게임장 실제 업주라고 하면서 게임장 운영 경위, 자금 출처, 게임기 구입 경위, 건물의 임대차계약 체결 경위에 관하여 허위로 진술한 점 등에 비추어 보면, 공소외 3의 수사기관에서의 진술은 그 내용이 실제 업주인 피고인을 도피시키기 위하여 자신을 실제 업주로 내세우는 허위 진술로서 적극적으로 수사기관을 기만하여 착오에 빠지게 함으로써 범인의 발견 또는 체포를 곤란 내지 불가능하게 할 정도에 이르렀다고 봄이 상당하여 범인도피죄가 성립하고 이를 교사한 피고인에게 범인도피교사죄가 성립한다고 판단하였다. 앞서 본 법리와 기록에 비추어 살펴보면, 원심의 위와 같은 사실인정 및 판단은 정당하고, 거기에 상고이유로 주장하는 바와 같은 범인도피죄의 성립에 관한 법리오해 등의 위법이 없다. (…)

[대법원판결 1984. 2. 14. 83도2209(피의자의 채무를 인수하여 채권자가 피의자를 수사당국에 인계치 않게 한 자와 범인도피)] 피고인들이 부정수표단속법 피의자 (갑)이 공소외 (을)에 대하여 지는 또 다른 노임채무를 인수키로 하는 지불각서를 작성하여 주고 위 (을)이 (갑)을 수사당국에 인계하는 것을 포기하기로 하는 합의가 이루어져 위 (갑)이 수사당국에 인계되지 않은 경우이면 피고인들에 대하여 범인도피죄의 성

립을 인정할 수 없다.

[대법원판결 2000. 3. 24. 2000도20(범인이 자신을 위하여 타인으로 하여금 허위의 자백을 하게 하여 범인도피죄를 범하게 하는 경우, 범인도피교사죄의 성립 여부)] 범인이 자신을 위하여 타인으로 하여금 허위의 자백을 하게 하여 범인도피죄를 범하게 하는 행위는 방어권의 남용으로 범인도피교사죄에 해당한다.

[대법원판결 2008. 11. 13. 2008도7647(범인이 자신을 위해 타인이 허위의 자백을 하는 것을 방조한 경우, 범인도피방조죄의 성립 여부 등)] (…) 범인이 자신을 위하여 타인으로 하여금 허위의 자백을 하게 하여 범인도피죄를 범하게 하는 행위는 방어권의 남용으로 범인도피교사죄에 해당하는바, 이 경우 그 타인이 형법 제151조 제2항에 의하여 처벌을 받지 아니하는 친족, 호주 또는 동거 가족에 해당한다 하여 달리 볼 것은 아니다. 한편, 이와 같은 법리는 범인을 위해 타인이 범하는 범인도피죄를 범인 스스로 방조하는 경우에도 마찬가지로 적용된다 할 것이다. 원심은 제1심 및 원심이 적법하게 채용한 증거들을 종합하여, 피고인이 처인 공소외인의 피고인을 위한 범인도피범행을 돕기 위하여 공소외인에게 사고발생 경위, 도주 경위 등에 관하여 상세한 정보를 제공하여 주는 등의 방법으로 공소외인으로 하여금 심리적으로 안정할 수 있도록 함으로써 범인도피범행을 방조하였다고 인정하였는바, 앞서 본 법리와 기록에 비추어 살펴보면 이러한 원심의 판단은 정당한 것으로 수긍할 수 있고 거기에 상고이유의 주장과 같은 심리미진, 범인도피죄에 있어서의 방조범에 관한 법리오해 등의 위법이 없다. (…)

[대법원판결 1983. 3. 8. 82도3248(범인을 은닉·도피케 한 사제의 행위가 정당한 직무상의 행위인지 여부 등)] (…) 자. 어떠한 행위가 정당한 행위로서 위법성이 조각되는 것인가는 구체적 경우에 따라 합목적적, 합리적으로 가려져야 할 것이며 또 행위의 적법여부는 국가질서를 벗어나서 이를 가릴 수는 없는 것인 바, 정당행위를 인정하려면 첫째, 그 행위의 동기나 목적의 정당성 둘째, 행위의 수단이나 방법의 상당성 세째, 보호이익과 침해이익과의 법익권형성 네째, 긴급성 다섯째로, 그 행위외에 다른 수단이나 방법이 없다는 보충성 등의 요건을 갖추어야 한다. 차. 성직자라 하여 초법규적인 존재일 수는 없으며 성직자의 직무상 행위가 사회상규에 반하지 아니한다 하여 그에 적법성이 부여되는 것은 그것이 성직자의 행위이기 때문이 아니라 그 직무로 인한 행위에 정당, 적법성을 인정하기 때문인 바, 사제가 죄지은 자를 능동적으로 고발하지 않는 것에 그치지 아니하고 은신처마련, 도피자금 제공등 범인을 적극적으로 인닉·도피케 하는 행위는 사제의 정당한 직무에 속하는 것이라고 할 수 없다. (…)

參考文獻

김성돈, 형법각론, 제2판, SKKUP, 2009.

金鍾源, 刑法各論, 上卷, 改訂版, 法文社, 1971.

朴相基, 刑法各論, 第6版, 博英社, 2005.

裵鍾大, 刑法各論, 제7전정판, 弘文社, 2010.

吳英根, 刑法各論, 博英社, 2005.

李在祥, 刑法各論, 第6版, 博英社, 2009.

任雄, 刑法各論, 改訂版·補訂, 法文社, 2006.

鄭盛根·朴光玟, 刑法各論, 제2판, 三知院, 2006.

鄭英一, 刑法各論, 博英社, 2006.